論語集註 備旨 懸吐 完譯

論語集註 備旨 (Ⅳ)

曉明 金慶國
木仁 朴相澤
譯註

전남대학교출판부

孔子像(明代, 佚名)

孔子講學圖(明代, 佚名)

일러두기

❶ 譯註의 底本은 ≪新訂四書補註備旨≫(鄧林 著, 鄧煜 編次, 祁文友 重校, 杜定基 增訂, 上海 天寶書局, 1915), ≪中國子學名著集成·論語集註大全≫(明·胡廣 等撰, 明 內府刊本), ≪經書: 大學 論語 孟子 中庸≫(庚辰新刊 內閣藏板本 影印本, 成均館大 大東文化研究院, 1965), ≪四書章句集注≫(中華書局, 1983) 등이다.

❷ 原文의 懸吐는 ≪四書諺解≫(保景文化社, 1984)와 ≪論語(附諺解)≫(學民文化社)를 기본으로 삼았고, 集註와 備旨는 譯註者가 직접 懸吐하였다.

❸ 번역은 축자식逐字式 번역을 원칙으로 하되, 필요에 따라 일부 현대식 표기법도 병행하여 일반 독자들의 이해를 높이도록 했다.

❹ 본문의 배열은 原文, 한글 譯, 註解의 순으로 했고, 독자들의 이해를 위해 어려운 한자들의 訓과 音을 표기했다.

❺ 集註의 내용만 가지고 이해하기 힘든 부분은 〈大全註疏〉의 일부 내용을 인용하여 번역하고 원문을 함께 실었다.

❻ ≪ ≫는 書名에, 〈 〉는 篇名에 사용하였다.

머리말

宋代의 巨儒 朱子(1130～1200)는 중국 儒學의 집대성자이자 우리나라 性理學에 가장 큰 영향을 미친 인물이다. 朱子가 일생동안 정리하고 연구한 儒家經傳은 주로 五經과 四書 및 北宋 諸子들인 주돈이周敦頤(1017～1073) · 정호程顥(1032～1085) · 정이程頤(1033～1107) · 소옹邵雍(1011～1077) · 장재張載(1020～1077) 등의 著作들로 나눌 수 있다.

이들 儒家經傳들의 상호 관계에 대하여 朱子는 ≪朱子語類≫ 105卷에서 "四子는 六經의 입문서이고, ≪近思錄≫은 四子의 입문서이다. 四子, 六經之階梯. ≪近思錄≫, 四子之階梯."라고 했는데, 여기에서 四子는 '四書', 六經은 '五經', ≪近思錄≫은 남송의 朱子와 여조겸呂祖謙이 북송 諸子들의 학설을 공동으로 편찬한 성리학 해설서를 말한다. 이 말의 뜻은 四書의 지위가 북송 諸子들의 저작보다 높고 五經의 지위가 四書보다 높기 때문에, 배우는 자들이 마땅히 ≪近思錄≫으로부터 시작해서 四子에 이르고, 다시 四子로부터 五經에 이르러야 한다는 말이다.

六經의 입문서인 '四書'란 곧 ≪大學≫ · ≪論語≫ · ≪中庸≫ · ≪孟子≫ 등을 말한다. 이 四書의 중요성에 대해서 朱子는 그의 〈書臨漳所刊四子後〉에서 다음과 같이 강조했다. "河南 程氏는 사람을 가르치는데 반드시 먼저 ≪大學≫ · ≪論語≫ · ≪中庸≫ · ≪孟子≫ 등의 책에 힘을 쏟은 다음에 六經에 미치도록 했다. 대개 그 난이難易와 원근遠近과 대소大小의 차례가 진실로 이와 같으면 어지럽지 않게 된다. 河南程夫子之教人, 必先使之用力乎 ≪大學≫ · ≪論語≫ · ≪中庸≫ ·

≪孟子≫ 之書, 然後及乎六經. 蓋其難易, 遠近, 大小之序, 固如此而不可亂也." 이 때문에 朱子는 二程사상을 계승해서 일생의 심혈을 기울여 ≪大學≫·≪論語≫·≪孟子≫·≪中庸≫ 등에 주해를 함으로써 ≪四書章句集註≫를 완성했던 것이다.

朱子는 四書를 공부하는 순서에 대해서도 程子의 "≪大學≫은 孔氏의 遺書이며 처음 배우는 사람이 德에 들어가는 문이다. 大學, 孔氏之遺書, 而初學入德之門也."라는 주장을 계승하여 다음과 같이 밝히고 있다. "≪大學≫을 처음과 끝을 완전히 관통하여 모두 의심난 바가 없게 된 연후에 가히 ≪論語≫와 ≪孟子≫에 미칠 수가 있고, 또 의심난 바가 없게 된 연후에 가히 ≪中庸≫에 미칠 수가 있다. 大學首尾貫通, 都無所疑然後, 可及語孟, 又無所疑然後, 可及中庸."(大全註疏) 곧 朱子는 ≪大學≫이 학문의 처음과 끝을 꿰뚫어 말한 것이고, ≪大學≫을 먼저 읽고 ≪論語≫와 ≪孟子≫를 읽어야만 학문의 길에 쉽게 들어갈 수 있으며, 나아가 학문의 大體가 갖추어져 나머지 공부가 저절로 된다고 강조한 것이다.

저자는 오래전부터 經書講讀에 종사하면서 ≪四書集註≫와 ≪四書備旨≫에 대한 주해 작업을 추진해온 결과, 지난 2009년에 처음으로 ≪大學章句 備旨≫를 출간하였고, 이어서 ≪論語集註 備旨(Ⅰ)≫(2010)·≪論語集註 備旨(Ⅱ)≫(2011)·≪論語集註 備旨(Ⅲ)≫(2012)을 세상에 선보였으며, 이번에 다시 ≪論語集註 備旨(Ⅳ)≫를 출간함으로써 마침내 ≪論語集註 備旨≫ 全四卷을 모두 완간하게 되었다.

譯註의 底本으로 삼은 ≪四書補註備旨≫는 朱子의 ≪四書集註≫에 明代 등림鄧林이 章節마다 要旨를 찬술撰述하고, 등욱鄧煜이 編次하여 ≪四書備旨≫라고 명명한 다음, 다시 淸代 기문우祁文友의 重校와 두정기杜定基의 補註를 거쳐 增訂하여 완성된 것이다. 書名을 〈備旨〉

라고 말한 것은 聖賢의 立言에 매 한 章마다 각각 한 章의 宗旨가 실려 있기 때문에, 배우는 자가 潛心硏究하여 밝게 드러내지 않을 수 없다는 의미이다.

≪論語≫는 儒家學說 중 가장 중요한 경전으로 全書의 원문은 약 1만 6천자이고 모두 20편으로 구성되어 있다. ≪論語≫의 내용은 비단 초기 儒家思想의 기본적인 면모와 그 우주관을 반영하고 있을 뿐만 아니라, 현실생활과 관련해서 크게는 '治國安邦'과 '德治仁政', 작게는 개인의 '安身立命'과 '處世爲人'을 논하고 있다. 또한 ≪論語≫에는 人生哲理와 사회현실에 대한 깊은 성찰과 풍부한 지혜가 담겨있기 때문에, 21세기를 살아가는 현대인들에게 교육과 연구의 측면에서 그 활용 가치가 매우 높은 古典이라고 할 수 있다.

사실 ≪論語≫의 핵심사상은 맨 처음 세 구절과 마지막 세 구절에 있다고 해도 과언이 아니다. 즉 孔子는 맨 처음 〈學而〉 篇의 "배우고 때로 익히면, 또한 기쁘지 아니한가? 벗이 먼 곳으로부터 찾아오면, 또한 즐겁지 아니한가? 사람들이 알아주지 않아도 성내지 아니하면, 또한 君子가 아닌가? 學而時習之, 不亦說乎? 有朋自遠方來, 不亦樂乎? 人不知而不慍, 不亦君子乎?"의 三句에서 군자가 갖추어야 할 덕목으로 '知行合一'과 '人我合一' 및 '人際交往'의 세 가지를 크게 강조하고 있다. 또한 마지막 〈堯曰〉 篇의 "천명을 알지 못하면 군자가 되지 못하고, 禮를 알지 못하면 바로 설 수 없으며, 남의 말을 알아듣지 못하면 사람을 알 수 없다. 不知命, 無以爲君子也. 不知禮, 無以立也. 不知言, 無以知人也."의 三句에서 배우는 자가 '知命'과 '知禮'와 '知言'의 능력을 두루 갖춰야만 비로소 참된 군자가 될 수 있으며, 나아가 社會 各所의 제자리에 바로 서서 세상을 널리 이롭게 할 수 있다고 역설하고 있다.

이 때문에 程子도 〈論語序說〉에서 "≪論語≫를 읽는데 읽고 나서 전연 일이 없는 자도 있고, 읽고 난 후에 그 가운데 한 두 句를 얻고 기뻐하는 자도 있으며, 읽고 난 후에 알고 좋아하는 자도 있고, 읽고 난 후에 다만 자신도 모르게 손으로 춤추고 발로 뛰는 자도 있다. 讀論語, 有讀了, 全然無事者. 有讀了後, 其中得一兩句喜者. 有讀了後, 知好之者. 有讀了後, 直有不知手之舞之足之蹈之者."라고 했고, 또한 "지금 사람들은 글을 읽을 줄 모른다. 예를 들어 ≪論語≫를 읽을 때 읽기 전에도 이러한 사람이요, 읽은 후에도 또 다만 이러한 사람이라면, 이는 읽지 않은 것이나 마찬가지다. 今人不會讀書. 如讀論語, 未讀時是此等人, 讀了後又只是此等人, 便是不曾讀."라고 했다.

이런 의미에서 우리가 어려서부터 항상 ≪論語≫를 몸 가까이 두고서도 여지껏 ≪論語≫의 참다운 가치와 그 가르침을 깨닫지 못했거나 또한 이를 실천에 옮기지 못하고 있다면, 이것은 바로 聖人의 말씀을 모독하는 것이요, 더 나아가 聖人에게 크나큰 죄업을 짓는 일이 될 것이다.

끝으로 본 書의 출간을 위해 그 동안 엄격하고 자상한 가르침을 베풀어주신 弦齋 金永雄 선생님, 본문의 험난한 한자변환 작업을 위해 노고를 다해준 李鎬俊 선생님, 表紙題字를 써주신 德岩 李鍾昱 선생님께 진심으로 감사드린다.

아울러 본 書의 출판에 도움을 준 전남대학교 당국과, 편집과 출판을 위해 노고를 다해주신 전남대학교출판부 관계자 분들께도 이 자리를 빌려 깊은 감사의 마음을 전한다.

癸巳年 立春節

著者 謹識

목차

論語集註

子張 第十九

論語集註 卷十五

衛靈公 第十五

衛靈公 第十五

凡四十一章이라

모두 41장이다.

[15·1]

衛靈公이 問陳於孔子한대 孔子ㅣ對曰 俎豆之事는 則嘗聞之矣어니와 軍旅之事는 未之學也라하시고 明日에 遂行하시다

위衛나라 영공靈公이 孔子께 陳法을 묻건대, 孔子께서 대답하여 가라사대 "조두俎豆의 일은 곧 일찍이 들었거니와, 군려軍旅의 일은 배우지 못했습니다."라고 하시고, 다음날 마침내 떠나셨다.

陳은 謂軍旅行伍之列이라 俎豆는 禮器라
尹氏曰 衛靈公은 無道之君也어늘 復有志於戰伐之事라 故로 答以未學而去之시니라

'진陳'은 군사의 항오行伍에 대한 列을 말한다. '조두俎豆'는 禮를 행하는 기물器物이다.

尹氏 가로되 "위衛나라 영공靈公은 無道한 人君이어늘 다시 전쟁하는 일에 뜻을 두었다. 그러므로 배우지 못했다고 답하시고 떠나신 것이다."

주해

- 衛靈公: 위衛나라의 人君인 영공靈公(B.C 534-B.C 493)을 말함.
- 陳: 진법陳法. '陣'과 통함. 陳(진칠 진)
- 俎豆之事: 제사에 필요한 祭器에 관한 일. 여기에서 '事'字는 제사를 지내는데 필요한 일체의 禮文을 말한다. '俎豆'는 '제기祭器'와 통함. 俎(제기 조) 豆(제기 두)
- 軍旅之事: 군대(군사)에 관한 일. '軍'은 12,500명, '旅'는 500명을 말한다. 여기에서 '事'字는 항오行伍와 격자擊刺에 관한 일을 말한다. 擊(칠 격) 刺(찌를 자)
- 伐(칠 벌) 器(그릇 기)

【備旨】

孔子ㅣ至衛러시니 衛方與齊伐晉이라 故로 衛靈公이 一見孔子而問兵陳之事한대

孔子ㅣ對曰 臣自幼習禮하여 如宗廟中에 有俎豆하고 其陳設進退之事는 則嘗聞其說矣어니와 至於軍旅行伍之事는 則未嘗學也러니 豈敢以未學者로 妄對乎아하시니라

靈公이 問非所問하니 其不足有爲를 可知矣라 故로 孔

子ㅣ明日遂行하시니 所謂可以速而速也라

孔子께서 衛나라에 이르시니, 衛나라는 바야흐로 제齊나라와 더불어 진晉나라를 정벌하려는 중이었다. 그러므로 衛나라의 영공靈公이 孔子를 한번 뵙고 군사의 陳法에 대한 일을 묻건대,
孔子께서 대답하여 가라사대 "臣은 어려서부터 禮를 익혔는데, 예를 들어 종묘宗廟 가운데 조두俎豆를 갖추고 그 진설陳設하고 진퇴하는 일들은 곧 일찍이 그 설명들을 들었거니와, 군사들의 行伍에 관한 일은 곧 일찍이 배운 적이 없으니, 어찌 감히 배우지 않은 사실로써 망령되이 대답하리오?"라고 하셨다.
靈公이 물을 바가 아닌 일을 물었으니, 그것이 족히 할 만한 일이 아님을 가히 알 수 있다. 그러므로 孔子께서 다음날 마침내 떠나셨으니, 이른바 가히 빨리(떠날) 할 수 있으면 빨리(떠난) 한다고 하는 것이다.

주해

- 速而速: 가히 빨리 떠날 수 있으면 빨리 떠나다.
  ≪孟子・萬章下≫ 篇에 나온다. "孔子之去齊, 接淅而行, 去魯, 曰遲遲, 吾行也, 去父母國之道也. 可以速而速, 可以久而久, 可以處而處, 可以仕而仕, 孔子也." 遲(늦을 지)
  ≪張居正講評〈孟子〉≫에 더 구체적으로 설명하고 있다. "可見孔子之處世, 有不倚於一偏, 不拘於一節者. 道之不行, 去可以速矣, 則從而速去, 不俟終日. 如其可留, 則又棲棲眷戀, 而不妨於久淹也. 世莫我知身可以處矣, 則從而退處. 若將終身. 如有用我, 則又汲汲行道, 而不妨於仕進也. 此則內無成心, 而意必盡泯. 行無轍跡, 而用舍隨時." 俟(기다릴 사) 眷(돌아볼 권) 淹(오래될 엄) 泯(망할 민) 轍(바퀴 철)

在陳絶糧하니 從者ㅣ病하여 莫能興이러니

진陳나라에 계실 때 식량이 떨어지니, 따르던 제자가 병들어 능히 일어나지 못했는데,

孔子ㅣ去衛適陳하시니라 興은 起也라

孔子께서 위衛나라를 떠나 진陳나라로 가셨다. '흥興'은 일어남이다.

주해

- 絶糧: 양식이 떨어짐. 絶(끊을 절) 糧(양식 량)
- 病: 여기서는 '기병飢病'을 말한다. 飢(굶주릴 기)
- 適(갈 적)

【備旨】

旣而去衛適陳하실새 絶糧七日하니 當時之從夫子者ㅣ皆飢病하여 莫能興起러니

얼마 후 위衛나라를 떠나 진陳나라로 가셨는데, 식량이 떨어져 7일이 되니, 당시 夫子를 따르던 자들이 모두 기아飢餓에 병들어 능히 일어나지 못했는데,

주해

- 旣而: 이윽고, 얼마 후.

子路ㅣ慍見曰 君子ㅣ亦有窮乎잇가
子曰 君子ㅣ固窮이니 小人은 窮斯濫矣니라

子路가 화난 모습을 얼굴에 나타내며 가로되 "君子도 또한 곤궁함이 있사옵니까?"
孔子께서 가라사대 "君子는 진실로 곤궁하니, 小人이 곤궁하면 이에 방일放溢하여 나쁜 짓을 하느니라."

何氏曰 濫은 溢也라 言君子固有窮時하니 不若小人窮則放溢爲非니라
程子曰 固窮者는 固守其窮이라하니 亦通이라
愚謂聖人은 當行而行하여 無所顧慮하고 處困而亨하여 無所怨悔를 於此可見이니 學者ㅣ宜深味之니라

何氏 가로되 "'람濫'은 넘치는 것이다. 君子는 진실로 곤궁한 때가 있으니, 小人이 곤궁하면 곧 방일放溢하여 그릇된 짓을 하는 것과 같지 않음을 말한 것이다."
程子 가로되 "'고궁固窮'이란 그 곤궁함을 굳게 지키는 것이다."라고 했으니, 또한 통하는 말이다.
내 생각컨대 聖人은 마땅히 떠나야 할 경우에는 떠나서 돌아보거나 염려하는 바가 없고, 곤궁에 처하여도 형통하여 원망하거나 후회하는 바가 없음을 여기에서 가히 알 수 있으니, 배우는 자가 마땅히 깊이 음미해야 할 것이다.

주해

- 慍見: 성난 모습을 얼굴에 나타내다. '見'은 '現'과 통함. 慍(성낼 온) 見(나타날 현)
- 君子: 여기서는 孔子를 가리킨다.
- 窮: 道가 액운厄運을 만나 통하지 못함을 말한다.
- 放溢: 넘치다, 방종放縱하다. '放逸'과 통함. 溢(넘칠 일)
- 顧(돌아볼 고) 慮(생각할 려) 濫(넘칠 람)

【備旨】

子路ㅣ當此窮困之時하여 不勝忿怒之意하고 見於顏色曰 君子는 抱道在躬이니 宜乎爲天所祐하고 爲人所助하여 不當得窮也어늘 乃亦有時而窮困이 若此乎잇가

夫子ㅣ告之曰 窮通得喪은 繫乎所遇요 有不在我者라 君子ㅣ固有窮時로되 但不如小人이 窮斯放溢而爲非耳라 然則今日之窮은 亦相與安之而已니라

子路가 이 窮困한 때를 당하여 분노忿怒의 뜻을 이기지 못하고 顏色에 드러내어 가로되 "君子는 道를 간직하고 지키는 것이 몸에 있으니, 마땅히 하늘이 돕는 바가 되고 사람이 돕는 바가 되어, 마땅히 곤궁함이 없어야 하거늘, 이에 또한 때로 窮困함이 있는 것이 이와 같사옵니까?"

夫子께서 고하여 가라사대 "궁窮하고 通하고 얻고 잃는 것은 때를 만나는 바에 달려 있는 법이요, 나에게 달려있지 않느니라. 君子에게 진실로 곤궁한 때가 있되, 다만 小人이 곤궁하면 이에 방일放溢

하여 그릇된 짓을 하는 것과 같지 않을 뿐이니라. 그런즉 今日의 곤궁함은 또한 서로 더불어 편안하게 여겨야 할 따름이니라."

주해

● 抱道: 道를 간직하고 지키다. ≪三國志 · 魏志 · 관녕전管寧傳≫에 나온다. "寧抱道懷真, 潛翳海隅, 比下徵書, 違命不至." 潛(잠길 잠) 翳(가릴 예) 隅(모퉁이 우)

[15 · 2]

子曰 賜也아 女ㅣ以予로 爲多學而識之者與아

孔子께서 가라사대 "사賜야! 그대는 내가 많이 배워서 기억하는 사람이라고 여기느냐?"

子貢之學이 多而能識矣니 夫子ㅣ欲其知所本也라 故로 問以發之시니라

자공子貢의 학문이 많이 배우고 능히 잘 기억하니, 夫子께서 그가 근본되는 바를 알게 하고자 하셨다. 그러므로 물어서 發明하신 것이다.

주해

- 女: 너, 그대. '汝'와 통함. 汝(너 여)
- 多學而識: 많이 배워서 잘 기억하다. '多學'은 多聞과 多見을 말한다. '지識'는 보고 들은 바를 하나하나 잘 기억해서 잊지 않는 것이다. 識(기억할 지)

【備旨】

夫子ㅣ示子貢以探本窮源之學曰 賜也아 爲學有年矣니 女ㅣ以予로 於天下事物之理에 無不周知하여 爲是專以多爲學하고 而又都記識於心而不忘者與아

夫子께서 子貢에게 근본을 탐구하고 근원을 궁구하는 배움을 보여 가라사대 "사賜야! 배운 지 여러 해가 되었으니, 그대는 내가 天下 사물의 이치에 두루 알지 못함이 없어서, 오로지 배운 것이 많고 또한 모두 마음속에 기억하여 잊는 않는 사람이라고 여기느냐?"

對曰 然하이다 非與잇가

대답하여 가로되 "그렇습니다. 아닙니까?"

方信而忽疑하니 蓋其積學功至하여 而亦將有得也라

바야흐로 믿었다가 문득 의심을 하니, 대개 그가 학문을 쌓은 공부가 지극하여 또한 장차 깨닫는 바가 있을 것이다.

주해

- 然: '그렇습니다'. 여기서는 '평일에 본 바에 따라 믿는다'는 뜻이다. "據平日所見以信之也"(≪四書補註備旨≫)
- '아닙니까?', '그렇지 않습니까?'. 여기서는 '오늘 깨우쳤지만 의아하게 여긴다'는 뜻이다. "因今日提撕而疑之也"(≪四書補註備旨≫) 撕(깨달을 시)

  新安陳氏가 말했다. "능히 의심할 수 있다는 점에서, 그에게 장차 깨달을 바가 있음을 알 수 있다. 於能疑, 見其將有得."(大全註疏)

【備旨】

子貢이 對曰 天下之理는 散於事物하니 必多學而識라야 始能周知하니 夫子ㅣ其殆然矣라 然이나 理無終窮而聞見有限하니 夫子之學이 抑或非與잇가하니 此其疑信之間에 有將達之機矣라

子貢이 대답하여 가로되 "天下의 이치는 事物에 흩어져 있으니, 반드시 많이 배우고 기억해야 비로소 능히 두루 알 수 있으니, 夫子께서는 그 아마도 그러하실 것입니다. 그러나 이치는 종내 다함이 없으나, 보고 듣는 것은 한계가 있으니 夫子의 학문이 혹여 그렇지 않습니까?" 라고 하니,

이는 그가 의심하고 믿는 사이에 장차 통달할 기미가 있는 것이다.

주해

● 抑或: 혹은, 그렇지 않으면. '或是', '或者'와 같음.

曰 非也라 予는 一以貫之니라

孔子께서 가라사대 "아니노라. 나는 하나의 이치로써 꿰뚫었노라."

說見(현)第四篇이라 然이나 彼以行言이요 而此以知言也라

謝氏曰 聖人之道大矣라 人不能遍觀而盡識(식)이니 宜其以爲多學而識(지)之也라 然이나 聖人豈務博者哉리오 如天之於衆形에 匪物物刻而雕之也라 故로 曰 予는 一以貫之니라 德輶如毛나 毛猶有倫이어니와 上天之載는 無聲無臭라야 至矣라 하시니라

尹氏曰 孔子之於曾子엔 不待其問而直告之以此로되 曾子ㅣ復深諭之曰 唯라 하고 若子貢則先發其疑而後告之로되 而子貢이 終亦不能如曾子之唯也하니 二子所學之淺深을 於此可見이라

愚按 夫子之於子貢에 屢有以發之나 而他人不與焉하니 則顔曾以下諸子所學之淺深을 又可見矣라

설명이 제4편에 보인다. 그러나 거기서는 行으로써 말한 것이요, 여

기서는 知로써 말한 것이다.

謝氏 가로되 "聖人의 道는 커서 사람들이 능히 두루 보고 다 알 수 없으니, 마땅히 그가 많이 배워 기억한다고 여길 것이다. 그러나 聖人이 어찌 널리 배우는 데만 힘쓰는 자이리오? 이는 마치 하늘이 모든 형상들에 대해 사물마다 새겨 조각하지 않는 것과 같다. 그러므로 孔子께서 '나는 하나의 이치로써 꿰뚫었노라. 德은 가볍기가 터럭과 같으나, 터럭은 오히려 비교할 만한 것이 있거니와, 上天의 일은 소리도 없고 냄새도 없으니, 지극하도다!' 라고 말씀하셨다."

尹氏 가로되 "孔子께서 曾子에게는 그 물음을 기다리지 않고 곧바로 이것(一以貫之)으로써 고하셨으나, 曾子는 다시 깊이 깨닫고 '예!' 하고 대답하였다. 그러나 子貢 같은 경우는 먼저 그의 의문을 유발시킨 후에 고하였으나, 子貢은 끝내 또한 능히 曾子처럼 '예'하고 대답하지를 못했으니, 두 제자가 배운 바의 얕고 깊음을 여기에서 가히 알 수 있다."

내 살피건대 夫子께서 子貢에게는 누차 發明해 주셨으나 다른 사람들은 여기에 참여하지 못했으니, 곧 顔子와 曾子 이하 여러 제자들의 배운 바의 얕고 깊음을 또한 가히 알 수 있다.

주해

- 一以貫之: '하나의 이치로써 꿰뚫다' '一'은 마음의 이치를 가리켜 한 말이다. '貫'은 '通'과 같다. 〈里仁篇〉의 "夫子之道, 忠恕而已矣."의 '一貫'과 같은 뜻이다. '之'는 萬事와 萬物의 이치를 배워서 안다는 뜻이다.
- 德輶如毛: '德은 가벼워 터럭과 같다' '유輶'는 '輕'과 같다. 輶(가벼울 유) 《詩經 · 大雅 · 蒸民》 篇에 나온다. 蒸(찔 증)
- 上天之載, 無聲無臭: '上天이 만물을 化育하는데 소리도 없고 냄새

도 없다.' ≪詩經 · 大雅 · 文王≫ 篇에 나온다.

● 遍(두루 편) 匪(아닐 비) 雕(새길 조) 倫(비교할 륜) 載(일 재) 諭(깨우칠 유) 屢(여러 루)

【備旨】

夫子ㅣ直決之曰 吾誠非多學而識之者也라 蓋萬物은 原於一本이니 惟本一心之理하여 以貫乎天下萬事萬物之理而已니 豈必多學而識哉아 賜亦求端於一貫이 可矣니라

夫子께서 곧바로 결단하여 가라사대 "나는 진실로 많이 배워서 잘 기억하는 자가 아니니라. 대개 萬物은 한가지 근본에서 시작하니 오직 한 마음의 이치에 근본하여 天下의 萬事와 萬物의 이치를 꿰뚫을 따름이니, 어찌 반드시 많이 배워서 기억하리오? 사賜 또한 一貫에서 실마리를 구하는 것이 可할지니라."

[15 · 3]

子曰 由아 知德者ㅣ鮮矣니라

孔子께서 가라사대 "유由야! 德을 아는 자가 드무니라."

由는 呼子路之名而告之也라 德은 謂義理之得於己者니

非己有之면 不能知其意味之實也라

自第一章으로 至此는 疑皆一時之言이니 此章은 蓋爲慍見(현)發也라

'由'는 子路의 이름을 불러 告하신 것이다. '德'은 義理가 몸에 얻어진 것을 말한 것이니, 몸에 德을 지니지 않으면 능히 그 意味의 실제를 알 수 없다.

제1장으로부터 여기까지는 의심컨대 모두 한 때의 말씀이니 이 章은 대개 (子路가) 성난 모습으로 뵈었기 때문에 발명하신 것이다.

주해

- 知德: 여기에서의 德은 衆理統會의 德을 말한다.
  慶源輔氏가 말했다. "聖人 문하의 학문은 한갓 아는 것만을 숭상하는 것이 아니라, 요컨대 실제로 德을 자신의 몸에 두는데 있다. 聖門之學, 不以徒知爲尙, 要在實有諸己."(大全註疏)

【備旨】

夫子ㅣ呼子路而告之曰 由아 義理得於心을 謂之德이니 若能實有是德하여 眞知其意味之所在면 則內重而見外之輕하여 一切窮通得喪이 自不足以動其心이라 我求其人호되 蓋亦鮮矣니 由其勉進於知德哉인저

夫子께서 子路를 불러 고하여 가라사대 "由야! 義理가 마음에 얻어진 것을 德이라 하니, 만약 능히 실제로 이 德을 두어 진실로 그

의미의 所在를 안다면, 곧 안은 무겁게 하고 겉으로 드러나는 것은 가볍게 하여 일체의 窮通과 得喪이 저절로 족히 그 마음을 움직이지 못할 것이니라. 내가 그런 사람을 구했으나. 대개 또한 드무니, 由는 그 德을 아는데 힘써 나아갈 것이니라."

주해

- 窮通: 곤궁함과 현달(顯達).
  ≪莊子 · 讓王≫ 篇에 나온다. "古之得道者, 窮亦樂, 通亦樂, 所樂非窮通也. 道德於此, 則窮通爲寒暑風雨之序矣." 또한 ≪呂氏春秋 · 高義≫ 篇에도 나온다. "然則君子之窮通, 有異乎俗者也."
- 得喪: '得失'과 같다. 즉 名利를 얻는 것과 잃는 것을 말함.
  ≪莊子 · 田子方≫에 나온다. "而況得喪禍福之所介乎!" 또한 ≪韓詩外傳≫ 卷四에도 나온다. "天子不言多少, 諸侯不言利害, 大夫不言得喪, 士不言通財貨, 不賈於道."

[15 · 4]

子曰 無爲而治者는 其舜也與신저 夫何爲哉시리오 恭己正南面而已矣시니라

孔子께서 가라사대 "인위적으로 하지 않고 다스린 자는 그 순舜이로다! 무릇 무슨 일을 하셨으리오? 몸을 공경히 하고 바르게 南面하셨을 따름이니라."

無爲而治者는 聖人德盛而民化하여 不待其有所作爲也

라 獨稱舜者는 紹堯之後하고 而又得人以任衆職이라 故로 尤不見其有爲之迹也라 恭己者는 聖人敬德之容이니 旣無所爲면 則人之所見이 如此而已라

'無爲而治'는 聖人의 德이 성하여 백성이 교화되어 그 作爲하는 바를 기다리지 않는 것이다. 다만 순舜 만을 일컬은 것은 요堯의 뒤를 잇고 또 인재를 얻어 여러 직책을 맡겼기 때문이다. 그러므로 더욱 그 作爲의 흔적을 볼 수 없었던 것이다. '恭己'는 聖人께서 德을 공경하는 모습이니, 이미 作爲하는 바가 없으면 곧 사람들이 보는 바가 이와 같을 따름이다.

주해

- 無爲而治: 作爲하지 않고 다스리다. '無爲'는 '無事'의 뜻이고, '治'는 天下化成을 말한다.
  新安陳氏가 말했다. "사람들이 그 작위적인 흔적은 볼 수 없었고, 가히 볼 수 있는 것은 임금 자리에 나아가 德을 공경하는 모습일 뿐이었다. 人不見其有爲之迹, 可得見者, 臨御敬德之容耳."(大全註疏)
  迹(자취 적) 御(다스릴 어)
- 紹(이을 소) 尤(더욱 우)

【備旨】

夫子ㅣ上嘉舜治之盛曰 自古로 帝王爲治多矣로되 若不待其有所作爲나 而天下自臻於平治者는 其虞舜也與신저 蓋以舜之盛德而民化하고 又紹堯之後하여 得人以任重職하니 所以享無爲之治也라 夫舜이 果何爲哉시리오

惟見其垂衣端拱하여 恭己之容이 儼然正位於南面之尊하니 人之所見이 惟此而已矣라 恭己之外에 曷見其有爲之迹哉아 信乎라 舜之無爲而治也신저

夫子께서 위로 舜의 다스림이 성함을 가상嘉尙히 여겨 가라사대 "自古로 帝王이 다스린 일은 많았으되 그 作爲하는 바를 기다리지 않고도 天下가 저절로 태평하게 다스려지는 데 이른 사람은 그 우순虞舜이로다! 대개 舜의 盛德으로써 백성들이 교화되고, 또 堯의 뒤를 이어 인재를 얻어 重職을 맡기시니 作爲가 없는 다스림을 누리신 것이다.

무릇 舜은 과연 무슨 일을 하셨으리오? 오직 그 옷을 드리우고 단정히 두 손을 맞잡아, 몸을 공경히 하는 모습이 엄연儼然하여 南面의 높은 곳에 바르게 앉아 있는 것만 볼 수 있었을 뿐이니, 사람들이 보는 바가 오직 이것일 뿐이었다. 몸을 공경히 하는 것 외에 어찌 그 作爲의 흔적을 볼 수 있었으리오? 진실로 舜은 作爲하지 않고 다스리신 분이로다!

주해

- 垂衣: '垂衣裳'과 같음. 원래 '의복을 제정하여 천하에 禮를 나타내다'라는 뜻이었으나, 후에 제왕의 '無爲而治'를 칭송하는 말로 사용됨.

  ≪易 · 계사하繫辭下≫ 篇에 "黃帝堯舜, 垂衣裳而天下治, 蓋取諸乾坤."이라 했고, 韓康伯의 註에 "垂衣裳以辨貴賤, 乾尊坤卑之義也."라 풀이했다.
- 端拱: 몸을 바르게 하고 두 손을 맞잡다. 拱(두손맞잡을 공)

  ≪莊子 · 山木≫ 篇에 "左據槁木, 右擊槁枝, 而歌猋氏之風…… 顏回

端拱還目而窺之."라 했고, ≪晉書 · 隱逸傳 · 張忠≫ 篇에 "冬则縕袍, 夏则带索, 端拱若尸."라 했다. 猋(달리 표) 窺(엿볼 규) 縕(솜 온) 袍(핫옷 포) 索(동아줄 삭)

● 臻(이를 진) 曷(어찌 갈)

[15 · 5]

子張이 問行한대

子張이 行함을 묻건대,

猶問達之意也라

현달顯達을 물어본 뜻과 같다.

주해

● 問行: '欲行無不利'의 뜻을 말한다.

【備旨】

子張이 問於夫子曰 人之處世 ㅣ 必何如而後에 行無不利乎아.

子張이 夫子께 물어 가로되 "사람의 處世가 반드시 어떻게 한 뒤라야 행함에 이롭지 않음이 없겠습니까?"

子曰 言忠信하며 行篤敬이면 雖蠻貊之邦이라도 行矣어니와 言不忠信하며 行不篤敬이면 雖州里나 行乎哉아

孔子께서 가라사대 "말이 忠信하며 행실이 독경篤敬하면 비록 오랑캐의 나라라고 할지라도 행할 수 있거니와, 말이 忠信하지 못하며, 행실이 篤敬하지 못하면 비록 州里에서라도 행해질 수 있으리오?"

子張意在得行於外라 故로 夫子反於身而言之하시니 猶答干祿問達之意也라 篤은 厚也라 蠻은 南蠻이요 貊은 北狄이라 二千五百家爲州라

子張의 뜻은 밖에서 행해짐을 얻은데 있었다. 그러므로 夫子께서 몸에 돌이키는 것으로 말씀하시니, 〈爲政篇〉의 녹祿을 구하고 〈顔淵篇〉의 현달顯達을 물은 뜻과 같다. '독篤'은 두터움이다. '만蠻'은 남방 종족이요, '맥貊'은 북방 종족이다. 2千 5百家를 '州'라 한다.

주해

- 忠信: '忠'은 말과 마음이 서로 부합하는 것이고, '信'은 일과 말이

상응하는 것이다. "口與心符是忠, 事與口應是信."(四書補註備旨)

● 篤敬: '독篤'은 자상하게 살펴서 경망하지 않는 것이고, '敬'은 경계하면서 본심을 잃을까 두려워하는 것이다. "詳審不輕是篤, 戒懼恐失是敬"(四書補註備旨)

朱子가 말했다. "'독篤'은 중후하고 깊이 잠긴다는 뜻이 있다. 공경하되 독후篤厚하지 못하면 구애되고 급박해지는 근심이 생기게 된다. 篤有重厚深沈之意, 敬而不篤, 則有拘迫之患."(大全註疏) 沈(가라앉을 침) 拘(구애될 구)

● 蠻(남방종족 만) 貊(북방종족 맥) 干(구할 간) 祿(봉 록)

【備旨】

夫子ㅣ告之曰 所謂行者는 求諸己而已니 使言焉忠誠而信實하며 行焉篤厚而敬謹이면 則誠能動物하여 言出而人孚之하고 行出而人孚之하나니 雖遠而蠻貊之邦이라도 亦可行矣어니와

若言焉虛誕而不忠信하며 行焉縱肆而不篤敬이면 則不誠未有能動者하여 言出而人違之하고 行出而人違之하나니 雖近而州里나 其能行乎哉아 可見行之利與不利는 惟視其心之誠與不誠而已니라

夫子께서 고하여 가라사대 "이른바 行이라는 것은 자신의 몸에서 구할 따름이니, 가사 말이 忠誠되고 信實하며, 행함이 독후篤厚하고 경근敬謹하면 곧 정성이 능히 사물을 감동시켜, 말이 나오면 사람들이 믿게 되고 행하게 되면 사람들이 믿게 되나니, 비록 멀리 남방과 북방의 종족일지라도 또한 가히 행해질 수 있거니와,

만약 말이 허탄虛誕하여 忠信하지 못하며, 행실이 방자하여 독경篤敬하지 못한다면, 곧 정성스럽지 못함이 능히 사물을 감동시킬 수 없어서, 말이 나오면 사람들이 떠나가고 행하게 되면 사람들이 떠나게 되나니, 비록 가까운 州里라도 그 능히 행할 수 있으리오? 가히 행함의 이로움과 이롭지 않음은 오직 그 마음의 정성과 정성스럽지 못함을 살피는 데서 알 수 있을 따름이니라."

주해

- 縱肆: 멋대로 행동하며 방자함. 縱(방종할 종) 肆(방자할 사)

立則見其參於前也요 在輿則見其倚於衡也니 夫然後行이니라

"서 있으면 곧 그것(忠信과 篤敬)이 面前에 참여하듯이 보고, 수레에 앉아 있으면 곧 그것(忠信과 篤敬)이 멍에에 기대어 있는 것처럼 볼 것이니, 무릇 그런 연후에야 행할 수 있는 것이니라."

其者는 指忠信篤敬而言이라 參은 讀如毋往參焉之參이니 言與我相參也라 衡은 軛也라 言其於忠信篤敬에 念念不忘하여 隨其所在하여 常若有見하니 雖欲頃刻離之나 而不可得然後에 一言一行이 自然不離於忠信篤敬하여 而蠻貊可行也라

'기其'는 '忠信'과 '篤敬'을 가리켜 한 말이다. '참參'은 '가서 거기에 참여하지(끼어들지) 말라'는 '參'과 같이 읽으니, 자신과 더불어 서로 참여한다는 말이다. '형衡'은 멍에이다. 그 忠信과 篤敬에 대해 잠시도 잊지 않고 생각하여 그것이 있는 곳을 따라서 항상 보는 것과 같이 하니, 비록 잠깐 동안이라도 떠나고자 하나 가히 떠날 수 없게 된 연후에야 한 마디 말과 한 가지 행동이 자연스럽게 忠信과 篤敬에서 떠나지 아니하여 남방과 북방의 나라에서라도 가히 행해질 수 있는 것이다.

주해

- 輿: 수레. '車'와 같다. 輿(수레 여)
- 毋往參焉: '가서 참여하지(끼어들지) 말라'
  ≪禮記 · 曲禮≫ 篇에 나온다. "(두 사람이) 나란히 앉아 있거나 나란히 서 있으면 가서 끼어들지 말라. 離坐離立, 毋往參焉," 離(짝 리)
- 衡: 멍에. '액軛'과 같다. 軛(멍에 액)

【備旨】

然이나 忠信篤敬은 非可以襲取而强爲也니 必其於未言未行之先에 念念不忘하여 時乎立也면 則若見忠信篤敬之理가 參於吾之前也요

時乎在輿也엔 則若見忠信篤敬之理가 倚於吾之衡也니 夫然後에 一言一行이 自不離忠信篤敬하여 而州里蠻貊이라도 無不可行矣니라

"그러나 忠信과 篤敬은 가히 갑자기 취해서 억지로 할 수 있는 것이 아니니, 반드시 그 말하거나 행하기 전에 잠시라도 잊지 않고 생각하여, 때로 서 있을 적에는 곧 忠信과 篤敬의 이치가 자신의 면전에서 있는 것을 보듯이 해야 하고,
때로 수레에 앉아 있으면 곧 忠信과 篤敬의 이치가 나의 수레멍에에 의지하고 있는 것을 보듯이 해야 하니, 무릇 그러한 후에야 한마디 말과 한 가지 행실이 저절로 忠信과 篤敬에서 벗어나지 않게 되어 자신이 사는 고을과 만맥蠻貊의 나라에서도 가히 행해지지 않음이 없을 것이니라."

주해

● 襲取: 갑자기 빼앗아 취하다. '습탈襲奪'와 같다. 襲(엄습할 습) 奪(빼앗을 탈)
≪漢書 · 주발전周勃傳≫에 나온다. ""攻都關定陶, 襲取宛朐, 得單父令." 宛(굽을 완) 朐(멍에 구)

子張이 書諸紳하니라

子張이 그 말씀을 허리띠에 적었다.

紳은 大帶之垂者라 書之는 欲其不忘也라
程子曰 學要鞭辟近裏하여 著己而已니 博學而篤志하고 切問而近思하며 言忠信行篤敬하여 立則見其參於前이

요 在輿則見其倚於衡이니 卽此是學이라 質美者는 明得盡하고 渣滓便渾化하여 卻與天地同體요 其次는 惟莊敬以持養之니 及其至則一也니라

'신紳'은 허리띠가 드리워진 것이다. '그 말씀을 적었다'는 것은 잊지 않고자 함이다.

程子 가로되 "배움은 사물의 이치를 분석하고 채찍질하여 깊은 곳까지 근접하여 내 몸에 붙이는 것을 요할 따름이니, 널리 배우되 뜻을 두텁게 하고, 간절히 묻되 가까운 것부터 생각하며, 말은 忠信하게 하고 행실은 篤敬하게 하여, 서 있으면 곧 그 앞에 있는 것을 보듯이 해야 하고, 수레에 앉아 있으면 곧 그 멍에에 의지함을 보듯이 해야 하니, 곧 이것이 이 배움이다. 자질이 뛰어난 자는 밝히기를 다하고 찌꺼기가 완전히 하나가 되어 도리어 天地로 더불어 한 몸이 될 것이요, 그 다음은 오직 엄숙하고 공경함으로써 지키고 길러야 하니, 그 지극함에 이르러서는 곧 한가지이다."

주해

- 紳: 큰 띠, 허리띠. '紳帶'의 뜻이다. 紳(큰띠 신)
  新安陳氏가 말했다. "上文의 夫子의 말씀을 허리띠에 적은 것이다. 書上文夫子所言於紳也."(大全註疏)
- 鞭辟近裏: 사물의 이치를 깊이 분석하고 파고 들어가 심오한 경지에까지 이르다. '편벽鞭辟'은 '면려勉勵'와 '分析'의 뜻이다. 鞭(채찍 편) 辟(채찍 벽)
  정호程顥의 ≪師訓≫에 "學只要鞭辟近裏, 著己而已, 故切問而近思, 則仁在其中矣."라고 했고, ≪朱子語類≫ 卷九五에 "'且省外事, 但明乎善, 惟進誠心', 只是教人鞭辟近裏."라고 했다.

著(분명할 저, 붙을 착)

● 渣滓: 찌꺼기. 滓(찌꺼기 재) 渣(찌꺼기 사)

朱子가 말했다. "'천지와 한 몸'은 곧 義理의 精華요, '찌꺼기'는 곧 私意와 人欲이 아직 소멸되지 못한 것이다. 사람과 천지는 다만 찌꺼기가 아직 제거되지 못한 연유로 간격이 있을 뿐이다. 만일 찌꺼기가 없으면 곧 천지와 한 몸이 된다. 예를 들어 '克己復禮爲仁'에서 '己'는 찌꺼기이고, '復禮'는 곧 천지와 한 몸이 되는 것이다. 天地同體處, 是義理之精英. 渣滓, 是私意人欲之未消滅者. 人與天地, 本一體, 只緣渣滓未去, 所以有間隔. 若無渣滓, 便與天地同體. 如克己復禮爲仁, 己是渣滓, 復禮便是天地同體處."(大全註疏)

● 渾化: 혼연히 하나가 되다.

明나라 왕수인王守仁의 ≪전습록傳習錄≫ 卷中에 "來書雲, 質美者, 明得盡, 查滓便渾化."라고 했다.

【備旨】

子張이 聞夫子之言而知其切於身也하여 遂書紳以識하여 不忘焉이라 庶忠信篤敬之教를 一寓目而存하여 而參前倚衡之見은 亦因象而顯矣니 張亦善體聖教也哉인저

子張이 夫子의 말씀을 듣고 그것이 몸에 절실함을 알아서, 마침내 큰 띠에 써서 기록하여 잊지 않고자 했다. 아마도 忠信과 篤敬의 가르침을 한결 같이 눈에 머물러 있도록 보존하여, 앞에 서 있고 멍에에 기대어 있듯이 보이도록 한 것은 또한 象으로 인하여 드러나게 한 것이니, 子張 또한 聖人의 가르침을 잘 체득하였던 것이다.

주해

- 庶: 아마도, 다행히.
- 寓目: 눈으로 보다. 寓(머무를 우)

[15·6]

子曰 直哉라 史魚여 邦有道에 如矢하며 邦無道에 如矢로다

孔子께서 가라사대 "곧도다, 史魚여! 나라에 道가 있어도 화살처럼 곧으며, 나라에 도가 없어도 화살처럼 곧도다!"

史는 官名이라 魚는 衛大夫니 名鰌라 如矢는 言直也라 史魚自以不能進賢退不肖라하여 旣死에 猶以尸諫이라 故로 夫子稱其直하시니 事見(현)家語라

'史'는 官名이다. '어魚'는 위衛나라 大夫이니 이름은 추鰌이다. '如矢'는 곧다는 말이다. 史魚가 스스로 능히 어진 이를 등용하고 不肖한 이를 물리치지 못했기 때문에 이미 죽어서도 오히려 주검으로써 諫을 하였다. 그러므로 夫子께서 그 곧음을 칭찬하셨으니, 이 일이 ≪孔子家語≫에 보인다.

주해

- 鰌(미꾸라지 추)

● 屍諫: 신하가 죽으면서 屍身을 내보이며 人君에게 충간忠諫을 하다.
屍(주검 시) 諫(간할 간)
≪孔子家語 · 곤서困誓≫ 篇에 "未有若史魚死而屍諫, 忠感其君者也, 不可謂直乎!"라고 했고,
≪韓詩外傳≫ 卷七에 "衛大夫史魚, 病且死, 謂其子曰 '我數言蘧伯玉之賢而不能進, 彌子瑕不肖而不能退. 爲人臣生不能進賢而退不肖, 死不當治喪正堂, 殯我於室足矣.' 衛君問其故, 子以父言聞, 君造然召蘧伯玉而貴之, 而退彌子瑕, 從殯於正堂, 成禮而後去. 生以身諫, 死以屍諫, 可謂直矣."라고 했다. 蘧(풀이름 거) 瑕(티 하) 殯(염할 빈)

【備旨】

夫子ㅣ稱衛之有賢臣曰 自諂諛風行으로 直道之不見於天下也久矣라 直矣哉라 其衛大夫史魚乎여 當夫邦之有道也엔 則正言讜論을 不以世治而有所諱하니 其直이 固如矢也며
及乎邦之無道也하여는 亦正言讜論을 不以世亂而有所屈하니 其直이 亦如矢也로다 是時有變遷이나 而守無屈撓하니 可不謂直乎아

夫子께서 위衛나라에 어진 신하가 있음을 칭찬하여 가라사대 "아첨하는 풍조가 행해지면서부터 곧은 道가 天下에 나타나지 않은 지 오래되었도다. 곧 도다, 그 衛나라 大夫인 사어史魚여! 무릇 나라에 道가 있을 때에는 곧 바른 말과 곧은 말을 세상이 잘 다스려진다고 하여 꺼리는 바가 있지 않았으니, 그 곧음이 진실로 화살과 같았으며,

나라에 道가 없을 때에는 또한 바른 말과 곧은 말을 세상이 혼란스럽다고 하여 굽히는 바가 있지 않았으니, 그 곧음이 또한 화살과 같도다.
이는 때에는 변천이 있으나 지킴에는 굽힘이 없었으니, 가히 곧다고 이르지 않으리오?"

주해

- 諂諛: 아첨하다, 아부하다. '첨미아유諂媚阿諛'의 뜻이다. 諂(아첨할 첨) 諛(아첨할 유) 媚(아첨할 미)
  ≪左傳 · 昭公六年≫ 條에 "晏子曰 '不入. 燕有君矣, 民不貳. 吾君賄, 左右諂諛, 作大事不以信, 未嘗可也.'"라고 했다.
- 讜論: 곧은 말. '直言'과 같다. 讜(곧은말 당)
- 屈撓: 굽다, 휘다. 굴복하다. '굴요屈橈'와 통한다. 屈(굽힐 굴) 撓(휘 요) 橈(꺾일 요)
  ≪詩 · 大雅 · 숭고嵩高≫ 篇에 "揉此萬邦"라 했고, 唐나라 공영달孔穎達의 소疏에 "≪易≫ 稱揉木爲耒, 謂屈橈之也."라고 풀이했다. 또한 ≪淮南子 · 범논훈氾論訓≫ 篇에 "陳卒設兵, 兩軍相當, 將施令曰. 斬首拜爵, 而屈撓者要斬."이라 했다.

君子哉라 蘧伯玉이여 邦有道則仕하고 邦無道則可卷而懷之로다

"君子로다, 거백옥蘧伯玉이여! 나라에 道가 있으면 곧 벼슬하고, 나라에 道가 없으면 곧 가히 거두어들여 감추도다!"

伯玉出處가 合於聖人之道라 故로 曰君子라 卷은 收也요 懷는 藏也니 如於孫林父(보)와 甯殖이 放弑之謀에 不對而出이 亦其事也라
楊氏曰 史魚之直은 未盡君子之道요 若蘧伯玉然後에 可免於亂世니라 若史魚之如矢면 則雖欲卷而懷之라도 有不可得也라

백옥伯玉의 出處가 聖人의 道에 부합하였다. 그러므로 '君子로다!'라고 하셨다. '권卷'은 거둠이요, '회懷'는 감추는 것이니, 손림보孫林父와 영식甯殖이 人君을 내쫓고 시해弑害하려는 음모에 대꾸하지 않고 나온 것이 또한 그 일이다.
楊氏 가로되 "史魚의 곧음은 君子의 道를 다하지 못한 것이요, 거백옥蘧伯玉과 같은 연후에야 가히 난세에 화를 면할 수 있다. 만약 史魚의 화살과 같이 곧다면 곧 비록 거두어들여 감추고자 해도 가히 할 수 없을 것이다."

주해

- 可卷而懷: 道를 거두어들여 감추다. '卷'은 '收'이고, '懷'는 '藏'의 뜻이다.
  新安陳氏가 말했다. "'卷'과 '懷'는 모두 이 道를 가리킨 말이니, 이 일을 인용해 증거로 삼았다. 卷懷, 皆指此道而言, 引此事以爲證."(大全註疏)
- 出處: 去就, 進退.
- 史魚之直: 史魚의 곧음.
  朱子가 말했다. "'直'은 본디 좋은 것이다. 그러나 줄곧 곧기만 하면

곧 치우치게 되니, 어찌 거백옥蘧伯玉과 같은 군자가 될 수 있으리오? 直固好. 然一向直, 便是偏, 豈得伯玉之君子."(大全註疏)

胡氏가 말했다. "'直'은 德의 한 부분이고, '君子'란 德을 이룬 사람을 일컫는다. 直者, 德之一端. 君子者, 成德之名."(大全註疏)

● 蘧(풀이름 거) 卷(거둘 권) 甯(차라리 녕) 殖(번성할 식) 弑(죽일 시)

【備旨】

自功名日盛으로 而君子之難見於天下也久矣라 君子哉라 其衛大夫蘧伯玉乎여 當夫邦之有道也엔 則相時而仕하여 以行其道하고 及乎邦之無道也하여는 則知幾而退하여 可以卷而懷之하니 是出處之際에 有合於因時之宜니 非君子면 孰能之리오

"功名이 날로 성하면서부터 君子를 天下에서 찾아보기 어렵게 된 지 오래되었도다. 君子로다, 그 위衛나라 大夫 거백옥蘧伯玉이여! 무릇 나라에 道가 있으면 곧 때를 살펴서 벼슬하여 그 道를 행하고, 나라에 道가 없게 되면 곧 기미幾微를 알아서 물러나 가히 거두어들여 감출 수 있나니, 이는 벼슬에 나아가고 물러날 경우에 때의 마땅함에 부합이 되니, 君子가 아니면 누가 능히 할 수 있으리오?"

주해

● 相: 보다, 살피다. 相(볼 상)
● 因時之宜: 때에 따라 마땅함을 취하다. '因時制宜'와 같다. ≪孟子 · 滕文公上≫ 篇에 "若夫潤澤之, 則在君與子矣."라고 했고,

朱子의 集註에 "潤澤, 謂因時制宜, 使合於人情, 宜於土俗."이라 풀이했다.

[15 · 7]

子曰 可與言而不與之言이면 失人이요 不可與言而與之言이면 失言이니 知者는 不失人하며 亦不失言이니라

孔子께서 가라사대 "가히 더불어 말할 만하나 그와 더불어 말하지 아니하면 사람을 잃는 것이요, 가히 더불어 말할 만하지 못하나 그와 더불어 말하면 말을 잃는 것이니, 지혜로운 자는 사람을 잃지 아니하며, 또한 말을 잃지도 않느니라."

주해

- 勉齋黃氏가 말했다. "더불어 말하지 않는 것은 그 가히 더불어 말할 만한지를 모르기 때문이요, 더불어 말하는 것은 그 가히 더불어 말할 만하지 못한 것을 모르기 때문이다. 그러므로 오직 지혜로운 자만이 능히 사람을 잃지 않고, 또한 말을 잃지 않는 법이다. 不與之言, 不知其可與言也. 與之言, 不知其不可與言也. 故惟知者, 不失人, 亦不失言也."(大全註疏)

【備旨】

夫子ㅣ示人語默之宜曰 人之語默은 中節爲難하니 彼其

人之可與言也엔 則當與之言矣로되 而乃不與之言이면 是不知其人之可與言也니 如是則失人이요

若其人不可與言也엔 則當勿與之言矣로되 而反與之言이면 是不知其人之不可與言也니 如是則失言이라

所以然者는 由其智不足耳니 惟知者는 識見精明하고 權度素定하여 知其人之可與言也면 則與之言하여 而不至失人하고 又知其人之不可與言也면 則不與之言하여 亦不至於失言하나니 語默을 各中其節이라 此其所以爲知也니라

夫子께서 사람이 말하거나 침묵해야 하는 마땅함을 보여 가라사대 "사람이 말을 하거나 침묵을 하는 것은 절도에 맞게 하기가 어려우니, 저 그 사람이 가히 더불어 말할 만하면 곧 마땅히 더불어 말해야 하되 이에 그와 더불어 말하지 아니하면, 이는 그 사람이 가히 더불어 말할 만하다는 것을 알지 못하는 것이니, 이와 같으면 곧 사람을 잃는 것이요,

만약 그 사람이 가히 더불어 말할 수 없으면 곧 마땅히 그와 더불어 말하지 말아야 하되 도리어 그와 더불어 말한다면, 이는 그 사람이 가히 더불어 말할 만하지 못함을 알지 못한 것이니, 이와 같이 하면 곧 말을 잃는 것이니라.

그렇게 되는 이유는 그 지혜가 부족함으로 말미암을 따름이니, 오직 지혜로운 자는 識見이 정밀하고 명백하며 권도權度가 본디 정해져 있어, 그 사람이 가히 더불어 말할 만하다는 것을 알면 곧 그와 더불어 말을 해서 사람을 잃는 데까지 이르지 않게 되고, 또 그 사

람이 가히 더불어 말할 수 없다는 것을 알면 곧 그와 더불어 말을 하지 않아 또한 말을 잃는 데까지 이르지 않게 되나니, 말하거나 침묵하는 것을 각각 그 절도에 맞게 한 것이다. 이것이 그가 지혜가 되는 바이니라."

주해

- 語默: 말하거나 침묵하는 것. 默(말없을 묵)
- 中節: 예의와 법도에 부합하다.
  ≪禮記 · 中庸≫에 나온다. "喜怒哀樂之未發謂之中, 發而皆中節謂之和."
- 權度: 사물의 輕重과 長短을 측량하는 도구.
  ≪周禮 · 地官 · 掌葛≫ 篇에 "掌葛掌以時徵絺綌之材於山農……以權度受之."라고 했고, 가공언賈公彦의 疏에 "使知斤兩長短故也."라고 풀이했다. 絺(칡베 치) 綌(칡베 격)

[15 · 8]

子曰 志士仁人은 無求生以害仁이요 有殺身以成仁이니라

孔子께서 가라사대 "뜻있는 선비와 어진 사람은 살기를 구하여 仁을 해치는 경우가 없고, 몸을 바쳐 仁을 이루는 경우는 있느니라."

志士는 有志之士요 仁人則成德之人也라 理當死而求生이면 則於其心에 有不安矣니 是는 害其心之德也요 當

死而死면 則心安而德全矣라

程子曰 實理를 得之於心이면 自別이니 實理者는 實見得是하고 實見得非也라 古人有捐軀隕命者하니 若不實見得이면 惡(오)能如此리오 須是實見得生不重於義하고 生不安於死也라 故로 有殺身以成仁者하니 只是成就一箇是而已니라

'志士'는 뜻있는 선비요, '仁人'은 곧 德을 이룬 사람이다. 의리상 마땅히 죽어야 하나 살기를 구하면 곧 그 마음에 편치 않음이 있으니, 이는 그 마음의 德을 해치는 것이요, 마땅히 죽어야 할 경우에 죽는다면 곧 마음이 편안하고 德이 온전해질 것이다.

程子 가로되 "진실한 이치를 마음에서 얻으면 스스로 분별이 되니, 진실한 이치란 실제로 옳음을 알고 실제로 그름을 아는 것이다. 古人 중에 몸을 버리고 목숨을 바친 자가 있었으니, 만일 실제로 깨닫지 못하였다면 어찌 능히 이와 같을 수 있었으리오? 모름지기 이는 실제로 목숨이 義보다 중하지 않고, 목숨이 죽음보다 편안하지 못하다는 것을 깨달았기 때문이다. 그러므로 몸을 바쳐 仁을 이루는 자가 있었으니, 다만 이는 하나의 옳음을 성취했을 따름이다."

주해

- 志士仁人: 뜻있는 선비와 어진 사람. '志士'는 仁을 이룹게 하는 자이고, '仁人'은 仁에 편안한 자이다.
  雙峯饒氏가 말했다. "仁人은 仁과 더불어 하나이니, 仁이 자신에게 있는 것이다. 志士는 仁과 더불어 여전히 둘이나, 그러나 仁을 행하는데 뜻을 둔다. 仁人, 與仁爲一, 仁爲我有矣. 志士, 與仁猶二, 但有

志於爲仁."(大全註疏)

新安陳氏가 말했다. "志士는 仁에 뜻을 두고 힘써 행하나 仁人이 편안하게 행하는 데에는 미치지 못한다. 그러나 生死 때문에 마음이 동요하여 이 仁을 손상시키지 않는 경우는 마찬가지이다. 志士, 志於仁而勉行, 不及仁人之安行. 然不以生死動心而虧此仁, 則一也."(大全註疏) 虧(이지러질 휴)

- 見得: 알다, 깨닫다.
- 捐軀隕命: 몸을 버리고 목숨을 바치다. 捐(버릴 연) 軀(몸 구) 隕(잃을 운)

【備旨】

夫子ㅣ勉人全仁曰 好生惡死는 人之恒情이로되 惟有志之士와 與夫成德之仁人이라야 其於綱常倫理之際에 當死而死하니 於理爲是하고 於心始安하여 決無苟且求生以害仁이요 寧可殺身授命以成仁而已니 志士仁人之有係於世道也ㅣ豈淺鮮哉리오

夫子께서 사람들에게 仁을 온전히 할 것을 권면하여 가라사대 "사는 것을 좋아하고 죽는 것을 싫어함은 사람의 떳떳한 마음이나, 오직 뜻있는 선비와 德을 이룬 仁人이라야 그 삼강三綱과 오상五常의 윤리 사이에서 마땅히 죽어야 할 경우에 죽으니, 이치에 옳고 마음에도 비로소 편안하여 결단코 구차하게 목숨을 구하여 仁을 해치는 일이 없을는 것이요, 차라리 가히 몸을 바쳐 목숨을 버림으로써 仁을 이룰 따름이니, 志士와 仁人이 世道와 관계되는 것이 어찌 얕고 적다고 할 수 있으리오?"

주해

- 恒情: 보통의 마음. '常情'과 같음.
- 綱常: 삼강三綱과 오상五常(仁義禮智信).

[15 · 9]

子貢이 問爲仁한대 子曰 工欲善其事인댄 必先利其器니 居是邦也하여 事其大夫之賢者하며 友其士之仁者니라

子貢이 仁을 행하는 일을 묻건대,
孔子께서 가라사대 "장인匠人이 그 일을 잘하고자 하면 반드시 먼저 그 연장을 날카롭게 해야 하니, 이 나라에 살면서 그 大夫 중에 현명한 자를 섬기며, 그 선비 중에 어진 자를 벗으로 삼을지니라."

賢은 以事言이요 仁은 以德言이라 夫子嘗謂子貢이 悅不若己者라 故로 以是告之하시니 欲其有所嚴憚切磋하여 以成其德也시니라
程子曰 子貢은 問爲仁이요 非問仁也라 故로 孔子告之以爲仁之資而已라

'현賢'은 일로써 말한 것이요, '仁'은 德으로써 말한 것이다. 夫子께서 일찍이 子貢은 자기만 같지 못한 자를 좋아한다고 말씀하셨다. 그러므로 이런 말씀으로 그에게 告하시니, 그가 삼가고 조심하며 갈고 닦아 그 德을 이룬 바가 있게 하고자 하신 것이다.

程子 가로되 "子貢은 仁을 행하는 방법에 대해 물은 것이요, 仁을 물은 것이 아니다. 그러므로 孔子께서 仁을 행하는데 도움이 되는 것으로써 고하셨을 따름이다."

주해

- 嚴憚: 두려워하다. 삼가고 조심하다. 憚(꺼릴 탄)
  ≪史記 · 급정열전汲鄭列傳≫에 "然衛人仕者, 皆嚴憚汲黯, 出其下."라고 했고, 司馬光의 ≪涑水記聞≫ 卷十三에 "先是諸將視元帥如寮宷, 無所嚴憚, 每議事各執所見, 喧爭不已."라고 했다. 黯(어두울 암) 涑(헹굴 속) 寮(벼슬아치 료) 宷(녹봉 채) 喧(시끄러울 훤)
  新安陳氏가 말했다. "'엄탄嚴憚'은 大夫 중의 현명한 자를 섬기는 것을 가리키고, 절차切磋는 선비 중의 어진 자를 벗 삼는 것을 가리킨다. 嚴憚, 指事大夫之賢, 切磋, 指友士之仁."(大全註疏)

【備旨】

子貢이 問爲仁於夫子하니 蓋欲求所以用力之方也라 夫子ㅣ告之曰 子不見百工乎아 若欲善其能爲之事인댄 必先利其所用之器니 蓋資其利也온 況爲仁而可無先資乎아 君子居是邦也에 上有大夫하니 必要事其賢者하며 下有士하니 必要友其仁者니라 事賢이면 則有所觀法而起嚴憚之心하고 友仁이면 則有所切磋而生勉勵之意하

여 而其所以爲仁者力矣라 不然이면 進修無助니 是欲善其事로되 而不先利其器也니 烏乎可리오

子貢이 夫子께 仁을 행하는 일을 물으니, 대개 힘써야 할 바의 방법을 구하고자 한 것이다.

夫子께서 고하여 가라사대 "그대는 百工들을 보지 못했는가? 만약 그 능히 할 수 있는 일을 잘하고자 할진대 반드시 먼저 그 쓸 바의 연장을 날카롭게 해야 하니, 대개 그 날카로움에도 자뢰資賴할 것이 있거늘 하물며 仁을 행하는데 가히 먼저 자뢰資賴함이 없으리오?

君子가 이 나라에 머무르면서 위로는 大夫가 있으니 반드시 그 현명한 자를 섬겨야 하며, 아래로는 士가 있으니 반드시 그 어진 자를 벗삼아야 하느니라. 현명한 자를 섬기면 곧 법도를 살피는 바가 있어 엄격히 삼가고 조심하는 마음이 생겨나고, 어진 자를 벗삼으면 곧 갈고 닦는 바가 있어 힘쓰고자 하는 뜻이 생겨나서 그 仁을 행하는 바가 힘찰 것이니라. 그렇지 않으면 仁에 나아가고 仁을 닦는데 아무런 도움이 없을 것이니, 이는 그 일을 잘하고자 하되 먼저 그 도구를 날카롭게 하지 않는 것과 같으니 어찌 可하리오?"

주해

- 資賴: 의지하다, 힘입다. 資(힘입을 자) 賴(힘입을 뢰)
- 觀法: 법도를 관찰하고 본받다.
  ≪荀子 · 成相≫ 篇에 나온다. "上通利, 隱遠至, 觀法不法見不視."
- 烏: 어찌. 烏(어찌 오)

[15 · 10]

顔淵이 問爲邦한대

顔淵이 나라를 다스리는 일을 묻건대,

顔子는 王佐之才라 故로 問治天下之道라 曰爲邦者는 謙辭라

顔子는 人君을 보좌할 才質이다. 그러므로 天下를 다스리는 道를 물은 것이다. '나라를 다스린다'고 말한 것은 겸손한 말이다.

주해

● 朱子가 말했다. "顔子의 물음에는 두 가지가 있다. 하나는 仁에 대해 물은 것이고, 하나는 나라를 다스리는 일을 물은 것이니, 모름지기 克己復禮로부터 나아가야 비로소 가히 나라를 다스리는 일에 미칠 수 있는 것이다. 顔子之問有二. 一問仁, 一問爲邦, 須從克己復禮上來, 方可及爲邦之事."(大全註疏)

【備旨】

顔淵은 天德旣修라 因志在用世하여 而切究王道라 故로 問爲邦於夫子한대

顔淵은 天德을 이미 닦았기 때문에 뜻을 세상의 쓰임에 두고 王道를 깊이 궁구窮究하였다. 그러므로 夫子께 나라를 다스리는 일을 물

었는데,

주해

- 天德: 하늘의 德性.
  漢나라 동중서董仲舒의 ≪춘추번로春秋繁露 · 인부천수人副天數≫ 篇에 나온다. "天德施, 地德化, 人德義."
- 切究: 깊이 연구하다. 깊이 궁구窮究하다.
  淸나라 방포方苞의 〈禮記析疑序〉에 나온다. "餘在獄, 篋中惟此本, 因悉心焉. 始視之, 若皆可通, 及切究其義, 則多未審者. 因就所疑而辨析焉." 苞(풀이름 포) 篋(상자 협) 悉(다 실)

子曰 行夏之時하며

孔子께서 가라사대 "하夏나라의 시령時令를 시행하며,

夏時는 謂以斗柄初昏建寅之月로 爲歲首也라 天開於子하고 地闢於丑하고 人生於寅이라 故로 斗柄建此三辰之月을 皆可以爲歲首하여 而三代迭用之라
夏以寅으로 爲人正이요 商以丑으로 爲地正이요 周以子로 爲天正也라 然이나 時以作事하니 則歲月은 自當以人爲紀라
故로 孔子ㅣ嘗曰 吾得夏時焉이라하신대 而說者ㅣ以爲謂夏小正之屬이라하니 蓋取其時之正과 與其令之善이

요 而於此에 又以告顔子也시니라

'夏時'란 북두칠성의 자루가 초저녁에 인방寅方을 가리키는 달을 한 해의 처음(歲首)으로 삼는 것을 말한다. 하늘은 자방子方에서 열리고, 땅은 축방丑方에서 열리고, 사람은 인방寅方에서 생겨난다. 그러므로 북두칠성의 자루가 이 세 방위를 가리키는 달을 모두 가히 歲首로 삼을 수 있는데, 三代(夏殷周)가 번갈아 사용하였다.
하夏나라는 인寅을 人正으로 삼았고, 상商나라는 축丑을 地正으로 삼았고, 주周나라는 자子를 天正으로 삼았다. 그러나 때로써 일(농사일)을 해야 하니, 곧 歲와 月은 자연히 人正(夏曆)으로써 버리를 삼아야 한다.
그러므로 孔子께서 일찍이 "내 夏나라의 時令를 얻었노라!"라고 말씀하셨는데, 해설하는 자는 〈夏小正〉과 같은 등속을 이른다고 여겼으니, 대개 그 時의 정확함과 그 令의 훌륭함을 취하신 것이요, 여기에서 다시 顔子에게 고하신 것이다.

주해

- 時令: 고대에 계절에 따라 농사와 관련된 政令을 제정하는 일. '月令'과 같다.
  ≪〈禮記〉月令≫ 篇에 "季冬之月天子乃與公卿大夫共飭國典, 論時令, 以待來歲之宜."라 했고, ≪〈後漢書〉明帝紀≫ 篇에 "班時令, 勑羣後."라 했는데, 李賢의 註에 "時令謂月令也, 四時各有令."이라 풀이했다. 飭(신칙할 칙) 勑(위로할 래)
- 人正: 夏나라 역법의 歲首로서 寅月(음력 1월)을 正月로 삼음. '人元'과 같다.
  漢나라 반고班固의 ≪백호통白虎通 · 三正≫에 "十三月之時, 萬物始

達, 孚由而出, 皆黑, 人得加功, 故夏爲人正, 色尙黑."이라 했다. 孚(미쁠 부)

- 地正: 商나라 曆法의 세수로서 丑月(음력 12월)을 正月로 삼음.
  班固의 ≪白虎通·三正≫에 "十二月之時, 萬物始牙而白. 白者陰氣, 故殷爲地正, 色尙白也."라 했고, ≪禮記·檀弓上≫에 "殷人尙白"이라 했는데, 鄭玄의 註에 "以建醜之月爲正", 唐나라 공영달孔穎達의 疏에 "殷質法天, 而爲地正."이라고 각각 풀이했다.
- 天正: 周나라 曆法의 세수로서 子月(음력 11월)을 正月로 삼음.
  ≪漢書·律曆志上≫에 "其於三正也, 黃鍾子爲天正."이라 했다.
- 吾得夏時焉: '내가 夏나라의 時令(曆法)을 얻었다.'
  ≪禮記·禮運≫ 篇에 나온다. "孔子께서 가라사대 '나는 夏나라의 道를 관철하고 싶었다. 그러므로 기杞나라에 갔는데 족히 증험證驗할 수 없었다. 나는 夏나라의 時令을 얻었다.' 子曰 我欲觀夏道, 是故, 之杞而不足證也. 吾得夏時焉." 杞(나라이름 기)
- 夏小正: 夏나라의 曆法.
  "〈夏小正〉은 夏나라의 역서曆書의 이름이다. 지금은 ≪戴德≫의 註에 남아 있다. 夏小正, 夏時書名, 今存戴德註."(大全註疏)
- 迭(갈마들일 질) 屬(무리 속)

【備旨】

夫子ㅣ告之曰 爲邦之道는 一法戒焉이면 盡之矣라 敬天勤民은 莫大於時니 爲邦而欲奉天道하여 以授民時인댄 汝必行夏時正令善建寅之時焉하며

夫子께서 고하여 가라사대 "나라를 다스리는 道는 한 가지 法을 경계하면 다하는 것이니라. 하늘을 공경하고 백성을 부지런히 다스리는데 時令보다 큰 것이 없으니, 나라를 다스리되 天道를 받들어 백성들에게 時令을 전수하고자 하면, 그대는 반드시 夏나라의 時가 정확하고 令이 훌륭한 建寅의 時令을 시행해야 하며,

乘殷之輅하며

은殷나라의 수레를 타며,

商輅는 木輅也니 輅者는 大車之名이라 古者에 以木爲車而已러니 至商而有輅之名하니 蓋始異其制也라 周人은 飾以金玉하니 則過侈而易敗하여 不若商輅之樸素渾堅하고 而等威已辨하여 爲質而得其中也라

'상로商輅'는 나무 수레이니, '로輅'란 큰수레의 이름이다. 옛날에는 나무로 수레를 만들었을 뿐이었는데, 商나라에 이르러 '輅'라는 이름이 생겨났으니, 대개 처음으로 그 제도를 달리한 것이다. 周나라 사람들은 金과 玉으로 장식하니 곧 지나치게 사치스럽고 부서지기가 쉬워서, '상로商輅'처럼 소박하면서도 견고하고 等威가 이미 분별되어 질박하면서도 그 中正을 얻은 것만 같지 못했다.

주해

- 輅: 수레. 輅(수레 로). ≪釋名≫에 "天子所乘曰玉輅."라 했다.
- 渾堅: 매우 견고함. 渾(클 혼)
- 等威: 일정한 신분과 지위에 상응하는 위의威儀.

≪左傳 · 文公十五年≫ 條에 "伐鼓於朝, 以昭事神, 訓民事君, 示有等威, 古之道也"라고 했고, 두예杜預의 註에 "等威, 威儀之等差."라고 풀이했다.

【備旨】

辨德辨分에 莫大於輅니 爲邦而欲備車制인댄 汝必乘殷樸素渾堅之輅焉하며

德을 분별하고 신분을 분별하는데 수레보다 좋은 것이 없으니, 나라를 다스리고 수레의 제도를 갖추고자 할진대, 그대는 반드시 은殷나라의 질박하고 견고한 견고한 로輅를 타야 하며,

服周之冕하며

주周나라의 면류관을 쓰며,

周冕에 有五하니 祭服之冠也라 冠上에 有覆하고 前後에 有旒하니 黃帝以來로 蓋已有之로되 而制度儀等이 至周始備라 然이나 其爲物이 小而加於衆體之上이라 故로 雖華而不爲靡하고 雖費而不及奢하니 夫子取之는 蓋亦以爲文而得其中也라

周나라의 면류관은 다섯 가지가 있으니 제사 복장에 쓰는 관冠이다. 冠위에 덮개가 있고 앞뒤로 면류관의 술이 있으니, 黃帝 이래로 대개 이미 있었을 것이다. 그러나 制度와 威儀의 등급은 周나라에 이르러 비로소 갖추어졌다. 그러나 그 물건이 작지만 몸 전체의 위에 드리워졌다. 그러므로 비록 화려하나 호사스럽지 않고, 비록 비용이 들더라도 사치스러운 데에는 미치지 않았으니, 夫子께서 이를 취하신 것은 대개 또한 문채가 나면서도 그 中正을 얻었다고 여겼기 때문이다.

주해

- 旒: 면류관의 앞뒤에 구슬을 꿰어 늘어뜨린 줄(술). 旒(면류관술 류)
  何晏이 말했다. "≪世本≫에 '黃帝가 면류관을 만들었다.'라고 했고, ≪周禮≫에 '변사弁師가 왕의 다섯가지 면류관을 관장했다.'라고 했다. 黃帝作冕, 周禮弁師掌王五冕."(大全註疏)
  雲峰胡氏가 말했다. "周나라는 문채를 숭상하여 문채에 지나친 것이 있었다. 그러나 周나라의 면류관은 문채의 中正함을 얻은 것이다. 周尙文, 則有過於文者. 周之冕, 則得乎文之中者也."(大全註疏)
- 覆(덮개 부) 靡(사치할 미)

【備旨】

肅儀貞度는 莫大於冕하니 爲邦而欲重元服인댄 汝必服我周文而得中之冕焉하며

위의威儀를 엄숙히 하고 풍도風度를 바르게하는 데는 면류관 보다 좋은 것이 없으니, 나라를 다스리되 원복元服을 중히 여기고자 할진대,

그대는 반드시 우리 周나라의 문채가 나면서도 中正함을 얻은 면류관을 써야 하며,

주해

- 貞度: 풍도를 바르게 하다, 자신의 행위를 단정하게 하다. ≪舊唐書 · 설수요사렴등전론薛收姚思廉等傳論≫에 나온다. "令狐德棻貞度應時, 待問平直." 姚(성 요) 棻(향내나무 분)
- 元服: 관冠을 말함. 고대에 관례冠禮를 행할 때 원복을 사용했다. ≪儀禮 · 士冠禮≫에 "令月吉日, 始加元服."이라 했고, ≪漢書 · 昭帝紀≫에 "(元鳳)四年春正月丁亥, 帝加元服."이라 했는데, 안사고顔師古의 註에 "元, 首也. 冠者, 首之所著, 故日元服."이라 풀이했다.

樂則韶舞요

음악은 곧 소무韶舞를 할 것이요,

取其盡善盡美라

그 지극히 善하고 지극히 아름다움을 취하신 것이다.

주해

- 韶舞: 순舜임금 당시 무악舞樂의 이름. 韶(순임금음악 소)
何晏의 ≪集解≫에 "≪韶≫, 舜樂也. 盡善盡美, 故取之."라고 했다.
新安陳氏가 말했다. "소무韶舞는 음악의 소리와 음악의 모습을 겸해

서 한 말이다. 韶舞, 以樂聲兼樂容而言也."(大全註疏)

【備旨】

至於象功昭德하여는 莫先於樂이니 爲邦而欲作樂以象功德인댄 汝必取之盡善盡美之韶舞焉이요

功을 형상하고 德을 밝히는데 있어서는 음악보다 좋은 것이 없으니, 나라를 다스리되 음악을 만들어서 功德을 형상화하고자 할진대, 그대는 반드시 지극히 선하고 지극히 아름다운 소무韶舞를 취해야 할 것이요,

放鄭聲하며 遠佞人이니 鄭聲은 淫하고 佞人은 殆니라

鄭나라의 음악을 몰아내고 아첨하는 사람을 멀리해야 하니, 鄭나라의 음악은 음란하고, 아첨하는 사람은 위태로우니라.

放은 謂禁絶之라 鄭聲은 鄭國之音이요 佞人은 卑諂辯給之人이라 殆는 危也라

程子曰 問政이 多矣로되 惟顔淵告之以此라 蓋三代之制는 皆因時損益이로되 及其久也하여는 不能無弊라 周衰

에 聖人不作이라 故로 孔子斟酌先王之禮하여 立萬世常行之道하고 發此以爲之兆耳시니 由是求之면 則餘皆可考也라

張子曰 禮樂은 治之法也니 放鄭聲과 遠佞人은 法外意也라 一日不謹이면 則法壞矣니 虞夏君臣이 更相戒飭은 意蓋如此니라 又曰 法立而能守면 則德可久하고 業可大니라 鄭聲佞人은 能使人喪其所守라 故로 放遠之하시니라

尹氏曰 此는 所謂百王不易之大法이니 孔子之作春秋는 蓋此意也라 孔顔이 雖不得行之於時나 然이나 其爲治之法을 可得而見矣라

'放'은 금禁하고 끊는 것을 말한다. '정성鄭聲'은 정鄭나라의 음악이요, '영인佞人'은 비굴하고 아첨하면서 말을 잘하는 사람이다. '태殆'는 위태로움이다.

程子 가로되 "政事를 묻물은 것은 많되 오직 顔淵에게만 이로써 고하셨다. 개저 三代의 제도는 모두 때에 따라 덜고 더하였으나, 그것이 오래되면 능히 폐단이 없을 수 없는 것이다. 周나라가 쇠해 聖人이 나타나지 않았다. 그러므로 孔子께서 先王의 禮를 짐작斟酌하여 萬世에 떳떳이 행할 수 있는 道를 세우고, 이것을 말씀하셔서 준칙準則으로 삼으셨을 뿐이니, 이로 말미암아 구하면 곧 나머지는 모두 가히 상고할 수 있을 것이다."

張子 가로되 "禮樂은 다스림의 법이니, 鄭나라의 음악을 몰아내고 아첨하는 사람을 멀리하는 것은 법 밖의 뜻이다. 하루라도 삼가지 않으면 곧 法이 무너지니, 우虞(舜)와 夏나라의 君臣들이 경계하고

신칙申飭한 뜻이 대개 이와 같았다."

또 가로되 "法이 세워지고 능히 지키면 곧 德이 가히 오래가고 業이 가히 커질 것이다. '鄭聲'과 '佞人'은 능히 사람으로 하여금 그 지켜야 할 바를 잃게 할 수 있기 때문에 몰아내고 멀리하신 것이다."

尹氏 가로되 "이것은 이른바 百王이 바꾸지 못할 大法이니, 孔子께서 ≪春秋≫를 지으신 것도 대개 이러한 뜻이다. 孔子와 안연顔淵이 비록 당시에 이를 행하지는 못했으나, 그러나 그 다스리는 법을 가히 얻어 볼 수 있다."

주해

- 佞人: 아첨하는 사람. 佞(아첨할 녕)
- 卑諂辯給: 비굴하고 아첨하며 말 잘하는 사람. 諂(아첨할 첨) 給(말잘할 급)

  雲峰胡氏가 말했다. "≪集註≫에 앞에서는 '佞'字를 해석하면서 다만 그 말 잘하는 것이라고 했는데, 여기에서는 '비첨卑諂'이라는 말을 앞에다 두었다. 대개 말 잘하는 것은 입에 달렸고, 비굴하게 아첨하는 것은 마음에 달려있다. 이것은 소위 巧言令色으로 심히 아첨하는 자이다. 集註, 前訓佞字, 但謂其辨給. 此則先之以卑諂. 蓋辨給在口, 卑諂在心. 此所謂巧言令色孔壬者也."(大全註疏) '孔壬'은 '孔任'과 같으며, 매우 간교하고 아첨을 잘한다는 뜻이다. 孔(심할 공) 壬(아첨할 임)
- 兆: 준칙, 기준.

  朱子가 말했다. "'이것을 말씀하셔서 조兆로 삼으셨다'라고 했는데, '兆'는 準則과 같다. 發此爲之兆, 兆猶準則也."(大全註疏)
- 戒飭: 경계하고 신칙申飭하다. 飭(신칙할 칙)
- 淫(음란할 음) 殆(위태할 태)

【備旨】

夫大法은 固所當立이요 而大弊는 亦所當戒니 汝當放絕乎害治之鄭聲하며 遠去乎害治之佞人이라 所以然者는 鄭聲은 能亂雅樂而淫蕩人之志하고 佞人은 能變亂是非而危殆人之邦家也니 有所戒以保其法이라야 爲邦之道盡矣니라

무릇 큰 法은 진실로 마땅히 세워야 할 바이며, 큰 폐단弊端은 또한 마땅히 경계할 바이니, 그대는 마땅히 다스림을 해치는 鄭나라의 음악을 몰아내서 끊어야 하며, 다스림을 해치는 아첨하는 사람을 멀리해서 제거해야 하느니라. 그렇게 해야 하는 이유는 鄭나라의 음악은 능히 아악雅樂을 어지럽혀 사람의 뜻을 음탕하게 만들고, 아첨하는 사람은 능히 是非를 문란紊亂하게 하여 사람의 사람들이 사는 나라와 집안을 위태롭게 하기 때문이니, 경계해서 그 법을 보존한 바가 있어야 나라를 다스리는 道가 다해질 것이니라."

주해

- 雅樂: 古代의 帝王이 天地와 종묘宗廟에 제사하거나, 조정에서 연회를 베풀 때 사용하던 舞樂을 말한다.
  ≪論語 · 陽貨≫ 篇에 나온다. "惡紫之奪朱也, 惡鄭聲之亂雅樂也."
  奪(빼앗을 탈)
- 變亂: 여기서는 '紊亂'과 같다. 紊(어지러울 문)
- 邦家: '國家'와 같다.
  ≪詩 · 小雅 · 南山有台≫에 "樂只君子, 邦家之基."라고 했고, 鄭玄의 전箋에 "人君既得賢者, 置之於位, 又尊敬以禮樂, 樂則能爲國家之本."이라 풀이했다.

[15·11]

子曰 人無遠慮면 必有近憂니라

孔子께서 가라사대 "사람이 멀리 생각하지 않으면 반드시 가까운 근심이 있느니라."

蘇氏曰 人之所履者는 容足之外에 皆爲無用之地로되 而不可廢也라 故로 慮不在千里之外면 則患在几席之下矣니라

蘇氏 가로되 "사람이 밟는 것은 발을 붙이는 곳 외에는 모두 쓸모없는 땅이지만 가히 버릴 수는 없다. 그러므로 생각이 천리 밖에 있지 아니하면 곧 근심이 앉은 자리 밑에 있게 된다."

주해

- 遠慮: 멀리 생각하다. 앞날에 대한 생각.
  程子가 말했다. "사람이 멀리 생각하지 않으면 반드시 가까운 근심이 있게 되므로, 사려는 마땅히 일 밖에 있어야 한다. 人無遠慮, 必有近憂, 思慮, 當在事外."(大全註疏)
- 几席: 안석案席과 자리. 기대어 앉거나 눕는데 쓰는 도구. 几(안석 궤) 案(책상 안)
- 履(밟을 리)

【備旨】

夫子ㅣ示人思患預防之意曰 天下之事變無常하니 而人

之思慮貴審이라 故로 智者ㅣ能去患於未萌하고 止禍於無形者는 惟其有遠慮也라 人若狃於目前之安하여 而無久遠之慮也면 則慮事之疎하여 必貽旦夕之禍而有近憂矣니 然則人可忘遠慮乎哉아

夫子께서 사람들에게 근심을 생각하여 미리 예방해야 하는 뜻을 보여 가라사대 "天下의 事變은 일정함이 없으니, 사람의 思慮는 살핌을 귀하게 여긴다. 그러므로 지혜로운 자가 능히 아직 싹트기 전에 근심을 제거하고, 아직 형태를 갖추기 전에 재앙을 그치게 할 수 있는 것은 오직 그에게 먼 데까지 이르는 생각이 있기 때문이다. 사람이 만약 눈앞의 편안함에만 빠져 먼 앞날에 대한 생각이 없게 되면, 곧 일을 생각하는 것이 소홀하여 반드시 아침 저녁으로 재앙을 끼쳐서 가까운 근심이 있게 될 것이니, 그렇다면 곧 사람이 가히 멀리 생각하는 것을 잊을 수 있으리오?"

주해

- 審(살필 심) 狃(탐할 뉴) 疎(멀 소) 貽(끼칠 이) 旦(아침 단)

[15 · 12]

子曰 已矣乎라 吾未見好德을 如好色者也로라

孔子께서 가라사대 "그만이로다! 내 德을 좋아하기를 女色을 좋

아하듯이 하는 자를 보지 못했노라."

己矣乎는 歎其終不得而見也라

'이의호已矣乎'는 그런 사람을 끝내 얻어 보지 못함을 탄식한 것이다.

주해

● 已矣乎: 허사. 그만이구나, 끝이로구나.
新安陳氏가 말했다. "'吾未見好德如好色者也'라는 말은 이미 〈자한子罕〉 篇에 나온다. 여기서는 앞에 세 글자를 더했는데, 사람을 경계하시는 뜻이 더욱 간절하다. 吾未見好德如好色者也, 已見子罕篇. 此加上三字, 而警人之意, 愈切."(大全註疏)

【備旨】

夫子ㅣ傷好德者之難意曰 好德如好色을 吾嘗歎之而冀其得見也어늘 今其已矣乎라 吾終未見好德之誠을 如好色者也니 寧不爲世道人心慨哉아

夫子께서 德을 좋아하는 자를 만나보기 어려움을 상심하여 뜻하여 가라사대 "德을 좋아하기를 女色을 좋아하듯이 하는 사람을, 내 일찍이 찬탄하며 그런 사람을 만나기를 바랐는데, 이제 그만이로구나! 내 끝내 德을 좋아하는 정성을 女色을 좋아하듯이 하는 자를 보지 못했으니, 어찌 世道와 人心 때문에 개탄하지 않으리오?"

주해

● 冀(바랄 기) 寧(어찌 녕) 慨(슬퍼할 개)

[15·13]

子曰 臧文仲은 其竊位者與인저 知柳下惠之賢而不與立也로다

孔子께서 가라사대 "장문중臧文仲은 그 지위를 훔친 자로다. 유하혜柳下惠가 현명한 줄 알고서도 조정에 함께 서지 않았도다."

竊位는 言不稱其位而有愧於心하여 如盜得而陰據之也라 柳下惠는 魯大夫展獲이니 字는 禽이요 食邑柳下하며 諡曰惠라 與立은 謂與之並立於朝라
范氏曰 臧文仲이 爲政於魯에 若不知賢이면 是는 不明也요 知而不擧면 是는 蔽賢也니 不明之罪小하고 蔽賢之罪大라 故로 孔子以爲不仁하시고 又以爲竊位하시니라

'절위竊位'는 그 지위에 걸맞지 않아 마음에 부끄러움이 있어, 마치 도둑질해서 몰래 차지하고 있는 것과 같다는 말이다. '유하혜柳下惠'는 노魯나라 大夫 전획展獲이니, 字는 금禽이요 柳下를 식읍食邑으로 삼았는데, 시호諡號를 '惠'라 했다. '與立'은 그와 더불어 나란히 조정

에 서는 것을 말한다.

范氏 가로되 "臧文仲이 魯나라에서 政事를 하는데, 만일 현명한 자를 알아보지 못했다면 이는 밝지 못한 것이요, 알면서도 등용하지 않았다면 이는 현명한 자를 가린 것이니, 밝지 못한 죄는 작은 것이고, 현명한 자를 가린 죄는 큰 것이다. 그러므로 孔子께서 不仁하다고 여기셨고, 또한 지위를 훔쳤다고 여기신 것이다."

주해

- 不明과 蔽賢: 현명한 자를 알아보지 못하는 것과 현명한 자를 등용하지 않고 가린 것.

  新安陳氏가 말했다. "'不明'은 지식이 어두운 것이니, 지혜롭지 못함이다. '蔽賢'은 마음이 사사로운 것이니, 어질지 못함이다. 不明者, 知識之暗, 不智也. 蔽賢, 則心術之私, 不仁也."(大全註疏)

【備旨】

夫子ㅣ罪文仲蔽賢意曰 人臣은 居乎其位에 當求其無愧於心이어늘 若不稱其位而私據之면 是竊位也라 若臧文仲은 其殆竊位者與인저 何以言之리오 蓋人臣은 必薦賢爲國而後에 稱其位也어늘 文仲은 旣明知柳下惠之賢호대 却抑之下僚하고 而不薦之하여 與己並立於朝하니 是殆私據其位하여 以爲己有하고 而不復爲國家待賢之公器矣니 非竊位而何오

夫子께서 장문중臧文仲이 현명한 사람을 가리는 것을 책망하여 뜻하여 가라사대 "신하는 그 지위에 거하여 마땅히 그 마음에 부끄러움

이 없기를 구해야 하거늘, 만약 그 지위에 걸맞지 않게 사사로이 차지한다면 이는 지위를 훔친 것이다. 장문중臧文仲과 같은 경우는 아마도 지위를 훔친 자로다! 어찌 그렇게 말할 수 있으리오?
대개 신하는 반드시 현명한 자를 천거하여 나라를 다스린 이후에 그 지위를 걸맞게 되거늘, 文仲은 이미 유하혜柳下惠의 현명함을 분명히 알았으되 도리어 하급관료로 낮추고, 그를 천거하여 자신과 함께 조정에 나란히 서지 않았으니, 이는 아마도 그 지위를 사사로이 차지하여 자신의 소유를 삼았고, 다시 국가에서 현명한 사람을 대우하는 공복公僕이 되지 못했으니, 지위를 훔친 것이 아니고 무엇이리오?"

주해

- 下僚: 지위가 낮은 관리.
- 公器: 관가의 기물器物, 또는 관가의 器物을 관장하는 사람. 여기서는 '나라의 재능있는 사람'의 뜻으로 쓰였다.
  ≪周禮·天官·혼인閽人≫ 篇에 "凡內人公器賓客, 無帥則幾其出入, 以時啟閉."라고 했고, 唐나라 유장경劉長卿의 ≪제원구송소부청유별題冤句宋少府廳留別≫이라는 詩에 "世上無此才, 天生一公器."라는 말이 나온다.

[15·14]

子曰 躬自厚而薄責於人이면 則遠怨矣니라

孔子께서 가라사대 "몸소 자신을 책責하는 것을 두텁게 하고, 남을 責하는 것을 가볍게 하면, 곧 원망을 멀리할 수 있느니라."

責己厚故로 身益修요 責人薄故로 人易從이니 所以人不得而怨之니라

자신을 責하는 것을 두텁게 하기 때문에 몸이 더욱 닦여지고, 남을 責하는 것을 가볍게 하기 때문에 남이 따르기 쉬운 법이니, 사람들이 얻어 원망하지 않는 이유이다.

주해

- 躬自厚: 몸소 자신을 책責하는 것을 두텁게 하다. 본래 '躬自厚責'이 되어야 하나, 뒤에 '薄責於人'이 나오기 때문에 '責'字를 생략한 것이다.
  朱子가 말했다. "'厚'는 자책하는 것을 무겁게 하는 것이니, 責하고 또 責하여서 오래도록 그치지 않는다는 뜻이다. 厚, 是自責得重, 責了又責, 積而不已之意."(大全註疏) 積(오랠 적)

【備旨】

夫子ㅣ示人寡怨之道曰 人情은 責己常恕하고 責人常刻하니 此怨所由生也라 若躬自責以厚하여 略無恕己之心하고 而薄責於人하여 初無求備之意면 夫豈借是以弭怨哉아 然이나 責己厚면 則身益修而無可怨이요 責人薄이면 則人易從而不招怨이니 人之怨이 自然遠矣니라

夫子께서 사람들에게 원망을 적게하는 道를 보여 가라사대 "사람의 마음은 자신을 責하는데는 항상 너그럽고 남을 責하는데는 항상 각박하게 하니, 이는 원망이 말미암아 생겨나는 이유이다. 만약 몸소 자책하기를 두텁게 하여 조금이라도 자신을 용서하는 마음이 없게 하고, 남을 責하는 것을 가볍게 하여 애초에 두루 갖춰지기를 구하는 마음이 없다면, 어찌 이점을 빌어 원망함을 그친다고 하리오? 그러나 자신을 責하는 것을 두텁게 하면 곧 몸이 더욱 닦여져서 가히 원망함이 없게 되고, 남을 責하는 것을 가볍게 하면 곧 사람들이 따르기가 쉬워져서 원망을 초래하지 않을 것이니, 남의 원망이 자연히 멀어질 것이니라."

주해

- 求備: 완벽하게 갖춰지기를 구하다.
- 寡(적을 과) 弭(그칠 미) 招(부를 초)

[15 · 15]

子曰 不曰 如之何如之何者는 吾末如之何也已矣니라

孔子께서 가라사대 "'어찌하리오? 어찌하리오?' 라고 말하지 않는 자는 나도 어찌할 수 없을 뿐이니라."

如之何如之何者는 熟思而審處之辭也라 不如是而妄行

이면 雖聖人이라도 亦無如之何矣니라

'如之何如之何'는 깊이 생각하고 살펴서 처리한다는 말이다. 이와 같이 하지 않고 멋대로 행한다면, 비록 聖人이라도 또한 어찌할 수 없다.

주해

- 末: 없다. '無'와 같음. 末(없을 말)
  雙峯饒氏가 말했다. "앞에서 말한 '如之何'는 생각해서 처리한다는 말이고, 뒤에서 말한 '如之何'는 깊이 생각해서 세밀히 처리한다는 말이다. 上言如之何, 是思而處之. 下言如之何, 是思之熟而處之審也."(大全註疏)
- 熟思審處: 깊이 생각하고 신중하게 계획하다.

【備旨】

夫子ㅣ示人詳於處事曰 凡人之處事에 必有熟思審處之心然後에 人言可入하고 爲謀必臧이라 苟不量度於心口之間하여 而曰此事也를 將如之何以處하며 將如之何以處之者는 是率意妄行하여 其事必敗라 雖救無益이요 吾亦末如之何以爲之謀也已矣니 人豈可不詳於處事哉아

夫子께서 사람들에게 일을 처리하는데 상세히 할 것을 보여 가라사대 "무릇 사람이 일을 처리하는데 있어서 반드시 깊이 생각하고 신중하게 처리하는 마음이 있는 연후에, 남의 말을 가히 받아들일 수 있고 도모하는 것이 반드시 잘 될 것이다.

만일 마음과 입 사이를 헤아리지 않고 '이 일을 장차 어떻게 처리할까? 장차 어떻게 처리할까?' 라고 말하는 것은 이는 경솔하게 생각하고 망령되이 행동하여 그 일이 반드시 실패할 것이다. 비록 도와준다 해도 유익함이 없을 것이요, 자 또한 어떻게 해서 그를 위해 도모할 수 없을 따름이니, 사람이 어찌 가히 일을 처리하는데 자상하지 않으리오?"

주해

- 量度: 길이의 장단과 量의 多少를 재는 표준. 여기서는 '헤아리다', '고려하다'라는 뜻으로 쓰였다.
  ≪周禮·地官·司市≫에 "掌市之治教政刑量度禁令."이라 했고, 鄭玄의 註에 "量, 豆區鬥斛之屬. 度, 丈尺也."라고 풀이했다.
  또한 ≪朱子語類≫ 卷21에 "'爲人謀而不忠乎?'人以事相謀, 須是子細量度, 善則令做, 不善則勿令做."이라 했다.
- 率意妄行: 경솔하게 생각하고 멋대로 행동함.
- 臧(착할 장)

[15·16]

子曰 羣居終日에 言不及義요 好行小慧면 難矣哉라

孔子께서 가라사대 "여러 사람이 함께 종일토록 있으면서, 말이 義에 미치지 못하고, 사사로운 지혜만 행하기를 좋아한다면 어렵도다."

小慧는 私智也라 言不及義면 則放辟邪侈之心滋하고 好行小慧면 則行險僥倖之機熟이라 難矣哉者는 言其無以入德하여 而將有患害也라

'소혜小慧'는 사사로운 지혜이다. 말이 義에 미치지 못하면 곧 방자한 마음으로 악행을 일삼는 마음이 불어나고, 사사로운 지혜만 행하기를 좋아하면 곧 위험한 짓을 행하고 요행僥倖을 바라는 기변機變에 익숙해질 것이다. '난의재難矣哉'란 그런 자는 德에 들어갈 수 없어서 장차 근심과 재앙이 있게 된다는 말이다.

주해

- 小慧: 작은 지혜, 사사로운 지혜, 곧 '기변機變'과 같다.
  ≪孟子 · 盡心上≫ 篇에 나온다. "恥之於人大矣, 爲機變之巧者, 無所用恥焉."
  南軒張氏가 말했다. "'義'는 天理의 공정함이요, '小慧'는 곧 남을 기만하고 속이는 사사로움일 뿐이다. 小慧를 좋아하는 것은 義의 도적이다. 義者, 天理之公. 小慧, 則繆巧之私而已. 小慧之好, 義之賊也."(大全註疏) 繆(얽을 무, '謬'와 통함)
- 放辟邪侈: 방자한 마음으로 악행을 일삼다. '放僻邪侈'와 같음. 辟(치우칠 벽)
  ≪孟子 · 梁惠王上≫ 篇에 "苟無恒心, 放辟邪侈, 無不爲已."라 했고, 조기趙岐의 註에 "放溢辟邪, 侈於姦利."라고 풀이했다.
- 滋(불을 자) 險(험할 험) 僥(바랄 요) 倖(요행 행)

【備旨】

夫子ㅣ儆學者曰 君子所重夫類聚者는 爲其相與以成德

也라 若羣居且終日之久에 其所言者ㅣ惟謔浪游談하여 不及乎義理之正하며 其所行者ㅣ又同惡相濟하여 好行乎小慧之私면 斯則放僻邪侈之心滋하고 行險僥倖之機熟하여 非惟無以入德이요 而將有患害也니 不亦難乎其爲人矣哉아 人當知所以自警矣라

夫子께서 배우는 자를 경계하여 가라사대 "君子가 무릇 비슷한 부류끼리 같이 모이는 것을 중히 여기는 것은 그들이 서로 더불어 德을 이루기 때문이다. 만약 여럿이 모여 종일토록 있으면서 그 말하는 것이 오직 해학과 과장된 이야기만을 주고받으며 義理의 바름에 미치지 못하고, 그 행한 바자 또한 惡人과 더불어 서로 惡行을 일삼으며 작은 지혜의 사사로움만 부리기를 좋아한다면, 이는 곧 방자한 마음으로 악행을 저지르는 마음이 불어나고, 위험한 짓을 행하고 요행을 바라는 機變에 익숙하여, 오직 德에 들어갈 수 없을 뿐만 아니라 장차 근심과 재앙이 있게 될 것이니, 또한 그 사람답게 되는 것이 어렵지 않으리오? 사람은 마땅히 스스로 경계할 바를 알아야 할지니라."

주해

- 類聚: 동류의 사물들이 함께 모이다.
  ≪易·繫辭上≫에 나온다. "方以類聚, 物以羣分."
- 謔浪: 해학과 방탕을 일삼다. 謔(희롱거릴 학) 浪(방자할 랑)
  진晉나라 육기陸機의 ≪칠징七徵≫에 나온다. "≪關雎≫ 以寤寐爲慽, ≪溱洧≫ 以謔浪爲歡." 溱(많을 진) 洧(강이름 유)
- 遊談: 한담하다, 과장하여 이야기하다.

● 同惡相濟: 惡人끼리 서로 도우며 악행을 일삼다.
≪文選·반욱潘勗〈책위공구석문冊魏公九錫文〉≫에 "馬超·成宜, 同惡相濟."이라 했고, 여향呂向의 註에 "馬超成宜, 據關中反, 同爲惡逆以相濟."라고 풀이했다. 潘(소용돌이 반) 勗(힘쓸 욱)

[15·17]

子曰 君子는 義以爲質이요 禮以行之하며 孫以出之하며 信以成之하나니 君子哉라

孔子께서 가라사대 "君子는 義로써 바탕을 삼고, 禮로써 행하며, 겸손으로써 말을 하며, 信으로써 이루나니, 君子로다!"

義者는 制事之本이라 故로 以爲質幹하여 而行之에 必有節文하며 出之에 必以退遜하며 成之에 必在誠實이라야 乃君子之道也라
程子曰 義以爲質은 如質幹然이니 禮行此하고 孫出此하고 信成此하나니 此四句는 只是一事니 以義爲本이라
又曰 敬以直內면 則義以方外요 義以爲質이면 則禮以行之하며 孫以出之하며 信以成之니라

'義'는 일을 제어하는 근본이다. 그러므로 바탕과 근간根幹으로 삼아, 행하는데 반드시 節文을 두며, 말을 하는데 반드시 겸손으로써 하

며, 이루는데 반드시 誠實함이 있어야 곧 君子의 道이다.

程子 가로되 "'義로써 바탕을 삼는다는 것'은 마치 바탕과 근간처럼 한다는 것이니, 禮로써 이것을 행하고, 겸손으로써 이것을 말하고, 믿음으로써 이것을 이룬다. 이 네 구는 다만 한 가지 일이니 義로써 근본을 삼는다."

또 가로되 "공경으로써 내면을 곧게 하면 곧 義로써 외면을 方正하게 만든다. 義로써 바탕을 삼으면 곧 禮로써 행하게 되며, 겸손으로써 말하게 되며, 믿음으로써 이루게 되는 것이다."

주해

- 出: 말하다. 여기서는 '出言'의 뜻으로 쓰였다.
  하안何晏의 ≪論語集解≫에 鄭玄의 註를 인용하여 말했다. "孫以出之謂言語."
- 質幹: 바탕과 근간. '幹'은 '幹'과 같다. 幹(줄기 간)
- 退遜: 겸양謙讓, 겸손謙遜.
- 胡氏가 말했다. "반드시 공경이 보존된 후에 義가 서게 된다. 義란 일의 바탕이고 敬은 또한 義의 근본이니, 미루어서 올라가는 것이다. 必敬存而後義立. 義者, 事之質, 而敬又義之本, 推而上之也."(大全註疏)

【備旨】

夫子ㅣ明處事之道曰 人之處事는 難於盡善이니 惟君子는 必以義爲制事之本이라 義之所可則可하고 義之所不可則不可하니 是는 應事合宜하여 而其質以立矣라

然이나 義主於斷이니 使行之不以禮면 則徑情而直遂矣

라 故로 行之必有節文이라야 無太過不及之弊焉이라

然이나 禮亦近於嚴이니 使出之不以孫이면 則自高而傲物矣라 故로 出之必以退遜이라야 有從容和順之美焉이라

然이나 禮行矣요 孫出矣라하여 使成之不以信이면 則亦卒歸於僞耳라 故로 成之必以誠實이라야 自始至終히 皆實心實理之流通焉이라

若然則制事之間에 盡善盡美하여 而無一之或苟라야 乃君子之道也니 其眞可謂君子哉인저

夫子께서 일을 처리하는 道를 밝혀 가라사대 "사람이 일을 처리하는 것은 지극히 잘하기가 어려운 법이니, 오직 君子는 반드시 義로써 일을 제어하는 근본으로 삼아야 한다. 義가 可하면 곧 可하고, 義가 不可하면 곧 不可한 것이니, 이는 일에 응하는 것이 합당하여 그 바탕이 서게 된다.

그러나 義는 결단을 주장하니, 가사 행하기를 禮로써 하지 아니하면 곧 제멋대로 행하여 목적을 달성하게 된다. 그러므로 행하는데 반드시 節文을 두어야 너무 지나치거나 미치지 못하는 폐단이 없게 된다.

그러나 禮는 또한 엄정함에 가까우니, 가사 말하는데 겸손함으로써 하지 아니하면 곧 스스로 높여서 남에게 오만할 것이다. 그러므로 말하는데 반드시 겸손함으로써 해야 여유롭고 和順하는 아름다움이 있게 된다.

그러나 禮가 행해지고 겸손하게 말했다고 해서 가사 이루는 것을 信으로써 하지 아니하면 곧 또한 마침내 거짓으로 돌아갈 뿐이다. 그러므로 이루는 것을 반드시 誠實로써 해야 처음부터 끝에 이르기까지 모두 진실한 마음과 진실한 이치가 유통하게 된다.
만약 그렇게 되면 곧 일을 제어하는 사이에 지극히 잘하고 지극히 아름답게 되어, 하나라도 혹 구차함이 없어야 이에 君子의 道이니, 그런 사람을 진실로 가히 君子라고 이를 것인 저!"

주해

- 徑情: 제멋대로 하다. '임의任意'와 같음. 徑(지름길 경)
  ≪갈관자鶡冠子·著希≫ 篇에 "夫義, 節欲而治. 禮, 反情而辨者也. 故君子弗徑情而行也."라고 했다. 鶡(할단새 갈)
- 直遂: 직접(순조롭게) 목적을 달성하다.
  唐나라 유종원柳宗元의 ≪기허경조맹용서寄許京兆孟容書≫에 나온다. "年少氣銳, 不識幾微, 不知當否, 但欲一心直遂, 果陷刑法."
- 從容: 거동. 또는 한가로이 유유자적하는 모습.
  ≪禮記·치의緇衣≫ 篇에 "長民者衣服不貳, 從容有常."이라 했고, 공영달孔穎達의 疏에 "從容有常者, 從容, 謂擧動有其常度."라고 풀이했다. 또한 ≪楚辭·九章·懷沙≫에 "重華不可遻兮, 孰知餘之從容."이라 했는데, 왕일王逸의 註에 "從容, 擧動也."라고 풀이했다. 遻(만날 악)
  한편 '從容'은 마음이 한가롭고 유유자적하는 모습을 의미하기도 하는데, ≪書·君陳≫ 篇에 "寬而有制, 從容以和."라고 했고, ≪莊子·秋水≫ 篇에 "儵魚出遊從容. 是魚之樂也."라고 했다. 儵(빠를 숙)

[15·18]

子曰 君子는 病無能焉이요 不病人之不己知也니라

孔子께서 가라사대 "君子는 자신의 무능함을 근심하고, 남이 자신을 알아주지 않음을 근심하지 않느니라."

주해

● 病無能: 자신의 무능함을 근심하다. 病(근심할 병)
南軒張氏가 말했다. "'자신의 무능함을 근심한다'는 것은 다른 것이 아니다. 그것을 이행하는데 그 실제가 없음을 근심한다는 뜻이다. 病無能者, 非他也. 病夫履行之無其實也."(大全註疏)

【備旨】

夫子ㅣ表君子爲己之心曰 君子는 學以爲己니 其所病者는 全在德不加進하고 業不加修하여 一無所能而已라 若夫德業有諸己나 而人不己知焉이라도 則於己에 本無所損이니 君子ㅣ又何病哉아

夫子께서 君子의 자신을 위하는 마음을 나타내어 가라사대 "君子는 자신을 위하여 학문을 하니, 그가 근심하는 바는 모두 德에 더 나아가지 못하고 학업이 더 닦지 못하여 한 가지라도 능한 바가 없음에 있을 따름이다. 德業을 몸에 지니고 있으나 남이 나를 알아주지 않더라도 곧 자신에게는 본디 손해될 바가 없으니, 君子가 또한 어찌 근심하리오?"

주해

- 若夫: '~에 대해서는', '~과 같은 경우에는'. '至於'와 같음. ≪易 · 계사하繫辭下≫ 篇에 "若夫雜物撰德, 辯是與非, 則非其中爻不備."이라 했고, ≪史記 · 範雎蔡澤列傳≫에 "若夫窮辱之事, 死亡之患, 臣不敢畏也."라 했다. 雎(물수리 저)
- 德業: 德行과 功業.

[15 · 19]

子曰 君子는 疾沒世而名不稱焉이니라

孔子께서 가라사대 "君子는 종신토록 이름이 일컬어지지 못함을 싫어하느니라."

范氏曰 君子는 學以爲己하고 不求人知라 然이나 沒世而名不稱焉이면 則無爲善之實을 可知矣니라

范氏 가로되 "君子는 자신을 위하여 배우고, 남이 자신을 알아주기를 구하지 않는다. 그러나 죽을 때까지 이름을 칭송받지 못한다면 곧 善을 행한 실제가 없음을 가히 알 수 있다."

주해

● 疾: 미워하다, 싫어하다. 疾(미워할 질)
厚齋馮氏가 말했다. "'病之'란 자신의 무능함을 근심한다는 말이고, '疾之'란 남이 자신을 일컬어주지 않음을 싫어한다는 말이다. 病之者, 病我也. 疾之者, 疾人也."(大全註疏)

● 沒世: 죽다, 세상을 마치다. '終身'과 같다. 沒(죽을 몰)
雙峯饒氏가 말했다. "'沒世'라고 말한 것은 대개 관사棺事(관 뚜껑을 닫는 일)를 마친 후에 야 이에 정해진다는 것이다. 言沒世者, 蓋棺事乃定."(大全註疏)

【備旨】

夫子ㅣ勉人當有爲善之實曰 君子는 學以爲己하고 固無意於求名이라 然이나 名은 所以表其實也니 若夫自幼至老히 沒世而名不稱於人焉이면 則無爲善之實을 可知矣니 豈非君子之疾哉아 修己者는 當汲汲焉하여 以求盡其實이 可也니라

夫子께서 사람들에게 마땅히 善을 행하는 실제가 있어야 함을 면려勉勵하여 가라사대 "君子는 자신을 위해서 학문을 하고, 진실로 명성을 구하는데 뜻이 없다. 그러나 명성은 그 실제를 나타내는 바이니, 무릇 어려서부터 늙도록 종신토록 명성이 사람들에게 일컬어지지 못한다면, 곧 善을 행한 실제가 없었음을 가히 알 수 있으니, 어찌 君子가 싫어할 일이 아니리오? 몸을 닦는 자는 마땅히 절박한 마음으로 그 실제를 끝까지 구하는 것이 옳을 것이니라."

주해

● 汲汲: 마음이 절박한 모습, 급히 서두르는 모습. 汲(분주할 급) ≪禮記·問喪≫ 篇에 "其往送也, 望望然, 汲汲然, 如有追而弗及也." 라고 했고, 공영달孔穎達의 소疏에 "汲汲然者, 促急之情也."라고 풀이했다.

[15·20]

子曰 君子는 求諸己요 小人은 求諸人이니라

孔子께서 가라사대 "君子는 자신에게서 구하고, 小人은 남에게서 구하느니라."

謝氏曰 君子는 無不反求諸己요 小人은 反是하니 此君子小人所以分也라
楊氏曰 君子雖不病人之不己知나 然이나 亦疾沒世而名不稱也요 雖疾沒世而名不稱이나 然이나 所以求者는 亦反諸己而已라 小人은 求諸人이라 故로 違道干譽하여 無所不至니라 三者는 文不相蒙이나 而義實相足하니 亦記言者之意니라

謝氏 가로되 "君子는 돌이켜 자신에게서 구하지 않음이 없고 小人은 이에 반하니, 이는 君子와 小人이 나누어지는 바이다."

楊氏 가로되 "君子는 비록 남들의 자신을 알아주지 않음을 근심하지 아니하나, 그러나 또한 종신토록 이름이 일컬어지지 않음을 근심한다.
비록 종신토록 이름이 일컬어지지 않음을 근심하기는 하나, 그러나 (원인을) 구하는 바는 또한 자신에게서 돌이킬 뿐이다.
小人은 남에게서 구한다. 그러므로 道를 어기고 명예를 구하여 이르지 않는 곳이 없다. 세 가지는 글이 비록 서로 연관되지는 않으나 뜻은 실로 서로 충족이 되니, 또한 말씀을 기록한 자의 뜻이다."

주해

- 反求諸己: 자신의 과실을 남을 탓하지 않고 자신에게서 구하다. '諸'는 '之於'의 뜻이다.
  ≪孟子 · 公孫丑上≫에 "射者正己而後發, 發而不中, 不怨勝己者, 反求諸己而已矣."라 했고, 宋나라 정이程頤의 ≪周易程氏傳≫ 卷三에 "君子之遇艱阻, 必反求諸己, 而益自修."라 했으며, 明나라 王守仁의 ≪傳習錄≫ 卷上에 "子夏, 篤信聖人, 曾子, 反求諸己."라고 했다. 艱(어려울 간) 阻(막을 저)
- 干譽: 명예를 구하다. 干(구할 간)

【備旨】

夫子ㅣ辨君子小人之心曰 君子小人之品이 不同이로되 而其所求亦異라 君子는 以爲己爲心故로 無適而非求諸己하고 小人은 以爲人爲心故로 無適而非求諸人이라 夫求諸己則德日進하고 求諸人則欲日肆하니 君子小人之分이 蓋如此니라

夫子께서 君子와 小人의 마음을 분별하여 가라사대 "君子와 小人의 性品이 같지 않되, 그들이 구하는 바가 또한 다르다. 君子는 자신을 위하는 공부로 마음을 삼기 때문에 가서 자신에게 구하지 아니함이 없고, 小人은 남을 위하는 공부로 마음을 삼기 때문에 가서 남에게 구하지 아니함이 없다. 무릇 자신에게서 구하면 곧 德이 날로 나아가고, 남에게서 구하면 곧 욕망이 날로 방자해지니, 君子와 小人의 구분이 대개 이와 같으니라."

[15·21]

子曰 君子는 矜而不爭하며 群而不黨이니라

孔子께서 가라사대 "君子는 장중莊重하되 다투지 아니하며, 여러 사람들과 어울리되 편당偏黨짓지 아니하니라."

莊以持己曰矜이라 然이나 無乖戾之心故로 不爭이라 和以處衆曰群이라 然이나 無阿比之意故로 不黨이라

장엄함으로써 몸을 간직하는 것을 '긍矜'이라 한다. 그러나 어그러진 마음이 없기 때문에 다투지 않는다. 화해和諧롭게 여러 사람들과 처하는 것을 '군群'이라 한다. 그러나 아부하는 마음이 없기 때문에 편당偏黨짓지 않는다.

주해

- 矜: 장엄하다, 장중하다. 여기서는 '긍장矜莊'의 뜻으로 쓰였다. 矜(씩씩할 긍) 莊(성할 장)
  ≪荀子 · 非相≫ 篇에 "談說之術, 矜莊以莅之, 端誠以處之." 莅(다다를 리)
  龜山楊氏가 말했다. "'矜'이란 矜莊(엄숙하고 장경莊敬함)의 矜이지, 뽐내며 자랑한다는 말이 아니다. 矜者, 矜莊之矜, 非謂矜伐也."(大全註疏) 伐(자랑할 벌)
- 乖戾: 이치에 어긋나다. 乖(어그러질 괴) 戾(어그러질 려)
  ≪史記 · 天官書≫에 "三能色齊, 君臣和. 不齊, 爲乖戾."라고 했고, 唐나라 위표미韋表微의 ≪지주부자묘린대池州夫子廟麟台≫ 詩에 "聖與時合, 化行位尊. 苟或乖戾, 身窮道存."이라 했다.
- 阿比: 아첨하다, 아부하다. 阿(아첨할 아) 比(친압할 비)

【備旨】

夫子ㅣ論君子持己處衆之道曰 君子는 莊以持己하니 固見其矜矣나 然이나 亦正其在我者而已니 何嘗至於忿世戾俗以爲爭乎며 和以處衆하니 固見其羣矣나 然亦善其待物者而已니 何嘗至於徇情阿比以爲黨乎아
此는 君子所以內不失己하고 外不失人也니라

夫子께서 君子가 자신을 간직하고 여러 사람과 처하는 道를 논하여 가라사대 "君子는 장엄함으로써 몸가짐을 간직하니 진실로 그 장엄함을 볼 수는 있으나, 그러나 또한 그 자신에게 있는 것을 바르게 할 따름이니, 어찌 일찍이 세상을 원망하고 풍속을 거스르며 남과 다투리오?

和諧로써 여러 사람 속에 처하니 진실로 그가 여러 사람들과 어울리는 것은 볼 수 있으나, 그러나 또한 그 사물을 상대하는 것을 잘할 따름이니, 어찌 일찍이 사사로운 정으로 아부하며 편당을 지으리오? 이는 君子가 안으로는 자신을 잃지 않고 밖으로는 남을 잃지 않는 바이니라."

주해

● 徇情: 사사로운 정에 이끌리다. 徇(좇을 순)
≪자치통감資治通鑒 · 진무제태시4년晉武帝泰始四年≫ 條에 "其有優劣徇情, 不葉公論者, 當委監司隨而彈之."라 했다.

[15 · 22]

子曰 君子는 不以言擧人하며 不以人廢言이니라

孔子께서 가라사대 "君子는 말을 잘한다고 해서 사람을 들어 쓰지 아니하며, 사람 때문에 좋은 말을 버리지 아니하니라."

주해

● 君子: 여기서는 在位에 있는 사람을 말한다.
● 不以言擧人: 말을 잘한다고 해서 그 사람을 거용擧用하지는 않는다. 곧 "말이 善하다고 해서 사람이 반드시 善한 것은 아니다. 言善而人未必善也."(四書補註備旨)

● 不以人廢言: 사람이 善하지 않다고 해서 그 사람의 善한 말을 버리지는 않는다. 곧 "사람이 반드시 善한 것은 아니지만, 말은 처음부터 善하지 않는 것은 아니다. 人不必善而言未始非善也."(四書補註備旨)

【備旨】

夫子ㅣ表君子用人聽言之公曰 君子之心은 大公而至正者也라 故로 其用人에 不以言之善으로 而據用其人하니 以人之行이 多不及言故也라 其聽言에 亦不以人之不善으로 而並廢其言하니 以言之善이 有不可沒故也라
君子用人聽言之公이 如此하니 此小人이 不得以倖進이요 而善言은 皆得以自效也歟인저

夫子께서 君子가 사람을 거용擧用하고 말을 듣는데 공정함을 표현하여 가라사대 "君子의 마음은 크게 公正하고 지극히 바른 것이다. 그러므로 그 사람을 擧用할 때 말이 善하다고 해서 갑자기 그 사람을 擧用하지는 않으니, 사람의 행실이 말에 미치지 못한 경우가 많기 때문이다.
그 말을 들을 때에 또한 사람이 善하지 않다고 해서 아울러 그 사람의 말까지 버리지는 않으니, 그 사람의 善한 말을 가히 없앨 수가 없기 때문이다.
君子가 사람을 擧用하거나 말을 듣는데 공정함이 이와 같으니, 이는 小人이 요행히 등용되지 못하고 善言은 모두 얻어 스스로 효과를 낼 것인 저!"

주해

● 自效: 다른 사람이나 집단을 위해서 자신의 역량과 목숨을 다 바치다.
≪漢書 · 소무전蘇武傳≫에 "今將殺身自効, 雖蒙斧鉞湯鑊, 誠甘樂之."라고 했고, ≪後漢書 · 마융전馬融傳≫에 "融知其將敗, 上疏乞自効."라고 했다. 斧(도께 부) 鉞(도끼 월) 湯(넘어질 탕) 鑊(가마 확) 乞(빌 걸)

[15 · 23]

子貢이 問曰 有一言而可以終身行之者乎잇가 子曰 其恕乎인저 己所不欲을 勿施於人이니라

子貢이 물어 가로되 "한 마디 말로 가히 종신토록 행할 만한 것이 있사옵니까?"
孔子께서 가라사대 "그 서恕일 것인 저! 자신이 하고자 하지 않는 바를 남에게 베풀지 말지니라."

推己及物이면 其施不窮이라 故로 可以終身行之니라 尹氏曰 學貴於知要하니 子貢之問은 可謂知要矣라 孔子ㅣ告以求仁之方也하시니 推而極之면 雖聖人之無我라도 不出乎此하니 終身行之ㅣ不亦宜乎아

자신을 미루어 남에게 미치면 그 베푸는 것이 끝이 없다. 그러므로 가히 몸을 마치도록 행할 수 있다.

尹氏 가로되 "배움은 요체要諦를 아는 것을 귀하게 여기니, 子貢의 물음은 가히 要諦를 안다고 말할 수 있다. 孔子께서 仁을 구하는 방도로써 고하시니, 미루어 끝까지 나아가면 비록 聖人의 무아無我의 경지라도 여기에서 벗어나지 않을 것이니, 몸을 마치도록 행하는 것이 또한 마땅하지 아니한가?"

주해

- 恕: 私心을 버리고 公理를 확충하는 것. 恕(용서할 서)
  新安陳氏가 말했다. "'서恕'란 仁을 구하는 방도이다. 恕者, 求仁之方."(大全註疏)

【備旨】

子貢이 有志於反約故로 問於夫子曰 有一言之約而可以終體行之者乎아

夫子ㅣ告之曰 道雖不盡於一言 而實不外乎一心하니 欲求終身可行之理인댄 其惟恕之一言乎인저 凡己心所不欲이면 卽知人不異己하여 勿以此施之於人이라 所謂恕者ㅣ如此하니 以此行之면 雖終身焉이라도 可矣리라

子貢이 요점으로 돌이키는데 뜻을 두었기 때문에, 夫子께 물어 가로되 "한마디 말로 요약해서 가히 몸을 마치도록 행할 수 있는 것이 있사옵니까?"

夫子께서 고하여 가라사대 "道란 비록 한 마디 말로 다할 수는 없으나 실제로 한 마음에서 벗어나지 않으니, 몸을 마치도록 가히 행할

만한 이치를 구하고자 하면 그 오직 '서恕'라는 한 마디 뿐이리라! 무릇 자신의 마음에 하고 싶지 아니한 바이면, 곧 남도 자기와 다르지 않다는 것을 알아서 이것을 남에게 베풀지 말지니라. 이른바 '恕'라는 것이 이와 같으니, 이것으로써 행하면 비록 몸을 마칠지라도 可할 것이니라."

주해

● 反約: 자신의 몸을 돌이켜 요점으로 귀결하다.
明나라 하경명何景明의 ≪學約古文序≫에 나온다. "庶弗畔於孔門博文約禮之教, 而亦徵於孟氏詳說反約之傳矣."

[15 · 24]

子曰 吾之於人也에 誰毁誰譽리오 如有所譽者면 其有所試矣니라

孔子께서 가라사대 "내가 남에 대해 누구를 헐뜯고 누구를 지나치게 칭찬하리오? 만약 지나치게 칭찬한 자가 있다면, 그는 시험해 본 바가 있기 때문이니라."

毁者는 稱人之惡而損其眞이요 譽者는 揚人之善而過其實이라 夫子無是也라 然이나 或有所譽者면 則必嘗有以試之하여 而知其將然矣라 聖人이 善善之速 하되 而無

所苟如此요 若其惡(오)惡은 則已緩矣라 是以로 雖有以前知其惡이나 而終無所毁也시니라

'훼毁'는 남의 惡을 일컬어서 그 참모습을 덜어내는 것이요, '예譽'는 남의 善을 드러내어 그 실상을 지나치는 것이다. 夫子께서는 이런 일이 없으셨다. 그러나 혹 지나치게 칭찬하는 자가 있다면, 곧 반드시 일찍이 그를 시험한 적이 있어서 그가 장차 그럴 것임을 아셨기 때문이다. 聖人께서 善을 선하게 여기는 것을 속히 하시되 구애되는 바가 없음이 이와 같았고, 마치 그 惡을 미워하는 경우에는 곧 매우 느슨하였다. 그러므로 비록 전에 그 惡을 아셨으나 끝내 그를 헐뜯는 일이 없으셨다.

주해

- 毁: 헐뜯다. 毁(헐 훼)

  朱子가 말했다. "'훼毁'란 사람이 본디 십분 惡하지 않는데도, 장차 십분 그가 惡하다고 말하는 것이 곧 '毁'이다. 만약 다만 그 사람의 惡에 근거해서 말한다면 그것은 '毁'라고 말하지 않는다. 毁者, 人本未有十分惡, 將做十分惡說他, 便是毁. 若只據他之惡說之, 不謂之毁."(大全註疏)
- 已: 매우, 지나치다. 已(지나칠 이)

【備旨】

夫子ㅣ見當時之人이 以愛憎爲毁譽하여 而是非之直道不明故로 言曰 天下本有是非로되 而人多徇其好惡라 吾

之於人也에 有惡이어든 未嘗不稱이니 於誰稱之하여 損其眞而有毁하며 有善이어든 未嘗不揚이니 於誰揚之하여 過其實而有譽리오
卽如有所譽者면 其必或於其天資와 或於其志向에 有所試焉이요 而知其將來之能然矣라 譽且不敢輕有온 而況於毁乎아 信乎라 吾之無毁譽也니라

夫子께서 당시 사람들이 애증愛憎으로써 헐뜯거나 지나치게 칭찬하여 是非의 곧은 道가 밝혀지지 못함을 보셨기 때문에 말씀하여 가라사대 "天下에는 본디 是非가 있으나 사람들이 대부분 그 좋아하거나 싫어함을 따른다. 내가 남에 대해 惡이 있거든 일찍이 일컫지 아니함이 없었으니, 누구에 대해 일컬어 그 참모습을 덜어내어 헐뜯는 일이 있으며, 善이 있거든 일찍이 드러내지 아니함이 없었으니, 누구에 대해 드러내어 그 실제보다 지나치게 칭찬하는 일이 있었으리오?
곧 만약 지나치게 칭찬하는 자가 있다면, 그것은 반드시 혹 그의 타고난 바탕과 혹 그의 志向에 대해 시험해본 바가 있었을 것이요, 그가 장차 능히 그러함을 알았기 때문이다. 지나치게 칭찬하는 일도 또한 감히 가볍게 하지 못하거늘, 하물며 헐뜯는 일에 있어서랴! 진실로 내게는 헐뜯거나 지나치게 칭찬하는 일이 없느니라!"

주해

● 憎(미워할 증) 徇(좇을 순)

斯民也는 三代之所以直道而行也니라

이 백성들은 三代 이래로 곧은 道로써 행하였던 바이니라.

斯民者는 今此之人也라 三代는 夏商周也라 直道는 無私曲也라 言吾之所以無所毀譽者는 蓋以此民이 卽三代之時에 所以善其善惡其惡하여 而無所私曲之民이라 故로 我今亦不得而枉其是非之實也라
尹氏曰 孔子之於人也에 豈有意於毀譽之哉시리오 其所以譽之者는 蓋試而知其美故也라 斯民也는 三代所以直道而行이니 豈得容私於其間哉리오

'사민斯民'은 지금의 이 백성들이다. '三代'는 하夏·상商·주周이다. '직도直道'는 사사로이 왜곡歪曲함이 없는 것이다. 내가 헐뜯거나 지나치게 칭찬하는 바가 없다는 것은 대개 이 백성들이 곧 三代의 시대에 그 善을 좋게 여기고 그 惡을 미워하여 사사로이 왜곡하는 바가 없는 백성들이기 때문에, 내가 지금 또한 얻어 그 是非의 실상을 왜곡할 수 없다는 말씀이다.
尹氏 가로되 "孔子께서 남들에게 어찌 헐뜯거나 지나치게 칭찬하는데 뜻을 두셨으리오? 그 지나치게 칭찬하신 이유는 대개 시험하여 이미 그가 아름다움을 아셨기 때문이다. '이 백성'은 三代에 곧은 道로써 행했던 바이니, 어찌 얻어 그 사이에 사사로움을 용납하리오?"

주해

- 斯民: 이 백성, 즉 三代(夏·殷·周)에 善을 행했던 백성들을 말한다. 朱子가 말했다. "'斯民'은 지금의 이 백성들이니, 곧 三代의 시기에 善을 행했던 백성들이다. 斯民, 是今此之民, 卽三代之時, 所以爲善之民."(大全註疏)
- 私曲: 사사로이 왜곡되다. 不公平하다. 曲(사특할 곡)
《管子·오보五輔》 篇에 나온다. "故善爲政者, 田疇墾而國邑實, 朝廷閒而官府治, 公法行而私曲止." 疇(밭두둑 주) 墾(개간할 간)

【備旨】

然이나 吾之所以無毁譽者는 何哉오
蓋以今斯之民也는 善則從而好之하여 無有作好하며 惡則從而惡之하여 無有作惡하니 卽三代之時에 所以善其善惡其惡하여 直道而行之民也라 是는 世變雖殊나 而直道猶在하니 吾亦安得枉其是非之實하여 而妄有所毁譽於其間哉아

그러나 내가 헐뜯거나 지나치게 칭찬하는 바가 없는 이유는 무엇 때문이리오?
대개 지금 이 백성들은 善하면 곧 좇아서 좋아하여 좋아하는 것을 짓는 일이 없으며, 惡하면 곧 좇아서 미워하여 미워함을 짓는 일이 없으니, 곧 三代의 때에 그 善을 좋아하고 그 惡을 미워하여 곧은 道로써 행하였던 바의 백성들이기 때문이다. 이는 세상의 변화가 비록 다르나 곧은 道는 여전히 남아 있기 때문이니, 내 또한 어찌 얻어 그 是非의 진실을 왜곡하여 망령되이 그 사이에서 헐뜯거나

지나치게 칭찬하는 일이 있으리오?

[15·25]

子曰 吾猶及史之闕文也와 有馬者借人乘之호니 今亡矣夫인저

孔子께서 가라사대 "내 오히려 史官이 의심스러운 기록을 비워두는 것과 말을 가진 자가 남에게 빌려주어 타도록 하는 것을 볼 수 있었는데, 지금은 없어졌도다!"

楊氏曰 史闕文馬借人 此二事를 孔子猶及見之러니 今亡矣夫인저하시니 悼時之益偸也라 愚謂此必有爲而言이니 蓋雖細故나 而時變之大者를 可知矣라
胡氏曰 此章義疑는 不可强解라

楊氏 가로되 "史官이 기록을 비워두는 것과 말을 남에게 빌려주는 이 두 가지 일을 孔子께서 오히려 볼 수 있었는데 이제는 없어졌다고 하시니, 시대가 더욱 각박해짐을 슬퍼하신 것이다. 내 생각건대 이는 반드시 이유가 있어서 하신 말씀이니, 대개 비록 작은 일이지만 시대의 변화가 크다는 것을 가히 알 수 있다."
胡氏 가로되 "이 章의 뜻은 의심스러우니, 가히 억지로 해석해서는 안 된다."

주해

- 猶及: 오히려 볼 수 있다. '尙及見'의 뜻이다.
- 史之闕文: 사관史官이 의심스러운 부분이 있으면 그 부분을 기록에서 빠뜨림으로써 후세의 올바른 해석과 기록을 기다리는 일. 闕(빠질 궐)

  新安陳氏가 말했다. "의심스러운 일을 의심스러운 일로서 전하고, 물건을 남과 함께 공유하는 것은 모두 사람의 마음이 옛날과 가까운 것이다. 두 가지 일은 비록 작은 일이나, 사람의 마음이 옛날과 같지 않음을 또한 가히 알 수 있다. 疑以傳疑, 物與人共, 皆人心近古處. 二事雖小, 而人心之不古亦可見."(大全註疏)
- 今亡矣夫: '지금은 없어지다'. '무亡'는 '無'와 같다. '矣夫'는 상심하여 탄식하는 말이다. 亡(없을 무)
- 細故: 작은 일. '細事'·'小事'와 같음.
- 悼(슬퍼할 도) 偷(각박할 투)

【備旨】

夫子ㅣ傷時之意曰 欲觀世道之盛衰컨대 則觀其習俗之淳澆 而可知已라 吾生之初에 人心이 雖已不古나 然이나 猶及見夫史之闕文也하여 而不挾己見以自是와 有馬者ㅣ借人乘之하여 而不挾所有以自私니라 是猶有忠厚之遺意焉이러니 而今則亡矣夫인저 時之益偷를 爲何如哉아하시니라

夫子께서 시대를 상심하는 뜻으로 가라사대 "世道의 성쇠盛衰를 살피고자 하면 곧 그 습관과 풍속의 순후淳厚함과 경박함을 살펴서 가히 알 수 있을 따름이다. 내가 태어난 처음에는 人心이 비록 이미 옛날과 같지 않았으나, 그러나 오히려 史官이 의심스러운 기록을 비워둠으로써 자기의 견해를 믿고 스스로 옳다고 하지 않았던 일과, 말을 가지고 있는 자가 남에게 빌려주어 타게 함으로써 가진 것을 믿고 스스로 사사롭게 여기지 않았던 일을 가히 볼 수 있었다. 이는 오히려 충후하게 남긴 뜻이 있었으나 지금은 곧 없어졌으니, 시대가 더욱 각박해진 것을 어찌하리오?"

주해

- 淳澆: 풍속의 순후淳厚함과 경박輕薄함. 淳(순박할 순) 澆(경박할 요) 북제北齊 유주劉晝의 ≪新論 · 風俗≫ 篇에 나온다. "風有厚薄, 俗有淳澆."

[15 · 26]

子曰 巧言은 亂德이요 小不忍則亂大謀니라

孔子께서 가라사대 "교묘한 말은 德을 어지럽히고, 작은 것을 참지 못하면 곧 큰 일을 그르치게 되느니라."

巧言은 變亂是非하니 聽之면 使人喪其所守라 小不忍은 如婦人之仁과 匹夫之勇이 皆是라

'교언巧言'은 是非를 바꾸고 어지럽히게 하니, 그 말을 들으면 사람으로 하여금 그 지킬 바를 잃게 한다. '작은 것을 참지 못한다'는 말은 마치 婦人의 仁과 필부匹夫의 용勇과 같은 것이 모두 이것이다.

주해

- 巧言: 겉으로는 듣기 좋은 말이지만 실제로는 虛僞적인 말. ≪詩 · 小雅 · 雨無正≫ 篇에 "哿矣能言, 巧言如流, 俾躬處休."라 했고, ≪漢書 · 동방삭전東方朔傳≫에 "二人皆僞詐, 巧言利口以進其身."이라 했다. 哿(좋을 가) 俾(하여금 비) 朔(초하루 삭)
- 亂德: 德을 어지럽히다. 여기에서 '亂'은 '炫亂'의 뜻이다. 炫(미혹할 현, '眩'과 통함)
- 亂大謀: 큰 일을 그르치다. 여기에서 '亂'은 '敗亂'의 뜻이다.
- 婦人之仁, 匹夫之勇: 婦人의 仁과 필부匹夫의 용勇.
  慶源輔氏가 말했다. "婦人의 仁은 결단하지 못하는데서 그르치고, 匹夫의 勇은 가볍게 決行하는데서 그르친다. 兩者의 잘못은 서로 다르나 모두 족히 큰 일을 어지럽히게 된다. 대개 큰 일이란 비록 결단을 내려야 하나 가볍게 결행을 하면 곧 또한 그 일을 그르치게 된다. 婦人之仁, 失於不斷. 匹夫之勇, 失於輕決. 二者之失不同, 而皆足以亂大謀. 蓋大謀雖斷而輕決, 則又失之."(大全註疏)

【備旨】

夫子ㅣ儆人曰 是非는 本有定理어늘 彼巧言者는 以非爲是하고 以是爲非하여 使聽者로 失其所守하니 是亂德也요 有忍이라야 乃克有濟어늘 若小不忍者ㅣ或以姑息爲仁하고 或以矜氣爲勇이면 則大事去矣니 是는 亂大謀也라 世之聽言謀事者ㅣ可不知所遠與知所戒哉아

夫子께서 사람을 경계하여 가라사대 "是非는 본디 정해진 이치가

있거늘, 저 교묘한 말을 하는 자는 그른 것을 옳다고 하고 옳은 것을 그르다고 하여 듣는 자로 하여금 그 지킬 바를 잃게 하니 이는 德을 어지럽히는 것이요,

참음이 있어야 이에 능히 이룸이 있거늘, 만약 작은 것을 참지 못하는 자가 혹 분별이 없는 관용으로써 '仁'을 삼고, 혹 자랑하고 뽐내는 기운으로써 '勇'을 삼는다면, 곧 大事를 버리는 것이니 이는 큰 일을 그르치는 것이다. 세상의 남의 말을 듣거나 일을 도모하는 자가 가히 멀리 할 바를 알고 경계할 바를 알지 못하리오?"

주해

- 濟: 이루다. '成'과 같음. 濟(이룰 제)
  ≪左傳 · 희공僖公二十年≫ 條에 "以欲從人則可, 以人從欲鮮濟."라 했다.
- 姑息: '구차하게 편안함을 취하다' 또는 '분별이 없는 관용'.
  ≪禮記 · 단궁상檀弓上≫ 篇에 "君子之愛人也以德, 細人之愛人也以姑息."이라 했고, 鄭玄의 註에 "息猶安也, 言苟容取安."이라 풀이했다. 또한 唐나라 이조李肇의 ≪당국사보唐國史補≫ 卷中에 "德宗自復京闕, 常恐生事, 一郡一鎮, 有兵必姑息之."라 했다. 肇(시작할 조) 闕(대궐 궐)
- 矜氣: 자랑하고 뽐내는 기운.

[15 · 27]

子曰 衆惡(오)之라도 必察焉하며 衆好之라도 必察焉이니라

孔子께서 가라사대 "여러 사람들이 미워할지라도 반드시 살피며, 여러 사람들이 좋아할지라도 반드시 살펴야 하느니라."

楊氏曰 惟仁者라야 能好惡人이니 衆好惡之而不察이면 則或蔽於私矣니라

楊氏 가로되 "오직 仁者라야 능히 사람을 좋아하고 미워할 수 있으니, 여러 사람들이 그를 좋아하고 미워한다고 해서 살피지 아니하면, 곧 혹 사사로움에 가리울 것이다."

주해

● 必察焉: 반드시 자세히 살피다. '찰察'이란 가히 미워하고 좋아하는 실체를 자세히 살핀다는 뜻이다.
胡氏가 말했다. "'察'이란 자세히 살핀다는 말이니, 여러 사람들이 좋아하고 싫어하는 것이 모두 잘못이라는 말이 아니다. 다만 그가 혹 사사로움에 가리워질까 염려되기 때문에 더욱 자세히 살필 뿐이다. 察者, 詳審之謂, 非謂衆人之好惡皆非也. 特恐其或蔽於私, 故加詳審耳."(大全註疏) 恐(다만 공) 蔽(가릴 폐)

【備旨】

夫子ㅣ示人好惡當察意曰 好惡出於衆이 似於公矣나 然이나 所惡中에 寧無特立獨行하여 而不合流俗者乎아 是는 衆惡未必當也니 君子ㅣ必加察焉하며
所好中에 寧無同流合汙하여 而取悅流俗者乎아 是는 衆

好未必當也니 君子ㅣ必加察焉이니 若是면 則惡與好ㅣ皆當而無失矣라

夫子께서 사람들에게 좋아하고 미워하는 것을 마땅히 살펴야 한다는 뜻을 보여 가라사대 "좋아하고 미워함이 여러 사람들에서 나오는 것이 마치 공정한 것 같으나, 그러나 미워하는 것 가운데 어찌 뜻과 행동을 고결하게만 하여 世俗에 영합하지 않는 것이 없으리오? 이는 여러 사람들이 미워하는 것이 반드시 마땅한 것은 아니니, 君子가 반드시 더욱 살펴야 하며,

좋아하는 섯 가운데 어찌 세속에 동화되고 惡人과 영합하여 流俗에 기쁨을 취하는 자가 없으리오? 이는 여러 사람들이 좋아하는 것이 반드시 마땅한 것은 아니니, 君子가 반드시 더욱 살펴야 하니, 이와 같이 하면 곧 좋아하고 미워하는 것이 모두 마땅하여 과실이 없을 것이니라."

주해

- 特立獨行: 뜻과 행동이 고결하여 세속에 따르지 아니함.
  ≪禮記 · 유행儒行≫ 篇에 나온다. "世治不輕, 世亂不沮, 同弗與, 異弗非也, 其特立獨行有如此者." 沮(막을 저)
- 流俗: 사회에서 유행하는 풍속습관. '世俗'과 같음.
  ≪禮記 · 사의射義≫에 나온다. "幼壯孝弟, 耆耋好禮, 不從流俗, 脩身以俟死者, 不在此位也." 耆(늙은이 기) 耋(늙은이 질)
- 同流合汙: 俗流에 동화되고 더러움에 영합하다. 惡에 동화되거나 惡人과 함께 악행을 일삼다. '同流合污'와 같다. 汙(더러울 오) 污(더러울 오)
  원래 ≪孟子 · 盡心下≫에 나온다. "同乎流俗, 合乎汙世."
  또한 朱子의 ≪답호계수서答胡季隨書≫에도 "細看來書, 似已無可得

說……如此則更說甚講學，不如同流合汙，著衣喫飯，無所用心之省事也."라고 했다.

[15·28]

子曰 人能弘道요 非道弘人이니라

孔子께서 가라사대 "사람의 마음이 능히 道를 넓히는 것이요, 道가 사람의 마음을 넓히는 것이 아니니라."

弘은 廓而大之也라 人外無道하고 道外無人이라 然이나 人心有覺이나 而道體無爲라 故로 人能大其道요 道不能大其人也니라
張子曰 心能盡性하니 人能弘道也요 性不知檢其心하니 非道弘人也라

'홍弘'은 넓혀서 크게 하는 것이다. 사람 밖에 道가 없고, 道 밖에 사람이 없다. 그러나 人心은 깨달음이 있으나, 道體는 행하는 것이 없다. 그러므로 사람이 능히 그 道를 크게 하는 것이요, 道가 능히 그 사람을 크게 하는 것이 아니다.
張子 가로되 "마음은 능히 성품을 다할 수 있으니, 사람이 능히 道를 크게 하는 것이요, 성품은 그 마음을 검속檢束할 줄 모르니, 道가 사람을 넓히는 것이 아니다."

주해

- 人能弘道: 사람의 마음이 능히 道를 넓힐 수 있다. 여기서 '人'은 곧 '人心'을 말한다.
  朱子가 말했다. "道는 부채와 같고, 사람은 손과 같다. 손은 능히 부채를 흔들 수 있지만, 부채가 어찌 손을 흔들 수 있으리오? 道如扇, 人如手. 手能搖扇, 扇如何搖手."(大全註疏) 扇(부채 선) 搖(흔들 요)
- 廓: 넓다. 廓(넓을 확)

【備旨】

夫子ㅣ責人體道曰 人之與道로 本無相離也라 然이나 人能加致知力行之功하여 推之至於神化之極하여 以弘大其道요 非道能致人之知하여 翼人之行하여 使充之及於神化而弘大其人也니 觀此則弘道之功을 可不專其責於己하고 而徒諉於道哉아

夫子께서 사람들에게 道를 체득할 것을 바라며 가라사대 "사람은 道와 더불어 본디 서로 떠날 수 없다. 그러나 사람이 능히 치지致知와 역행力行의 공부를 더하여, 그것을 미루어 신묘한 조화의 지극함에 이르러서 그 道를 넓고 크게 할 수 있는 것이요,
道가 능히 사람의 지혜를 이루어 사람의 행실을 도와서, 하여금 확충擴充하여 신묘한 조화에 미치게 해서 그 사람을 넓고 크게 하는 것이 아니다.
이를 살펴보면 곧 道를 넓히는 공부를 가히 오로지 그 자신에게서 구하지 아니하고, 한갓 道에 핑계를 삼으리오?"

주해

● 責: 구하다, 바라다. 責(구할 책)
● 徒(한갓 도) 諉(핑계할 위)

[15 · 29]

子曰 過而不改ㅣ是謂過矣니라

孔子께서 가라사대 "허물이 있는데도 고치지 않는 것, 이것을 허물이라 이르니라."

過而能改면 則復於無過라 惟不改면 則其過遂成하여 而將及不改矣리라

허물이 있되 능히 고치면 곧 허물이 없는데로 회복된다. 오직 허물을 고치지 아니하면 곧 그 허물이 마침내 완성이 되어 장차 고치지 못하는데 이를 것이다.

주해

● 過而不改: 허물이 있는데 고치지 않다.
新安陳氏가 말했다. "허물이 있되 기꺼이 고치면 곧 허물이 소멸되어 없어진다. 허물이 있되 고치지 아니하면 곧 허물이 완성되어 있게 된다. 過而肯改, 則過泯於無. 過而不改, 則過成而有."(大全註疏) 泯(멸망할 민)

【備旨】

夫子ㅣ勉人改過意曰 人有過어든 須急改니 若過而不能改면 則無心之差ㅣ反爲有心之失이니 是謂過矣라 然則改過不吝이 豈非人之所貴哉아

夫子께서 사람들에게 허물을 고칠 것을 권면勸勉하여 뜻하여 가라사대 "사람에게 허물이 있으면 모름지기 급히 고쳐야 하니, 만약 허물이 있는데도 능히 고치지 아니하면 곧 마음에 없는 잘못이 도리어 마음속에 품은 잘못으로 되니 이것을 허물이라 이른다. 그러한 즉 허물 고치는 것을 조금도 주저하지 않는 것이 어찌 사람이 귀하게 여길 바가 아니리오?"

주해

- 改過不吝: 허물 고치는 것을 조금도 주저하지 않다. 吝(인색할 인) ≪書 · 중훼지고仲虺之誥≫에 나온다. "用人惟己, 改過不吝." 虺(살무사 훼)

[15 · 30]

子曰 吾嘗終日不食하고 終夜不寢하여 以思하니 無益이라 不如學也로라

孔子께서 가라사대 "내 일찍이 종일토록 먹지 않고 밤새도록 잠

자지 아니하며 생각을 해보니 유익함이 없었다. 배우는 것만 같지 못하였노라."

此는 爲思而不學者言之라 蓋勞心以必求는 不如遜志而自得也라
李氏曰 夫子는 非思而不學者로되 特垂語以敎人爾시니라

이는 생각만 하고 배우지 아니한 자를 위해 하신 말씀이다. 대개 마음을 수고롭게 하여 반드시 구하려고 하는 것은 뜻을 겸손하게 하여 스스로 얻는 것만 같지 못하다.
李氏 가로되 "夫子께서는 생각만 하고 배우지 아니한 자가 아니로되, 다만 말씀을 전하여 사람을 가르쳤을 뿐이다."

주해

- 以思: 억지로 생각만 해나가다.
  朱子가 말했다. "'思'란 억지로 해 나간다는 뜻이다. 思, 是硬要去做."(大全註疏)
  南軒張氏가 말했다. "이 章은 생각하는 것이 무익하다는 말이 아니다. 생각만 하고 배우지 않으면 곧 무익할 뿐이라는 말이다. 此章, 非以思爲無益也. 以思而不學, 則無益耳."(大全註疏)

【備旨】

夫子ㅣ因人有思而不學者故로 言此以勉人曰 吾以天下

之理로 不思則不得이니 固嘗終日不暇食하고 終夜不暇寢하여 以盡夫思索之功하니 宜乎其有益矣라 然이나 懸空思索하면 不免危殆하여 無益於己하니 不如以所思者로 驗之於學하고 循習事功하여 以求合乎理之爲有實得也니 學其可以已哉아 徒思者ㅣ可以返矣인저

夫子께서 사람들 중에 생각만 하고 배우지 않는 자가 있음으로 인하여, 그러므로 이를 말하여 사람들에게 권면하여 가라사대 "내가 天下의 이치로써 생각하지 아니하면 곧 얻지 못하니, 진실로 일찍이 종일토록 밥 먹을 겨를이 없고 밤새도록 잠잘 겨를이 없이, 사색의 공부를 다하였으니 마땅히 거기에 유익함이 있어야 했다. 그러나 공허하게 사색만 하면 위태로움을 면치 못하여 몸에 유익함이 없으니, 생각하는 바를 배움에 증험하고 일과 공적을 차례대로 익혀 이치에 합당하고 실제로 이득이 있는 것을 구하는 것만 같지 못하니, 배움을 그 가히 그만 둘 수 있으리오? 한갓 생각만 하는 자는 가히 돌이켜 구할지니라."

주해

- 懸空: 허공에 매달다, 공허하다.
  ≪朱子語類≫ 卷66에 "大凡人不曾著實理會, 則說道理皆是懸空."이라 했고, 明나라 王守仁의 ≪大學問≫에 "然欲致其良知, 亦豈影響恍惚而懸空無實之謂乎?"라 했다. 恍(황홀할 황) 惚(황홀할 홀)
- 事功: 일과 공적功績.
- 索(구할 색) 暇(겨를 가) 徒(한갓 도)

[15·31]

子曰 君子는 謀道요 不謀食하나니 耕也에 餒在其中矣요 學也에 祿在其中矣니 君子는 憂道요 不憂貧이니라

孔子께서 가라사대 "君子는 道를 도모하되 먹는 것을 도모하지 않나니, 밭을 경작하는데 굶주림이 그 가운데 있고, 학문을 하는데 봉록俸祿이 그 가운데 있으니, 君子는 道를 근심하되 가난을 근심하지 않느니라."

耕은 所以謀食이나 而未必得食이요 學은 所以謀道나 而祿在其中이라 然이나 其學也는 憂不得乎道而已요 非爲憂貧之故하여 而欲爲是以得祿也니라
尹氏曰 君子는 治其本而不卹其末이니 豈以自外至者로 爲憂樂哉리오

'경耕'은 먹는 것을 도모하는 바이나 반드시 먹게 되는 것은 아니고, '학學'은 道를 도모하는 바이나 祿이 그 가운데 있다. 그러나 그 배움은 道를 얻지 못할까 근심할 따름이요, 가난을 근심하는 연고(이유) 때문에 이것(학문)을 해서 祿을 얻고자 하는 것은 아니다.
尹氏 가로되 "君子는 그 근본을 다스리되 그 말단末端을 근심하지 않으니, 어찌 밖에서 오는 것으로써 근심과 즐거움으로 삼으리오?"

주해

- 謀道, 不謀食: 道를 도모하되 먹는 것을 도모하지 않다.
  "'謀'는 일로써 말한 것이니, 謀는 이 '憂'의 工夫이다. 謀以事言, 謀是憂的工夫."(四書補註備旨)
- 耕과 學: '경耕'은 먹는 것을 도모하는 것이고, '學'은 道를 도모하는 것이다.
- 憂道不憂貧: 道를 근심하되 가난함을 근심하지 않다. 憂(근심 우) 貧(가난할 빈)
  "'憂'는 마음으로써 말한 것이다. 憂以心言."(四書補註備旨)
- 卹: 근심하다. '恤'과 같다. 卹(근심할 휼)
- 餒(주릴 뇌)

【備旨】

夫子ㅣ示學者專於求道意曰 道以養心하고 食以養身하니 均之不可闕也로되 乃君子는 則汲汲然謀得乎道而已요 初不謀得乎食也라 然이나 食之得不得은 亦不係乎謀不謀니 如耕本以謀食也나 而歲有豐歉에 餒或在其耕之中矣요 學本以謀道也나 而學至君求면 祿卽在其學之中矣라

夫學固可以得祿이나 若夫君子之用心은 惟憂不得乎道하니 豈爲憂貧之故하여 而欲爲學以得祿哉아 惟其憂道라야 此謀道之功所以先也요 惟不憂貧이라야 此謀食之計所以後也니 君子之純心於學이 如此니라

夫子께서 배우는 자에게 道를 구하는데 전념해야 한다는 것을 보여주며 뜻하여 가라사대 "道로써 마음을 기르고 먹는 것으로써 몸을 기르니, 모두 가히 빠뜨릴 수 없는 것이로되, 이에 君子는 곧 절박하게 道를 얻기를 도모할 뿐이요, 애초에 먹는 것을 얻기를 도모하지 않는다. 그러나 먹는 것을 얻거나 얻지 못함은 또한 도모하거나 도모하지 않는 것과 관계가 없으니, 마치 밭가는 것이 본디 먹는 것을 도모하나 해에 따라 풍년과 흉년이 들어서 굶주림이 혹 그 밭가는 가운데 있으며, 배움은 본디 道를 도모하나 배움이 지극하여 人君이 구하게 되면, 祿이 곧 그 배움의 가운데에 있게 되는 것이다.

무릇 학문은 진실로 가히 祿을 얻을 수 있으나, 君子가 마음을 써야 하는 경우는 오직 道를 얻지 못할까 근심해야 하니, 어찌 가난을 근심하는 연고 때문에 학문을 하여 祿을 얻고자 하리오? 오직 그 道를 근심해야 이 道를 도모하는 공부가 우선하게 될 것이요, 오직 가난을 근심하지 않아야 이 먹는 것을 도모하는 계책이 뒤에 있게 될 것이니, 君子가 배움에 마음을 전념하는 것이 이와 같도다."

주해

- 汲汲然: 마음이 몹시 다급하고 절박한 모양. 汲(분주할 급)
  ≪禮記·問喪≫ 篇에 "其往送也, 望望然, 汲汲然, 如有追而弗及也."라 했고, 공여달孔穎達의 疏에 "汲汲然者, 促急之情也."라 풀이했다. 促(재촉할 촉)
- 豐(풍년 풍) 歉(흉년들 겸)

[15·32]

子曰 知及之오도 仁不能守之면 雖得之나 必失之니라

孔子께서 가라사대 "지식이 이치에 미치더라도 仁으로써 능히 그것을 지키지 못한다면, 비록 얻었다 할지라도 반드시 잃고 말 것이니라."

知足以知此理로되 而私欲間之면 則無以有之於身矣라

지식이 족히 이 이치를 알았다고 해도, 사욕私欲이 거기에 끼어들면 곧 그것(이치)을 몸에 둘 수 없다.

주해

- 知及之: 지식이 이치에 미치다. '知'는 '知識(智識)', 또는 '聰明才智'를 말한다.
  '知及'은 知識(智識)이 미치는 바이다. 여기에 나오는 '之'는 모두 '理'를 가리키는 말이다. "知及是智識之所及. 此節之字, 俱指理言."(四書補註備旨)
  程子가 말했다. "지식이 이치에 미치더라도, 仁으로 능히 지키지 못한다면 얻지 못하게 된다. 知及之, 仁不能守之, 無得也."(大全註疏)

【備旨】

夫子ㅣ以全德望天下하여 而詳致其責備之意曰 爲學은

貴有全功이니 必內外本末이 兼修然後에 爲至라 如修己治人之理에 其知旣足以及之而見於行矣나 然이나 爲私欲所間하여 而仁不能守之면 則雖有得之於心이라도 亦終不爲己有而必失之矣리니 此知及者는 必貴守之以仁也니라

夫子께서 德을 온전히 갖춘 사람을 天下에 바라면서 그 진선진미盡善盡美를 잘 이루게 하려는 뜻으로 가라사대 "학문을 다스리는 것은 공부를 온전히 하는 것을 귀하게 여기니, 반드시 안팎과 本末이 함께 닦여진 연후에 지극하게 된다.
예를 들어 몸을 닦고 남을 다스리는 이치에 그 지식이 이미 족히 이치에 미쳐서 행실에 드러났다고 해도, 그러나 私欲이 끼어들어 仁으로 능히 그것을 지켜내지 못한다면 곧 비록 이치를 마음에서 얻었다고 해도 또한 끝내 자기 것이 되지 못하여 반드시 잃고 말 것이니, 이 지식이 이치에 미친 자는 반드시 仁으로써 지키는 것을 귀하게 여겨야 하느니라."

주해

- 責備: 남에게 진선진미盡善盡美할 것을 요구하다.
≪淮南子 · 범론훈氾論訓≫에 "是故君子不責備於一人."이라 했고, ≪新唐書 · 태종기찬太宗紀贊≫에 "然 ≪春秋≫ 之法, 常責備於賢者."라 했다.

知及之하며 仁能守之오도 不莊以涖之면 則民不敬이니라

지식이 이치에 미치며, 仁으로 능히 이치를 지키고도 장엄함으로써 백성들에게 군림하지 못하면 곧 백성들이 공경하지 않을 것이니라.

涖는 臨也니 謂臨民也라 知此理而無私欲以間之면 則所知者ㅣ在我而不失矣라 然이나 猶有不莊者는 蓋氣習之偏하여 或有厚於內而不嚴於外者라 是以로 民不見其可畏而慢易之라 下句放此라

'리涖'는 임함이니, 백성들에게 임하는 것을 말한다. 이 이치를 알고 私欲이 끼어들지 않으면 곧 아는 바가 나에게 있어 잃지 않게 된다. 그러나 여전히 장엄하지 못함이 있는 자는 대개 기질과 습성이 치우쳐서, 혹 안으로는 두터우나 밖으로는 엄숙하지 못함이 있는 자이다. 이 때문에 백성들이 그가 가히 두려워할 만함을 보지 못하고 소홀히 대하고 업신여기는 것이다. 下句도 이와 같다.

주해

- 不莊以涖之: 장엄함으로써 백성들에게 군림하지 못하다. '장莊'은 용모가 단정하고 엄숙한 모습이다. '之'는 백성을 말한다. 莊(엄숙할 장) 涖(다다를 리)
- 慢易: 소홀하게 대하고 업신여기다.
  ≪管子 · 內業≫에 "思索生知, 慢易生憂."라 했고, ≪史記 · 장이진

여열전張耳陳餘列傳≫에 "高祖從平城過趙, 趙王朝夕袒韝蔽, 自上食, 禮甚卑, 有子壻禮. 高祖箕踞詈, 甚慢易之."라 했다. 索(찾을 색) 袒(웃통벗을 단) 韝(깍지 구) 蔽(덮을 폐) 壻(사위 서) 箕(키 기) 踞(웅크릴 거) 詈(꾸짖을 리)

【備旨】

若知足以及之하며 仁又能守之면 理得於心而大本立矣라 然이나 於臨民之際에 不能端莊以涖之면 則衣冠不正하고 瞻視不尊하여 民將慢易而不敬矣리니 此知及仁守者ㅣ又當涖民以莊也니라

만약 지식이 족히 이치에 미치며, 仁으로써 또한 능히 이치를 지킬 수 있으면, 이치가 마음에서 얻어져 큰 근본이 서게 된다. 그러나 백성들에게 임할 때에 능히 단정하고 장엄함으로써 임하지 못한다면 곧 의관衣冠이 바르지 못하고 바라보는 것이 존엄스럽지 아니하여, 백성들이 장차 업신여기고 공경하지 않을 것이다. 이는 지식이 이치에 미치고 仁으로써 능히 지키는 자가 또한 마땅히 장엄함으로써 백성들에게 임해야 하는 것이니라.

知及之하며 仁能守之하며 莊以涖之오도 動之不以禮면 未善也니라

지식이 이치에 미치며, 仁으로써 능히 지키며, 장엄함으로써 백

성들에게 임한다고 할지라도, 禮로써 백성들을 부리지 아니하면 善을 다한 것이 아니니라.

動之는 動民也니 猶曰鼓舞而作興之云爾라 禮는 謂義理之節文이라
愚謂 學至於仁이면 則善有諸己而大本立矣라 涖之不莊하고 動之不以禮는 乃其氣稟學問之小疵라 然이나 亦非盡善之道也라 故로 夫子ㅣ歷言之하사 使知德愈全則責愈備하니 不可以爲小節而忽之也시니라

'動之'는 백성을 움직이게 한다는 것이니, 마치 고무鼓舞하여 일어나게 한다는 말과 같다. '禮'는 義理의 節文을 말한다.
내 생각건대 배움이 仁에 이르면 곧 善이 자신에게 있어 큰 근본이 서게 된다. 장엄함으로써 백성들에게 임하지 못하고, 禮로써 백성들을 부리지 못하는 것은 곧 그 기품氣稟과 學問의 작은 흠이다. 그러나 또한 盡善의 道는 아니다. 그러므로 夫子께서 그것들을 일일이 말씀하셔서 하여금 德이 더욱 온전하면 곧 책무도 더욱 갖추어져야 하니, 가히 小節이라고 해서 소홀히 해서는 안 된다는 것을 알게 하신 것이다.

주해

- 動之不以禮: 禮로써 백성들을 부리다, 가르치다. '動'은 '부리다', '가르치다'는 뜻이다. '之'는 백성이다.
  朱子가 말했다. "'動'字는 감동시킨다는 '動'字가 아니라, 백성을 부린다는 뜻이다. 動字, 不是感動之動, 是使民底意思."(大全註疏)

"'動'字는 백성들을 가르친다는 뜻이다. 動是敎民的意."(四書補註備旨)

- 未善: 아직 善을 다한 것이 아니다. "天德이 아직 純然하지 못하여 학문의 온전한 功效가 아니다. 天德未純, 非學問之全功."(四書補註備旨)
- 稟(받을 품) 疵(흠 자) 愈(더욱 유)

【備旨】

知及之하며 仁能守之하며 又莊以涖之면 則身心之間에 擧無愧矣라 然이나 見諸行事에 動作斯民者ㅣ不以義理節文之禮면 則禮讓未臻하여 能使民敬이언정 不能使民化하여 其道猶未至於盡善也라 此知及仁守莊涖者ㅣ又貴動民以禮也라 是可見君子之學은 德愈全而責愈備니 隨所至而益求其全이면 則幾矣라

지식이 이치에 미치며, 仁으로써 능히 지키며, 또 장엄함으로써 백성들에게 임한다면 곧 몸과 마음의 사이에 모두 부끄러움이 없을 것이다. 그러나 그것들이 일을 行하는데 나타나데, 이 백성들을 부리는 자가 義理와 節文의 禮로써 하지 아니하면 곧 예양禮讓이 이르지 못하여, 능히 백성들을 공경하게 할 수는 있으나 능히 백성들을 교화시킬 수는 없어서, 그 道가 여전히 盡善에는 이르지 못한다. 이는 지식이 이치에 미치고, 仁으로써 지키고, 장엄함으로써 백성에게 임하는 자가 또한 禮로써 백성을 부리는 것을 귀하게 여겨야 할 것이다. 이는 가히 君子의 배움은 德이 더욱 온전할수록 책임도 더욱 갖추어져야 한다는 것을 알 수 있으니, 이르는 바에 따라서 더욱

그 온전함을 구한다면 곧 거의 가깝다고 할 것이니라.

주해

- 禮讓: 예의를 지키며 겸손하게 양보하다.
  ≪論語 · 里仁≫ 篇에 나온다. "能以禮讓爲國乎? 何有? 不能以禮讓爲國, 如禮何?" 형병邢昺의 소疏에 "禮節民心, 讓則不爭."이라 풀이했다.
- 愧(부끄러워할 괴) 臻(이를 진)

[15 · 33]

子曰 君子는 不可小知而可大受也요 小人은 不可大受而可小知也니라

孔子께서 가라사대 "君子는 가히 작은 일로 살필 수는 없으나 가히 큰 일을 받을 수가 있고, 小人은 가히 큰 일을 받을 수는 없으나 가히 작은 일로 살필 수 있느니라."

此는 言觀人之法이라 知는 我知之也요 受는 彼所受也라 蓋君子於細事에 未必可觀이나 而材德이 足以任重이요 小人은 雖器量淺狹이나 而未必無一長可取라

이는 사람을 관찰하는 法을 말한 것이다. '知'는 내가 아는 것이요, '受'는 그가 받는 바이다. 대개 君子는 작은 일에 있어서는 반드시 가히 볼 만한 것은 아니지만, 재주와 德이 족히 중임重任을 맡을 수 있고, 小人은 비록 기량이 얕고 좁으나 반드시 한 가지 장점도 가히 취할 만한 것이 없는 것은 아니다.

주해

- 小知: 작은 일로 관찰하다, 살피다. '小'는 병형전곡兵刑錢穀과 같은 일이고, '知'는 살핀다는 뜻이다. '知'는 '觀'과 같다. 穀(곡식 곡)
  南軒張氏가 말했다. "군자는 보존한 바가 크기 때문에 가히 작은 일로써 헤아려 알 수가 없고 가히 그 큰 일을 맡을 수 있다. 소인은 협소한데 국한되어서 그 장점이 쉽게 드러나기 때문에 큰 일은 맡을 수가 없고 가히 작은 일로써 알 수 있다. 君子所存者大, 故不可以小者測知, 而可以當其大者. 小人局於狹小, 其長易見, 故不可以任大, 而可以小知之."(大全註疏)
- 大受: '大'는 經邦定國과 같은 일이다. '受'는 이어 받는다는 말이다.
- 淺(얕을 천) 狹(좁을 협)

【備旨】

夫子ㅣ論觀人之法曰 君子小人은 人品不同而材器自異하니 君子之志願高遠하여 不屑於細務하여 不可以小事로 知其爲人이라 然이나 其材德宏深하여 足任天下之重하니 而可以大者로 爲彼所承受也요
若小人之器量淺狹하여 難語於宏圖하니 不可以大者로 爲彼所承受라 然이나 其偏端末節에 未必一無所長하니 而可以小者로 知其爲人也라
觀人者는 大用乎君子로되 而不輕棄乎小人이면 則得矣

니라

夫子께서 사람을 관찰하는 法을 논하여 가라사대 "君子와 小人은 人品이 같지 않고 재주와 기량이 자연히 다르니, 君子의 뜻과 바램은 高遠하여 작은 일을 달갑게 여기지 않아서 가히 작은 일로써 그 사람됨을 알 수 없다. 그러나 그 재주와 德은 크고 깊어서 족히 天下의 중책을 맡을 수 있으니, 가히 큰 일로써 그에게 맡길 수 있다. 小人의 器量은 얕고 협소하여 큰 일을 말하기 어려우니, 가히 큰 일로써 그에게 맡길 수 없다. 그러나 그 一端과 小節에 반드시 하나라도 잘한 바가 없다고 할 수 없으니, 가히 작은 일로써 그 사람됨을 알 수 있다.

사람을 살피는 자는 君子를 크게 쓰되 小人을 가볍게 버리지 아니하면 곧 얻을 것이니라."

주해

- 志願: 志向과 바램.
  위魏나라 혜강嵇康의 ≪與山巨源絶交書≫에 나온다. "今但願守陋巷, 教養子孫, 時與親舊敘闊, 陳說平生, 濁酒一盃, 彈琴一曲, 志願畢矣." 嵇(산이름 혜) 闊(트일 활)
- 不屑: 달갑게(탐탁하게) 여기지 않음. 屑(달갑게여길 설)
- 承受: 맡다, 이어받다.
  ≪左傳·隱公八年≫ 條에 "寡君聞命矣, 敢不承受君之明德."라고 했고, ≪書·益稷≫ 篇에 "格則承之庸之."라 했으며, 唐 공영달孔穎達의 疏에 "天下之人有能至於道者, 則當承受而進用之."라고 풀이했다. 稷(기장 직)
- 偏端: 一端, 一方面.
- 末節: 小節, 細節.

≪禮記 · 樂記≫ 篇에 "鋪筵席, 陳尊俎, 列籩豆, 以升降爲禮者, 禮之末節也, 故有司掌之."라 했고, 공영달孔穎達의 疏에 "此等物所以飾禮, 故雲禮之末節也……以末節非貴, 故有司掌之."라고 풀이했다. 鋪(펼 포) 筵(대자리 연) 俎(도마 조) 籩(제기이름 변)

[15 · 34]

子曰 民之於仁也에 甚於水火하니 水火는 吾見蹈而死者矣어니와 未見蹈仁而死者也케라

孔子께서 가라사대 "사람에게 仁은 물과 불 보다 더욱 중요하니, 물과 불은 내가 밟다가 죽은 자는 보았으나, 仁을 밟다가 죽은 자는 아직 보지 못했노라."

民之於水火에 所賴以生하여 不可一日無하니 其於仁也에도 亦然이라 但水火外物而仁在己니 無水火면 不過害人之身이나 而不仁則失其心하니 是는 仁有甚於水火하여 而尤不可以一日無者也온 況水火는 或有時而殺人이나 仁則未嘗殺人하니 亦何憚而不爲哉리오

李氏曰 此는 夫子ㅣ勉人爲仁之語니 下章放此니라

사람에게 물과 불은 힘입어서 살아가기 때문에 가히 하루라도 없어

서는 안되는 바이니, 그 仁에 있어서도 또한 그러하다. 다만 물과 불은 外物이요 仁은 자신의 몸에 있으니, 물과 불이 없으면 사람의 몸을 해치는데 지나지 않으나, 어질지 않으면 곧 그 마음을 잃게 되니, 이는 仁이 물과 불 보다 더욱 중요하여 특히 가히 하루라도 없어서는 안 될 것이다. 하물며 물과 불은 혹 때로 사람을 죽이기도 하지만, 仁은 곧 일찍이 사람을 죽인 적이 없으니 또한 어찌 꺼려하여 仁을 행하지 않으리오?

李氏 가로되 "이는 夫子께서 사람들에게 仁을 행하도록 권면하신 말씀이니, 다음 章도 이와 같다."

주해

- 民之於仁: 백성들에게 있어서 仁. '民'은 '人'字로 풀이한다. '仁'은 心德의 이치이다.
- 甚於水火: 물과 불 보다 더욱 절실하다, 중요하다.
  "仁比水火爲尤切."(四書補註備旨)
- 蹈仁: 仁義의 道를 따르다. 蹈(밟을 도)
  진晉나라 조비曹毗의 ≪晉江左宗廟歌·歌顯宗成皇帝≫에 나온다.
  "邁德蹈仁, 匪禮弗過." 毗(도울 비) 邁(나아갈 매) 匪(아닐 비)

【備旨】

夫子ㅣ勉人爲仁曰 人之不用力於仁者하여 豈以仁爲不甚切於人哉아 試例之水火焉인댄 民賴水火以生하고 亦賴仁以生하니 皆不可一日無者라 然이나 水火屬外物이요 而仁屬性理하니 無水火면 不過害身이나 無仁則害心이라

是는 民之於仁也에 尤甚於水火矣온 況水火는 雖能生人이나 亦能殺人이니 吾見踏水火而死者矣어니와 若仁則立命之理니 隨遇而安하여 未見有踏仁而死者也니 人亦何憚而不爲仁哉아

夫子께서 사람들에게 仁을 행할 것을 권면하여 가라사대 "사람이 仁에 힘을 쓰지 않는다고 하여, 어찌 仁을 사람에게 더욱 절실하지 않다고 하리오? 시험삼아 물과 불로 예를 들면, 사람들은 물과 불에 힘입어서 살아가고 또한 仁에 힘입어서 살아가니 모두 가히 하루라도 없어서는 안된다. 그러나 물과 불은 外物에 속하고 仁은 性理에 속하니, 물과 불이 없으면 몸을 해치는데 지나지 않으나, 仁이 없으면 곧 마음을 해치게 된다.
이는 사람에게 仁이 더욱 물과 불 보다 절실하며, 하물며 물과 불은 비록 능히 사람을 살리기도 하고 또한 능히 사람을 죽이기도 한다. 나는 물과 불은 밟다가 죽은 자는 보았거니와 仁과 같은 경우는 곧 立命의 이치이니, 처한 바의 환경에 따라 편안해 하여 仁을 밟다가 죽은 자는 보지 못했으니, 사람이 또한 어찌 꺼려하여 仁을 행하지 않으리오?"

주해

- 立命: 修身과 養性을 하여 天命을 받들다.
  ≪墨子 · 非命上≫ 篇에 "覆天下之義者, 是立命者也, 百姓之誶也."라 했고, ≪孟子 · 盡心上≫ 篇에 "殀壽不貳, 修身以俟之, 所以立命也."라 했으며, 조기趙岐의 注에 "脩正其身, 以待天命, 此所以立命之本也."라고 풀이했다. 誶(욕할 수) 殀(일찍죽을 요)
- 隨遇而安: 사람이 처한 바의 환경에 따라 편안해 하다.

≪孟子・盡心下≫ 篇에 "若將終身焉."라 했고, 朱子의 ≪集註≫에 "言聖人之心, 不以貧賤而有慕於外, 不以富貴而有動於中, 隨遇而安, 無預於己, 所性分定故也"라고 풀이했다.

[15・35]

子曰 當仁하야 不讓於師니라

孔子께서 가라사대 "仁을 당하여 스승에게도 사양하지 않느니라."

當仁은 以仁爲己任也라 雖師나 亦無所遜은 言當勇往而必爲也라 蓋仁者는 人所自有而自爲之요 非有爭也니 何遜之有리오

程子曰 爲仁在己하니 無所與遜이요 若善名爲在外면 則不可不遜이라

'當仁'은 仁으로써 자신의 임무를 삼는 것이다. 비록 스승이나 또한 사양하는 바가 없다는 것은 마땅히 용감하게 나아가서 반드시 행해야 한다는 말이다. 대개 仁이란 사람이 본래 지니고 있는 바요 다툼이 있지 아니하니, 어찌 사양함이 있으리오?

程子 가로되 "仁을 행하는 것은 자신에게 달려 있으니, 남에게 사양할 바가 없다. 만약 좋은 명예가 밖에 있다면 곧 가히 사양하지 않을 수 없다."

주해

- 當仁: 仁을 맡다, 담당하다. '當'은 '담당擔當'의 뜻이다.
  朱子가 말했다. "'當仁'의 當은 擔當할 때의 當이다. 이 '仁'字는 큰 곳, 하기 어려운 곳을 가리켜 말한 것이다. 當仁, 擔當之當. 這仁字, 是指大處難做處說."(大全註疏)

【備旨】

夫子ㅣ勉人勇於爲仁意曰 人皆有仁而爲之不勇者ㅣ豈爲仁에 猶有可讓之功耶아 吾以爲語天下之當讓者면 必曰師矣라 若夫以仁爲己任이면 則本吾所自有之理하여 而盡吾所自致之功이요 非爭於彼而先之也니 雖師나 亦何以讓哉리오 至於師하여도 亦無所讓이면 則天下復有可讓者乎아 彼夫莫之讓而不爲者는 其亦不思而已矣라

夫子께서 사람들에게 仁을 행하는데 용맹할 것을 권면하는 뜻으로 가라사대 "사람에게 모두 仁이 있으나 그 仁을 행하는데 용맹하지 아니한 자가 어찌 仁을 행하는데 오히려 가히 사양할 만한 功이 있으리오?

내 생각건대 天下에 마땅히 사양해야 할 자를 말한다면 반드시 스승이라고 말할 것이다. 仁으로써 자신의 임무를 삼는다면 곧 내가 본디 지니고 있는 바의 이치에 근본하여, 내 스스로 心力의 공부를 다할 것이요, 그와 다투어 먼저 하려는 것이 아니니, 비록 스승이라도 또한 어찌 사양하리오? 스승에 대해서도 또한 사양하는 바가 없다면 곧 天下에 다시 가히 사양할 것이 있으리오? 저 사양함도 없

고 행하지도 않는 자는 그 또한 생각지도 말 따름이니라."

주해

- 自致: 자신의 心力을 다함.
  ≪論語 · 子張≫ 篇에 나온다. "曾子曰 吾聞諸夫子, 人未有自致者也, 必也親喪乎."

[15 · 36]

子曰 君子는 貞而不諒이니라

孔子께서 가라사대 "군자는 곧지만 고집하지는 않느니라."

貞은 正而固也요 諒은 則不擇是非而必於信이라

'정貞'은 바르고 굳은 것이요, '량諒'은 곧 是非를 가리지 않고 믿음에만 기필期必하는 것이다.

주해

- 貞而不諒: 곧으면서 고집스럽지 않다. '貞'과 '諒'은 모두 固守하는 것이다. 諒(믿을 량)
  南軒張氏가 말했다. "貞하면 믿음이 그 가운데 있다. 그러나 작은 믿음만을 고집하면 義에 가려짐이 있어 그 바름을 잃게 되어 도리어 믿음에 해가 된다. 貞則信在其中. 但執小信, 而於義有蔽, 則失其正, 而反害於信矣."(大全註疏)

【備旨】

夫子ㅣ以信理表君子意曰 人之守一也니 有見於理之正而守之者는 爲貞이요 無見於理之正而執之者는 爲諒이니 貞與諒은 相似而實則大異矣라 惟君子는 於事之所在에 實見其是非之正하여 而固守之不變하니 如是라야 其貞焉已耳라 何嘗不擇是非하여 有所偏主而諒哉아 人亦當以君子爲法也리라

夫子께서 믿음의 이치로써 君子를 나타내려는 뜻으로 가라사대 "사람이 지키는 것은 한 가지이니, 이치의 바름을 보고 지킴이 있는 것이 貞이 되고, 이치의 바름을 보지 못하고 고집하는 것은 諒이 되니, 貞과 諒은 서로 비슷하나 실제로는 곧 크게 다르다.
오직 君子라야 일의 소재에 대해 실제로 그 是非의 바름을 보고 굳게 지켜 변하지 않으니, 이와 같이 해야 그것이 貞할 따름이다. 어찌 일찍이 是非를 가리지 아니하고 편협하게 주장하여 고집을 부리겠는가? 사람이 또한 마땅히 君子로서 法을 삼아야 할 것이니라."

[15·37]

子曰 事君하되 敬其事而後其食이니라

孔子께서 가라사대 "人君을 섬기되 그 일을 공경히 하고, 그 봉

록俸祿을 뒤로 하느니라."

後는 與後獲之後同이라 食은 祿也라 君子之仕也에 有官守者는 修其職하고 有言責者는 盡其忠하여 皆以敬吾之事而已요 不可先有求祿之心也라

'後'는 '후획後獲'(얻는 것을 뒤로 하다)의 後와 같다. '食'은 봉록俸祿이다. 君子가 벼슬을 하는데 '官守'가 있는 자는 그 직무를 다스리고, '言責'이 있는 자는 그 충성을 다하여 모두 자신의 일을 공경히 할 뿐이오, 가히 먼저 봉록俸祿을 구하는 마음을 두어서는 안 된다.

주해

- 敬其事: '敬'은 兢業을 조심하게 한다는 뜻이다. '事'는 官守言責의 일이다.
- 後獲: 얻는 것을 뒤로 하다. 獲(얻을 획)
  雙峯饒氏가 말했다. "이 '後'字는 '어려움을 먼저 하고 얻는 것을 뒤로 한다'와 '일을 먼저 하고 얻는 것을 뒤로 한다'의 '後'와 같다. '後獲'은 그 효과를 계산하지 않는다는 말이다. 此後字, 如先難後獲先事後得之後. 後獲, 謂不計其效也."(大全註疏)
- 官守: 관리의 직책. '官位職守'의 뜻이다.
  ≪左傳 · 昭公二十三年≫ 條에 나온다. "親其民人, 明其伍候, 信其鄰國, 愼其官守."
- 言責: 人君에게 諫言을 하는 책임.
  ≪孟子 · 公孫丑下≫ 篇에 "有言責者, 不得其言則去."라 했고, 趙岐의 註에 "言責, 獻言之責, 諫諍之官也."라 풀이했다. 諍(간할 쟁)

【備旨】

夫子ㅣ表純臣之心曰 臣之事君에 修職盡忠하여 惟以敬吾所當爲之事而已요 至於食而養廉하여는 雖分之所當得이나 亦付之無心而後其食焉이니 不然이면 豈所以語於純臣之道哉아

夫子께서 순신純臣의 마음을 나타내어 가라사대 "신하가 人君을 섬기는데 직분을 닦고 충성을 다하여, 오직 내가 마땅히 해야 할 바의 일을 공경할 따름이요,
俸祿을 받아 청렴을 기르는데 있어서는 비록 직분으로 마땅히 얻어야 할 바이나, 또한 無心에 맡기고 그 俸祿을 뒤로 해야 하니, 그렇지 않으면 어찌 純臣의 道에 대해 말하리오?"

주해

- 純臣: 충순忠純하고 독실篤實한 신하.
  ≪左傳 · 은공隱公四年≫ 條에 "石碏, 純臣也."라 했고, 진晉나라 갈홍葛洪의 ≪포박자抱朴子 · 仁明≫ 篇에 "蓋明見事體, 不溺近情, 遂爲純臣."이라 했다. 碏(삼갈 작)

[15 · 38]

子曰 有敎면 無類니라

孔子께서 가라사대 "가르침을 두면 유별類別을 나누지 않느니라."

人性皆善이나 而其類有善惡之殊者는 氣習之染也라 故로 君子有教면 則人皆可以復於善하여 而不當復論其類之惡矣니라

사람의 성품은 모두 善하나 그 종류에 善과 惡의 차이가 있는 것은 기질과 습성이 물들었기 때문이다. 그러므로 君子가 가르침을 두면 곧 사람들이 모두 가히 善으로 돌아가게 되어, 마땅히 다시 그 종류의 惡을 논하지 않게 된다.

주해

● 有教無類: 가르침이 있으면 사람의 유별類別을 구분하지 않다. '類'는 氣에 청탁淸濁이 있고, 習에 사정邪正이 있는 것이다.
洪氏가 말했다. "聖人의 가르침은 비와 이슬이 만물에 두루 내리는 것과 같으니, 어찌 가리는 바가 있으리오? 聖人之教, 如雨露之於萬物, 夫豈有所擇哉."(大全註疏) 擇(가릴 택)

【備旨】

夫子ㅣ明立教之公心曰 人性은 染於氣習하여 因有善惡之類라 然이나 君子有教는 惟欲使人皆復於善而後已니 賢智者는 抑而教之하고 愚不肖者는 引而教之하니 何嘗分類於其間哉아 蓋大公之心이 如此니라

夫子께서 가르침을 세우는 공정한 마음을 밝혀 가라사대 "사람의 성품은 기질과 습성에 물들어, 이 때문에 善惡의 유별이 생겨난다.

그러나 君子가 가르침을 두는 것은 오직 사람들로 하여금 모두 善에 돌아가게 한 후에야 그치고자 하니, 현명하고 지혜로운 자는 억제하여 가르치고, 어리석고 못난 자는 이끌어 가르치니, 어찌 일찍이 그 사이에서 유별을 나누리오? 대개 크게 공정한 마음이 이와 같도다."

[15 · 39]

子曰 道不同이면 不相爲謀니라

孔子께서 가라사대 "道가 같지 아니하면, 서로 도모하지 않느니라."

不同은 如善惡邪正之類라

'不同'은 마치 善과 惡, 邪와 正과 같은 것이다.

주해

- 道不同: 나아가는 길이 같지 않다. '道'는 '路'와 같다.
  南軒張氏가 말했다. "군자는 義로써 하고, 소인은 利로써 한다. 義와 利가 서로 다르거늘, 어찌 능히 서로 도모할 수 있으리오? 君子以義, 小人以利. 義利之所趨, 不同, 烏能相爲謀乎."(大全註疏) 趨(나아갈 추)
- 善惡邪正: 善과 惡, 邪와 正. 善惡은 군자와 소인에 대해 한 말이고, 邪正은 儒家의 道와 異端에 대해서 한 말이다.(四書補註備旨)

【備旨】

夫子ㅣ示人當愼所與謀意曰 人惟同道而後에 能同謀也라 苟人品有善惡之異하고 學術有邪正之殊하니 而道不同이면 則趣向異致而議論乖方하여 彼此自不能相爲謀하여 以成其濟之功矣니 欲謀事者는 當擇夫道之同而後에 可也니라

夫子께서 사람들에게 마땅히 남과 더불어 도모하는 것을 삼가야 한다는 뜻을 보여 가라사대 "사람은 오직 道가 같은 후에야 능히 함께 도모할 수 있다. 진실로 人品에는 善과 惡의 차이가 있고, 學術에는 邪와 正의 다름이 있으니, 道가 같지 아니하면 곧 趣向이 다르고 議論이 법도에 어긋나서, 서로 간에 저절로 능히 서로 도모하여 그것을 구제하는 功을 이룰 수 없으니, 일을 도모하고자 하는 자는 마땅히 道가 같은 것을 가린 이후에야 可할 것이니라."

주해

- 趣向: 취향. '志趣' 또는 '志向'과 같음.
- 異致: 서로 다른 상황에서 지향점이 같지 않다.
  ≪魏書 · 禮志三≫에 "臣等聞先王制禮, 必有隨世之變. 前賢創法, 亦務適時之宜. 良以世代不同, 古今異致故也."라고 했다.
- 乖方: 법도에 어긋나다. 마땅함을 잃다. 乖(어그러질 괴)
  梁나라 육수陸倕의 ≪신각루명新刻漏銘≫에 "世道交喪, 禮術銷亡…… 擊刀舛次, 聚木乖方."이라 했다. 倕(무거울 수) 漏(샐 루) 銷(녹일 소) 舛(어그러질 천)

[15·40]

子曰 辭는 達而已矣니라

孔子께서 가라사대 "문사文辭는 뜻이 전달되면 그치느니라."

辭는 取達意而止요 不以富麗爲工이니라

'사辭'는 뜻이 전달되는 것을 취해서 그치고, 풍부하고 화려한 것을 훌륭하다고 여기지 않는다.

주해

- 辭: 문사文辭를 말한다. 훈고訓詁나 저술著述 등이 모두 여기에 속한다.
- 達而已: 뜻이 전달되면 그치다. '達'은 '達意'의 뜻이고, '已'는 '止'와 통한다.
- 富麗: 풍부하고 화려하다.
  胡氏가 말했다. "'富'란 그것(文辭)이 넉넉하기를 바라는 것이고, '麗'란 그것(文辭)이 화려하기를 바라는 것이다. 富者, 欲其贍也. 麗者, 欲其華也."(大全註疏) 贍(넉넉할 섬)

【備旨】

夫子ㅣ示人以修辭之法曰 今之修辭者類는 皆以富麗爲工矣라 自我言之컨댄 辭何爲也오 爲意之不可見(현)하여 而託諸辭以達之也라 故로 修辭者는 意之未達이면

固言乎其所不得不言이요 意之旣達이면 則當止乎其所不得不止라 蓋因意而爲辭者는 則亦意達而辭盡矣니 何必以富麗爲工哉리오 修辭者는 當知所法矣라

夫子께서 사람들에게 修辭의 法을 보여 가라사대 "요즘의 文辭를 수식하는 자들은 모두 풍부하고 화려한 것을 훌륭하다고 여긴다. 내 생각을 말해보면, 文辭란 어떻게 지어야 하는가? 뜻이 가히 나타나지 않기 때문에 文辭에 의탁해서 뜻을 전달하는 것이다. 그러므로 文辭를 수식하는 자는 뜻이 전달되지 않았으면 진실로 그 말하지 않을 수 없는 곳에서 말해야 하고, 뜻이 이미 전달되었으면 곧 마땅히 그 그치지 않을 수 없는 곳에서 그쳐야 한다.
대개 뜻으로 인하여 文辭를 수식하는 자는 곧 또한 뜻이 전달되었으면 文辭를 다한 것이니, 어찌 반드시 풍부하고 화려한 것으로써 훌륭하다고 하리오? 文辭를 수식하는 자는 마땅히 본받을 바를 알아야 할지니라."

주해

- 修辭: 文辭, 또는 文辭를 수식修飾하다.

[15·41]

師冕이 見(현)할새 及階어늘

子曰 階也라하시고

及席이어늘

子曰 席也라하시고

皆坐어늘

子ㅣ告之曰 某在斯 某在斯라하시다

악사樂師 면冕이 夫子를 뵈올 때 계단에 이르거늘,
孔子께서 가라사대 "계단입니다."라고 하시고,
자리에 이르거늘,
孔子께서 가라사대 "자리입니다."라고 하시고,
모두 자리에 앉거늘,
孔子께서 고하여 가라사대 "아무개는 여기에 있고, 아무개는 저기에 있습니다."라고 하셨다.

師는 樂師니 瞽者라 冕은 名이라 再言某在斯는 歷擧在坐之人以詔之라

'사師'는 악사樂師이니 장님이다. '면冕'은 이름이다. '아무개는 여기에 있다.'고 재차 말씀하신 것은 자리에 있는 사람들을 일일이 들어서 그에게 알려주신 것이다.

주해

- 見(현): 孔子를 뵙고자 찾아온 것이다.
- 冕(면류관 면) 瞽(소경 고) 詔(고할 조)

【備旨】

昔에 夫子ㅣ正樂之功을 行於魯時에 有樂師名冕者ㅣ亦慕夫子而請見焉할새 夫子迎之하사 方其行而及階어늘 夫子則曰 此階也라하여 欲其知所升也하시고
追其及席이어늘 夫子則曰 此席也라하여 欲知其所就也하시고
及衆人이 皆就席而坐어늘 夫子則亦歷擧在坐之人以告之曰 某也在斯하고 某也在斯라하여 欲其知所與言而無失人也하시니 夫子與師言者ㅣ如此시니라

옛날 夫子께서 正樂의 일을 노魯나라에서 행하실 때, 악사樂師인 면冕이란 자가 또한 夫子를 사모하여 뵙기를 청하거늘,
夫子께서 그를 맞이하여 바야흐로 그가 걸어서 계단에 이르거늘, 夫子께서 곧 가라사대 "여기는 계단입니다." 라고 하여 그가 올라올 곳을 알게 하셨고,
그가 자리에 이르거늘, 夫子께서 곧 가라사대 "여기는 자리입니다." 라고 하여 그가 나아갈 곳을 알게 하셨고,
衆人들이 모두 자리에 나아가 앉거늘, 夫子께서 곧 또한 앉아있는 사람을 일일이 들어서 고하여 가라사대 "아무개는 여기에 앉아 있고, 아무개는 저기에 앉아 있습니다." 라고 하여 그가 더불어 말할 사람을 알게 해서 사람에게 실수하는 일이 없게 하시니, 夫子께서 樂師와 더불어 말씀하신 것이 이와 같으셨다.

주해

- 正樂: 음악의 소리를 바로 잡다.
  ≪史記 · 樂書序≫에 나온다. "自仲尼不能與齊優遂容於魯, 雖退正樂以誘世, 作五章以刺時, 猶莫之化." 誘(가르칠 유) 刺(꾸짖을 자)
- 升(오를 승) 迨(미칠 태)

師冕이 出커늘
子張이 問曰 與師言之道與잇가

樂師 면冕이 나가자,
자장子張이 물어 가로되 "그렇게 하는 것이 樂師와 더불어 말하는 道입니까?"

聖門學者ㅣ於夫子之一言一動에 無不存心省察이 如此라

聖門의 배우는 자가 夫子의 한 말씀 한 가지 행동에 대해 마음을 보존하여 성찰하지 아니함이 없는 것이 이와 같았다.

주해

- 道: '당연한 이치'를 말한다.
- 吳氏가 말했다. "≪論語≫ 중에 子張의 물음이 다른 여러 제자들에 비해 많다. 論語中, 子張之問, 比諸弟子爲多."(大全註疏)

【備旨】

及師冕이 旣出커늘 子張이 因而問曰 夫子之於師冕에 隨其地隨其人하여 而必言之詳者는 是乃道之所在與잇가

樂師 면冕이 이미 나가자,
子張이 인하여 물어 가로되 "夫子께서 樂師 면冕에 대해 그 처지에 따르고 그 사람에 따라서 반드시 자상하게 말씀하시는 것, 이것이 바로 道가 있는 곳입니까?"

子曰 然하다 固相師之道也니라

孔子께서 가라사대 "그러하다. 진실로 악사樂師를 돕는 道이니라."

相은 助也라 古者에 瞽必有相하니 其道가 如此라 蓋聖人於此에 非作意而爲之요 但盡其道而已시니라
尹氏曰 聖人處己爲人에 其心一致는 無不盡其誠故也라 有志於學者ㅣ求聖人之心인댄 於斯에 亦可見矣리라
范氏曰 聖人이 不侮鰥寡하고 不虐無告를 可見於此니 推之天下하면 無一物不得其所矣니라

'相'은 돕는 것이다. 옛날에 소경에게 반드시 도와주는 이가 있었으니, 그 道가 이와 같았다. 대개 聖人께서 이에 대해 作意로 하신 것

이 아니요, 다만 그 道를 다하셨을 뿐이다.

尹氏 가로되 "聖人께서 자신에게 처하거나 남을 위할 때에 그 마음이 일치하는 것은 그 정성을 다하지 않음이 없기 때문이다. 배움에 뜻을 둔 자가 聖人의 마음을 구하고자 한다면, 여기에서 또한 가히 볼 수 있을 것이다."

范氏 가로되 "聖人께서 홀아비나 과부를 업신여기지 않고, 하소연할 데가 없는 자를 모질게 하지 않으신 것을 가히 여기에서 볼 수 있으니, 이 마음을 天下에 미루어 가면 한 가지 사물도 제자리를 얻지 못함이 없을 것이다."

주해

- 鰥寡: 홀아비와 과부. 鰥(홀아비 환) 寡(과부 과)
- 相師之道: 소경 樂師를 도와주는 道. 相(도울 상)
  厚齋馮氏가 말했다. "소경으로 하여금 마치 능히 볼 수 있는 것처럼 해주는 것, 이것을 일러 소경 樂師를 도와주는 道라고 한다. 어찌 다만 소경 樂師에게 말해주는 道만 이와 같으리오? 使瞽者, 若能視然, 是謂相師之道, 豈特與師言之道, 如此."(大全註疏) 特(다만 특)
- 侮(업신여길 모) 虐(모질 학)

【備旨】

夫子ㅣ答之曰 然하다 道之所在也라 古者에 瞽必有相하니 我之與師言者는 固相師之道니 不足異也어늘 子ㅣ又何疑哉아하시니라

卽此而推인댄 可見道無往而不存하고 而聖人動靜語黙이 亦無往而非道矣라

夫子께서 답하여 가라사대 "그러하다. 道가 있는 곳이니라. 옛날에 소경 악사에게는 반드시 도와주는 이가 있었으니, 내가 소경 樂師와 더불어 말한 것은 진실로 樂師를 돕는 道이니 족히 이상할 것이 없거늘, 그대는 또한 어찌 의심하리오?"

이에 나아가 미루어 보면, 가히 道란 어디를 가든 있지 않는 곳이 없고, 聖人께서 움직이고 멈추고 말하고 침묵하는 것 또한 어디를 가든 道 아님이 없음을 알 수 있다.

論語集註 卷十六

季氏 第十六

季氏 第十六

洪氏曰 此篇을 或以爲齊論이라 凡十四章이라

洪氏 가로되 "이 篇을 혹자는 ≪齊論≫이라 한다." 모두 14장이다.

[16·1]

季氏ㅣ將伐顓臾러니

계씨季氏가 장차 전유顓臾를 정벌하려 하니,

顓臾는 國名이니 魯附庸也라

'전유顓臾'는 나라 이름이니, 노魯나라의 부용국附庸國이다.

주해

- 附庸: 제후국에 부속된 소국을 말함.
  ≪詩·노송魯頌·비궁閟宮≫ 篇에 "錫之山川, 土田附庸."이라 했고, 鄭玄의 전箋에 "賜之以山川土田及附庸, 令專統之."라고 풀이했다. 또한 ≪禮記·王制≫ 篇에 "公侯田方百里, 伯七十里, 子男五十里. 不能五十里者, 不合於天子, 附於諸侯曰附庸."이라 했고, 鄭玄의 註에 "附庸者, 以國事附於大國, 未能以其名通也."라 풀이했다. 閟(문닫을 비)
- 顓(착할 전) 臾(착할 유)

【備旨】

季氏ㅣ將伐顓臾以自益하니 事雖未行이나 而謀則已定矣라

계씨季氏가 장차 전유顓臾를 정벌하여 스스로를 이롭게 하고자 하니, 일을 비록 실행하지는 않았으나 모의謀議는 곧 이미 정해진 것이다.

冉有季路ㅣ見(현)於孔子曰 季氏ㅣ將有事於顓臾로소이다

염유冉有와 계로季路가 孔子를 뵙고 가로되 "계씨季氏가 장차 전유顓臾를 정벌하려고 합니다."

按左傳史記컨대 二子ㅣ仕季氏不同時어늘 此云爾者는 疑子路嘗從孔子하여 自衛反魯하여 再仕季氏라가 不久而復之衛也라

≪左傳≫과 ≪史記≫를 살피건대, 두 제자가 季氏에게 벼슬한 것이 같은 때가 아니거늘 여기에서 이렇게 말한 것은, 의심컨대 子路가 일찍이 孔子를 따라 위衛나라로부터 노魯나라에 돌아와 다시 季氏에게 벼슬하다가 오래지 않아 다시 위衛나라로 간 듯하다.

주해

● 有事: 전유顓臾를 정벌하는 일.

【備旨】

時冉有季路ㅣ仕於季氏之家러니 相與見(현)於孔子曰 季氏ㅣ將興兵以有事於顓臾로소이다 하니 蓋欲微探其可否也라

당시에 염유冉有와 계로季路가 季氏의 집에서 벼슬을 하였는데, 서로 더불어 孔子를 뵙고 가로되 "季氏가 장차 군사를 일으켜 전유顓臾를 정벌하려고 합니다." 라고 했으니, 대개 그 可否를 은근히 알아보고자 한 것이다.

孔子曰 求야 無乃爾是過與아

孔子께서 가라사대, "구求야! 이는 그대의 허물이 아니리오?"

冉求ㅣ爲季氏聚斂하여 尤用事라 故로 夫子ㅣ獨責之시니라

염구冉求가 季氏를 위하여 세금을 거두어들여 특히 일을 주도하였다. 그러므로 夫子께서 유독 그를 꾸짖으신 것이다.

주해

- 爾: '冉有'를 가리킨다. 爾(너 이)
- 聚斂: 세금을 마구 거두어 들임. '聚'는 '驟'와 통한다. 聚(모을 취) 斂(거둘 렴) 驟(빠를 취)
  ≪論語 · 先進≫ 篇에 나온다. "季氏富於周公, 而求也爲之聚斂而附益之."
- 用事: 법을 집행하다. 일을 주관한다.
  ≪商君書 · 賞刑≫ 篇에 나온다. "晉文公將欲明刑, 以親百姓. 於是合諸侯大夫於侍千宮, 顚頡 後至, 吏請其罪, 君曰 '用事焉.' 吏遂斷顚頡之脊以徇." 顚(엎어질 전) 頡(곧은목 힐) 徇(주창할 순)

【備旨】

孔子ㅣ以由求雖同仕季氏나 而求尤用事라 故로 獨責之曰 求야 顓臾之伐은 無乃爾之將順是謀하여 以成其過與아

孔子께서 由(季路)와 求(冉有)가 비록 함께 季氏에게 벼슬하였으나, 求가 특히 법을 집행하였다. 그러므로 유독 그를 꾸짖어 가라사대 "求야! 전유顓臾를 정벌하는 일은 그대가 장차 이런 모의에 순응함으로써 그 잘못을 저지른 것이 아니냐?"

夫顓臾는 昔者에 先王이 以爲東蒙主하시고 且在邦域之中矣라 是社稷之臣也니 何以伐爲리오

"무릇 전유顓臾는 옛날에 先王께서 동몽산東蒙山의 祭主를 삼으셨고, 또 방역邦域의 안에 있었다. 이는 社稷의 臣下이니 어찌 정벌하리오?"

東蒙은 山名이라 先王이 封顓臾於此山之下하여 使主其祭하니 在魯地七百里之中이라 社稷은 猶云公家라 是時에 四分魯國하여 季氏取其二하고 孟孫叔孫이 各有其一하고 獨附庸之國이 尙爲公臣이러니 季氏ㅣ又欲取以自益이라 故로 孔子言顓臾는 乃先王封國이니 則不可伐이요 在邦域之中하니 則不必伐이요 是社稷之臣이니 則非季氏所當伐也라하시니라

此는 事理之至當이요 不易之定體어늘 而一言盡其曲折ㅣ如此하니 非聖人이면 不能也니라

'동몽東蒙'은 山 이름이다. 先王이 전유顓臾를 이 山 아래에 봉封하여 그 제사를 주관하게 하니, 노魯나라 땅 칠 백리의 안에 있었다. '사직社稷'은 公家라고 말하는 것과 같다. 이 때에 노魯나라를 넷으로 나누어 季氏가 그 둘을 취하고, 맹손孟孫과 숙손叔孫이 각각 그 하나씩을 차지하여, 오직 부용附庸의 나라만이 여전히 公臣이 되었는데, 季氏가 또 이를 취하여 자신에게 이롭게 하고자 한 것이다.

그러므로 孔子께서 "전유顓臾는 곧 先王이 봉한 나라이니 곧 가히 정벌할 수 없고, 魯나라 안에 있으니 곧 반드시 정벌할 필요가 없으며, 이는 사직社稷의 臣下이니 곧 季氏가 마땅히 정벌할 것도 아니다."라고 말씀하신 것이다.

이는 事理에 지극히 당연한 것이요, 바꿀 수 없는 定體이거늘, 한마디 말로 그 曲折을 다한 것이 이와 같으니, 聖人이 아니면 능히 할 수 없는 일이다.

주해

- 先王: 周나라의 天子. 여기서는 '成王'을 말한다.
- 東蒙主: 동몽산東蒙山의 祭主'. '東蒙'은 泰山郡 몽음현蒙陰縣 서남쪽에 있는 山 이름인데, 오늘날 기주沂州의 비현費縣을 말한다.
- 邦域: 나라의 영역. '領土'와 같다.
- 曲折: 자세한 상황이나 정황.
  ≪史記 · 위기무안후열전魏其武安侯列傳≫에 나온다. "夫創少瘳, 又復請將軍日 吾益知吳壁中曲折, 請復往." 瘳(병나을 추)

【備旨】

且爾亦知夫顓臾乎아 夫顓臾之爲國也는 昔者에 周先王이 封之於東蒙山之下하여 使主此山之祭하니 則其立國有自來하여 而非私封者比矣요 且近在魯七百里之內하여 而處於邦域之中하니 則非敵國外患者比矣요 又附庸於魯하여 是社稷之臣이니 則非季氏所得而予奪者比矣라 夫先王封國이면 則不可伐이요 在邦域中이면 則不必伐이요 社稷之臣은 則尤非季氏所當伐이니 季氏ㅣ將以何名伐之哉아 此吾不暇爲季氏責이요 而深爲爾責也니라

그대는 또한 저 전유顓臾에 대해서 아는가? 무릇 전유顓臾라는 나라

는 옛날에 周나라의 先王이 동몽東蒙의 山 아래에 봉하여, 이 산의 제사를 주관하게 하였으니, 곧 그 나라를 세우는데 유래가 있어서 사사롭게 봉한 나라들과는 비할 바가 아니요, 또한 가까이 魯나라 七百里 안에 있어서 영토 안에 위치해 있으니 곧 敵國의 外患에 비할 바가 아니요, 또한 魯나라에 부용附庸이 되어 이 社稷의 臣下이니 곧 季氏가 여탈予奪할 수 있는 것에 비할 바가 아니다.
무릇 先王이 나라를 봉했으면 곧 가히 정벌할 수 없고, 영토안에 있으면 곧 반드시 정벌할 필요가 없으며, 사직社稷의 臣下는 곧 특히 季氏가 마땅히 정벌할 바가 아니니, 季氏가 장차 어떤 명분으로써 정벌하겠는가? 이는 내가 季氏 때문에 꾸짖을 겨를이 없고, 깊이 그대를 위해 꾸짖는 것이니라.

주해

- 尤(특히 우) 暇(겨를 가) 責(꾸짖을 책)

冉有曰 夫子ㅣ欲之언정 吾二臣者는 皆不欲也로소이다

염유冉有 가로되 "季氏가 하고자 한 것이지. 저희 두 臣下는 모두 하고자 하지 않습니다."

夫子는 指季孫이라 冉有實與謀로되 以夫子非之라 故로 歸咎於季氏라

'夫子'는 계손季孫을 가리킨다. 冉有가 실제로는 모의에 참여하였으나, 夫子께서 그르다고 하셨기 때문에 허물을 季氏에게 돌린 것이다.

주해

- 二子: 冉有와 子路.
- 咎(허물 구)

【備旨】

冉有丨乃歸咎於季氏曰 顓臾之伐은 乃夫子所心欲之언정 吾與由二臣者는 雖仕其家나 皆不欲其有此擧也로되 但力不能救之耳라

염유冉有가 이에 허물을 季氏에게 돌려 가로되 "전유顓臾를 정벌하는 일은 곧 季孫이 마음으로 하고자 하는 바이지, 저와 由 두 臣下는 비록 그 집에서 벼슬하고 있으나 모두 이 거사를 일으키고자 한 것이 아니며, 다만 힘으로 능히 그것을 구제하지 못할 따름입니다."

孔子曰 求아 周任이 有言曰 陳力就列하여 不能者止라하니 危而不持하며 顚而不扶면 則將焉用彼相矣리오

孔子께서 가라사대 "구求야! 주임周任이 말하여 가로되 '재주와 힘을 펼쳐서 그 직위에 나아가되, 능히 할 수 없으면 그만둔다.' 고 했으니, 장님이 위태로운데 잡아주지 아니하고, 넘어졌는데 부축해서 일으켜주지 않는다면, 곧 장차 어디에다 그런 도와주는 사람을 쓰리오?"

周任은 古之良史라 陳은 布也요 列은 位也라 相은 瞽者之相也라 言二子不欲이면 則當諫이요 諫而不聽이면 則當去也라

'주임周任'은 옛날의 훌륭한 史官이다. '진陳'은 베푸는 것이요, '열列'은 자리이다. '상相'은 소경을 돕는 자이다. 두 사람이 하고 싶지 않았다면 곧 마땅히 간諫을 해야 하고, 간諫하되 듣지 아니하면 곧 마땅히 떠나야 한다는 말이다.

주해

- 陳力就列: '재주와 역량을 펼쳐서 그에 상응하는 관직을 맡다.' '陳'은 '展'과 같다. '力'은 '才力'이다. '就'는 맡다, 나아가다. '列'은 관직이나 직위를 말한다. 陳(펼 진) 列(반열 렬)
  하안何晏이 ≪集解≫에서 "周任, 古之良吏. 言當陳其才力, 度己所任, 以就其位."라 했고, 형병邢昺의 소疏에 "言爲人臣者, 當陳其才力, 度己所任, 以就其列位, 不能則當自退也."라고 풀이했다.
- 危而不持: 장님이 위태로운데 옆에서 잡아주지 않다. '危'는 아직 넘어지지 않은 상태이다. "危是未至顚仆, 故持而安置之."(四書補註備旨) 顚(넘어질 전) 仆(엎드릴 부)
- 顚而不扶: 장님이 넘어졌는데 옆에서 부축해서 일으켜주지 않다.

'顚'은 이미 넘어진 상태이다. "顚是已顚仆矣. 須扶而振起之."(四書補註備旨)

● 焉(어찌 언)

【備旨】

夫子ㅣ因其諉過於季氏하여 又責之曰 求야 爾爲季氏之臣이어늘 安得辭其責哉아 古之周任이 嘗有言曰 爲人臣者는 能布其匡救之力然後에 立人本朝而就人臣之列이요 若不能盡力이면 則止而不容復就其列이라하니

譬如瞽之有相은 本爲持危扶顚計也니 夫危焉而不持하고 顚焉而不扶면 則將焉用彼相矣리오 然則爲臣而不能盡力이면 則亦何用彼之就列爲哉아 周任之言이 如此하니 今爾旣不欲則當諫이요 諫不聽則當去라 不然이면 亦將焉用爾爲哉아

夫子께서 그가 허물을 季氏에게 핑계삼는 것으로 인하여 또 꾸짖어 가라사대 "求야! 그대가 季氏의 신하가 되었거늘, 어찌 그 책임을 사양할 수 있으리오? 옛날 周任이 일찍이 말하여 가로되 '臣下된 자는 능히 그 널리 구원하는 힘을 편 연후에, 사람을 조정에 세워주고 臣下의 지위에 나아가는 것이요, 만약 능히 그 힘을 다하지 못한다면 곧 그치고 다시 그 지위에 나아가는 것을 용납하지 않는다.'라고 했으니,

비유하면 소경에게 도와주는 자가 있도록 한 것은 본디 위태로우면

부축해주고 넘어지면 부축해서 일으켜주기 위한 계책이거늘, 무릇 위태로운데 부축해주지 아니하고 넘어졌는데도 부축해서 일으켜주지 않는다면, 곧 장차 어디에 저런 도와주는 자를 쓰리오? 그러한즉 臣下가 되어 능히 힘을 다하지 못하면 곧 또한 어찌 그런 자가 신하의 지위에 나아갔다고 할 수 있으리오? 周任의 말이 이와 같으니 지금 그대가 이미 정벌하고자 하지 아니하면 곧 마땅히 諫할 것이요, 諫하여도 듣지 아니하면 곧 마땅히 떠나야 할 것이다. 그렇지 않으면 또한 장차 그대를 어디에다 쓰리오?"

주해

- 立人: 남을 부축하거나 앞으로 나아가게 하다.
  ≪論語 · 옹야雍也≫ 篇에 나온다. "夫仁者, 己欲立而立人, 己欲達而達人."
- 諉(탓할 위) 匡(바로잡을 광)

且爾言이 過矣로다 虎兕ㅣ出於柙하며 龜玉이 毁於櫝中ㅣ是誰之過與오

또한 그대들의 말이 잘못되었도다! 호랑이와 들소가 우리에서 뛰쳐나오며, 귀갑龜甲과 보옥寶玉이 궤 속에서 훼손되었다면 이는 누구의 잘못이리오"

兕는 野牛也라 柙은 檻也요 櫝은 匱也라 言在柙而逸하

고 在櫝而毁면 典守者ㅣ不得辭其過니 明二子居其位而不去면 則季氏之惡을 己不得不任其責也라

'시兕'는 들소이다. '합柙'은 짐승의 우리이다. '독櫝'은 궤이다. 우리 속에 있다가 일탈逸脫해서 뛰쳐나오고, 궤 속에 있던 것이 훼손되었다면, 이는 맡아 지키는 자가 그 과실을 피할 수 없다는 말이니, 두 사람이 그 자리에 있으면서 떠나지 않는다면 곧 季氏의 惡行에 대해 자신들이 그 책임을 지지 않을 수 없음을 밝힌 것이다.

수해

- 爾: 두 신하들을 가리킨다.
- 典守: 맡다, 주관하다.
  ≪明史 · 후비전서后妃傳序≫에 나온다. "官七十五人, 女史十八人, 視唐減百四十餘人, 凡以服勞宮寢祇勤典守而已." 寢(잠잘 침) 祇(편안할 기)
- 兕(외뿔들소 시) 柙(우리 합) 龜(거북 귀) 毁(헐 훼) 櫝(함 독) 檻(우리 함) 匱(함 궤) 逸(달아날 일) 典(맡을 전)

【備旨】

且爾謂二臣이 皆不欲이라하니 此言은 過矣로다 虎兕ㅣ不在山而逸하고 而出於柙하며 龜玉이 不在外而毁하고 而毁於櫝中은 是非典守者之過而誰之過與아 今爾居其位而不去면 則季氏之典守者也어늘 季氏有過면 爾安能辭其責哉아

또한 그대들이 '저희 두 臣下는 모두 정벌하고자 하지 않습니다.' 라고 말하는데, 이 말은 잘못이로다. 호랑이와 들소가 산에 있으면서 뛰쳐나오는 것이 아니라 우리 속에서 뛰쳐나오며, 귀갑龜甲과 보옥寶玉이 밖에서 훼손된 것이 아니라 궤 속에서 훼손되었다면, 이는 맡아서 지키는 자의 잘못이 아니고 누구의 잘못이리오? 지금 그대들이 그 지위에 있으면서 떠나지 않는다면 곧 季氏의 典守者이거늘, 季氏에게 허물이 있다면 그대들이 어찌 능히 그 책임을 피할 수 있으리오?

冉有曰 今夫顓臾ㅣ固而近於費하니 今不取면 後世에 必爲子孫憂하리이다

염유冉有 가로되 "지금 전유顓臾는 견고하고 비읍費邑에 가까우니, 지금 취하지 않으면 후세에 반드시 자손의 근심이 될 것입니다."

固는 謂城郭完固라 費는 季氏之私邑이라 此則冉有之飾辭나 然이나 亦可見其實與季氏之謀矣라

'고固'는 성곽城郭이 완전하고 견고하다는 말이다. '비費'는 季氏의 私邑이다. 이는 곧 冉有가 꾸며서 한 말이나, 그러나 또한 가히 그가 실제로 季氏의 모의에 참여했다는 것을 볼 수 있다.

주해

- 今不取: 지금 전유顓臾를 정벌해서 취하지 않다. '今'은 季氏의 兵力이 盛할 때를 말한다.
- 完固: 완전하고 견고하다.

【備旨】

冉有至此하여 知其責之不容逃也라 乃爲季氏飾辭曰 顓臾之伐은 非得已也라 今夫顓臾城郭完固하고 而且近於費邑하니 固則在彼有可恃之勢요 近則在我有侵凌之虞니 若今不乘時以取之하여 以至於後世면 則必有受其害者리니 寧不爲季氏子孫憂乎아 故로 不得已而伐之也라 하니 觀於此言컨대 求之與謀彰矣라

冉有가 여기에 이르러 그 책임을 피할 수 없음을 알았다. 이에 季氏를 위하여 말을 꾸며 가로되 "전유顓臾를 정벌하는 일은 그만 둘 수 없습니다. 지금 저 顓臾의 성곽城郭은 완전하고 견고하며 또한 비읍費邑과 가까우니, 견고하다는 것은 곧 그에게 가히 믿을 만한 형세가 있다는 것이고, 가깝다는 것은 곧 우리에게 침릉侵凌의 우려가 있다는 것이니, 만약 지금 때를 타서 전유顓臾를 취하지 않고 후세에 이른다면 곧 반드시 그 해를 입는 경우가 있을 것이니, 어찌 季氏의 子孫들에게 근심이 되지 않으리오? 그러므로 부득이하게 정벌하려는 것입니다." 라고 하니, 이 말을 살피면 求가 모의에 참여했다는 것이 분명하다.

주해

● 侵凌: 침범하여 능욕하다. '侵陵'과 같음. 侵(침노할 침) 凌(능멸할 능) ≪墨子·天志下≫에 "今天下之諸侯, 將猶皆侵凌攻伐兼並, 此爲殺一不辜人者, 數千萬矣."라 했고, ≪史記·五帝本紀≫에 "炎帝欲侵陵諸侯, 諸侯鹹歸軒轅."이라 했다. 辜(허물 고) 鹹(짤 함) 軒(수레 헌) 轅(끌채 원)

孔子曰 求아 君子는 疾夫舍曰欲之요 而必爲之辭니라

孔子께서 가라사대 "求야! 君子는 전유顓臾를 정벌하고자 한다고 말하지 않고, 반드시 변명하는 말을 미워하느니라."

欲之는 謂貪其利라

'欲之'는 그 이익을 탐한다는 말이다.

주해

● 舍曰欲之: 전유顓臾를 정벌하고 싶다고 말하지 않다. '舍'는 '捨'와 통한다. '之'는 '顓臾'를 말한다. 捨(버릴 사)

【備旨】

孔子ㅣ又責之曰 求아 季氏伐顓臾는 本貪其利也어늘 而

子ㅣ乃曰爲子孫憂라하니 是特以諱季氏之過耳라 不知君子는 深疾夫舍其貪利不言하여 而必爲之飾辭以文其過也니 今求之所云ㅣ其能免君子之疾哉아

孔子께서 또 꾸짖어 가라사대 "求야! 季氏가 전유顓臾를 정벌하는 것은 본디 그 이익을 탐하는 것이거늘, 그대는 곧 '子孫의 근심이 될 것이다.' 라고 말하니, 이는 다만 季氏의 잘못을 감추려는 것일 뿐이다. 모르겠도다! 君子는 그가 이익을 탐하는 것을 버려두고 말하지 않으면서 반드시 그를 위해 말을 꾸며서 그 잘못을 감추는 것을 심히 미워하나니, 지금 그대(求)가 말한 바가 그 능히 君子가 미워하는 것을 면할 수 있으리오?"

주해

- 特(다만 특) 諱(숨길 휘)

丘也는 聞有國有家者ㅣ不患寡而患不均하며 不患貧而患不安이라하니 蓋均이면 無貧이요 和면 無寡요 安이면 無傾이니라

내 듣건대 '나라를 다스리는 자는 백성이 적은 것을 근심하지 않고 고르게 분배되지 못할까를 근심하며, 가난을 근심하지 않고 편안하지 못할까를 근심한다.' 라고 하니, 대개 고르게 분배되면

백성이 적고 가난한 것을 근심한 것에 지나지 않을 따름이다. 내 일찍이 듣건대 '나라를 다스리는 諸侯와 家를 다스리는 大夫는 백성이 적음을 근심하지 않고 上下의 배분이 고르지 못함을 근심하며, 財用이 곤궁함을 근심하지 않고 上下의 마음이 편안하지 못함을 근심한다.' 라고 했으니, 무슨 뜻이리오?

대개 백성의 財用은 스스로 정해진 분수가 있으니, 오직 배분이 고르면 곧 그 分封된 땅에 나아가, 君臣에게 각각 들어오는 바가 있어서 저절로 가난함이 없을 것이요, 이미 고르게 배분이 되어 화평하게 되면 곧 그 배분된 백성에게 나아가 君臣에게 각각 거느리는 바가 있어서 저절로 백성들이 적지 않게 될 것이요, 이미 화평하고 편안하면 곧 君臣이 서로 화합하여 의심하거나 꺼리는 일이 생기지 아니해서, 人君은 가히 그 나라를 길이 보존할 수 있고, 신하는 가히 그 家를 영원히 보존할 수 있게 되어, 저절로 나라가 기울거나 뒤집어지는 근심이 없게 될 것이다. 이는 國家를 다스리는 자가 백성이 적은 것을 근심하지 않고 배분이 고르지 못할 것을 근심하며, 가난을 근심하지 않고 편안하지 못할 것을 근심해야 하는 이유이니라.

주해

- 分地: 토지를 분봉分封하다.
  ≪禮記 · 祭法≫에 나온다. "天下有王, 分地建國, 置都立邑."
- 分民: 고대에 토지를 分封받게 되면 그 땅에 거주하는 백성들이 分封받은 자에게로 귀속되는데 그런 백성을 '分民'이라 부른다.
  ≪國語 · 齊語≫에 나온다. "桓公擇是寡功者而謫之, 日'制地分民如一, 何故獨寡功? 教不善則政不治, 一再則宥, 三則不赦.'" 謫(귀양갈 적) 赦(용서할 사)

夫如是故로 遠人이 不服則修文德以來之하고 旣來之則安之니라

무릇 이와 같기 때문에 멀리 있는 사람들이 복종하지 않으면 곧 文德을 닦아 찾아오도록 하고, 이미 찾아왔으면 곧 편안하게 해 주어야 하느니라.

內治修然後에 遠人服하니 有不服則修德以來之요 亦不當勤兵於遠이라

內治를 닦은 연후에 멀리 있는 사람들이 복종하니, 복종하지 않으면 곧 文德을 닦아 찾아오도록 할 것이요, 또한 마땅히 먼 곳까지 군사를 출정시켜서는 안 된다.

주해

- 文德: 禮樂과 敎化를 말한다. '武功'이나 '武備'에 상대되는 말. ≪易 · 小畜≫ 篇에 "君子以懿文德."라 했고, ≪後汉书 · 光武帝纪上≫에 "言武功则莫之敢抗, 论文德则无所与辞."라고 했다. 懿(아름다울 의)
- 勤兵: 군대를 이끌고 출정함. '勤'은 '힘쓰다', '괴로워하다'의 뜻. 勤(괴로워할 근)

【備旨】

夫均이면 無貧하고 和면 無寡하고 安이면 無傾이라 如是則知遠人服이 在內治修矣라 故로 遠人이 或有不服이

면 則修其文德以招來之하고 不勤兵也며 及其旣來之하여는 則撫恤以安之하고 不利其土地人民也라 所聞於有國家者ㅣ其道如此니라

무릇 배분을 고르게 하면 가난이 없고, 화평하면 백성이 적지 않고, 편안하게 하면 나라가 기울어지지 않는다. 이와 같으니 곧 멀리 있는 사람들의 복종은 內治가 닦여지는데 달려 있음을 알 수 있다. 그러므로 멀리 있는 사람들이 혹 복종하지 않으면, 곧 그 文德을 닦아서 불러 오게 하고 군사를 동원해서는 안 되며, 그들이 이미 찾아오게 되면 곧 어루만지고 구휼救恤하여 편안하게 하고 그 土地와 백성을 탐해서는 안 된다. (내) 들건대 國家를 다스리는 자는 그 道가 이와 같으니라.

今由與求也는 相夫子하되 遠人이 不服而不能來也하며 邦分崩離析而不能守也하고

지금 由와 求는 夫子(季氏)를 돕고 있으나, 遠人들이 복종하지 않는데도 능히 오게 하지를 못하며, 나라가 분열되고 와해되는데도 능히 지켜 내지를 못하고,

子路ㅣ雖不與謀나 而素不能輔之以義하니 亦不得爲無罪라 故로 幷責之시니라 遠人은 謂顓臾라 分崩離析은

謂四分公室하고 家臣屢叛이라

子路가 비록 모의에 참여하지는 않았으나 평소에 능히 義로써 보필하지 못했으니, 또한 죄가 없을 수 없다. 그러므로 아울러 꾸짖으신 것이다. '遠人'은 전유顓臾를 말한다. '분붕이석分崩離析'은 公室을 四分시키고 家臣들이 자주 배반한 것을 말한다.

주해

- 夫子: 여기서는 '季氏'를 말한다.
- 分崩離析: 국가나 집단이 분열되거나 와해되다. 崩(무너질 붕) 析(쪼갤 석)
  ≪後漢書 · 등우전鄧禹傳≫에 "四方分崩離析, 形執可見."이라 했고, 宋나라 사마광司馬光의 ≪保業≫ 篇에 "臣竊觀自周室東遷以來, 王政不行, 諸侯並僭, 分崩離析, 不可勝記. 凡五百有五十年而合於秦."이라 했다.
- 公室: 王室이나 公家.
  ≪左傳 · 文公七年≫ 條에 나온다. "公族, 公室之枝葉也, 若去之, 則本根無所庇陰矣." 庇(덮을 비)

【備旨】

此正季氏之所當爲子孫計며 亦由求之所當爲季氏計者也어늘 今由之與求也는 其相季氏夫子하여 外而遠人이 不服而不能修文德以懷來之也하며 內而邦이 分崩離析而不能修內治以使之均和安也하니 誠異乎吾所聞矣로다

이는 바로 季氏가 마땅히 子孫를 위하여 도모한 계책이며, 또한 由

와 求가 마땅히 季氏를 위하여 도모한 계책이거늘, 이제 由와 求는 그대들이 季氏를 도와서 밖으로는 遠人이 복종하지 않으나 능히 文德을 닦아 불러들이지 못하며, 안으로는 나라가 분열되고 무너지는데 능히 內治를 닦아서 고르게 배분하고 화평하고 안정되게 하지를 못하니, 진실로 내가 들은 바와 다르도다.

주해

● 懷來: 불러오게 하다. 불러서 위로하다. '초래招來'나 '초래招徠'와 같다. 徠(위로할 래)
漢나라 육가陸賈의 ≪신어新語 · 도기道基≫ 篇에 "附遠寧近, 懷來萬邦."이라 했고, ≪後漢書 · 독행전獨行傳 · 이선李善≫ 篇에 "以愛惠爲政, 懷來異俗."이라 했다.

而謀動干戈於邦內하니 吾恐季孫之憂ㅣ不在顓臾而在蕭牆之內也하노라

그런데도 干戈를 나라 안에서 動員할 것을 꾀하니, 내 季孫의 근심이 전유顓臾에 있지 않고 소장蕭牆의 안에 있을까 두려워하노라."

干은 楯也요 戈는 戟也라 蕭牆은 屛也라 言不均不和면 內變將作이러니 其後에 哀公이 果欲以越伐魯而去季氏하니라
謝氏曰 當是時하여 三家强하고 公室弱이어늘 冉求ㅣ又

欲伐顓臾以附益之한대 夫子ㅣ所以深罪之하시니 爲其瘠魯以肥三家也니라

洪氏曰 二子ㅣ仕於季氏에 凡季氏所欲爲를 必以告於夫子하니 則因夫子之言而救止者ㅣ宜亦多矣라 伐顓臾之事가 不見(현)於經傳하니 其以夫子之言而止也與인저

'간干'은 방패요, '과戈'는 창이다. '소장蕭牆'은 막는 것이다. 배분이 고르지 못하고 화평하지 못하면 내부의 변란이 장차 일어나게 되니, 그 후에 哀公이 과연 월越나라의 군대로 노魯나라를 정벌하여 季氏를 제거하고자 하였다.

謝氏 가로되 "이 때를 당하여 三家는 강성하고 公室은 약했는데, 염구冉求가 또 전유顓臾를 정벌하여 季氏에게 보태주려고 하자, 夫子께서 깊이 죄를 물으신 이유는, 그가 魯나라를 수척하게 해서 三家를 살찌우게 하려고 했기 때문이다."

洪氏 가로되 "두 사람이 季氏에게 벼슬을 하는데 무릇 季氏가 하고자 하는 바를 반드시 夫子에게 고했으니, 곧 夫子의 말씀으로 인하여 바로잡은 것이 마땅히 또한 많았을 것이다. 顓臾를 정벌한 일이 경전에 보이지 않으니, 그것은 夫子의 말씀 때문에 중지했기 때문이리라!"

주해

- 邦內: 노魯나라 안.
- 干戈: 방패와 창. 干(방패 간) 戈(창 과) 楯(방패 순) 戟(창 극)
- 蕭牆: 고대 궁실 내에 병풍으로 삼는 작은 담장. '蕭'는 '肅'과 통한다. 蕭(쑥 소) 牆(담 장) 肅(엄숙할 숙)

하안何晏의 ≪集解≫에 정현鄭玄의 말을 인용하여 "蕭之言肅也. 牆謂屛也. 君臣相見之禮, 至屛而加肅敬焉, 是以謂之蕭牆."이라 했다. 屛(병풍 병)

- 救止: 저지하다. 바로 잡다.
  宋나라 소철蘇轍의 ≪위형식하옥상서爲兄軾下獄上書≫에 나온다. "臣誠哀軾愚於自信, 不知文字輕易, 跡涉不遜, 雖改過自新, 而已陷於刑辟, 不可救止." 遜(겸손할 손) 辟(법 벽)
- 瘠(파리할 척, 여위다) 肥(살찔 비)

【備旨】

顧乃興無名之師하여 而謀動干盾戈戟於邦內之顓臾焉이어늘 爾言爲子孫憂라 吾恐其不均不和하여 內變將作하니 季孫之憂ㅣ不在於顓臾之遠而在蕭牆至近之內也라 舍近而求遠과 貪外而遺內는 在季孫固非善爲謀니 而由與求ㅣ亦焉能辭其責哉아

돌아보건대 이에 명분이 없는 군사를 일으켜 나라 안에 있는 전유顓臾의 땅에서 방패와 창을 동원할 것을 꾀하거늘, 그대는 子孫을 위해 근심한다고 말을 하는구나. 내 그 배분이 고르지 못하고 화평하지 못하여 내부의 변란이 장차 일어날까 염려되니, 季孫의 근심은 전유顓臾와 같이 먼 곳에 있지 않고 소장蕭牆과 같이 지극히 가까운 내부에 있을 것이다. 가까운 백성을 버리고 멀리 있는 백성을 구하며, 밖에 있는 것을 탐하고 안에 있는 것을 버리는 것은 季孫이 진실로 善으로 도모한 것이 아니니, 由와 求는 또한 어찌 능히 그 책임을 피할 수 있으리오?

[16·2]

孔子曰 天下有道면 則禮樂征伐이 自天子出하고 天下無道면 則禮樂征伐이 自諸侯出하나니 自諸侯出이면 蓋十世에 希不失矣요 自大夫出이면 五世에 希不失矣요 陪臣이 執國命이면 三世에 希不失矣니라

孔子께서 가라사대 "天下에 道가 있으면 곧 예악禮樂과 정벌征伐이 天子로부터 나오고, 天下에 道가 없으면 곧 禮樂과 征伐이 제후諸侯로부터 나오니, 제후로부터 나오면 대개 10世에 권세를 잃지 않은 이가 드물고, 大夫로부터 나오면 5世에 권세를 잃지 않은 이가 드물며, 배신陪臣이 國命을 잡으면 3世에 권세를 잃지 않은 이가 드물 것이니라."

先王之制에 諸侯ㅣ不得變禮樂專征伐이라 陪臣은 家臣也라 逆理愈甚이면 則其失之愈速하니 大約世數不過如此라

先王의 제도에 제후는 禮樂을 바꾸거나 마음대로 정벌을 할 수 없다. '배신陪臣'은 家臣이다. 이치를 거스리는 것이 심할수록 곧 그 잃는 것이 더욱 빠른 법이니, 대략 세수世數가 이와 같음에 지나지 않다.

주해

- 天下有道: 천하에 道가 있다. '有道'란 君臣 간의 기강紀綱이 문란하지 않다는 말이다.
- 禮樂: 五禮와 六樂의 文教를 말한다.
- 征伐: 四征과 九伐의 武功을 말한다.
- 天下無道: 천하에 道가 없다. 곧 人君이 약하고 신하가 강성한 때를 말한다.
- 希不失: 잃지 않는 경우가 드물다. '希'는 '희稀'와 통한다. '失'이란 禮樂과 정벌의 권세를 제후와 陪臣에게 잃은 것을 말한다. 稀(드물 희)
- 陪臣: '家臣'과 같다. 古代에 天子는 諸侯를 신하로 삼고, 諸侯는 大夫를 신하로 삼으며, 大夫에게는 또한 家臣이 있었다. 이 때 제후의 大夫는 天子에 대하여 스스로를 '陪臣'이라 부른다.

  ≪左傳 · 襄公二十一年≫에 "欒盈過於周, 周西鄙掠之. 辭於行人曰 : '天子陪臣盈, 得罪於王之守臣, 將逃罪.'"라 했고, 두예杜預의 註에 "諸侯之臣稱於天子曰陪臣."이라 풀이했다. 또한 ≪禮記 · 曲禮下≫ 篇에 "列國之大夫, 入天子之國曰'某士', 自稱曰'陪臣某'."라 했는데, 鄭玄의 註에 "亦謂諸侯之卿也……陪, 重也."라 했고, 공영달孔穎達의 소疏에 "其君已爲王臣, 己今又爲己君之臣, 故自稱對王曰重臣也."라고 풀이했다. 欒(나무이름 란)
- 國命: 나라의 정권.

  ≪後漢書 · 黨錮傳序≫에 나온다. "逮桓靈之間, 主荒政繆, 國命委於閹寺." 錮(가둘 고) 逮(미칠 체) 繆(얽을 무) 閹(내시 엄)
- 世數: 世系의 輩數. '世代'와 같다.

  ≪左傳 · 昭公八年≫ 條에 "虞之世數未也, 繼守將在齊, 其兆既存矣."라 했고, 北齊 안지추顔之推의 ≪안씨가훈顔氏家訓 · 풍조風操≫ 篇에 "凡宗親世數, 有從父, 有從祖, 有族祖."라 했다.

【備旨】

孔子ㅣ戒失權者曰 天下者 勢而已니 勢在上則治하고 勢在下則亂이라 當天下有道之時엔 則五禮六樂을 掌之宗伯하고 四征九伐을 掌之司馬하여 其權이 皆自天子出하니 雖在諸侯라도 不敢干也온 況下而大夫와 又下而陪臣乎아 若天下無道之時엔 則禮樂征伐을 天子不能操其權而自諸侯出也니 自諸侯出이면 則諸侯可以僭天子하고 而大夫亦可以僭諸侯하여 蓋十世에 希不失矣요
勢必爲大夫所奪也니 自大夫出이면 則大夫可以僭諸侯하고 而陪臣亦可以僭大夫하여 五世에 希不失矣요
勢必爲陪臣所奪也니 至於陪臣이 得以執禮樂征伐之國命하여는 則逆理愈甚하여 三世에 希不失矣라 然이나 此亦在無道之世엔 則然耳라

孔子께서 권세를 잃은 자를 경계하여 가라사대 "天下는 勢力일 따름이니, 세력이 위에 있으면 곧 다스려지고, 세력이 아래에 있으면 곧 어지러워진다. 天下에 道가 있을 때에는 곧 五禮와 六樂을 종백宗伯이 관장하고, 사정四征과 구벌九伐을 사마司馬가 관장하여, 그 권한이 모두 天子로부터 나오니, 비록 諸侯에게 있더라도 감히 간여干與하지 못하거늘 하물며 아래로 大夫와 또 아래로 배신陪臣임에랴!
天下에 道가 없을 때에는 곧 예악禮樂과 정벌征伐을 天子가 능히 그 권한을 부리지 못하여 제후로부터 나오니, 제후로부터 나오면 곧

제후는 가히 天子를 참람僭濫하고 大夫도 또한 가히 제후를 僭濫하여, 대개 十世에 권세를 잃지 않은 이가 드물 것이니라.

세력을 반드시 大夫에게 빼앗긴 바가 되니, 大夫로부터 나오면 곧 大夫는 가히 諸侯를 僭濫하고 陪臣도 또한 가히 大夫를 僭濫하여, 五世에 권세를 잃지 않은 이가 드물 것이니라.

세력을 반드시 陪臣에게 빼앗긴 바가 되니, 陪臣이 禮樂과 征伐의 國命을 잡게 되면 곧 이치를 거스르는 것이 더욱 심하여, 三世에 권세를 잃지 않은 이가 드물 것이니라. 그러나 이는 또한 道가 없는 세상에 있어서 곧 그러할 따름이니라."

주해

- 五禮: 고대의 다섯 가지의 禮. 곧 길례吉禮 · 흉례凶禮 · 군례軍禮 · 빈례賓禮 · 가례嘉禮를 말한다.

  ≪周禮 · 春官 · 小宗伯≫에 "掌五禮之禁令與其用等."이라 했는데, 鄭玄의 註에 "五禮, 吉凶軍賓嘉."라 풀이했다.
- 六樂: 黃帝 이하 六代의 음악. 곧 黃帝의 운문雲門, 요堯의 함지咸池, 순舜의 대소大韶, 우禹의 대하大夏, 탕湯의 대호大濩, 周武王의 대무大武 등을 말한다. 韶(풍류이름 소) 濩(퍼질 호)
- 四征: 사면으로 정벌하다.

  ≪書 · 周官≫에 "四征弗庭, 綏厥兆民."이라 했는데, 공영달孔穎達의 소疏에 "四征, 從京師而四面征也."라고 풀이했다. 綏(편안할 수) 厥(그 궐)
- 九伐: 고대에 아홉 가지의 죄악에 대해 토벌하는 것을 말함.

  ≪周禮 · 夏官 · 大司馬≫ 篇에 나온다. "以九伐之灋正邦國. 馮弱犯寡則眚之, 賊賢害民則伐之, 暴內陵外則壇之, 野荒民散則削之, 負固不服則侵之, 賊殺其親則正之, 放弑其君則殘之, 犯令陵政則杜之, 外內亂鳥獸行則滅之." 灋(법 법) 眚(재앙 생) 削(깎을 삭) 杜(막을 두)
- 宗伯: 주周나라 육경六卿의 하나. 종묘의 제사 등을 맡았는데, 후세의 禮部에 해당한다. ≪書 · 周官≫에 "宗伯掌邦禮, 治神人, 和上

下."라고 했고, ≪周禮 · 春官 · 宗伯≫ 篇에 "乃立春官宗伯, 使帥其屬而掌邦禮, 以佐王和邦國."이라 했는데, 鄭玄의 註에 "宗伯, 主禮之官."이라 풀이했다.

- 司馬: 벼슬이름. 軍旅(軍政)를 담당함.
- 僭(참람할 참) 操(부릴 조) 奪(빼앗을 탈)

天下ㅣ有道則政不在大夫하고

天下에 道가 있으면 곧 政事가 大夫에게 있지 아니하고,

言不得專政이라

政事를 마음대로 할 수 없다는 말이다.

주해

- 政: 예악禮樂과 정벌征伐의 일을 말한다.
- 大夫: 위로 諸侯와 아래로 陪臣을 모두 포함해서 한 말이다.

【備旨】

如使天下有道면 則禮樂征伐之政이 旣不在諸侯요 自不在大夫矣라 大夫且然이어늘 而陪臣可知矣라

만약 天下에 道가 있으면 곧 禮樂과 征伐의 政事가 이미 제후에게

있지 않으니, 자연히 大夫에게도 있지 않다. 大夫 또한 그러하거늘 배신陪臣을 가히 알 수 있다.

天下ㅣ有道則庶人이 不議하나니라

天下에 道가 있으면 곧 庶人들이 논의하지 않는다.

上無失政이면 則下無私議니 非箝其口하여 使不敢言也라
此章은 通論天下之勢하니라

위에서 失政이 없으면 곧 아래에서 사사로운 논의가 없으니, 그 입에 재갈을 물려 하여금 감히 말 못하게 한 것은 아니다.
이 章은 天下의 형세를 通論한 것이다.

주해

- 議: 禮樂과 征伐이 마땅함을 잃은 것에 대해 의론하는 것을 말한다. 南軒張氏가 말했다. "禮樂과 征伐은 天子의 일이다. 천하에 道가 있으면 곧 禮樂과 征伐이 天子에게서 나온다. 禮樂征伐, 天子之事也. 天下有道, 則禮樂征伐自天子出矣."(大全註疏)
- 箝(재갈먹일 겸)

【備旨】

天下有道면 則禮樂征伐之權이 皆出自天子하고 上無失政이면 而庶人이 不敢有私議矣요 庶人且然이어늘 則庶人以上을 又可知矣라 此皆有道之世則然也어늘 而今安可得乎哉아

천하에 道가 있으면 곧 禮樂과 征伐의 권한이 모두 天子로부터 나오고, 위에서 失政이 없으면 곧 庶人들이 감히 사사로운 논의를 하지 못한다. 서인庶人도 또한 그러하거늘 곧 庶人 이상을 또한 가히 알 수 있다. 이는 모두 道가 있는 세상이면 곧 그러하거늘, 지금은 어찌 가히 할 수 있으리오?

[16 · 3]

孔子曰 祿之去公室이 五世矣요 政逮於大夫가 四世矣라 故로 夫三桓之子孫이 微矣라

孔子께서 가라사대 "祿이 公室을 떠난지 5世가 되었고, 政事가 大夫에게 미친 지 4世가 되었도다. 그러므로 삼환三桓의 자손이 쇠미衰微해졌노라."

魯自文公薨에 公子遂ㅣ殺子赤하고 立宣公하여 而君失

其政하니 歷成襄昭定에 凡五公이라 逮는 及也라 自季武子ㅣ始專國政으로 歷悼平桓子에 凡四世而爲家臣陽虎所執이라 三桓은 三家니 皆桓公之後라 此는 以前章之說로 推之而知其當然也라

此章은 專論魯事하니 疑與前章으로 皆定公時語라

蘇氏曰 禮樂征伐이 自諸侯出이면 宜諸侯之强也로되 而魯以失政하고 政逮於大夫면 宜大夫之强也로되 而三桓以微는 何也오 强生於安하고 安生於上下之分定이어늘 今諸侯大夫ㅣ皆陵其上하니 則無以令其下矣라 故로 皆不久而失之也니라

노魯나라는 文公이 죽자 公子 수遂가 자적子赤을 죽이고 선공宣公을 세우면서부터 人君이 그 政權을 잃게 되었으니, 성공成公·양공襄公·소공昭公·정공定公을 지나 모두 五公이다. '체逮'는 미침이다. 계무자季武子가 처음으로 國政을 전횡專橫한 후, 도자悼子·평자平子·환자桓子를 지나 모두 4世가 되었고, 家臣인 양호陽虎에게 휘둘리게 되었다. '삼환三桓'은 三家이니 모두 환공桓公의 후손이다. 이는 앞 章의 말로써 미루어 보면 그 당연함을 알 수 있다.

이 章은 전적으로 魯나라 일 만을 논했으니, 의심컨대 앞 章과 더불어 모두 定公 때의 말이다.

蘇氏 가로되 "예악禮樂과 정벌征伐이 諸侯로부터 나오면 의당 諸侯가 강해야 하나 魯나라는 失政을 했고, 政事가 大夫에게 미치면 의당 大夫가 강해야 하나 三桓이 쇠미해진 것은 무엇 때문인가? 강함은 안정에서 나오고, 안정은 上下의 분수가 정해진데서 나오거늘, 지

금 諸侯와 大夫들이 모두 그 윗사람을 능멸하니 곧 그 아랫사람을 명령할 수 없다. 그러므로 모두 오래지 않아 정권을 잃은 것이다."

주해

- 祿: 조세를 부과하다. '부세賦稅'와 같다.
- 公室: '公家'와 같다.
- 五世: 人君의 입장에서 五世가 되다.
- 四世: 신하의 입장에서 四世가 되다.
- 逮(미칠 체) 薨(죽을 훙)

【備旨】

孔子ㅣ論魯事曰 我魯는 自文公薨에 殺子赤以立宣公으로 國之貢賦ㅣ不爲公室所有하니 祿之去也ㅣ於今에 已五世矣요 宣公以後로 閱一世하여 而季武子ㅣ始專國政하니 政逮於大夫ㅣ於今에 已四世矣라

夫政出大夫而五世希不失이라 故로 夫三桓之子孫이 當已微弱矣라 然則上下之分을 其可僭乎哉아

孔子께서 노魯나라의 일을 논하여 가라사대 "우리 魯나라는 文公이 죽자 자적子赤을 살해하여 선공宣公을 세우면서부터 나라의 공물貢物과 부세賦稅가 公室에 있는 바가 되지 못하니 祿이 公室을 떠난 지가 지금에 이미 五世가 되었다. 선공宣公 이후로 1世거 지나 계무자季武子가 처음으로 國政을 전횡專橫하니, 政事가 大夫에게 미친지 지금에 이미 4世가 되었다.

무릇 政事가 大夫에서 나오면 五世에 권세를 잃지 않는 경우가 드물다. 그러므로 三桓의 子孫이 당연히 이미 미약微弱해진 것이다. 그러하니 곧 上下의 분수를 그 가히 참람僭濫할 수 있으리오?"

주해

- 貢賦: 공물貢物과 부세賦稅. 貢(바칠 공) 賦(조세 부)
  ≪國語 · 魯語下≫ 篇에 나온다. "今我小侯也, 處大國之間, 繕貢賦以共從者, 猶懼有討." 繕(다스릴 선) 懼(두려워할 구)

[16 · 4]

孔子曰 益者ㅣ三友요 損者ㅣ三友니 友直하며 友諒하며 友多聞이면 益矣요 友便辟하며 友善柔하며 友便佞이면 損矣니라

孔子께서 가라사대 "나에게 유익한 자가 세 벗이요, 나에게 해로운 자가 세 벗이니, 정직한 자를 벗삼으며, 성실한 자를 벗삼으며, 견문이 많은 자를 벗삼으면 유익할 것이요,
편벽便辟된 자를 벗삼으며, 선유善柔한 자를 벗삼으며, 편녕便佞한 자를 벗삼으면 해가 되느니라."

友直則聞其過요 友諒則進於誠이요 友多聞則進於明이라 便은 習熟也니 便辟은 謂習於威儀而不直이요 善柔

는 謂工於媚悅而不諒이요 便佞은 謂習於口語 而無聞見之實이니 三者損益이 正相反也라
尹氏曰 自天子以至於庶人히 未有不須友以成者로되 而其損益이 有如是者하니 可不謹哉아

정직한 자를 벗삼으면 곧 그 허물을 듣게 되고, 성실한 자를 벗삼으면 곧 성실에 나아가게 되며, 견문이 많은 자를 벗삼으면 곧 명철明哲한데로 나아가게 된다. '편便'은 익숙한 것이니, '편벽便辟'은 威儀에 습관되어 정직하지 못하다는 말이며, '선유善柔'는 아첨하고 기쁘기 하는데 뛰어나 성실하지 못하다는 말이며, '편녕便佞'은 말에만 숙달되어 聞見의 실제가 없다는 말이니, 세 가지의 손해와 유익함이 정히 상반된다.
尹氏 가로되 "天子로부터 서인庶人에 이르기까지 벗을 의지하지 않고 이루는 자가 있지 아니하되, 그 유익하고 해로움에 이와 같은 것이 있으니, 가히 삼가지 않으리오?"

주해

- 便辟: 아첨하다. '便僻'과 통한다. 便(아첨할 편) 僻(치우칠 벽)
  원래 ≪書 · 경명冏命≫ 篇에 나온다. "愼簡乃僚, 無以巧言令色便辟側媚, 其惟吉士." 冏(빛날 경) 僚(동료 료)
  또한 〈季氏〉 篇의 '友便辟'에 대해서 형병邢昺의 疏에 "便辟, 巧辟人之所忌以求容媚者也."라고 풀이했다.
- 習熟: 익숙하다, 숙달되다. '숙실熟悉'이나 '熟知'와 통한다. 悉(다 실)
  漢나라 왕충王充의 ≪논형論衡 · 초기超奇≫ 篇에 나온다. "著書之人, 博覽多聞, 學問習熟, 則能推類興文."
- 威儀: 장엄한 모습과 행동거지.

≪書 · 고명顧命≫ 篇에 "思夫人自亂於威儀."라고 했고, ≪孔傳≫에 "有威可畏, 有儀可象."이라 풀이했다.

● 媚悅: 아첨하며 기쁘게 하다. 媚(아첨할 미)
宋나라 소식蘇軾의 ≪영답형影答形≫ 詩에 나온다. "姸媸本在君, 我豈相媚悅." 姸(고울 연) 媸(추할 치)

● 諒(성실할 량) 工(잘할 공) 須(의지할 수)

【備旨】

孔子ㅣ示人取友之當擇曰 君子取友는 凡以求益而去損也라 然이나 友之於人에 未必皆有益而無損이니 吾觀益者ㅣ有三友也요 損者ㅣ亦有三友焉이니 何以見之리오
如友乎直而忠告者하며 友乎諒而信實者하며 友乎多聞而該洽古今者면 將見有過必聞하고 誠心日進하고 知識日廣하여 其爲益이 大矣니 非三友之益乎아
若友乎便辟之習於威儀者하며 友乎善柔之工於媚悅者하며 友乎便佞之習於口語者면 則是過不得聞하고 誠日以喪하고 明無所資하여 其爲損이 大矣니 非三友之損乎아
然則去其損以就其益이니 取友者ㅣ安可以不慎哉아

孔子께서 사람들에게 벗을 취하는데 마땅히 가려야 함을 보여 가라사대 "君子가 벗을 취하는데 무릇 유익한 벗을 구하고 해害되는 벗을 버려야 한다. 그러나 벗이 사람에게 반드시 모두 유익함만 있고 해가 없는 것은 아니니, 내 살피건대 유익한 자가 세 벗이 있고, 해로운 자가 세 벗이 있으니, 무엇으로써 알 수 있으리오?

예를 들어 정직하여 忠告하는 자를 벗삼으며, 성실하여 信實한 자를 벗삼으며, 견문이 많아 古今에 해박한 자를 벗삼으면, 장차 허물이 있으면 반드시 듣게 되고, 성실한 마음이 날로 나아가며, 知識이 날로 넓어지는 것을 보게 되어 그 유익함이 크니, 세 가지 벗의 유익함이 아니리오?

예를 들어 편벽便辟이 위의威儀에 익숙한 자를 벗삼으며, 선유善柔가 아첨에 뛰어난 자를 벗삼으며, 편녕便佞이 입에 습관된 자를 벗삼으면 곧 이 허물이 있어도 듣지를 못하고, 성실한 마음이 날로 없어지고, 밝음을 資賴할 바가 없어 그 손해됨이 크니, 세 가지 벗의 손해됨이 아니리오? 그렇다면 곧 그 害되는 것을 제거하고 그 유익한 데로 나아가야 되니, 벗을 취하는 자가 어찌 가히 삼가지 않으리오?"

주해

- 該洽: 두루 통하다. '博通', '廣博'과 같다. 該(모두 해) 洽(윤택할 흡) ≪진서晉書·예술전론藝術傳論≫에 나온다. "陳戴等諸子並該洽墳典, 研精數術." 墳(무덤 분)

[16·5]

孔子曰 益者ㅣ三樂(요)요 損者ㅣ三樂니 樂節禮樂(악)하며 樂道人之善하며 樂多賢友면 益矣요 樂驕樂(락)하며 樂佚遊하며 樂宴樂(락)이면 損矣니라

孔子께서 가라사대 "유익한 것에 세 가지 좋아함이 있고, 손해되는 것에 세 가지 좋아함이 있으니, 예악禮樂을 조절하는 것을 좋아하며, 남의 善을 말하는 것을 좋아하며, 어진 벗이 많은 것을 좋아하면 유익하고, 방종하게 향략을 즐기는 것을 좋아하며, 편안히 노는 것을 좋아하며, 잔치를 벌여 즐기는 것을 좋아하면 害가 되느니라."

節은 謂辨其制度聲容之節이라 驕樂則侈肆而不知節이요 佚遊則惰慢而惡聞善이요 宴樂則淫溺而狎小人이니 三者損益이 亦相反也라
尹氏曰 君子之於好樂에 可不謹哉아

'절節'은 制度와 聲容의 절도를 분별하는 것을 말한다. 방종하게 향락을 즐기면 곧 사치하고 방자해져서 절도를 알지 못하고, 일락佚樂에 빠져 놀면 곧 나태해져서 善을 듣는 것을 싫어하며, 잔치를 벌여 마시고 즐기면 곧 음탕함에 빠져 小人을 친압親狎할 것이니, 세 가지의 손해됨과 이익 됨이 또한 상반된다.
尹氏 가로되 "君子가 좋아하고 즐기는데 가히 삼가지 아니하리오?"

주해

- 賢友: 앞에서 말한 '직량다문直諒多聞'한 벗을 말한다.
- 驕樂: 교만하고 방종하게 향락을 즐기다. 驕(교만할 교) 樂(즐길 락)
- 佚遊: 편안하게 즐기고 놀다. '일락佚樂'과 같다. 佚(편안할 일) 遊(놀 유)
- 宴樂: 잔치를 벌여 마시고 즐김. 宴(잔치 연)

  ≪左傳 · 文公四年≫ 條에 나온다. "昔諸侯朝正於王, 王宴樂之, 於

是乎賦〈湛露〉, 則天子當陽, 諸侯用命也.” 湛(즐길 담)

- 聲容: 목소리와 용모.
  당唐나라 한유韓愈의 ≪답이수재서答李秀才書≫에 나온다. “今者辱惠書及文章, 觀其姓名, 元賓之聲容, 恍若相接.” 賓(손 빈)
- 惰慢: 게으르고 나태해서 공경스럽지 못하다. 惰(게으를 타) 慢(게으를 만)
  ≪순자荀子 · 예론禮論≫에 나온다. “其立聲樂恬愉也, 不至於流淫惰慢. 其立哭泣哀戚也, 不至於隘懾傷生.”
- 樂(좋아할 요) 狎(친압할 압)

【備旨】

夫子丨示人好樂之當愼曰 人情에 孰無好樂이리오 然이나 情之所向에 而身心之損益이 係焉하니 彼情出於天理之公하여 而益者有三樂하고 情出於人欲之私하여 而損者有三樂라

何謂益고 樂節乎禮樂而辨其制度聲容하며 樂道人之善而稱揚之不置하며 樂多賢友而博取之無遺니 如是則禮樂之所陶淑과 善善之所感發과 多賢之所夾輔가 皆有以爲身心之助니 其爲益也丨大矣라

何謂損고 樂乎驕樂而侈肆放縱하며 樂乎佚遊而惰慢怠荒하며 樂乎宴樂而淫溺玩狎이니 如是則德壞於長傲하고 善喪於志荒하며 而且化於不善之與居하여 皆有以爲身心之害니 其爲損也丨多矣라 是則出乎益 則入於損하니/이니 可不愼所好樂哉아

夫子께서 사람들에게 좋아하는 것을 마땅히 신중해야 함을 보여 가라사대 "人情에 누가 좋아하는 것이 없으리오? 그러나 人情이 향하는 바에 身心의 損益이 달려 있으니, 저 人情이 天理의 공정함에서 나와 유익한 것에 세 가지 좋아함이 있고, 人情이 人欲의 사사로움에서 나와 害가 되는 것에 세 가지 좋아함이 있다.
무엇을 유익하다고 이르리오? 禮樂을 조절하는 것을 좋아하여 그 制度와 聲容을 분별하며, 남의 善을 말하기를 좋아하여 칭찬을 버려두지 하니 하며, 어진 벗이 많음을 좋아하여 널리 취해서 버리지 않으니, 이와 같이 하면 곧 禮樂이 아름답게 도야陶冶하는 바와, 善을 좋게 여겨 感發하는 바와, 어진 이가 많아서 도와주는 바가 모두 身心에 도움이 될 수 있으니 그 유익함이 크다.
무엇을 害가 된다고 이르리오? 교악驕樂을 좋아하여 사치하고 방종하며, 편안히 노는 것을 좋아하여 나태하고 방탕하며, 잔치를 벌여 즐기는 것을 좋아하여 음탕함에 빠져 친압親狎하니, 이와 같이 하면 곧 德은 오만한데서 무너지고, 善은 뜻이 황폐한데서 잃게 되며, 장차 不善에 동화되어 함께 처하게 되어, 모두 身心의 해가 될 수 있으니 그 해로움이 많다. 이는 곧 유익한데서 나와 곧 손해되는 곳으로 들어가는 것이니, 가히 좋아하는 바를 삼가지 않으리오?"

주해

- 稱揚: 칭찬하다, 찬양하다. 稱(칭찬할 칭) 揚(날릴 양)
≪禮記 · 제통祭統≫ 篇에 나온다. "夫鼎有銘, 銘者自名也. 自名以稱揚其先祖之美, 而明著之後世者也." 鼎(솥 정) 銘(새길 명)
- 陶淑: 陶冶해서 아름답게 하다. 陶(질그릇 도) 冶(불릴 야)
清나라 진학陳確의 ≪대학변삼大學辨三 · 답장고부서答張考夫書≫에 나온다. "程子陶淑多賢, 可爲極盛." 確(자갈땅 학)

● 長傲: 거만한 기운을 키우다. 傲(거만할 오)
宋나라 장재張載의 ≪정몽正蒙 · 전칭乾稱≫에 나온다. "誠不知戒其出汝者, 歸咎其不出汝者, 長傲且遂非, 不知孰甚焉."
● 夾(도울 협) 輔(도울 보) 惰(게으를 타) 慢(게으를 만) 荒(거칠 황) 溺(빠질 닉) 玩(희롱할 완) 狎(친압할 압)

[16 · 6]

孔子曰 侍於君子에 有三愆하니 言未及之而言을 謂之躁요 言及之而不言을 謂之隱이요 未見顔色而言을 謂之瞽니라

孔子께서 가라사대 "君子를 모시는데 범하기 쉬운 세 가지 잘못이 있으니, 君子의 말씀이 나에게 미치지 않았는데 먼저 말하는 것을 '조급하다'고 이르고, 君子의 말씀이 나에게 미쳤는데 말하지 않는 것을 '숨긴다'고 이르고, 君子의 안색을 살피지 않고 말하는 것을 '보지 못한다'고 이르니라."

君子는 有德位之通稱이라 愆은 過也라 瞽는 無目하여 不能察言觀色이라
尹氏曰 時然後言이면 則無三者之過矣리라

'君子'는 德과 位가 있는 자의 통칭通稱이다. '건愆'은 과실이다. '고瞽'

는 눈이 없어 능히 말을 살피고 안색을 보지 못한다.

尹氏 가로되 "때가 된 연후에 말하면, 곧 세 가지의 잘못이 없을 것이다."

주해

- 君子: 여기서는 德과 地位를 갖춘 자를 말한다.
- 愆(허물 건) 躁(성급할 조) 瞽(소경 고)

【備旨】

孔子ㅣ論事上之禮曰 人侍於有德位之君子에 旣度吾之可言하고 又度君子可以聽吾之言然後에 爲無愆也라

或不之謹이면 則有三者之愆하니 如言未及於我時엔 未可言也而遽言之면 是는 失於急迫而不遜이니 謂之躁焉이요 言旣及於我時엔 當言也而顧不言이면 是는 失於藏匿而不宣이니 謂之隱焉이요 或時雖可言이나 而君子之顔色不在於我면 則亦非可言之時也어늘 乃未見顔色而言이면 是는 無察言觀色之明이니 謂之瞽焉이라

此三愆者는 皆人之所易犯也니 侍於君子者ㅣ當知戒矣니라

孔子께서 윗사람을 섬기는 禮를 논하여 가라사대 "사람이 德과 地位가 있는 君子를 모시는데, 이미 내가 가히 말할 수 있는 것을 헤아리고 또한 君子가 가히 내 말을 들을 것인가를 헤아린 후에 허물

이 없게 될 것이다.
혹 삼가지 아니하면 곧 범하기 쉬운 세 가지 허물이 있으니, 예를 들어 君子의 말씀이 내게 미치지 않았을 때에는 가히 말하지 말아야 하나 급히 말을 하게 되면, 이는 급박함에 빠져 겸손하지 못한 것이니 이것을 일러 '조급하다'고 말한다.
君子의 말씀이 이미 내게 미쳤을 때에는 마땅히 말을 해야 하나 돌아보고 말하지 않는다면, 이는 숨기는데 빠져 베풀지 않는 것이니 이것을 일러 '숨긴다'고 말한다.
혹 때가 되어 비록 가히 말할 수 있으나 君子의 顏色이 나에게 있지 아니하면, 곧 또한 가히 말할 수 있는 때가 아니거늘 이에 君子의 顏色을 보지 않고 말한다면, 이는 말을 살피고 안색을 관찰하는 밝음이 없는 것이니 이것을 일러 '보지 못한다'고 말한다.
이 세 가지 잘못은 모두 사람들이 범하기 쉬운 바이니, 君子를 모시는 자가 마땅히 경계 할 줄 알아야 하느니라."

주해

● 遽(갑자기 거) 迫(닥칠 박) 遜(겸손할 손) 藏(감출 장) 匿(숨을 닉)

[16·7]

孔子曰 君子有三戒하니 少之時에는 血氣未定이라 戒之在色이요 及其壯也하여는 血氣方剛이라 戒之在鬪요 及其老也하여는

血氣旣衰라 戒之在得이니라

孔子께서 가라사대 "君子에게 세 가지 경계할 것이 있으니, 젊었을 때는 血氣가 안정되지 않아서 경계할 것이 女色에 있고, 그 장성하게 되면 血氣가 바야흐로 강해서 경계할 것이 싸움에 있고, 그 늙어서는 血氣가 이미 쇠미衰微해서 경계할 것이 얻음에 있느니라."

血氣는 形之所待以生者니 血陰而氣陽也라 得은 貪得也라 隨時知戒하여 以理勝之면 則不爲血氣所使也라
范氏曰 聖人이 同於人者는 血氣也요 異於人者는 志氣也니 血氣는 有時而衰로되 志氣는 則無時而衰也라 少未定과 壯而剛과 老而衰者는 血氣也요 戒於色과 戒於鬪와 戒於得者는 志氣也라 君子는 養其志氣라 故로 不爲血氣所動이니 是以로 年彌高而德彌卲也니라

'혈기血氣'는 형체가 의지해서 살아가는 바이니, 血은 陰이요 氣는 陽이다. '得'은 얻는 것을 탐함이다. 때에 따라 경계할 줄 알아서 이치로써 이기면 곧 血氣에 의해 부림당하지 않을 것이다.
范氏 가로되 "聖人이 보통 사람과 같은 것은 血氣요, 보통 사람과 다른 것은 志氣이니, 血氣는 때로 쇠미衰微함이 있으나 志氣는 곧 때로 衰微함이 없다. 젊어서 안정되지 못하고, 장성해서 강하고, 늙어서 衰微한 것은 血氣요, 女色을 경계하고, 싸움을 경계하고, 얻음을 경계하는 것은 志氣이다. 君子는 그 志氣를 기르기 때문에 血氣

에 의해 동요되지 않으니, 이 때문에 나이가 더욱 많아질수록 德이 더욱 높아지게 된다."

주해

- 君子: 여기서는 이치로써 욕망을 제어制御하는 사람을 말한다. "君子是以理制欲之人."(四書補註備旨)
- 三戒: 세 가지 경계해야 할 것. '계戒'는 금지해서 미리 막는다는 뜻이다.
- 少之時: 젊었을 때. 약관弱冠 전후를 말한다.
- 壯: 삼십 세를 말한다. 壯(씩씩할 장)
- 旣衰: 이미 쇠미衰微한 상태를 말한다. 衰(쇠할 쇠) 微(작을 미)
- 彌(더할 미) 卲(높을 소)

【備旨】

孔子ㅣ擧君子隨時制欲之功以示則曰 血氣之盛衰는 皆足以役人이나 而非主乎義理者면 不能以制之也라 乃君子는 則隨時知戒하여 而防之未發者ㅣ有三焉이라
蓋方其少之時也엔 血氣未定而欲動易流하니 不知所戒면 則淫溺無不至矣라 君子則戒之在色하여 使情欲不留焉이요 及其壯也엔 血氣方剛故로 勇銳好鬪하니 不知所戒면 則犯難不知止矣라 君子則戒之在鬪하여 而小忿必懲焉이라 及其老也엔 血氣旣衰故로 志歉貪財하니 不知所戒면 則營求無厭矣라 君子則戒之在得하여 而見得思義焉이라

君子隨時하여 有此三戒者ㅣ如此하니 此所以不爲血氣所使하여 而終其身由於義理之正也라

孔子께서 君子가 때에 따라 욕망을 제어制御하는 일을 들어서 法을 보여 가라사대 "血氣의 성쇠盛衰는 모두 족히 사람을 부릴 수 있으나, 義理를 주장하는 자가 아니면 능히 制御하지 못한다. 이에 君子는 곧 때에 따라 경계할 줄을 알아서 血氣가 아직 나타나지 않았을 때 막는 것이 세 가지가 있다.

대개 바야흐로 그가 젊었을 때에는 血氣가 아직 정해지지 않아서 욕망에 흔들려 흐르기가 쉬우니, 경계할 바를 알지 못하면 곧 음탕함에 빠져 이르지 않는 곳이 없게 된다. 그러므로 君子는 곧 경계하는 것을 女色에 두어 情欲이 머물지 않도록 해야 한다.

그가 장성하게 되면 血氣가 바야흐로 강剛해지기 때문에 용맹스럽고 싸우기를 좋아하니, 경계할 바를 알지 못하면 곧 곤경에 처할지라도 그칠 줄을 모른다. 그러므로 君子는 곧 경계하는 것을 싸움에 두어 작은 분노忿怒도 반드시 징계懲戒해야 한다.

그가 늙게 되면 血氣가 이미 쇠미하기 때문에 뜻이 부족하여 재물을 탐하게 되니, 경계할 바를 알지 못하면 곧 재물을 찾아 구할지라도 싫증내지 않을 것이다. 그러므로 君子는 곧 경계하는 것을 얻는데 두어 이득을 보면 義를 생각해야 한다.

君子가 때에 따라 이 세 가지 경계할 것이 이와 같으니, 이것이 血氣에 의해 부림을 당하지 않고 그 몸을 마치도록 義理의 올바름에 말미암아야 하는 바이니라."

주해

- 勇銳: 용맹하다. '勇悍'과 같다.
≪육도六韜 · 적강敵強≫에 "當明號審令, 出我勇銳冒將之士."라 했고, ≪後漢書 · 남흉노전南匈奴傳≫에 "張耽 性勇銳, 而善撫士卒, 軍中皆爲用命."이라 했다. 韜(감출 도) 耽(즐길 탐)
- 犯難: 곤란에 처하다, 난처하게 되다. '爲難'과 같다.
≪일주서逸周書 · 사기史記≫에 나온다. "犯難爭權, 疑者死."
- 營求: 찾다, 추구하다.
≪書 · 說命序≫에 나온다. "高宗夢得說, 使百工營求諸野, 得諸傅巖." 巖(바위 암)
- 忿(성낼 분) 懲(징계할 징) 歉(부족할 겸)

[16 · 8]

孔子曰 君子有三畏하니 畏天命하며 畏大人하며 畏聖人之言이니라

孔子께서 가라사대 "君子에게 세 가지 두려워해야 할 것이 있으니, 天命을 두려워하며, 大人을 두려워하며, 聖人의 말씀을 두려워하느니라."

畏者는 嚴憚之意也라 天命者는 天所賦之正理也니 知其可畏면 則其戒謹恐懼가 自有不能已者하여 而付畀之重을 可以不失矣라 大人聖言은 皆天命所當畏니 知畏天命

이면 則不得不畏之矣리라

'외畏'란 두려워한다는 뜻이다. '天命'이란 하늘이 부여한 바의 바른 이치이니, 그것이 가히 두려워해야 할 줄을 알면 곧 그 경계하고 삼가고 두려워함이 스스로 능히 그만두지 못한 것이 있어 부여받은 중한 것을 가히 잃지 않을 것이다. '大人'과 '聖言'은 모두 天命으로 마땅히 두려워해야 할 바이니, 天命을 두려워할 줄 알면 곧 '大人'과 '聖言'을 두려워하지 않을 수 없을 것이다.

주해

- 君子: 여기서는 이치를 따르는 사람을 말한다. "君子是循理之人"(四書補註備旨)
- 天命: 仁義禮智의 天理를 말한다.
- 大人: 德과 지위를 겸하여 한 말이다.
- 聖人之言: 聖人의 말씀. 곧 전典 · 모謨 · 훈訓 · 고誥와 같은 것들을 말한다.
- 嚴憚: 두려워하다. '畏懼'와 같다. 嚴(엄할 엄) 憚(꺼릴 탄)
≪史記 · 급정열전汲鄭列傳≫에 "然衛人仕者皆嚴憚汲黯, 出其下."라 했고, 宋나라 사마광司馬光의 ≪속수기문涑水記聞≫ 卷十三에 "先是諸將視元帥如寮寀, 無所嚴憚, 每議事各執所見, 喧爭不已."라 했다.
黯(어두울 암) 涑(헹굴 속) 寮(벼슬아치 료) 寀(녹봉 채) 喧(시끄러울 훤)
- 付畀: 주다, 부여하다. 付(줄 부) 畀(줄 비)

【備旨】

孔子ㅣ示人知所畏意曰 人心은 以有所畏而存하고 以無所畏而弛하나니 乃若君子엔 則有三畏焉이라

天命者는 民彝物則之理니 君子知天命當畏也而畏之로되 惟慮棄天褻天也요 大人은 是天命所存而行可法者니 君子知畏天命이면 則必畏大人하여 爲之致敬盡禮也요 聖言은 是天命所發而言可則者니 君子知畏天命이면 則必畏聖人之言하여 爲之篤信力行也라 此三畏者는 惟君子則然耳라

孔子께서 사람들이 두려워해야 할 바를 알아야 한다는 것을 보여주려는 뜻으로 가라사대 "人心은 두려워하는 바가 있어서 보존되고, 두려워하는 바가 없어서 해이解弛해 지나니, 君子에게 있어서는 곧 세 가지 두려워해야 할 것이 있다.
'天命'이란 사람이 지켜야 할 倫理道德과 사물의 법칙이니, 君子는 天命을 마땅히 두려워할 줄 알아서 그것을 두려워하되, 오직 하늘을 뜻을 저버리고 하늘의 뜻을 업신여길까 염려해야 한다.
'大人'은 天命을 보존하여 행실을 가히 법 삼을 만한 사람이니, 君子가 天命을 두려워할 줄 알면 곧 반드시 大人을 두려워하여, 그를 위해 공경을 다하고 禮를 다해야 한다.
'聖言'은 天命을 드러내어 말씀을 가히 법 삼을 만한 것이니, 君子가 天命을 두려워할 줄을 알면 곧 반드시 聖人의 말씀을 두려워하여, 그를 위해 독실하게 믿고 힘써 행해야 한다. 이 세 가지 두려워해야 하는 것은 오직 君子라면 곧 그렇게 할 따름이니라."

주해

- 乃若: ~에 있어서는. '至於'와 같다.
  ≪묵자墨子 · 겸애중兼愛中≫ 篇에 "乃若兼則善矣."라 했고, ≪孟子 ·

이루하離婁下≫ 篇에 "乃若所憂則有之."라 했다.

● 民彝: 사람이 지켜야 할 윤리도덕. '人倫'과 같다. 彝(떳떳할 이)
≪書 · 강고康誥≫에 "天惟與我民彝大泯亂."이라 했고, 孔傳에 "天與我民五常, 使父義母慈兄友弟恭子孝, 而廢棄不行, 是大滅亂天道."라고 풀이했다.

● 物則: 사물의 법칙. 則(법칙 칙)
≪國語 · 周語上≫에 "考中度衷以莅之, 昭明物則以訓之, 制義庶孚以行之."라 했고, 위소韋昭의 注에 "物, 事也. 則, 法也."라고 풀이했다.

● 棄天: 하늘의 뜻을 저버리다. 棄(버릴 기)
≪左傳 · 哀公七年≫ 條에 나온다. "景伯曰 吳將亡矣, 棄天而背本."

● 褻天: 하늘의 뜻을 더럽히다, 업신여기다. 褻(더러울 설)

● 弛(늦출 이) 篤(도타울 독)

小人은 不知天命而不畏也라 狎大人하며 侮聖人之言이니라

"小人은 天命을 알지 못하여 두려워하지 않으며, 大人을 친압親狎하고, 聖人의 말씀을 업신여기게 되느니라."

侮는 戲玩也라 不知天命이라 故로 不識義理하여 而無所忌憚이 如此라
尹氏曰 三畏者는 修己之誠이 當然也라 小人은 不務修身誠己하니 則何畏之有리오

'모侮'는 희롱하는 것이다. 天命을 알지 못하기 때문에 義理를 알지 못하여 꺼리는 바가 없음이 이와 같다.
尹氏 가로되 "세 가지를 두려워하는 자는 修己의 정성이 마땅히 그러해야 한다. 小人은 몸을 닦고 몸을 정성스럽게 하는데 힘쓰지 않으니, 곧 어찌 두려워함이 있으리오?"

주해

- 小人: 여기서는 이치를 배반하는 사람을 말한다. "背理之人"(四書補註備旨)
- 戱玩: 희롱하나. '戱弄'과 같다. 戱(놀 희) 玩(희롱할 완)

【備旨】

若小人은 則不知天命賦畀之重이라 故로 窮欲滅理而不畏也라 夫天命을 旣不知畏故로 於大人에 亦以爲不足憚하고 且從而狎之矣요 於聖人之言에 亦以爲不足法하고 且從而侮之矣니 安能如君子知有三畏哉리오 然則君子小人之異는 在一念敬肆之間而已矣니라

"小人과 같은 경우는 곧 天命으로 부여받은 중한 것을 알지 못한다. 그러므로 욕망을 다하고 이치를 멸滅해도 두려워하지 않는다. 무릇 天命을 이미 두려워할 줄 모르기 때문에 大人에 대해 또한 족히 꺼릴 것이 없다고 여기고 장차 좇아서 친압親狎하게 된다.
聖人의 말씀에 대해서 또한 족히 법 삼을 것이 없다고 여기고 장차 좇아서 업신여기게 되니, 어찌 능히 君子와 같이 세 가지 두려워해야 할 것이 있음을 알리오? 그러므로 곧 君子와 小人의 차이는 한 생각의 공경함과 방자함의 사이에 달려 있을 따름이니라."

[16·9]

孔子曰 生而知之者는 上也요 學而知之者는 次也요 困而學之는 又其次也니 困而不學이면 民斯爲下矣니라

孔子께서 가라사대 "태어나면서 아는 자는 上等이요, 배워서 아는 자는 다음이요, 통하지 못하여 배우는 것은 또 그 다음이니, 통하지 못하여도 배우지 않으면 백성이니 이에 下等이 되느니라."

困은 謂有所不通이라 言人之氣質不同이 大約有此四等이라

楊氏曰 生知學知로 以至困學히 雖其質不同이나 然이나 及其知之하여는 一也라 故로 君子惟學之爲貴니 困而不學然後에 爲下니라

'곤困'은 통하지 못하는 바가 있다는 말이다. 사람의 氣質이 같지 않음이 대략 이 네 가지 등급이 있음을 말씀하신 것이다.

楊氏 가로되 "生知와 學知로부터 困學에 이르기까지 비록 그 바탕이 같지 않으나, 그러나 그 앎에 이르러서는 한가지이다. 그러므로

君子는 오직 배움을 귀하게 여기니, 통하지 못한데도 배우지 않은 후에야 下等의 사람이 된다."

주해

- 生知: 태어나면서 저절로 알다. 곧 배움을 기다리지 않고 자연히 이런 이치를 알게 된다는 말이다.
  朱子가 말했다. "生知者, 堯舜孔子也. 學知者, 禹稷顔回也."(大全註疏)
  稷(기장 직)
- 之: 세 가지 '之'字는 모두 '理'를 뜻한다.
- 者: 두 가지 '者'字는 모두 사람을 가리킨다.
- 上: 上等의 기질氣質.
- 困而不學: 통하지 못하나 배우지 않다. '곤困'은 困難의 뜻으로, 학문에 뜻을 두되 곤란에 처하면 아예 자포자기自暴自棄를 하는 경우를 말한다. "甘於自暴自棄"(四書補註備旨)
  困(통하지않을 곤) 暴(해칠 포) 棄(버릴 기)
- 下: 下等의 氣質. '하우下愚'와 같다. 愚(어리석을 우)

【備旨】

孔子ㅣ勉人務學以變化其氣質曰 人之氣質은 亦有不同하니 彼生而神靈하여 不待於學而自能知此理者는 上也요 或生不能知하여 必待於學而後에 知此理者는 次也요 或始也不知學이라가 必困心衡慮而後에 學此理者는 又其次也니 若夫困而不學하여 冥然無覺하고 悍然不顧면 如此之民은 斯爲下矣니 學其可不知乎哉아

孔子께서 사람들에게 배움에 힘써 그 氣質을 변화시킬 것을 권면하여 가라사대 "사람의 氣質은 또한 같지 않음이 있으니, 저 태어나면서 신령스러워 배움을 기다리지 않고도 스스로 능히 이 이치를 아는 자는 上等이요, 혹 태어나면서 능히 알지 못하여 반드시 배움을 기다린 후에야 이 이치를 아는 자는 次等이요, 혹 처음에는 배움을 알지 못하다가 반드시 마음이 곤고困苦하고 심려가 不順한 이후에 이 이치를 배우는 자는 또한 그 다음이다.
만약 통하지 않으나 배우지 아니하여 명연冥然히 깨닫지도 못하고 한연悍然히 돌아보지도 않는다면, 이 같은 백성은 이에 下等이 되니 배움을 그 가히 알지 못하리오?"

주해

- 困心衡慮: 마음이 困苦하고 심려가 不順하다. '곤심횡려困心橫慮'라고도 한다. 困(통하지 않을 곤) 衡(거스를 횡)
  ≪孟子 · 告子下≫ 篇에 나온다. "困於心, 衡於慮, 而後作." 朱子의 ≪四書集註≫에 "事勢窮蹙, 以至困於心, 橫於慮, 然後能奮發而興起."라고 풀이했다. 蹙(오그라들 축)
- 冥然: 혼미한 모양, 어리석은 모양. 冥(어두울 명)
  唐나라 설용약薛用弱의 ≪집이기보편集異記補編 · 능화淩華≫에 나온다. "命酒與對酌別, 飮數盃, 冥然無所知." 또한 전북호田北湖의 ≪논문장원류論文章源流≫에 나온다. "最古之民, 冥然罔覺, 偏隅爲固, 八風不通." 隅(모퉁이 우)
- 悍然: 사나운 모습, 맹렬한 모습. 悍(사나울 한)

[16·10]

孔子曰 君子ㅣ有九思하니 視思明하며 聽思聰하며 色思溫하며 貌思恭하며 言思忠하며 事思敬하며 疑思問하며 忿思難하며 見得思義니라

孔子께서 가라사대 "君子에게 '九思'가 있으니, 보는데 눈 밝음을 생각하며, 듣는데 귀 밝음을 생각하며, 얼굴빛에 온화함을 생각하며, 모양에 공손함을 생각하며, 말에 충성스러움을 생각하며, 일에 공경함을 생각하며, 의심나면 물을 것을 생각하며, 분忿하면 어려움을 생각하며, 이득利得을 보면 義를 생각하느니라."

視無所蔽면 則明無不見이요 聽無所壅이면 則聰無不聞이라 色은 見於面者요 貌는 擧身而言이라 思問則疑不蓄이요 思難則忿必懲이요 思義則得不苟니라
程子曰 九思는 各專其一이니라
謝氏曰 未至於從容中道하여는 無時而不自省察也라 雖有不存焉者라도 寡矣니 此之謂思誠이니라

보는데 가린 바가 없으면 곧 눈이 밝아서 보지 못함이 없고, 듣는데 막히는 바가 없으면 곧 귀가 밝아서 듣지 못함이 없게 된다. '色'은 얼굴에 나타난 것이요, '모貌'는 몸을 들어 말한 것이다. 물을 것을

생각하면 곧 의심이 쌓이지 않을 것이요, 어려움을 생각하면 곧 분심忿心을 반드시 징계懲戒할 것이요, 義를 생각하면 곧 얻는 것이 구차하지 않을 것이다.

程子 가로되 "九思는 각각 그 한 가지에 전념專念하는 것이다."

謝氏 가로되 "자연스럽게 道에 맞는데 이르지 못하면 때로 스스로 성찰하지 않음이 없어야 한다. 이렇게 되면 비록 良心(本心)을 보존하지 못하는 일이 있을지라도 잃는 것이 적을 것이니, 이것을 일러 '思誠'이라고 한다."

주해

- 君子: 여기서는 '德을 이룬 사람'을 말한다. "君子, 成德之人"(四書補註備旨)
- 視思明: 보는데 눈 밝음을 생각하다. 곧 '非禮勿視'의 공부를 말한다.
- 聽思聰: 듣는데 귀 밝음을 생각하다. 곧 '非禮勿聽'의 공부를 말한다.
- 見得思義: 利得을 보면 義를 생각하다. "見得是臨財之時, 思義是欲當於理."(四書補註備旨)
- 從容中道: 자연스럽게 道에 맞다.
  ≪禮記 · 中庸≫에 나온다. "誠者, 不勉而中, 不思而得, 從容中道, 聖人也." 공영달孔穎達의 疏에 "從容閒暇而自中乎道."라고 풀이했다. 暇(겨를 하)
- 雖有不存焉者, 寡矣: 비록 良心(本心)을 보존하지 못하는 일이 있을지라도, 보존하지 못하는 일이 적을 것이다.
  ≪孟子 · 진심하盡心下≫ 篇에 나온다. "養心莫善於寡欲. 其爲人也寡欲, 雖有不存焉者, 寡矣. 其爲人也多欲, 雖有存焉者, 寡矣.。"
- 思誠: 성실히 할 것을 생각하다.
  ≪孟子 · 이루장구상離婁章句上≫ 篇에 나온다. "誠者, 天之道也. 思誠者, 人之道也. 至誠而不動者, 未之有也. 不誠, 未有能動者也."
- 蔽(가릴 폐) 壅(막을 옹) 懲(뉘우칠 징)

【備旨】

孔子ㅣ示人以愼思之學曰 人不可以不思며 亦不可以泛用其思니 乃若君子則有九者之思焉이라
彼視之理ㅣ尙其明而不明者는 物蔽之耳니 必思所以去其蔽而求明焉하며 聽之理ㅣ尙其聰而不聰者는 物壅之耳니 必思所以決其壅而求聰焉하며 色之見(현)於面者ㅣ貴於溫也니 則思以去其忿淚之氣하여 使溫焉而藹然其顔之輯也며 貌之形於身者ㅣ貴乎恭也니 則思以遠其暴慢之習하여 使恭焉而儼然其儀之正也며 言不可以不忠이니 一出言에 必思其忠하여 言如是면 心亦如是矣며 事不可以不敬이니 一執事면 必思其敬하여 事在是면 心亦在是矣며 最難釋者는 疑也니 於疑則思問焉하여 不以未決之見而蓄天下之疑也며 至難平者는 忿也니 於忿則思難焉하여 不以一朝之忿而貽莫大之悔也며 至於利之所得而裁之 則有義也니 見得則思義之所在 而無苟得焉이라
此九者는 皆君子之所思也니 而作聖에 不患無基矣리라

孔子께서 사람들에게 생각을 신중히 해야 하는 공부를 보여 가라사대 "사람은 가히 생각하지 않을 수 없으며 또한 가히 함부로 그 생각을 쓸 수도 없으니, 君子와 같은 경우는 곧 아홉 가지의 생각이 있다.

저 보는 이치가 그 눈 밝음을 숭상하되 밝지 못한 것은 사물이 그것을 가렸기 때문이니, 반드시 그 가린 것을 제거하여 밝음을 구할 것을 생각하며, 듣는 이치가 그 귀 밝음을 숭상하되 밝게 못한 것은 사물이 그것을 막았기 때문이니, 반드시 그 막힌 것을 터서 밝음을 구할 것을 생각하며, 안색이 얼굴에 나타난 것이 온화함을 귀하게 여기니, 곧 그 분려忿戾의 기운을 제거하여 하여금 온화하게 해서 애연藹然히 그 안색을 和하게 할 것을 생각하며, 모습이 몸에 나타난 것이 공손함을 귀하게 여기니, 곧 그 포만暴慢의 습성을 멀리하여 하여금 공손하게 하여 엄연儼然히 그 거동을 바르게 할 것을 생각하며, 말은 가히 충성스럽게 하지 않을 수 없으니, 한번 말을 하는데 반드시 그 충성스러움을 생각하여, 말이 이와 같으면 마음도 또한 이와 같이 하며, 일은 가히 공경하지 않을 수 없으니, 일단 일을 잡으면 반드시 그 공경함을 생각하여 일이 여기에 있으면 마음도 또한 여기에 있게 하며, 가장 풀기 어려운 것은 의심이니, 의심스러운 일에 대해 곧 물을 것을 생각하여 아직 해결되지 못한 견해로써 天下의 의심을 쌓아 두지 않으며, 지극히 다스리기 어려운 것은 분심忿心이니, 분한 일에 대해 곧 어려움을 생각하여 하루아침의 忿心 때문에 막대한 후회를 끼치지 않으며, 이익을 얻는데 있어서 제재制裁하는 것은 곧 義가 있으니, 이득을 보면 곧 義의 所在를 생각하여 구차하게 얻음이 없게 해야 한다.
이 아홉 가지는 모두 君子가 생각해야 할 바이니, 聖人이 되는데 기틀이 없다고 근심하지 않을 것이다."

주해

- 忿戾: 사납고 無道하게 화를 내다. 忿(성낼 분) 戾(사나울 려) ≪論語·陽貨≫ 篇에 나온다. "古之矜也廉, 今之矜也忿戾."

● 藹然: 온화하고 선량한 모습. 藹(우거질 애)
≪管子 · 치미侈靡≫편에 나온다. "藹然若夏之靜雲, 乃及人之體."
● 壅(막을 옹) 輯(화목할 집) 貽(끼칠 이)
● 暴慢: 사납고 거만하다. 暴(사나울 포) 慢(거만할 만)
● 儼然: 의젓한 모습, 공손한 모습. 儼(의젓할 엄)

[16 · 11]

孔子曰 見善如不及하며 見不善如探湯을 吾見其人矣요 吾聞其語矣로라

孔子께서 가라사대 "善을 보면 마치 미치지 못한 듯이 하며, 不善을 보면 마치 끓는 물에 손을 넣는 것처럼 한다는 것을, 내 그런 사람을 보았고 내 그런 말을 들었노라.

眞知善惡而誠好惡(오)之니 顔曾冉閔之徒ㅣ蓋能之矣라 語는 蓋古語也라

진실로 선善과 악惡을 알아서 성실히 좋아하고 미워하는 것이니, 안자顔子 · 증자曾子 · 염구冉求 · 민자건閔子騫 등의 무리가 대개 이에 능하였다. '語'는 대개 古語이다.

주해

● 探湯: 끓는 물에 손을 넣다. 곧 두려워하고 경계하는 모습을 말한다. '湯'은 '燙'과 통한다. 探(찾을 탐) 湯(넘어질 탕) 燙(데울 탕)

【備旨】

孔子有感於所見之殊라 故로 致慨曰 見一事之善也而好之切이 有如不及하되 惟恐不得乎善하며 見一事之不善也而惡之嚴이 有如探湯하되 惟恐或陷於惡하니 其好惡之誠이 如此라

求之於今에 吾見其有此人矣요 考之於古에 吾聞其有此語矣니 所見이 符於所聞이라 吾於是에 而知古今之未始不相及也니 豈不眞可幸哉아

孔子께서 보는 바가 다르다는데 느낌이 있으셨다. 그러므로 크게 탄식하여 가라사대 "한 가지 일의 善함을 보고 좋아하는 간절함이 마치 미치지 못하듯이 하되, 오직 善을 얻지 못할까 두려워하며, 한 가지 일의 不善함을 보고 미워하는 엄준嚴峻함이 마치 끓는 물에 손을 넣듯이 하되, 오직 혹 惡에 빠질까 두려워하니 그 좋아하고 미워하는 정성이 이와 같도다.

그것을 지금에서 구하건대 내 이런 사람이 있음을 보았고, 그것을 옛날에 상고하건대 내 이런 말이 있다는 것을 들었으니, 보는 바가 들은 바와 부합符合하도다.

내 이에 古今이 애초에 서로 미치지 않음이 없다는 것을 알았으니, 어찌 진실로 가히 다행스럽지 않으리오?"

隱居以求其志하며 行義以達其道를 吾聞其語矣요 未見其人也로라

숨어 살면서 그 뜻을 구하며, 義를 행하여 그 道를 이룬다는 것을, 내 그런 말을 들었고 그런 사람을 보지 못했노라."

求其志는 守其所達之道也요 達其道는 行其所求之志也니 蓋惟伊尹太公之流ㅣ可以當之라 當時에 若顔子도 亦庶乎此나 然이나 隱而未見(현)하고 又不幸而蚤死라 故로 夫子ㅣ云然이라

'求其志'는 그 이룬 바의 道를 지키는 것이요, '達其道'는 그 구한 바의 뜻을 행하는 것이니, 대개 오직 이윤伊尹과 태공太公의 부류가 가히 이에 해당될 것이다. 당시에 안자顔子 같은 분도 또한 이에 가까웠으나, 그러나 숨어서 나타나지 않았고, 또 불행히도 일찍 죽었기 때문에 夫子께서 이렇게 말씀하신 것이다.

주해

- 隱居以求其志: 숨어 살면서 그 뜻을 구하다. '隱居'는 곤궁하게 처하면서 벼슬하지 않는 것이다. '求其志'는 '致君澤民'에 뜻을 두는 것이다. "隱居是窮處而未仕, 求其志, 謂志在致君澤民, 則求其道守之於己."(四書補註備旨)
- 行義以達其道: 義를 행하여 그 道를 이루다. '行義'는 出仕하여 君臣의 義를 행하는 것이다. '達其道'는 '致君澤民'에 뜻을 둔 道를 천하에 이루는 것이다. "行義是出仕而行君臣之義, 達其道, 謂以所志致

君澤民之道, 達之天下."(四書補註備旨)

- 伊尹: 은殷나라의 재상. 이름은 지摯.
- 太公: 周나라 文王의 스승. 姓은 姜, 이름은 尙.
- 蚤死: 일찍 죽음. '조蚤'는 '早'와 통한다. 蚤(일찍 조)

【備旨】

時乎隱居면 則以求其所達之志하여 而守吾道於一身하고 時乎行義면 則以達其所求之道하여 而行吾志於天下하니 其體用之全이 如此라

稽之於古에 吾聞其有此語矣요 質之於今에 未見其有此人也니 所聞이 不符於所見이라 吾於是에 而歎古今人之不相及也니 豈不深可惜哉아

때로 숨어서 살면 곧 그 이룬 바의 뜻을 구하여 자신의 道를 한 몸에 지키고, 때로 義를 행하면 곧 그 구한 바의 道를 이루어 자신의 뜻을 天下에 행하니, 그 體와 用의 온전함이 이와 같다.

이것을 옛날에 상고하건대, 내 이러한 말이 있다는 것을 들었고, 이것을 지금에 질정質正하건대, 그 이러한 사람이 있다는 것을 보지 못했으니, 들은 바가 본 바와 符合되지 않도다.

내 이에 古今의 사람들이 서로 미치지 못한 것을 탄식하니, 어찌 깊이 가히 애석하지 않겠으리오?"

주해

- 質(물을 질) 稽(헤아릴 계)

[16·12]

齊景公이 有馬千駟하되 死之日에 民無德而稱焉이요 伯夷叔齊는 餓於首陽之下하되 民到于今稱之하나니라

제齊나라 경공景公이 말 천사千駟를 두었으나 죽는 날에 백성들이 德을 칭송함이 없었고, 백이伯夷와 숙제叔齊는 수양산首陽山 아래에서 굶어 죽었으나 백성들이 지금에 이르도록 칭송하느니라.

駟는 四馬也라 首陽은 山名이라

'사駟'는 四馬이다. '수양首陽'은 山 이름이다.

주해

- 千駟: 四千 필匹의 말. '사駟'는 말 4필이다. 駟(사마四馬 사)
- 伯夷叔齊: 은殷나라 고죽군孤竹君의 두 아들.

【備旨】

昔에 齊景公이 有馬千駟之多하니 其富如此면 宜乎有可稱矣온 而況身死之日은 正人心이 哀慕之時乎아 夫何君道有虧하여 隨死而泯이리오 卽死之日에 民無德而稱焉하니 富之不足恃也ㅣ如此라

伯夷叔齊는 恥食周粟하여 餓於首陽之下하니 其窮如此면 宜乎無可稱矣온 而況到今之時하여 又歷世久遠之後乎아 然而芳聲益著하여 雖死猶生하여 民到於今稱之하니 窮之不可忽也ㅣ 又如此니라

옛날 齊나라 경공景公이 말을 천사千駟 만큼이나 많이 두었으니, 그 부유함이 이와 같으면 마땅히 가히 칭송함이 있어야 하거늘, 하물며 몸이 죽는 날은 정히 人心이 슬퍼하고 그리워하는 때 임에랴! 어찌 人君의 道가 어그러짐이 있어 죽음을 따라 없어졌으리오? 죽은 날에 백성들이 德을 칭송함이 없으니, 부유함을 족히 믿을 수 없음이 이와 같다.

백이伯夷와 숙제叔齊는 周나라 곡식을 먹는 것을 부끄럽게 여겨 수양산의 아래에서 굶어 죽었으니, 그 곤궁함이 이와 같으면 마땅히 가히 칭송함이 없어야 하거늘, 하물며 지금에 이르러서 또 여러 세대를 지나 아주 오래된 뒤 임에랴!

그러나 아름다운 명성이 더욱 드러나, 비록 죽었으나 마치 살아있는 것처럼 백성들이 지금에 이르기까지 칭송하니, 곤궁해도 가히 소홀히 할 수 없음이 또한 이와 같도다.

주해

- 芳聲: 아름다운 명성.
  한漢나라 예형禰衡의 ≪앵무부鸚鵡賦≫에 "於是羨芳聲之遠暢, 偉靈表之可嘉."라 했고, 唐나라 한유韓愈의 〈양국혜강공주만가梁國惠康公主挽歌〉에 "定謚芳聲遠, 移封大國新."이라 했다. 禰(아비사당 예) 衡(저울 형) 鸚(앵무새 앵) 鵡(앵무새 무) 謚(시호 시)
- 虧(이지러질 휴) 泯(망할 민) 粟(조 속)

誠不以富요 亦祗以異라하니 其斯之謂與인저

'진실로 富를 이룰 수는 없으나, 또한 다만 다른 점을 취할 뿐이로다!' 라고 했으니, 그것은 이것을 두고 한 말인 저!

胡氏曰 程子以爲第十二篇錯簡誠不以富亦祗以異는 當在此章之首라하시니 今詳文勢컨대 似當在此句之上하니 言人之所稱이 不在於富而在於異也라
愚謂 此說近是요 而章首에 當有孔子曰字니 蓋闕文耳라 大抵此書後十篇은 多闕誤라

胡氏 가로되 "程子가 제 12篇의 착간錯簡인 '誠不以富, 亦祗以異'는 마땅히 이 章의 머리에 있어야 한다고 하셨으니, 이제 문장의 氣勢를 자세히 살피건대 마땅히 이 句의 위에 있어야 할 듯하다. 사람들이 칭송하는 바가 富에 있지 않고 다른 점에 있음을 말한 것이다." 내 생각건대 이 주장은 옳은 듯해서, 章의 머리에 마땅히 '孔子曰'의 글자가 있어야 하니 아마도 궐문闕文일 뿐이다. 대개 이 책의 뒤 10편은 빠지고 잘못된 것이 많다.

주해

- 誠不以富, 亦祗以異: 원래 ≪詩 · 小雅≫의 '我行其野'에 나오는 말이다. 祗(다만 지)
- 錯簡: 고대 竹簡의 앞뒤가 뒤섞인 것. 전하여 古書 내용에 문자의 순서가 서로 뒤섞인 경우를 말한다. 錯(어긋날 착) 簡(대쪽 간)
  明나라 고반룡高攀龍의 ≪고자유서高子遺書 · 경해經解≫에 나온다.

"謂 ≪大學≫ 有錯簡者, 疑 ≪誠意章≫ 引 '淇澳'而下也." 淇(물이름 기) 澳(물이름 오)

● 闕(빠질 궐) 抵(막을 저)

【備旨】

夫以千駟之國君으로 較首陽之餓夫는 蓋不侔矣로되 而稱之者ㅣ乃在此요 而不在彼焉이라 然則詩所云 人之所稱이 誠不以其富요 亦祇以異라하니 其卽斯所稱者는 不在於景公之富요 在於夷齊之異之謂與인저 殉財殉名을 孰得孰失고 必有能辨之者니라

무릇 천사千駟를 가진 人君으로써 수양산首陽山 아래에서 굶어죽은 사람과 비교한다는 것은 대개 비교할 수는 없으나, 칭송받은 자는 곧 여기(伯夷와 叔齊)에 있고, 저기(齊 景公)에 있지 않다. 그러므로 곧 ≪詩經≫에 이른바 사람들이 칭송하는 바가 '진실로 富를 이룰 수는 없으나, 또한 다만 다른 점을 취할 뿐이로다!' 라고 했으니, 그들이 곧 이에 칭송한 바가 景公의 富에 있지 않고, 伯夷와 叔齊의 다른 점에 있다는 것을 두고 한 말인저! 재물을 위해 죽고 명예를 위해 죽는 것을 누가 얻고 누가 잃었으리오? 반드시 능히 분별할 것이 있으리라.

주해

● 侔(견줄 모)

● 殉財: 재물을 위하여 목숨을 버리다. 殉(목숨바칠 순)
≪장자莊子 · 도척盜蹠≫ 篇에 나온다. "小人殉財, 君子殉名." 盜(훔칠

도) 蹠(밟을 척)

● 殉名: 목숨을 바치면서까지 명예를 구하다.
≪莊子 · 변무騈拇≫에 나온다. "士則以身殉名." 또한 ≪後漢書 · 방술전상方術傳上 · 사이오謝夷吾≫ 篇에도 나온다. "不殉名以求譽, 不馳騖以要寵." 騈(나란히할 변) 拇(엄지손가락 무) 馳(말달릴 치) 騖(달릴 무) 寵(은혜 총)

[16 · 13]

陳亢이 問於伯魚曰 子亦有異聞乎아

진항陳亢이 백어伯魚에게 물어 가로되 "그대는 또한 남달리 들은 바가 있는가?"

亢이 以私意로 窺聖人하여 疑必陰厚其子라

'진항陳亢'이 사사로운 뜻으로 聖人의 마음을 엿보아, 반드시 그 자식에게 은근히 두텁게 대할 것이라고 의심한 것이다.

주해

● 子: 공자의 아들인 '백어伯魚'를 가리킨다.
● 異聞: 남달리 들은 내용. "異聞是衆人所不聞者."(四書補註備旨)
● 亢(이름 항) 鯉(잉어 리) 窺(엿볼 규)

【備旨】

陳亢이 一日에 問於伯魚曰 子於夫子에 情則父子之親이요 而非師弟之比니 亦有異於衆人하여 而獨聞於夫子者乎아

진항陳亢이 어느 날 백어伯魚에게 물어 가로되 "그대는 夫子에 있어서 情으로 보면 곧 父子 간의 친밀한 관계요 師弟 간에 비교할 바가 아니니, 또한 衆人들과 달리 홀로 夫子께 들은 것이 있는가?"

對曰 未也로라 嘗獨立이어시늘 鯉ㅣ趨而過庭이러니
曰 學詩乎아
對曰 未也로이다
不學詩면 無以言이라하여시늘
鯉ㅣ退而學詩호라

대답하여 가로되 "그런 일은 없었노라. 일찍이 夫子께서 홀로 서 계시거늘 제(鯉)가 종종걸음으로 뜰을 지나가는데,
가라사대 '詩를 배웠느냐?'
대답하여 가로되 '배우지 못하였습니다.'

'詩를 배우지 않으면 말을 할 수 없느니라.'라고 하시거늘, 제(鯉)가 물러나 詩를 배웠습니다.

事理通達하여 而心氣和平이라 故로 能言이라

사리事理에 통달하여 심기心氣가 화평해진다. 그러므로 능히 말할 수 있다.

주해

- 未: '異聞'이 없다는 말이다.
- 獨立: 홀로 서 있다. 곧 夫子를 가리켜 한 말이다.
- 學詩: 詩를 배우다. '詩'는 곧 ≪詩經≫을 말한다.
- 事理通達, 而心氣和平: 事理에 통달하여 心氣가 화평해지다. 慶源輔氏가 말했다. "詩本人情該物理, 故學之者, 事理通達, 其爲教溫柔敦厚, 使人不絞不訐, 故學之者, 心氣和平. 事理通達, 則無昏塞之患. 心氣和平, 則無躁急之失. 此其所以能言."(大全註疏) 絞(묶을 교) 訐(속일 우) 躁(성급할 조)
- 趨(달릴 추) 鯉(잉어 리)

【備旨】

伯魚ㅣ對曰 吾未有異聞也로라
夫子ㅣ嘗獨立이어시늘 鯉趨而過庭이러니 此非弟子類聚時也라 可以有異聞者는 必將得之於此矣라
然이나 夫子ㅣ但問曰 汝曾學詩乎아
及鯉ㅣ對曰 未學也로이다

子ㅣ則曰 人貴於能言이니 而恒自學詩得之라 不學詩면 則事理無由通達하고 心氣無由和平하니 其何以能言이리오하여시늘

鯉ㅣ於是에 退而學詩요 而凡誦習乎溫柔敦厚之教하여 以爲能言之助者는 皆遵所聞於夫子也라

백어伯魚가 대답하여 가로되 "내 남달리 들은 것이 없노라. 夫子께서 일찍이 홀로 서 계시거늘, 제(鯉)가 종종걸음으로 뜰을 지나가는데, 이 때는 弟子들이 모이는 때가 아니니 가히 남달리 들은 것이 있다면 반드시 장차 여기에서 들었을 것입니다.

그러나 夫子께서 다만 물어 가라사대 '너는 일찍이 詩를 배웠느냐?' 제(鯉)가 대답하여 가로되 '아직 배우지 못하였습니다.'

夫子께서 곧 가라사대 '사람은 능히 말할 수 있는 것을 귀하게 여기니, 항상 詩를 배워서 '能言'을 얻어야 하노라. 詩를 배우지 아니하면 곧 事理를 말미암아 통달할 수 없고, 心氣가 말미암아 和平해질 수 없으니, 그가 어찌 능히 말할 수 있으리오?'

저(鯉)는 이에 물러나 詩를 배웠습니다. 무릇 온유돈후溫柔敦厚의 가르침을 외우고 익혀서 '能言'의 도움으로 삼은 것은 모두 夫子께 들은 바를 좇았기 때문입니다.

주해

- 類聚: 同類의 사물들을 서로 함께 모으는 것을 말한다.
  ≪易 · 계사상繫辭上≫ 篇에 "方以類聚, 物以羣分."이라 했고, ≪後漢書 · 文苑傳下 · 邊讓≫ 篇에 "金石類聚, 絲竹羣分."이라 했다.
- 溫柔敦厚: 온화하고 너그럽고 두터움. 곧 ≪詩經≫의 가르침을 나

타낸 말이다.

≪禮記·經解≫ 篇에 "其爲人也, 溫柔敦厚, ≪詩≫ 教也."라 했고, 공영달孔穎達의 疏에 "溫, 謂顔色溫潤. 柔, 謂情性和柔. ≪詩≫ 依違諷諫, 不指切事情, 故雲溫柔敦厚, 是 ≪詩≫ 教也."라고 풀이했다. 또한 ≪後漢書·方術傳序≫에 "如令溫柔敦厚而不愚, 斯深於 ≪詩≫ 教者也."고 했다. 諷(풍자할 풍) 諫(간할 간)

- 誦習: 誦讀하면서 익히다. 誦(욀 송)
- 遵(좇을 준)

他日에 又獨立이어시늘 鯉ㅣ趨而過庭이러니

曰 學禮乎아

對曰 未也로이다

不學禮면 無以立이라하여시늘

鯉ㅣ退而學禮호라

다른 날에 또 홀로 서 계시거늘, 제(鯉)가 종종걸음으로 뜰을 지나가는데,

가라사대 "禮를 배웠느냐?"

대답하여 가로되 "배우지 못하였습니다."

"禮를 배우지 않으면 서지 못하느니라."라고 하시거늘,

제(鯉)가 물러나 禮를 배웠습니다.

品節詳明 而德性堅定 故로 能立이라

품절이 상세하고 밝음에 德性이 견고하고 안정된 故로 능히 설 수 있다.

주해

- 禮: ≪禮記≫를 말한다.
- 無以立: 바로 설 수 없다. '立'은 '執守'의 뜻이다.

【備旨】

他日에 又夫子ㅣ獨立이어시늘 鯉ㅣ趨而過庭이러니 此는 又非一時偶值已也니 可以有異聞者를 不得於彼면 宜必得於此矣라
然이나 夫子ㅣ但問曰 汝曾學禮乎아
及鯉ㅣ對曰 未學也로이다
子ㅣ則曰 人貴於能立이니 而恒自學禮得之라 不學禮면 則品節無由詳明하고 德性無由堅定하니 其何以能立이리오하여시늘
鯉ㅣ於是에 退而學禮요 而凡服習乎恭儉莊敬之敎하여 以爲能立之資者는 亦遵所聞於夫子也라

다른 날에 또 夫子께서 홀로 서 계시거늘 제(鯉)가 종종걸음으로 뜰을 지나갔는데, 이것 또한 한때 우연히 만난 것이 아니었을 뿐이니,

가히 남달리 들은 것을 다른데서 듣지 못하였다면 의당 반드시 여기에서 들었을 것입니다.

그러나 夫子께서 다만 물어 가라사대 '너는 일찍이 禮를 배웠느냐?' 제(鯉)가 대답하여 가로되 '배우지 못하였습니다.'

夫子께서 곧 가라사대 '사람은 능히 서는 것을 귀하게 여기니, 항상 스스로 禮를 배워서 능히 서는 것을 얻어야 하노라. 禮를 배우지 아니하면 곧 品節을 말미암아 자상하게 밝힐 수가 없고, 德性이 말미암아 견고하게 定해지지 못하니, 그가 어찌 능히 설 수 있으리오?' 제(鯉)가 이에 물러나 禮를 배웠습니다. 무릇 공검장경恭儉莊敬의 가르침을 服習하여 능히 서는 데 자뢰받은 것은 또한 夫子께 들은 바를 좇았기 때문입니다."

주해

- 偶値: 우연히 만나다. 우연히 마주치다. 値(만날 치)
- 服習: 익혀서 자세하게 알다.
  ≪左传 · 僖公十五年≫ 條에 나온다. "古者大事, 必乘其产, 生其水土, 而知其人心, 安其教训, 而服习其道."
- 恭儉莊敬: 공손하고 검소하고 장엄하고 공경함.

聞斯二者로라

이 두 가지를 들었습니다."

當獨立之時하여 所聞이 不過如此하니 其無異聞을 可

知라

홀로 서 있는 때를 당하여 들은 바가 이와 같음에 지나지 않으니, 그 남달리 들은 것이 없음을 가히 알 수 있다.

【備旨】

夫獨立者는 宜皆異聞時也나 而鯉之所聞者는 始焉不能有外於詩하고 旣焉不能有加於禮니 惟聞斯二者而已라 此固夫子之雅言以教人者니 其何異聞之有리오

"무릇 홀로 서 계신 것은 마땅히 모두 남달리 들을 수가 있는 때이지만, 제(鯉)가 들은 바는 처음에는 능히 詩를 벗어날 수 없었고, 나중에는 능히 禮를 더할 수가 없었으니, 오직 이 두 가지만 들었을 따름입니다. 이는 진실로 夫子께서 雅言으로써 사람을 가르치신 것이니, 그 어찌 남달리 들은 것이 있겠습니까?"

주해

- 雅言: 정확하고 합리적인 말. 雅(바를 아)
  ≪三國志 · 촉지蜀志 · 제갈량전諸葛亮傳≫에 나온다. "陛下亦宜自謀, 以諮諏善道, 察納雅言."
  蜀(나라이름 촉) 葛(칡 갈) 諮(물을 자) 諏(물을 추)

陳亢이 退而喜曰 問一得三하니 聞詩聞禮하고 又聞君子之遠其子也호라

'진항陳亢'이 물러나와 기뻐하며 가로되 "한 가지를 물어서 셋을 얻었으니, 詩를 듣고 禮를 들었으며, 또한 君子가 그 자식을 멀리하는 것을 들었노라."

尹氏曰 孔子之敎其子가 無異於門人이라 故로 陳亢이 以爲遠其子니라

尹氏 가로되 "孔子께서 그 자식을 가르치는 것이 門人과 다름이 없었다. 그러므로 진항陳亢이 그 자식을 멀리한다고 생각한 것이다."

주해

- 問一得三: 한 가지를 물어서 셋을 얻다. '一'은 '異聞'을 말하고, '三'은 下文의 '聞詩', '聞禮', '聞君子之遠其子'를 말한다.
  新安陳氏가 말했다. "得三, 謂聞詩聞禮與遠其子爲三也. 夫子固不私其子, 亦何嘗遠其子? 當其可而敎之, 敎子與敎門人 耳."(大全註疏)
- 遠其子: '자기 자식을 멀리하다.' 곧 은근히 자기 자식을 두텁게 대하지 않는다는 말이다.

【備旨】

陳亢이 於是에 退而喜曰 問은 期於有得而已니 吾之所問者ㅣ一而所得者ㅣ實有三이라 聞學詩之可言하고 聞

學禮之可立하며 又聞君子之遠其子하여 略無陰厚之意也라하니 所得多於所問하니 亢ㅣ何幸哉아
要之컨대 聖人은 未嘗私其子하고 亦未嘗遠其子하나니 亢之言이 亦淺之乎窺聖人者矣니라

진항陳亢이 이에 물러나 기뻐하며 가로되 "묻는 것은 얻는 것이 있음을 기약할 뿐이니, 내가 묻는 바가 한 가지이나 얻은 바는 실로 세 가지가 있다. 詩를 배워야 가히 말할 수 있음을 들었고, 禮를 배워야 가히 바로 설 수 있음을 들었으며, 또 君子가 그 자식을 멀리하여 조금도 은근히 두텁게 대하는 뜻이 없음을 들었다. 얻은 바가 물은 것 보다 많으니, 내(亢)가 얼마나 다행스러운가?"
요컨대 聖人께서는 일찍이 그 자식을 사사롭게 대하지도 않고, 또한 일찍이 그 자식을 멀리하지도 않으셨으니, 亢의 말은 또한 聖人을 엿보는데 소견이 좁은 자이다.

[16 · 14]

邦君之妻를 君이 稱之曰夫人이요 夫人이 自稱曰小童이요 邦人이 稱之曰君夫人이요 稱諸異邦曰寡小君이요 異邦人이 稱之에 亦曰君夫人이니라

제후諸侯의 妻를 人君이 일컬어 '夫人'이라 말하고, 夫人이 스스

로를 일컬어 '소동小童'이라 말하고, 나라 사람들이 일컬어 '군부인君夫人'이라 말하고, 다른 나라에 使臣으로 가서 그 나라 人君의 夫人을 일컬어 '과소군寡小君'이라 말하고, 다른 나라 사람들이 일컬을 때도 또한 '君夫人'이라 말한다.

寡는 寡德이니 謙辭라
吳氏曰 凡語中所載에 如此類者는 不知何謂니 或古有之며 或夫子嘗言之를 不可考也라

'과寡'는 德이 적다는 뜻이니 겸사謙辭이다.
吳氏 가로되 "무릇 ≪論語≫ 중에 실린 내용에 이와 같은 것들은 무엇을 말하는지 알 수가 없으니, 혹 옛날에 있었던 것인지, 혹 夫子께서 일찍이 말씀하셨던 것인지를 가히 상고할 수 없다."

주해

- 邦君: 나라의 人君, 곧 제후諸侯를 말한다. 邦(나라 방)
- 夫人: 제후의 夫人. '夫'는 '扶'와 통한다. 人君이 夫人이라고 부른 것은 자신을 부축하고 도와준다는 뜻을 취한 것이다. "君稱之爲夫人者, 取其扶助乎己也."(四書補註備旨)
- 小童: 諸侯의 夫人이 겸손으로 자신을 指稱한 말. "小童, 是謙言己無知識若小童也."(四書補註備旨)
- 稱諸異邦: 다른 나라에 사신으로 가서 그 나라 人君의 夫人을 일컫는 말. "稱諸異邦, 是 受命出使者, 稱君夫人於異邦."(四書補註備旨)
- 寡(적을 과) 載(실을 재)

【備旨】

夫子ㅣ寓正名之義曰 夫婦는 人倫之始요 閨門은 萬化之原이온 況邦君之妻는 又非常人比者니 其於稱謂之際에 豈可苟焉而已哉아 故로 君이 稱之曰夫人하니 言其與己敵體也요 夫人이 自稱曰小童하니 謙言不敢與君敵體也요 邦人이 稱之曰君夫人하니 言其相君以主內治者也요 稱諸異邦曰寡小君하니 言其寡德而恭하여 爲小君以治內者也요 異邦人이 稱之에 亦曰君夫人하니 亦以其能相君以治內者也라

夫以邦君之妻로 一稱謂之間에 昭然不紊이 如此하니 名實之際를 可不謹哉아

夫子께서 正名의 뜻을 기탁하여 가라사대 "夫婦는 인륜의 시작이요, 가정은 萬化의 근원이거늘, 하물며 諸侯의 妻는 또한 보통 사람이 비할 바가 아니니, 그 일컬어 말할 때에 어찌 가히 구차하게 할 수 있으리오?

그러므로 人君이 그를 일컬어 '夫人'이라고 말하니 그가 자신과 더불어 지위가 대등하다는 말이요, 夫人이 스스로를 일컬어 '小童'이라 말하니 감히 人君과 더불어 지위가 대등하지 않음을 겸손하게 말한 것이요, 나라 사람들이 그를 일컬어 '君夫人'이라 말하니 그 人君을 도와 內治를 주관하는 사람이라고 말한 것이요, 다른 나라에 使臣으로 가서 그 나라 人君의 夫人을 일컬어 '과소군寡小君'이라 말하니, 그 德이 적으나 공손하여 小君이 되어 안을 다스리는 사람이

라고 말한 것이요, 다른 나라 사람들이 그를 일컬어 또한 '君夫人'이라 말하니, 또한 그가 능히 人君을 도와 안을 다스리는 사람이라고 말한 것이다.

무릇 人君의 妻로서 한 가지 칭호 사이에 분명하게 문란紊亂하지 않음이 이와 같으니, 이름과 실제의 사이를 가히 삼가지 않으리오?"

주해

- 閨門: 궁실의 문. 궁정. 가정. 閨(규방 규)
  ≪禮記·樂記≫ 篇에 나온다. "在閨門之內, 父子兄弟同聽之則莫不和親."
- 稱謂: 명칭이나 칭호.
  ≪後漢書·낭의전郎顗傳≫에 "改易名號, 隨事稱謂."라고 했고, 唐나라 유지기劉知幾의 ≪史通·칭위稱謂≫ 篇에 "古往今來, 名目各異, 區分壤隔稱謂不同."이라 했다. 顗(근엄할 의)
- 敵體: 상호간에 지위가 대등하여 上下와 존비尊卑의 구분이 없는 것을 말한다.
  한漢나라 반고班固의 ≪백호통白虎通·王者不臣≫ 篇에 나온다. "諸父諸兄者親, 與己父兄有敵體之義也."
- 寓(맡길 우) 紊(어지러울 문)

論語集註 卷十七

陽貨 第十七

陽貨 第十七

凡二十六章이라

모두 26章이다.

[17·1]

陽貨ㅣ欲見孔子어늘 孔子不見하신대 歸孔子豚이어늘 孔子ㅣ時其亡(무)也 而往拜之러시니 遇諸塗하시다

양화陽貨가 孔子를 뵙고자 하거늘, 孔子께서 만나주지 않으시자, (양화가) 孔子에게 돼지고기를 보내주시니, 孔子께서 그가 없는 틈을 타 사례하러 가시다가 길에서 마주치셨다.

陽貨는 季氏家臣으로 名은 虎니 嘗囚季桓子而專國政이라 欲令孔子로 來見己어늘 而孔子不往하신대 貨以禮에 大夫有賜於士어든 不得受於其家면 則往拜其門이라 故로 瞰孔子之亡(무)而歸之豚하여 欲令孔子來拜而見之也라

양화陽貨는 季氏의 家臣으로 名은 호虎이니, 일찍이 계환자季桓子를 가두고 國政을 전횡專橫하였다. 孔子로 하여금 자신을 찾아와 만나게 하려고 하였으나, 孔子께서 가지 않으셨다. 양화陽貨는 《禮記》에 大夫가 선비에게 하사下賜하는 것이 있으면, 그 집에서 받지 못하는 경우에는 곧 그 大夫의 문전에 가서 謝禮를 한다고 했다. 그러므로 孔子가 없는 틈을 타서 돼지고기를 보내어, 孔子로 하여금 찾아와서 자신을 만나게 하려고 한 것이다.

주해

- 陽貨: 춘추시대 노魯나라 季氏의 家臣. 名은 虎, 字는 貨이다.
- 歸孔子豚: 孔子에게 돼지고기를 보내다. '歸'는 '궤饋'와 통한다. 歸(선물보낼 귀) 豚(돼지 돈) 饋(선물보낼 궤)
  朱子가 말했다. "貨之歸豚, 蓋以大夫自處."(大全註疏)
- 往拜: 가서 절하다. 곧 그 禮에 대해 사례를 한다는 뜻이다.
- 時(틈탈 시) 亡(없을 무) 塗(길 도) 瞰(볼 감)

【備旨】

昔에 陽貨ㅣ以季氏之家臣而專國政할새 欲召見孔子하니 蓋挾己之勢而使助己爲亂耳라 孔子ㅣ固守義之正者하여 自不肯往見하신대 貨ㅣ乃爲之計하여 謂大夫有賜於士어든 不得受於其家면 則禮當往拜其門이라 故로 瞰孔子之亡(무)하여 而歸孔子蒸豚하니 蓋欲假賜士之名하여 而行致見之術也라

孔子以禮當往拜라 故로 亦時貨之亡(무)也而往拜之러

시니 不意乃遇諸途하시니 在貨에 固幸其得見矣요 在孔子도 亦豈容於終避哉아

옛날 양화陽貨가 季氏의 家臣으로서 國政을 專橫하면서 孔子를 불러 만나고자 하였으니, 대개 자신의 세력을 끼고 자신을 돕게 해서 亂을 일으키고자 했을 뿐이다. 孔子께서 의리의 바른 것을 굳게 지켜 스스로 가서 만나고자 하지 않으셨는데, 양화陽貨가 이에 계책을 꾸며 大夫가 士에게 下賜한 것이 있으면 그 집에서 받지 못하게 되면 곧 ≪禮記≫에 士는 마땅히 그 門前에 가서 謝禮를 해야 한다고 말했다. 그러므로 孔子가 없는 틈을 타서 엿보아 孔子께 삶은 돼지고기를 보냈으니, 대개 선비에게 下賜하는 명분을 빌려 자신을 만나러 오게 하는 술책을 행하고자 한 것이다.
孔子께서 禮로써 마땅히 가서 사례를 해야 되기 때문에 또한 陽貨가 없는 틈을 타서 가서 사례하려고 하셨는데 뜻밖에도 이에 길에서 만났으니, 陽貨에게는 진실로 孔子를 만나는 행운을 얻은 것이요, 孔子에도 또한 어찌 끝까지 피하는 것이 용납되었으리오?

주해

- 挾(낄 협) 蒸(찔 증) 假(빌 가)

謂孔子曰 來하라 予ㅣ與爾言하리라
曰 懷其寶而迷其邦이 可謂仁乎아
曰 不可하다

好從事而亟失時ㅣ可謂知乎아

曰 不可하다

日月逝矣라 歲不我與니라

孔子曰 諾다 吾將仕矣로리라

孔子께 일러 가로되 "오시오. 내 그대와 더불어 말을 나누니라."
가로되 "그 보배를 간직하고 그 나라를 미혹迷惑하게 하는 것이 가히 仁이라고 말할 수 있습니까?"
가라사대 "不可합니다."
"벼슬하기를 좋아하면서 자주 때를 놓치는 것이 가히 지혜롭다고 말할 수 있습니까?"
가라사대 "不可합니다"
"해와 달이 지나가니, 세월은 나를 기다려 주지 않습니다."
孔子께서 가라사대 "좋습니다. 내 장차 벼슬을 할 것입니다."

懷寶迷邦은 謂懷藏道德하여 不救國之迷亂이라 亟는 數(삭)也라 失時는 謂不及事幾之會라 將者는 且然而未必之辭라 貨語는 皆譏孔子而諷使速仕하니 孔子ㅣ固未嘗如此요 而亦非不欲仕也로되 但不仕於貨耳라 故로 直據理答之하시고 不復與辯하여 若不諭其意者하시니라
陽貨之欲見孔子는 雖其善意나 然이나 不過欲使助己爲亂耳라 故로 孔子不見者는 義也요 其往拜者는 禮也요

必時其亡而往者는 欲其稱也요 遇諸塗而不避者는 不終絶也요 隨問而對者는 理之直也요 對而不辯者는 言之孫而亦無所詘也라

楊氏曰 揚雄이 謂孔子於陽貨也에 敬所不敬하여 爲詘身以信(伸)道라하니 非知孔子者라 蓋道外無身이요 身外無道하니 身詘矣而可以信道는 吾未之信也로라

'회보미방懷寶迷邦'은 道德을 품고서도 나라의 미란迷亂을 구제하지 않는다는 말이다. '기亟'는 자주이다. '失時'는 일을 행할 기회에 미치지 못한다는 말이다. '將'은 장차 그렇게 하려고 하나 반드시 그렇지는 않다는 말이다. 양화陽貨의 말은 모두 孔子를 기롱譏弄하고 풍자하여 하여금 속히 벼슬하도록 풍유諷諭한 것이다. 孔子께서 진실로 일찍이 이와 같은 것이 아니요, 또한 벼슬하고자 하지 않은 것은 아니로되 다만 陽貨에게는 벼슬하지 않았을 뿐이다. 그러므로 다만 이치에 근거해서 답하시고, 다시 더불어 변론하지 아니하여 마치 그 뜻을 깨닫지 못한 듯이 하신 것이다.

陽貨가 孔子를 만나고자 한 것은 비록 뜻은 좋기는 하나, 그러나 孔子로 하여금 자신을 도와 亂을 일으키고자 하는데 불과할 뿐이다. 그러므로 孔子께서 만나주지 않은 것은 義요, 그 가서 謝禮한 것은 禮요, 반드시 그가 없는 틈을 타서 찾아간 것은 그에게 걸맞게 하고자 한 것이요, 길에서 만나 피하지 아니한 것은 끝내 끊어버리지 않은 것이요, 물음을 따라 대답한 것은 이치의 곧음이요, 대답하되 변론하지 아니한 것은 말은 공손히 하면서 또한 굽힌바가 없는 것이다.

楊氏 가로되 "양웅揚雄이 '孔子께서 陽貨에 대해 공경하지 말아야 할

바를 공경하여 몸을 굽혀서 道를 펴고자 하였다.'라고 했는데, 나는 孔子를 알지 못하는 자이다. 대개 道 밖에 몸이 없고 몸 밖에 道가 없으니, 몸을 굽혀 가히 道를 펼 수 있다는 말을 내 믿지 못하노라."

주해

- 仁: 사람을 구원하는 은택을 말한다.
- 從事: 벼슬을 하다, 일을 처리하다.
  唐나라 한유韓愈의 ≪장중승전후서張中丞傳後序≫에 나온다. "愈嘗從事於汴徐二府, 屢道於兩州間." 汴(물이름 변) 屢(자주 루)
- 懷藏: 품다, 간직하다. 藏(감출 장)
  ≪漢書 · 예악지禮樂志≫에 "臧於理官"이라 했고, 唐나라 안사고顏師古의 註에 "古書懷藏之字, 本皆作'臧'."이라 풀이했다.
- 事幾: 일을 행할 시기. '幾'는 '機'와 같다.
  宋나라 증공曾鞏의 ≪자복주소판태상사상전차자自福州召判太常寺上殿劄子≫에 "其淵謀遠略, 必中事幾."라 했고, 宋나라 이망李綱의 ≪논범려장량지모국처신論范蠡張良之謀國處身≫에 "當事幾之會, 能決斷以收其功."이라 했다. 劄(찌를 차) 蠡(좀먹을 려)
- 信: 펴다. '信'은 '伸'과 통한다. 伸(펼 신)
- 亟(자주 기) 數(자주 삭) 直(다만 직) 召(부를 소) 詘(굽힐 굴)

【備旨】

貨ㅣ遂迎而謂孔子曰 爾來前하라 予與爾言하리라

曰 懷藏其道德之寶하여 而不救邦之迷亂이 可謂仁乎아

孔子ㅣ但答之曰 仁者는 切於救人이니 若懷寶而迷邦이면 誠不可謂仁也니라

貨ㅣ又曰 好從事有爲하여 而屢失事機之會면 可謂知乎아

孔子ㅣ但答曰 智者는 明於相時하니 若好從事而亟失時면 誠不可謂智也니라
貨ㅣ又曰 日月이 逝矣라 年歲日增하여 曾不爲我少留어늘 及今不仕하고/면 更待何時乎아
孔子ㅣ答應之曰 諾다 吾將出而仕矣리라
貨語는 皆譏孔子而孔子答之에 其辭則孫而無所激하고 其理則直而無所徇하니 此非聖人而能若是乎아

陽貨가 마침내 맞이하여 孔子께 일러 가로되 "그대는 앞으로 나오시오. 내 그대와 더불어 말을 나누리라."
가로되 "그 道德의 보배를 간직하고 나라의 미란迷亂을 구제하지 않는 것이 가히 仁이라 고 말할 수 있습니까?"
孔子께서 다만 답하여 가라사대 "어진 자는 사람을 구제하는데 간절하니, 만약 보배를 간직하고 나라를 미혹되게 하면 진실로 가히 仁이라 말할 수 없습니다."
陽貨가 또 가로되 "벼슬하여 功을 세우는 것을 좋아하면서 자주 일을 행하는 기회를 잃는다면 가히 지혜롭다고 할 수 있습니까?"
孔子께서 다만 답하여 가라사대 "지혜로운 자는 때를 살피는데 明哲하니, 만약 벼슬하기를 좋아하되 자주 때를 잃는다면 진실로 가히 지혜롭다 말할 수 없습니다."
陽貨가 또 가로되 "해와 달이 지나가니, 세월이 날로 늘어나 일찍이 나를 위하여 조금도 기다려주지 않거늘, 지금 벼슬에 나아가지 않는다면 다시 어느 때를 기다리겠습니까?"
孔子께서 응답하여 가라사대 "좋습니다! 내 장차 나아가 벼슬하겠

습니다."

陽貨의 말은 모두 孔子를 기롱譏弄하였으나, 孔子께서 그에게 답하시기를, 그 말은 곧 겸손하여 격동하는 바가 없고, 그 이치는 곧 곧아서 따라가는 바가 없으니, 이는 聖人이 아니면 능히 이와 같이 할 수 있으리오?

[17·2]

子曰 性相近也나 習相遠也니라

孔子께서 가라사대 "사람의 성품性稟은 서로 비슷하나, 習性에 의해 서로 멀어지게 되느니라."

此所謂性은 兼氣質而言者也라 氣質之性은 固有美惡之不同矣나 然이나 以其初而言이면 則皆不甚相遠也요 但習於善則善하고 習於惡則惡하여 於是에 始相遠耳니라 程子曰 此는 言氣質之性이요 非言性之本也니 若言其本이면 則性卽是理니 理無不善이라 孟子之言性善이 是也니 何相近之有哉리오

여기에서 이른바 '性'은 氣質을 겸하여 말한 것이다. '氣質之性'은 진실로 좋고 나쁜 차이가 있다. 그러나 그 처음으로써 말하면 곧 모두가 매우 서로 먼 것이 아니라, 다만 善에 성이 들면 곧 善하고, 惡에

습성이 들면 곧 惡하게 되어, 이에 비로소 서로 멀어질 따름이다. 程子 가로되 "이는 '氣質之性'을 말한 것이요, 性의 근본(本然之性)을 말한 것이 아니니, 만약 그 근본을 말하였다면 性은 곧 理이니, 理는 善하지 않음이 없다. 孟子께서 말씀하신 性善이 이것이니, 어찌 서로 가까움이 있으리오?"

주해

- 性相近: 사람의 성품은 서로 비슷하다. 여기에서 '性'은 '氣質之性'을 말한다.
  朱子가 말했다. "性相近, 是氣質之性. 若本然之性則一般, 無相近."(大全註疏)
  황간皇侃이 말했다. "性者, 人所稟以生也. 習者, 謂生後有百儀常所行習之事也. 人俱稟天地之氣以生, 雖復厚薄有殊, 而同是稟氣, 故曰相近也."(論語義疏)

【備旨】

夫子ㅣ欲人愼所習曰 天下之人은 其善惡이 相去遠矣니 孰不謂其出於性이로되 而不係於習哉아 不知케라 氣質之性은 雖有美惡之不同이나 而以其初而言이면 則皆不甚相遠而相近也라 但習於善則君子요 習於惡則小人이니 於是에 始相遠耳라 是其相遠者는 習使之然也니 豈其性本然哉아 然則人當愼習以復性矣니라

夫子께서 사람들에게 습성에 빠지는 바를 삼가게 하고자 하여 가라사대 "天下의 사람들은 그 善惡이 서로 거리가 머니, 누가 그것이

性稟에서 나왔으나 習性에 관계되지 않는다고 이르지 않으리오? 氣質之性은 비록 좋고 나쁨의 차이가 있으나, 그 처음으로써 말하자면 곧 모두가 심히 멀지 않고 서로 가깝다는 사실을 알지 못한다. 다만 善에 습성이 들면 곧 君子요, 惡에 습성이 들면 곧 小人이 되니, 여기에서 비로소 서로 멀어지게 될 뿐이다. 이는 그것이 서로 멀어지는 것은 습성이 그렇게 만든 것이니, 어찌 그 性稟이 본디 그러하리오? 그러므로 곧 사람은 마땅히 습성을 삼가서 그 性稟을 회복해야 할지니라."

[17·3]

子曰 唯上知與下愚는 不移니라

孔子께서 가라사대 "오직 上等의 지혜로운 자와 下等의 어리석은 자는 변화시킬 수 없느니라."

此는 承上章而言人之氣質이 相近之中에 又有美惡一定하여 而非習之所能移者라
程子曰 人性이 本善이어늘 有不可移者는 何也오 語其性則皆善也로되 語其才則有下愚之不移라 所謂下愚有二焉하니 自暴自棄也라 人苟以善自治면 則無不可移니 雖昏愚之至라도 皆可漸磨而進也어니와 惟自暴者는 拒之以不信하고 自棄者는 絶之以不爲하니 雖聖人與居라

도 不能化而入也니 仲尼之所謂下愚也라 然이나 其質이 非必昏且愚也요 往往强戾而才力이 有過人者하니 商辛이 是也라 聖人이 以其自絶於善으로 謂之下愚나 然이나 考其歸則誠愚也라

或曰 此與上章當合爲一이니 子曰二字는 蓋衍文耳라하니라

이는 上章을 이어서 사람의 氣質이 서로 비슷한 가운데에, 또 좋고 나쁨의 일정함이 있어서 習性이 능히 변화시킬 수 있는 바가 아님을 말한 것이다.

程子 가로되 "사람의 성품이 본래 善하거늘 가히 변화시킬 수 없는 것이 있다는 것은 무엇 때문인가? 그 성품을 말하자면 곧 모두 善하되, 그 재주를 말하면 곧 下愚를 변화시킬 수 없는 것이 있다는 것이다. 이른바 下愚에는 두 가지가 있으니, 자포自暴와 자기自棄이다. 사람이 진실로 善으로써 스스로 다스리면 곧 가히 변화시키지 못할 것이 없으니, 비록 혼우昏愚함이 지극할지라도 모두 가히 점차 연마하여 나아갈 수 있거니와, 오직 자포自暴한 자는 거부하며 믿지 않고, 자기自棄한 자는 끊고서 하지를 않으니, 비록 聖人과 더불어 거처한다 할지라도 능히 교화되어 들어가지 못하니 중니仲尼께서 이른바 下愚이다.

그러나 그 바탕이 반드시 어둡고 또 어리석은 것만은 아니요, 왕왕 강하고 흉포凶暴하나 재주와 힘이 남보다 뛰어난 자가 있으니, 商나라의 신辛(紂의 이름)이 이런 자이다. 聖人께서 그 스스로 善을 끊는 것을 下愚라고 이르셨으나, 그러나 그 귀착점을 상고하면 곧 진실

로 어리석다."

或者 가로되 "이는 上章과 더불어 마땅히 합하여 하나가 되어야 하니, '子曰' 두 字는 대개 연문衍文일 따름이다."

주해

● 上知: 上等의 지혜로운 자. '上智'와 같다.
"上知是氣質極淸純之人."(四書補註備旨)
≪後漢書 · 왕창전王暢傳≫에 "以明府上智之才, 日月之曜, 敷仁惠之政, 則海內改觀."이라 했고, ≪韓非子 · 有度≫ 篇에 "上智捷擧中事, 必以先王之法爲比."라고 했다. 曜(빛날 요) 敷(펼 부) 捷(이길 첩)

● 下愚: 下等의 어리석은 자. 愚(어리석을 우)
"下愚是氣質極昏駁之人."(四書補註備旨) 昏(어두울 혼) 駁(섞일 박)
≪後漢書 · 李固傳≫에 "固狂夫下愚, 不達大體."이라 했고, 宋 王安石의 ≪上皇帝萬言書≫에 "先王之法, 所以待人者盡矣, 自非下愚不移之才, 未有不能赴者也."라고 했다. 赴(나아갈 부)

● 自暴自棄: 스스로 자신을 해치고 돌보지 않음. 暴(해칠 포) 棄(버릴 기)
≪孟子 · 이루상離婁上≫ 篇에 나온다. "自暴者, 不可與有言也. 自棄者, 不可與有爲也."

● 強戾: 강하고 흉포함. '彊戾'와 같다. 戾(사나울 려) 彊(굳셀 강)
≪方言≫ 第十二篇에 "鞅侼, 強也."라고 했고, 진晉나라 곽박郭璞의 註에 "謂強戾也."라고 풀이했다. 鞅(원망할 앙) 侼(억셀 발)

● 商辛: 商나라의 신辛. 곧 주왕紂王을 말함.
"史記, 帝乙之子辛, 卽帝紂. 資辯捷疾, 聞見甚敏, 材力過人, 手格猛獸."(大全註疏) 捷(이길 첩) 猛(사나울 맹) 獸(짐승 수)

● 磨(갈 마) 衍(넘칠 연)

【備旨】

夫子ㅣ發明上章未盡之意曰 性相近而習相遠은 固矣라

然이나 相近之中에 又有氣極其清하고 質極其純하여 而爲上知者하며 有氣極其濁하고 質極其駁하여 而爲下愚者하니 唯此上智與下愚之人은 則善惡一定하여 上知者는 非習所能移爲不善也요 下愚者도 亦非習所能移爲善也라 夫唯上知不移니 則凡未到上知者ㅣ可危요 唯下愚不移니 則凡不甘下愚者ㅣ可勉이니 人其愼所習哉인저

夫子께서 上章의 미진未盡한 뜻을 발명하여 가라사대 "性稟은 서로 가까우나 習性에 의해 서로 멀어지게 되는 것은 확고하다. 그러나 서로 가까운 가운데서도 또한 氣가 그 맑음을 다하고 바탕이 그 순수함을 다하여 上知가 된 자가 있으며, 氣가 그 탁濁함을 다하고 바탕이 그 어긋남을 다하여 下愚가 된 자가 있으니, 오직 이 上智와 下愚의 사람은 곧 善과 惡이 一定하여 上知者는 習性에 의해 능히 변화되어 不善을 행하는 바가 아니요, 下愚者도 또한 習性에 의해 능히 변화되어 善을 행할 수 있는 바도 아니다.
무릇 오직 上知는 변화될 수 없으니 곧 무릇 上知에 이르지 못한 자는 가히 위태롭게 여겨야 하고, 오직 下愚는 변화될 수 없으니 곧 무릇 下愚를 달갑게 여기지 않는 자는 가히 권면할지니, 사람은 그 습성에 빠지는 바를 삼갈 것인 저!"

주해

- 駁(어긋날 박)

[17·4]

子ㅣ之武城하사 聞弦歌之聲하시다

孔子께서 무성武城에 가셔서 현가弦歌의 소리를 들으시다.

弦은 琴瑟也라 時에 子游ㅣ爲武城宰하여 以禮樂爲敎라 故로 邑人皆弦歌也라

'현弦'은 금슬琴瑟이다. 당시에 자유子游가 무성武城의 읍재邑宰가 되어 禮樂으로써 교화를 삼았다. 그러므로 邑人들이 모두 弦歌를 부르고 있었다.

주해

- 之武城: 武城에 가다. '之'는 가다, '武城'은 노魯나라의 작은 邑名이다.
- 弦歌: 현악기에 맞추어 부르는 노래. '현가絃歌'와 통한다. 絃(악기줄 현)

【備旨】

昔에 子游ㅣ爲魯武城宰하여 能以禮樂敎民이러니 夫子ㅣ之武城而觀風焉이라가 適聞絃歌之聲하시니 是는 道行於上而俗美於下之徵也라

옛날 자유子游가 魯나라 武城의 읍재邑宰가 되어 능히 禮樂으로써 백성을 가르쳤는데, 夫子께서 武城에 가서 풍속을 살피시다가 마침 絃歌의 소리를 들으셨으니, 이는 道가 위에 행해지고 풍속이 아래에서 아름답게 변하고 있는 징험이다.

주해

- 適(마침 적) 徵(조짐 징)

夫子ㅣ莞爾而笑曰 割雞에 焉用牛刀리오

夫子께서 빙그레 웃으시면서 가라사대 "닭을 잡는데 어찌 소 잡는 칼을 쓰리오?"

莞爾는 小笑貌니 蓋喜之也라 因言其治小邑에 何必用此大道也리오

'완이莞爾'는 작게 웃은 모양이니, 대개 기뻐하신 것이다. 인하여 '그 小邑을 다스리는데 어찌 반드시 이런 大道를 쓰리오?' 라고 말씀하신 것이다.

주해

- 莞爾: 미소 짓는 모습. 莞(웃을 완)
- 割(나눌 할) 雞(닭 계) 焉(어찌 언)

【備旨】

夫子ㅣ喜見(현)於色하여 遂莞爾笑焉하사 因曰 割鷄之小에 焉用此牛刀之大爲哉리오하시니 蓋謂其以大道而治小邑焉이라

夫子께서 기쁨을 안색에 드러내고 마침내 빙그레 웃으면서 인하여 가라사대 "닭 잡는 작은 일에 어찌 이런 소 잡는 큰 칼을 쓰리오?" 라고 하시니, 대개 그 大道로써 小邑을 다스린다고 말씀하신 것이다.

子游ㅣ對曰 昔者에 偃也ㅣ聞諸夫子하니 曰君子ㅣ學道則愛人이요 小人이 學道則易使也라호이다

자유子游가 대답하여 가로되 "옛날에 제(언偃)가 夫子께 듣자오니, '君子가 道를 배우면 곧 사람을 사랑하고, 小人이 道를 배우면 곧 부리기가 쉽다.'고 하였습니다."

君子小人은 以位言之라 子游所稱은 蓋夫子之常言이니 言君子小人이 皆不可以不學이라 故로 武城雖小나 亦必教以禮樂이라

君子와 小人은 지위로써 말한 것이다. 자유子游가 일컬은 바는 대개 夫子께서 평소에 하셨던 말씀이니, 君子와 小人이 모두 가히 배우지 않을 수 없기 때문에, 武城이 비록 작으나 또한 반드시 예악禮樂으로써 가르쳐야 한다는 말이다.

주해

- 偃: 子游의 이름. 偃(넘어질 언)
- 君子學道則愛人: 君子가 道를 배우면 사람을 사랑하게 된다. '君子'는 지위에 있는 사람을 말하고, '道'는 禮樂을 가리킨다.
  朱子가 말했다. "君子學道, 是曉得那己欲立而立人, 己欲達而達人底道理, 方能愛人."(大全註疏) 那(저 나) 底(어조사 저)
- 小人學道則易使: 小人이 道를 배우면 부리기가 쉽다. 곧 소인이 분수에 맞게 윗사람을 잘 따르는 것을 말한다.
  朱子가 말했다. "小人學道, 不過曉得那孝悌忠信而已."(大全註疏)

【備旨】

子游ㅣ乃述所聞하여 以正對曰 昔者에 偃也ㅣ嘗聞諸夫子하니 曰君子는 以愛人爲職하나니 誠學乎道면 則存之爲中和之德하고 發之爲愷悌之仁하여 自能惠愛乎人矣요 小人은 以易使爲分하나니 誠學乎道면 則存之爲和敬之心하고 發之爲效順之義하여 自易於役使矣라하시니 今武城雖小나 將爲君子焉이며 將爲小人焉이니 偃所以必教以禮樂也니이다

자유子游가 이에 들은 바를 구술口述하여 정도로써 대답하여 가로되

"옛날 제(偃)가 일찍이 夫子께 듣자오니, '君子는 사람을 사랑하는 것을 직분으로 삼나니, 진실로 道를 배우면 곧 보존하여 中和의 德이 되고, 발하여 개제愷悌의 仁이 되어 스스로 능히 사람을 은혜롭게 사랑할 수 있다. 小人은 부리기 쉬운 것으로써 직분을 삼나니, 진실로 道를 배우면 곧 보존하여 和敬의 마음이 되고, 발하여 效順의 義가 되어 스스로 부리는데 쉬울 것이다.' 라고 하셨으니, 지금 무성武城이 비록 작으나 장차 君子가 되기도 하며 장차 소인이 되기도 할 것이니, 제(偃)가 반드시 禮樂으로써 가르쳐야 하는 이유입니다."

주해

- 愷悌: 화락하고 편안함. 愷(온화할 개) 悌(온화할 제)
  ≪左传·僖公十二年≫ 條에 "≪诗≫ 日 愷悌君子, 神所劳矣."라 했고, 두예杜预의 註에 "愷, 乐也. 悌, 易也."라고 풀이했다.

子曰 二三子아 偃之言이 是也니 前言은 戲之耳니라

孔子께서 가라사대 "제자들아! 언偃의 말이 옳으니, 방금 내 말은 희언戲言일 뿐이니라."

嘉子游之篤信하고 又以解門人之惑也라
治有大小나 而其治之必用禮樂은 則其爲道一也라 但衆人은 多不能用이로되 而子游獨行之라 故로 夫子ㅣ驟聞

而深喜之하시고 因反其言以戱之러시니 而子游以正對라 故로 復是其言하여 而自實其戱也시니라

子游가 독실하게 믿는 것을 가상히 여기고, 또한 門人들의 의혹을 풀어준 것이다.
다스림에는 大小가 있으나, 그 다스리는데 반드시 禮樂을 써야 하는 것은 곧 그 道를 행하는 것이 하나이기 때문이다. 다만 衆人들은 대부분 능히 쓰지를 못하나, 子游만이 홀로 이를 행하였기 때문에 夫子께서 문득 들으시고 매우 기뻐하시면서, 인하여 그 말을 뒤집어 희언戱言을 하셨는데 子游가 正道로써 대답한 것이다. 그러므로 다시 그 말이 옳다고 하여 스스로 그것이 戱言임을 실증하신 것이다.

주해

- 戱言: 농담, 우스개소리. 戱(희롱할 희)
- 治有大小, 而其治之必用禮樂, 則其爲道一也: 다스림에 大小가 있으나, 그 다스리는데 반드시 禮樂을 써야 하는 것은 곧 그 道를 행하는 것이 하나이기 때문이다.
  朱子가 말했다. "禮樂之用, 通乎上下. 一身有一身之禮樂, 一家有一家之禮樂, 一邑有一邑之禮樂, 以至推之天下, 則有天下之禮樂, 亦隨其大小而致其用焉, 不必其功大名顯而後示之也."(大全註疏)
- 嘉(아름다울 가) 篤(도타울 독) 惑(미혹할 혹) 驟(빠를 취)

【備旨】

夫子ㅣ於是에 呼門人而告之曰 二三子아 偃之所謂君子小人이 皆不可不學道者는 其言이 誠是也니 吾前割鷄에

焉用牛刀之言는 特喜之耳니 豈眞謂小邑不可以大道治哉아하시니 夫子ㅣ言此는 蓋欲二三子 以道共易天下也시니라

夫子께서 이에 門人들을 불러 고하여 가라사대 "제자들아! 언偃이 말한 바 君子와 小人이 모두 가히 道를 배우지 않을 수 없다는 것은 그 말이 진실로 옳으니, 내 앞서 말한 '닭을 잡는데 어찌 소 잡는 칼을 쓰리오?' 라고 한 말은 다만 戱言일 뿐이니, 어찌 진실로 小邑을 가히 大道로써 다스릴 수 없다고 말한 것이리오?" 라고 하시니, 夫子께서 이렇게 말씀하신 것은 대개 제자들이 道로써 天下를 함께 다스리게 하고자 하신 것이다.

주해

● 特(다만 특) 易(다스릴 이)

[17·5]

公山弗擾ㅣ以費畔하여 召어늘 子ㅣ欲往이러시니

공산불요公山弗擾가 비읍費邑을 점거해서 반란을 일으키고 孔子를 초빙하거늘, 孔子께서 가고자 하시니,

弗擾는 季氏宰니 與陽虎共執桓子하고 據邑以叛이라

'불요弗擾'는 季氏의 家宰이니, 양호陽虎와 함께 환자桓子를 잡아 가두고 邑을 점거하여 반란을 일으켰다.

주해

- 公山弗擾: 公山은 姓, 不撓는 이름이다. ≪史記≫에는 '공산불뉴公山不狃'라고 실려 있다. 擾(어지러울 요) 狃(묶을 뉴)
- 畔: 배반하다. '반叛'과 통한다. 畔(배반할 반)

【備旨】

公山名弗擾者ㅣ爲季氏宰하여 與陽虎共執桓子러니 虎ㅣ敗出奔이어늘 弗擾ㅣ據費邑以畔하여 以聘幣召夫子한대 夫子ㅣ欲往應之러시니 其意蓋有在矣라

姓이 公山이요 이름이 불요弗擾인 자가 계씨季氏의 家宰가 되어 양호陽虎와 함께 환자桓子를 잡아 가두었는데, 陽虎가 패하여 달아나자 불요弗擾가 費邑을 점거하여 반란을 일으켜 禮物을 갖추어 夫子를 초빙했는데, 夫子께서 가서 應하고자 하시니 그 뜻이 대개 이유가 있을 것이다.

주해

- 出奔: 도망하여 달아남. '出亡'과 같다. 奔(달아날 분)
- 聘幣: 사람을 초빙할 때 갖추던 예물. '빙물聘物'과 같다. 聘(찾아갈 빙) 幣(비단 폐)

  ≪孟子 · 萬章上≫ 篇에 나온다. "伊尹耕於有莘之野, 而樂堯舜之道焉……湯使人以幣聘之, 囂囂然日 我何以湯之聘幣爲哉?" 莘(족도리풀

신) 囂(들렐 효)

子路ㅣ不說(열)曰 末之也已니 何必公山氏之之也시리잇고

子路가 기뻐하지 않으며 가로되 "갈 곳이 없을 따름이니, 어찌 반드시 公山氏에게 가십니까?"

末은 無也라 言道旣不行하여 無所往矣니 何必公山氏之往乎리오

'말末'은 없다는 뜻이다. '道가 이미 행해지지 아니하여 갈 곳이 없으니, 어찌 반드시 公山氏에게 가려하십니까?' 라고 말한 것이다.

주해

- 末之也已: '갈 곳이 없을 뿐이다.' '末'은 '無'와 같고, '之'는 '가다(往)'는 뜻이다. '也已'는 허사이다. 또는 '已'를 '止'字로 풀이하기도 한다. "也已二字虛活, 已字勿作止字看."(四書補註備旨)
- 公山氏之之: 公山氏에게로 가다. 앞에 '之'는 허사이고, 뒤의 '之'는 '가다(往)'는 뜻이다.

【備旨】

子路ㅣ不悅夫子之往從하여 而請曰 道旣不行하여 無所

往也已니 何必往應公山氏之召乎시리잇고

子路가 夫子께서 좇아 가시는 것을 기뻐하지 아니하며 청하여 가로되 "道가 이미 행해지지 않아서 갈 곳이 없을 따름이니, 어찌 반드시 公山氏의 초빙에 應하여 가시려고 하십니까?"

子曰 夫召我者는 而豈徒哉리오 如有用我者인대 吾其爲東周乎인저

孔子께서 가라사대 "무릇 나를 초빙한 것이 어찌 한갓 말 뿐이리오? 만일 나를 써주는 자가 있다면, 내 그 東周를 만들 것인 저!"

豈徒哉는 言必用我也라 爲東周는 言興周道於東方이라 程子曰 聖人은 以天下無不可有爲之人이요 亦無不可改過之人이라 故로 欲往이나 然而終不往者는 知其必不能改故也시니라

'豈徒哉'는 반드시 나를 등용할 것이라는 말이다. '爲東周'는 周나라의 道를 東方에서 일으킨다는 말이다.
程子 가로되 "聖人은 천하에 가히 쓸모가 없는 사람이 없고, 또한 가히 허물을 고치지 못할 사람도 없다고 여겼기 때문에 가고자 하신 것이다. 그러나 끝내 가지 않은 것은 그가 반드시 능히 고치지

못할 것임을 아셨기 때문이다."

주해

● 興周道於東方: 周나라의 道를 東方에서 일으키다. '東方'은 魯나라를 말한다.
형씨邢氏가 말했다. "如有用我者, 我則興周道於東方, 其使魯爲東周乎."(大全註疏)

【備旨】

夫子ㅣ曉之曰 夫公山不召他人而召我者ㅣ豈徒爲虛文哉아 必將有以用我也니 當此時에 如有委我以國하고 授我以政而用我者면 則吾其必明制度하고 振紀綱하여 復興文武之道而爲東周已乎인저 奈何末之而遂已也리오

夫子께서 깨우쳐 가라사대 "무릇 公山氏가 他人을 초빙하지 않고 나를 초빙한 것이 어찌 한갓 빈 말 뿐이리오? 반드시 장차 나를 등용하고자 한 것이니, 이 때를 당하여 만약 나에게 나라를 맡기고 나에게 政事를 주어 나를 등용하는 자가 있다면, 곧 내 그 반드시 制度를 밝히고 紀綱을 떨쳐서 文王과 武王의 道를 부흥하여 東周를 만들 뿐인 저! 어찌 갈 곳이 없다고 하여 마침내 그만두리오?"

주해

● 虛文: 빈 말, 쓸데없는 문자.
≪漢書 · 谷永傳≫에 나온다. "書陳於前, 陛下委棄不納, 而更使方正

對策, 背可懼之大異, 問不急之常論, 廢承天之至言, 角無用之虛文."
陛(임금 폐) 懼(두려워할 구)

● 曉(깨달을 효) 振(떨칠 진) 奈(어찌 내) 遂(마침내 수)

[17·6]

子張이 問仁於孔子한대
孔子曰 能行五者於天下면 爲仁矣니라
請問之한대
曰恭寬信敏惠니 恭則不侮하고 寬則得衆하고 信則人任焉하고 敏則有功하고 惠則足以使人이니라

子張이 仁을 孔子께 묻건대,
孔子께서 가라사대 "능히 다섯 가지를 天下에 행하면 仁을 행하는 것이니라."
청하여 묻건대,
가라사대 "공恭과 관寬과 신信과 민敏과 혜惠이니, 공손하면 곧 업신여김을 받지 않고, 너그러우면 곧 무리를 얻고, 신의가 있으면 곧 사람들이 의지하고, 민첩하면 곧 功이 있고, 은혜로우면 곧 족히 사람을 부릴 수 있느니라."

行是五者면 則心存而理得矣라 於天下는 言無適而不然이니 猶所謂雖之夷狄이라도 不可棄者라 五者之目은 蓋因子張所不足而言耳라 任은 倚仗也라 又言其效如此시니라

張敬夫曰 能行此五者於天下면 則其心公平而周遍을 可知矣라 然이나 恭其本與인저

李氏曰 此章은 與六言六蔽五美四惡之類로 皆與前後文體大不相似니라

이 다섯 가지를 행하면 곧 마음이 보존되고 이치가 얻어질 것이다. '於天下'는 어디를 가더라도 그렇지 않음이 없다는 말이니, 마치 이른바 비록 이적夷狄의 땅에 갈지라도 가히 버릴 수 없다는 말과 같다. 다섯 가지의 조목은 대개 子張의 不足한 바로 인하여 말씀하셨을 뿐이다. '임任'은 의지하는 것이다. 또 그 효험이 이와 같음을 말씀하신 것이다.

張敬夫 가로되 "능히 이 다섯 가지를 天下에 행할 수 있다면 곧 그 마음이 公平하고 두루 미칠 수 있음을 가히 알 수 있다. 그러나 공손함이 그 근본인 저!"

李氏 가로되 "이 章은 육언六言 · 육폐六蔽 · 오미五美 · 사악四惡의 종류와 더불어 모두가 ≪論語≫의 앞뒤 문체와 크게 서로 같지 않다."

주해

- 爲仁: 仁을 행하다. 곧 '心存理得'을 가리켜 말한 것이다.
- 任: 의지하다. '倚仗'과 같다. 任(의지할 임) 倚(의지할 의) 仗(의지할 장) "任是堪依靠, 是能爲人擔當事也."(大全註疏) 堪(견딜 감) 靠(의지할 고) 擔

(멜 담)

- 六言: 仁 · 知 · 信 · 直 · 勇 · 剛 등의 여섯 가지 미덕.
≪論語 · 양화陽貨≫ 篇에 나온다. "由也, 女聞六言六蔽矣乎?" 하안何晏의 ≪論語集解≫에 "六言六蔽者, 謂下六事, 仁知信直勇剛也." 라고 풀이했다.
- 六蔽: 배움을 좋아하지 않아서 생기는 여섯 가지의 폐단. '육폐六弊' 라고도 한다. 蔽(가릴 폐) 弊(나쁠 폐)
또한 ≪論語 · 양화陽貨≫ 篇에 나온다. "子曰 由也, 女聞六言六蔽矣乎……好仁不好學, 其蔽也愚. 好知不好學, 其蔽也蕩. 好信不好學, 其蔽也賊. 好直不好學, 其蔽也絞. 好勇不好學, 其蔽也亂. 好剛不好學. 其蔽也狂." 蕩(흐릴 탕) 賊(해칠 적) 絞(목맬 교) 狂(미칠 광)
- 五美: 다섯 가지 미덕.
≪論語 · 堯曰≫ 편에 나온다. "子張曰 何謂五美? 子曰 君子惠而不費, 勞而不怨, 欲而不貪, 泰而不驕, 威而不猛."
또한 ≪左傳 · 襄公二十八年≫ 條에도 나온다. "大適小有五美, 宥其罪戾, 赦其過失, 救其菑患, 賞其德刑, 教其不及." 宥(용서할 유) 戾(사나울 려) 菑(묵정밭 치)
- 四惡: 학虐 · 포暴 · 적賊 · 유사有司 등의 네 가지 나쁜 일을 말한다. 虐(사나울 학)
≪論語 · 堯曰≫ 篇에 나온다. "子張曰 何謂四惡? 子曰 不教而殺謂之虐, 不戒視成謂之暴, 慢令致期謂之賊, 猶之與人也, 出納之吝謂之有司." 吝(인색할 인)
- 皆與前後文體大不相似: 모두가 ≪論語≫의 앞뒤 문체와 크게 서로 같지 않다.
朱子가 말했다. "六言六蔽五美等語, 雖其意是, 然皆不與聖人常時言語一樣. 家語此樣話, 亦多. 大抵論語後數篇間, 不類以前諸篇."(大全註疏)
- 侮(업신여길 모) 棄(버릴 기)

【備旨】

子張이 問仁之道於孔子한대

孔子ㅣ告之曰 仁者는 心之理니 是心一有間斷之時면 則亡(무)矣요 是理一有虧缺之處면 則失矣니 誠能行五者於天下而無適不然이면 則心存理得而仁之體用備하여 可以爲仁矣라

子張이 請問五者之目한대

夫子ㅣ告之曰 所謂五者는 非他라 心之恭而不慢하며 寬而不隘하며 信而不僞하며 敏而不怠하며 惠而不刻이 是也니 特患不能行耳라

苟能行恭이면 則有可畏之威而人自不敢侮予矣요 能行寬이면 則有容人之量하여 而有以得乎衆心矣요 能行信이면 則人皆倚賴乎我하여 而不我疑矣요 能行敏이면 則無因徇苟且之病하여 而無事不濟矣요 能行惠면 則人之蒙其惠者ㅣ皆有感戴之心하여 而樂爲我用矣라

蓋功有兼盡이면 則效以類應하여 以行於天下者를 於此에 可考也니 子ㅣ信能行此五者於天下면 則仁又豈外是哉아

子張이 仁의 道를 孔子께 묻건대,

孔子께서 고하여 가라사대 "仁은 마음의 이치니, 이 마음에 하나라도 사이에 끊어지는 때가 있으면 곧 없어지고, 이 이치에 하나라도

흠결난 곳이 있으면 곧 잃게 된다. 진실로 능히 다섯 가지를 天下에 행하여 어디를 가더라도 그렇게 되지 아니함이 없으면, 곧 마음이 보존되고 이치가 얻어져서, 仁의 體와 用이 갖추어져 가히 仁을 행할 수 있느니라."

子張이 청하여 다섯 가지의 조목을 묻건대,

夫子께서 고하여 가라사대 "이른바 다섯 가지란 다른 것이 아니니라. 마음이 공손하여 거만하지 않으며, 너그러워 좁지 않으며, 미더움이 있어 속이지 않으며, 민첩하여 게으르지 아니하며, 은혜로우면서 각박하지 않는 것이 이것이니, 다만 능히 행하지 못할까 근심할 따름이니라."

진실로 능히 공손함을 행하면 곧 가히 두려워할만한 위엄이 있어 사람들이 저절로 감히 나를 업신여기지 못하며,

능히 너그러움을 행하면 곧 사람을 포용하는 도량이 있어 衆人의 마음에 얻을 수 있으며,

능히 미더움을 행하면 곧 사람들이 모두 나에게 의지하여 나를 의심하지 않으며,

능히 민첩함을 행하면 곧 옛 관습을 따르거나 구차한 병폐가 없어 구제하지 못할 일이 없으며,

능히 은혜로움을 행하면 곧 사람 중에 그 은혜를 입은 자가 모두 감격해서 받드는 마음이 있어 기꺼이 나를 위해 쓰이게 될 것이다. 대개 功에 한결 같이 다함이 있으면 곧 효험도 비슷하게 응하여 天下에 행해지는 것을 여기에서 가히 상고할 수 있으니, 그대가 진실로 능히 이 다섯 가지를 天下에 행할 수만 있다면 곧 仁이 또한 어찌 여기에서 벗어나리오?

주해

- 虧缺: 이지러지거나 훼손되어 온전하지 못함. '흠결欠缺'과 같다. 虧(이지러질 휴) 缺(이지러질 결) 欠(부족할 흠)
  漢나라 사마천司馬遷의 ≪보임소경서報任少卿書≫에 나온다. "若僕大質已虧缺矣. 雖材懷隨 和. 行若由夷, 終不可以爲榮, 適足以見笑而自點耳."僕(종 복)
- 因徇: 옛 제도와 관습을 그대로 따르고 계승하다.
  ≪漢書 · 백관공경표상百官公卿表上≫에 "秦兼天下, 建皇帝之號. 立百官之職. 漢因循而不革, 明簡易, 隨時宜也."라고 했고, ≪後漢書 · 양통전梁統傳≫에 "宣帝聰明正直, 總禦海內, 臣下奉憲, 無所失墜, 因循先典, 天下稱理."라 했다. 禦(막을 어) 墜(떨어질 추)
- 感戴: 감격하여 높이 받들다. 戴(일 대)
  ≪三國志 · 吳志 · 주환전朱桓傳≫에 나온다. "往遇疫癘, 穀食荒貴, 桓分部良吏, 隱親醫藥, 飧粥相繼, 士民感戴之." 疫(역병 역) 癘(창질 려) 飧(저녁밥 손) 粥(죽 죽)
- 隘(좁을 애) 怠(게으를 태) 特(다만 특) 蒙(입을 몽)

[17 · 7]

佛肸이 召어늘 子欲往이러시니

필힐佛肸이 초빙하거늘, 孔子께서 가시고자 하시니,

佛肸은 晉大夫趙氏之中牟宰也라

'필힐佛肸'은 진晉나라 大夫인 조씨趙氏의 중모中牟 땅 읍재邑宰이다.

주해

- 佛肹: 晉나라의 大夫. 조간자趙簡子의 家臣. 佛(클 필) 肹(클 힐)
- 牟(소우는소리 모)

【備旨】

昔에 晉趙鞅之家臣佛肹者ㅣ據中牟以叛하여 使人以禮聘召夫子어늘 夫子ㅣ欲往應其召하시니 蓋亦猶應公山弗擾之召也라

옛날에 晉나라 조앙趙鞅의 家臣인 필힐佛肹이란 자가 중모中牟 땅을 점거하여 반란을 일으켜, 사람을 보내어 禮로서 夫子를 초빙하거늘, 夫子께서 그 초빙에 응하여 가시고자 하니, 대개 또한 공산불요公山弗擾의 초빙에 응하신 것과 같다.

子路曰 昔者에 由也ㅣ聞諸夫子호니 曰親於其身에 爲不善者어든 君子ㅣ不入也라하시니 佛肹이 以中牟畔이어늘 子之往也는 如之何잇고

子路 가로되 "옛날 제(由)가 夫子께 들으니, '친히 그 몸에 不善을 행하는 자에게는 君子가 그 무리에 들어가지 않는다.'라고 하

셨는데, 필힐佛肹이 中牟 땅을 점거하여 반란을 일으켰는데, 夫子께서 가시고자 한 것은 무엇 때문입니까?"

子路는 恐佛肹之浼夫子라 故로 問此以止夫子之行이라 親은 猶自也라 不入은 不入其黨也라

子路는 필힐佛肹이 夫子를 더럽힐까 염려했기 때문에, 이렇게 물어서 夫子가 가시는 것을 저지한 것이다. '親'은 '스스로'와 같다. '不入'은 그 무리 속에 들어가지 않는 것이다.

주해

- 親於其身, 爲不善者, 君子不入也: '친히 그 몸에 不善을 행하는 자에게는 君子가 그 무리에 들어가지 않는다.'
  慶源輔氏가 말했다. "所謂親於其身, 爲不善而君子不入者, 正恐其汙己也. 此固子路之所知也. 至於人之不善, 不能浼聖人, 則非子路之所能知也. 故引此爲問, 欲以止夫子之行耳."(大全註疏) 汙(더러울 오)
- 浼(더럽힐 매)

【備旨】

子路ㅣ止夫子之行曰 昔者에 由也ㅣ嘗聞諸夫子하니 有曰 人有親於其身에 爲不善之事者어든 君子ㅣ不入其黨以其能浼己也라하시니 今佛肹이 以中牟之邑畔하니 是는 親於其身에 爲不善也라 苟子之往也면 則入其黨矣니 如之何將不爲其所浼乎잇고

子路가 夫子께서 가시는 것을 저지하고자 하여 가로되 "옛날에 제(由)가 일찍이 夫子께 들었사오니, '사람이 친히 그 몸에 不善한 일을 하는 자가 있거든, 君子가 그 무리 속에 들어가 그가 능히 몸을 더럽히지 않도록 해야 한다.'고 하셨거늘,

이제 필힐(佛肹)이 中牟의 땅을 점거하여 반란을 일으키니, 이는 친히 그 몸에 不善을 행한 것입니다. 진실로 夫子께서 가시게 되면 곧 그 무리 속에 들어가는 것이니, 어찌 장차 그 더럽히는 바가 되지 않겠습니까?"

子曰 然하다 有是言也니라 不曰堅乎아 磨而不磷이니라 不曰白乎아 涅而不緇니라

孔子께서 가라사대 "그렇도다. 그러한 말을 한 적이 있노라. 견고하다고 말하지 않으리오? 갈아도 엷어지지 아니하노라. 희다고 말하지 않으리오? 검게 물들여도 검어지지 아니 하노라."

磷은 薄也라 涅은 染皂物이라 言人之不善이 不能浼己라 楊氏曰 磨不磷涅不緇而後에 無可無不可니 堅白不足이나 而欲自試於磨涅이면 其不磷緇也者ㅣ 幾希니라

'린(磷)'은 엷다는 뜻이다. '날(涅)'은 물건에 검은 물을 들이는 것이다. 사람의 不善함이 능히 자신을 더럽힐 수 없다는 말이다.

楊氏 가로되 "갈아도 엷어지지 않고, 검게 물들여도 검어지지 않는 이후에 可함도 없고 不可함도 없게 되니, 견고함이 부족한데도 스스로 갈거나 물들이는 것을 시험하고자 한다면, 그 엷어지거나 검게 물들이지 않는 것이 거의 드물 것이다."

주해

- 染皀: 검게 물들이다. 染(물들일 염) 皀(검을 조)
- 磨不磷: 갈아도 엷어지지 않다. 磨(갈 마) 磷(엷어질 린)
- 涅不緇: 검게 물들여도 검어지지 않다. 涅(검게물들일 날) 緇(검을 치) 齊氏가 말했다. "涅, 水中黑土. 今江東皀泥."(大全註疏) 泥(진흙 니)
- 無可無不可: 可한 것도 없고, 可하지 못한 것도 없다. ≪論語 · 미자微子≫ 篇에 나온다. "我則異於是, 是無可無不可." 또한 ≪孟子 · 公孫丑上≫ 篇에 다음과 같이 구체적으로 설명하고 있다. "可以仕則仕, 可以止則止, 可以久則久, 可以速則速, 孔子也."
- 堅白: '堅'은 바탕으로써 말한 것이고(堅以質言), '白'은 색깔로써 말한 것이다(白以色言). (四書補註備旨) 堅(굳을 견)
  또한 何晏의 ≪論語集解≫에 "言至堅者, 磨之而不薄, 至白者, 染之於涅而不黑."이라고 풀이했다.

【備旨】

夫子ㅣ曉之曰 不善不入은 乃守身之常法이니 其道誠然이라 我昔固有是言也라 然이나 此特爲堅白之未至者言之耳니 獨不曰堅之至者乎아 雖磨之而不能使其磷하며 獨不曰白之至者乎아 雖涅之而不能使其緇라 然則堅白이 在我卽自試於磨涅焉이 可也니 何患浼己而不往哉아

夫子께서 깨우쳐 가라사대 “不善을 행하는 자에게는 군자가 그 무리에 들어가지 않는 것은 곧 몸을 지키는 떳떳한 법이니, 그 道가 진실로 그러하다. 내가 옛날에 진실로 이런 말을 하였느니라. 그러나 이는 다만 견고함과 희기가 지극하지 못한 자를 위하여 말했을 따름이니라.
다만 견고함이 지극한 자라고 말하지 않았으리오? 비록 갈아도 능히 그것을 엷어지게 할 수 없으며,
다만 희기가 지극한 자라고 말하지 않았으리오? 비록 검게 물들여도 능히 그것을 검어지게 할 수 없느니라.
그러므로 곧 견고하고 흰 것이 나에게 있으면, 곧 스스로 갈거나 검게 물들이는 것을 시험해 보는 것도 可하니, 어찌 자신을 더럽힌다고 근심하여 가지 않으리오?”

吾豈匏瓜也哉라 焉能繫而不食이리오

내 어찌 포과匏瓜이리오! 어찌 능히 매달아만 두고 먹지 못하게 하리오?

匏는 瓠也니 匏瓜는 繫於一處而不能飮食이나 人則不如是也라
張敬夫曰 子路ㅣ昔者之所聞은 君子守身之常法이요 夫子ㅣ今日之所言은 聖人體道之大權也라 然이나 夫子ㅣ於公山佛肸之召에 皆欲往者는 以天下無不可變之人이

요 無不可爲之事也며 其卒不往者는 知其人之終不可變而事之終不可爲耳시니 一則生物之仁이요 一則知人之智也라

'포匏'는 '호瓠'이니, 포과匏瓜는 한 곳에 매달아 두고 능히 마시거나 먹지 못하게 하나, 사람은 곧 이와 같지 않다.

장경부張敬夫 가로되 "子路가 옛날에 들었던 바는 君子가 몸을 지키는 떳떳한 법이요, 夫子께서 今日에 말씀하신 바는 聖人이 道를 체득한 큰 권도權道이다. 그러나 夫子께서 공산불요公山不擾와 필힐佛肸의 초빙에 모두 가고자 하신 것은 天下에 가히 변화시키지 못할 사람이 없고, 가히 할 수 없는 일이 없다고 여겼기 때문이며,

夫子께서 끝내 가시지 않은 것은 그 사람을 끝내 가히 변화시킬 수 없고, 그 일을 끝내 가히 할 수 없다는 것을 아셨기 때문이니, 하나는 곧 만물을 살리는 仁이요, 하나는 곧 사람을 알아보는 지혜이다."

주해

- 匏瓜: 박. 바가지. '포자匏子'와 같다. 匏(박 포) 瓠(표주박 호)
  양백준楊伯峻의 ≪論語譯注≫에 "古有甘苦兩種, 苦的不能喫, 但因它比水輕, 可以繫於腰, 用以泅渡."라고 했다. 喫(먹을 끽) 它(다를 타) 腰(허리 요) 泅(헤엄칠 수)
- 不食: 먹지 못하게 하다. 곧 먹는 것을 구하지 않는다는 말이다. "不食謂不求食, 非謂不可食."(四書補註備旨)
- 焉(어찌 언) 繫(맬 계)

【備旨】

夫可往而不往은 是匏瓜之繫而不食也라 吾固人也니 豈

匏瓜也哉아 焉能如彼縣繫一處而不能飮食하여 爲世間無用之物乎아 此吾之所以欲往也니라

"무릇 가히 갈 수 있으나 가지 않은 것은, 이는 포과匏瓜를 매달아 두고 먹지 못하게 하는 것이다. 나는 진실로 사람이니, 어찌 능히 포과匏瓜와 같으리오? 어찌 능히 저처럼 한 곳에만 매달아 두고 능히 마시거나 먹지 못하여 하여, 세간의 쓸모없는 물건이 되게 하리오? 이것이 내가 가고자 하는 이유이니라."

[17·8]

子曰 由也아 女聞六言六蔽矣乎아
對曰 未也로이다

孔子께서 가라사대 "由(子路)야! 그대는 六言에 육폐六蔽를 들어 보았느냐?"
대답하여 가로되 "듣지 못하였습니다."

蔽는 遮掩也라

'폐蔽'는 가려서 막는 것이다.

주해

- 女: 너, 그대. '汝'와 같다. 汝(너 여)
- 六言六蔽: 여섯 가지의 美德(仁·知·信·直·勇·剛)과 여섯 가지의 폐단. 이는 六言 안에 六蔽가 있다는 말이다.
  慶源輔氏가 말했다. "謂各隨其意之所向, 以遮掩其正理."(大全註疏)
- 遮(가릴 차) 掩(가릴 엄)

【備旨】

夫子ㅣ呼子路之名而告之曰 人之美德에 有六言하고 而六言之中에 有六蔽하니 君子之學은 於六言에 固當會其全하고 而於六蔽에 尤當去其累니라 由也아 女聞六言之中에 有六蔽矣乎아
子路ㅣ起而對曰 由ㅣ未之聞也로이다
會得

夫子께서 子路의 이름을 불러 고하여 가라사대 "사람의 美德에 六言이 있고, 六言의 가운데에 육폐六蔽가 있으니, 君子의 배움은 六言에 대하여 진실로 마땅히 그 온전함을 깨달아야 하고, 六蔽에 대하여 더욱 마땅히 그 허물을 제거해야 하느니라. 由야! 그대는 六言의 가운데에 六蔽가 있다는 말을 들어 보았느냐?"
子路가 일어나 대답하여 가로되 "저(由)는 아직 듣지 못했습니다."

주해

- 會: 깨닫다. 여기서는 '會得'의 뜻이다.

唐나라 원진元稹의 ≪가릉역嘉陵驛≫ 詩之二에 나온다. "無人會得此時意, 一夜獨眠西畔廊." 眠(잠잘 면) 畔(두둑 반) 廊(행랑 랑)

居하라 吾語女하리라

"앉아라! 내 그대에게 말하리라."

禮에 君子問更端이면 則起而對라 故로 孔子ㅣ諭子路하여 使還坐而告之라

≪禮記≫에 君子가 질문하는데, 단서端緖(실마리)를 바꾸면 곧 일어나서 대답해야 한다. 그러므로 孔子께서 子路에게 告하여 다시 앉게 해서 告하신 것이다.

주해

- 居: 앉다. '坐'와 같다. 居(앉을 거)
- 君子問更端, 則起而對: 君子가 질문하는데 단서端緖(실마리)를 바꾸면, 곧 일어나서 대답하다. '端'은 단서端緖(실마리)이다.
  ≪禮記 · 曲禮≫ 篇에 나온다. "侍於君子, 君子問更端, 則起而對." 侍(모실 시)

【備旨】

夫子ㅣ因其起對하여 乃命之曰 居하라 吾語女以六言六

蔽之實焉하리라

夫子께서 그가 일어나 대답하는 것으로 인하여, 이에 명하여 가라사대 "앉아라! 내 그대에게 六言과 六蔽의 실제를 말해 주리라."

好仁不好學이면 其蔽也ㅣ愚오 好知不好學이면 其蔽也ㅣ蕩이요 好信不好學이면 其蔽也ㅣ賊이요 好直不好學이면 其蔽也ㅣ絞요 好勇不好學이면 其蔽也ㅣ亂이요 好剛不好學이면 其蔽也ㅣ狂이니라

"仁을 좋아하고 배우기를 좋아하지 않으면 그 폐단이 어리석게 되고, 지혜를 좋아하고 배우기를 좋아하지 않으면 그 폐단이 방탕하게 되고, 믿음을 좋아하고 배우기를 좋아하지 않으면 그 폐단이 해치게 되고, 곧음을 좋아하고 배우기를 좋아하지 않으면 그 폐단이 급하게 되고, 용맹을 좋아하고 배우기를 좋아하지 않으면 그 폐단이 어지럽게 되고, 강함을 좋아하고 배우기를 좋아하지 않으면 그 폐단이 경솔하게 되느니라."

六言은 皆美德이나 然이나 徒好之而不學以明其理면 則各有所蔽라 愚는 若可陷可罔之類요 蕩은 謂窮高極廣而

無所止요 賊은 謂傷害於物이라 勇者는 剛之發이요 剛者는 勇之體라 狂은 躁率也라

范氏曰 子路勇於爲善이나 其失之者는 未能好學以明之也라 故로 告之以此하시니라 曰勇 曰剛 曰信 曰直은 又皆所以救其偏也라

'六言'은 모두 아름다운 德이나, 그러나 한갓 좋아만 하고 배워서 그 이치를 밝히지 아니하면 곧 각각 가린 바가 있게 된다. '우愚'는 마치 가히 함정에 빠질 수도 있고 가히 속을 수 있는 부류와 같다. '탕蕩'은 高遠한 것을 다하고 넓은 것을 다하되 그칠 바가 없는 것을 말한다. '적賊'은 사물을 상해傷害하는 것을 말한다. '용勇'은 剛이 발한 것이요, '강剛'은 勇의 體이다. '광狂'은 조급하고 경솔함이다.

范氏 가로되 "子路가 善을 행하는 데는 용감하였으나, 그의 과실은 능히 배우기를 좋아하여 그것을 밝히지 못한 것이다. 그러므로 이로써 고하신 것이다. '勇'이라 말하고, '剛'이라 말하고, '信'이라 말하고, '直'이라 말한 것은 또 모두 그 치우친 것을 구제하기 위한 것이다."

주해

- 好仁不好學, 其蔽也愚: '仁을 좋아하고 배우기를 좋아하지 않으면 그 폐단이 어리석게 된다.' '不好學'은 '致知格物'의 공부가 결여된 것이다. '愚'는 지나치게 두텁게 하여 輕重을 알지 못하는 것이다. "愚是過於厚, 而不知輕重也."(四書補註備旨)
  覺軒蔡氏가 말했다. "此皆不明理, 而惑於所似故也. 格物以致其知, 則其蔽徹矣."(大全註疏) 徹(거둘 철)
- 好信不好學, 其蔽也賊: '믿음을 좋아하고 배우기를 좋아하지 않으면

그 폐단이 해치게 된다.' '賊'은 남과 자신을 모두 해치게 된다는 말이다. "賊謙害人己言, 如執小信, 不顧利害便是."(四書補註備旨)

- 好直不好學, 其蔽也絞: '곧음을 좋아하고 배우기를 좋아하지 않으면 그 폐단이 급하게 된다.' '교絞'는 긴급緊急하고 박절迫切한 것이다. "絞是急切, 如證父攘羊之類, 而不能容."(四書補註備旨) 絞(급할 교) 攘(훔칠 양)
- 好勇不好學, 其蔽也亂: '용맹을 좋아하고 배우기를 좋아하지 않으면 그 폐단이 어지럽게 된다.' '亂'은 윗사람을 범하고 사람을 능멸하는 것이다. "亂如犯上凌人."(四書補註備旨) 凌(능멸할 능)
  朱子가 말했다. "勇只是敢爲, 剛有堅强之意."(大全註疏)
- 好剛不好學, 其蔽也狂: '강함을 좋아하고 배우기를 좋아하지 않으면 그 폐단이 경솔하게 된다.' '狂'은 하고 싶은 대로 말하고 하고 싶은 대로 행하는 것이다. "狂如要言就言, 要行就行, 不沈靜也."(四書補註備旨) 沈(잠길 침)
  慶源輔氏가 말했다. "此與狂狷之狂不同, 躁率則 近乎强惡也. 故特釋之."(大全註疏) 狷(성급할 견)
- 陷(빠질 함) 罔(속일 망) 躁(성급할 조) 率(경솔할 솔)

【備旨】

彼仁은 美德也로되 苟徒好仁而不好學以明其理면 則其蔽也ㅣ必可陷可罔而愚矣요 知는 美德也로되 苟徒好知而不好學以明其理면 則其蔽也ㅣ必窮高極遠而蕩矣요 信도 亦德之美也로되 苟徒好信而不好學以明其理면 則其蔽也ㅣ將執小信而妨大計하여 必至傷害於物하리니 非賊乎아 直도 亦德之美也로되 苟徒好直而不好學以明其理면 則其蔽也ㅣ將過於直而忘所諱하여 必至徑情直遂

하리니 非絞乎아
至於勇에 亦美德所不可少也로되 苟徒好勇而不好學以明其理면 勢必逞其血氣之强하여 而干分犯上하리니 則其蔽也ㅣ不謂之亂乎아 至於剛에 亦美德所不能無也로되 苟徒好剛而不好學以明其理면 勢必任其用剛之私하여 而率意妄行하리니 則其蔽也ㅣ不謂之狂乎아
所謂六言六蔽者ㅣ如此하니 然則好學以去其蔽者를 其容已哉아

“저 ‘仁’은 美德이나 만일 한갓 仁만을 좋아하고 배우기를 좋아하여 그 이치를 밝히지 못한다면, 곧 그 폐단이 반드시 가히 함정에 빠지고 속임을 당하여 어리석게 된다.
‘知’는 美德이나 만일 한갓 지혜만을 좋아하고 배우기를 좋아하여 그 이치를 밝히지 못한다면, 곧 그 폐단이 반드시 高遠한 것을 다하고 深遠한 것을 다하여 방탕하게 된다.
‘信’도 또한 德의 아름다움이나 만일 한갓 믿음만을 좋아하고 배우기를 좋아하여 그 이치를 밝히지 못한다면, 곧 그 폐단이 장차 작은 믿음만을 고집하고 큰 계책을 방해하여 반드시 사물을 傷害하는데 이르게 되니 적賊이 아니리오?
‘直’도 또한 德의 아름다움이나 만일 한갓 곧음만을 좋아하고 배우기를 좋아하여 그 이치를 밝히지 못한다면, 곧 그 폐단이 장차 곧음에 지나치고 꺼릴 바를 잊게 되고, 반드시 멋대로 행하여 뜻을 이루는데 이르게 되니 조급한 것이 아니리오?
‘勇’의 경우도 또한 美德에서 가히 빠질 수 없으나, 만일 한갓 勇만을 좋아하고 배우기를 좋아하여 그 이치를 밝히지 못한다면, 형세

가 반드시 그 血氣의 강함을 다하여 분수를 범하고 윗사람을 범하게 될 것이니, 곧 그 폐단이 亂이라 말하지 않으리오?

'剛'의 경우도 또한 美德에서 능히 없을 수 없으나, 만일 한갓 剛만을 좋아하고 배우기를 좋아하여 그 이치를 밝히지 못한다면, 형세가 반드시 剛을 쓰는 사사로움에 내맡겨 뜻을 경솔하게 하고 행실을 망령되이 할 것이니, 곧 그 폐단이 狂이라 말하지 않으리오?

이른바 六言과 六蔽라는 것이 이와 같으니, 그렇다면 곧 배우기를 좋아하여 그 폐단을 제거하는 것을 그칠 수 있으리오?"

주해

- 徑情直遂: 마음내키는 대로 행하여 뜻을 이루다. '경정徑情'은 '任意'의 뜻이고, '遂'는 '成功'의 뜻이다. 徑(지름길 경)
  ≪갈관자鶡冠子 · 저희著希≫ 篇에 나온다. "故君子弗徑情而行也." 鶡(할단새 갈) 冠(갓 관)
- 苟(만일 구) 諱(꺼릴 휘) 逞(다할 령)

[17 · 9]

子曰 小子는 何莫學夫詩오

孔子께서 가라사대 "그대들은 어찌하여 詩를 배우지 아니하느냐?"

小子는 弟子也라

小子는 弟子이다.

【備旨】

夫子丨示門人以學詩之益曰 學者는 載籍極博호되 猶考信於六藝온 況詩教之尤切於人者乎아 爾小子는 何爲不學夫詩오

夫子께서 門人들에게 詩를 배우는 유익함을 보여 가라사대 "배우는 자는 학식이 지극히 넓되 오히려 육예六藝를 상고하여 믿거늘, 하물며 詩教가 사람에게 더욱 절실한 것임에랴? 그대들은 어찌하여 詩를 배우지 아니하느냐?"

주해

- 載籍: 서적. 전적典籍. 전하여 학식이 廣博한 것을 의미한다. 典(법 전) 籍(서적 적)
  ≪史記 · 백이열전伯夷列傳≫에 나온다. "夫學者載籍極博, 猶考信於六藝."
- 六藝: 선비가 배워야 할 여섯가지 덕목, 곧 '예禮 · 악樂 · 사射 · 어御 · 서書 · 수數'를 말함.
- 詩教: 詩經의 가르침, 곧 '온유돈후溫柔敦厚'를 말함.

詩는 可以興이며

詩는 가히 뜻을 일으킬 수 있으며,

感發志意라

뜻을 감발感發시키는 것이다.

주해

● 感發志意: 뜻을 感發시키다.
朱子가 말했다. "讀詩見不美者, 令人羞惡. 見其美者, 令人興起. 須是反覆讀, 使詩與心相乳入, 自然有感發處."(大全註疏)

【備旨】

夫詩는 何以當學也오 詩之所載에 有善有惡而勸戒備焉하니 學之者ㅣ可以感發吾之志意 而興也며

무릇 詩는 어찌해서 마땅히 배워야 하는가? 詩에 실려 있는 것에는 善도 있고 惡도 있어, 권면勸勉과 경계警戒가 갖춰져 있으니, 배우는 자가 가히 자신의 뜻을 感發하여 興起시킬 수 있으며,

可以觀이며

가히 살필 수 있으며,

考見得失이라

득실得失을 상고하여 보는 것이다.

주해

- 考見得失: 得失을 상고하여 보다.
  新安陳氏가 말했다. "觀詩所美所刺者之得失, 亦因可以考見我之得失, 兼此二意方爲盡."(大全註疏)

【備旨】

詩之所言에 有美有刺而得失分焉하니 學之者ㅣ可以考見己之得失而觀也며

詩에 말한 것에는 찬미함도 있고 풍자諷刺함도 있어 得失이 나누어져 있으니, 배우는 자가 가히 자신의 得失을 상고해 보면서 살필 수 있으며,

可以群이며

가히 무리에 처할 수 있으며,

和而不流라

조화를 이루되 유탕流蕩함에 흐르지 않는 것이다.

주해

● 和而不流: 조화를 이루되 유탕流蕩하지 않다. 蕩(쓸어버릴 탕)
新安陳氏가 말했다. "和而處衆曰群. 和而不流, 故可以處衆. 若和而流, 則失於雷同, 非處衆之道矣."(大全註疏) 雷(우레 뇌)

【備旨】

詩有處衆而和者나 然이나 不失莊敬之意니 學之면 可用以處衆也며

詩에는 무리에 處하여 조화로운 것이 있으나, 그러나 장엄莊嚴하고 공경恭敬하는 뜻을 잃지 않았으니, 詩를 배우면 가히 무리에 處할 수 있으며,

주해

● 莊敬: 장엄莊嚴하고 공경恭敬함.
≪禮記 · 樂記≫ 篇에 나온다. "致禮以治躬則莊敬, 莊敬則嚴威." 공영달孔穎達의 疏에 "若能莊嚴而恭敬, 則嚴肅威重也."라고 풀이했다. 躬(몸 궁)

可以怨이며

가히 원망할 수 있으며,

怨而不怒라

원망하되 성내지 않는 것이다.

주해

● 怨而不怒: 원망하되 성내지 않다.
慶源輔氏가 말했다. "當怨不怨, 則失之疏. 怨而怒, 則又失之過."(大全註疏)

【備旨】

詩有處變而怨者나 然이나 寓有忠厚之思하니 學之면 可用以處怨也며

詩에는 변고에 처하여 원망하는 것이 있으나, 그러나 忠厚한 생각이 기탁寄託되어 있으니, 詩를 배우면 가히 원망함에 處할 수 있으며,

邇之事父며 遠之事君이요

가까이는 부모를 섬길 수 있으며, 멀리는 人君을 섬길 수 있느니라.

人倫之道가 詩無不備하니 二者는 擧重而言이라

人倫의 道가 詩에 갖춰져 있지 않음이 없으니, 두 가지는 중요한

것을 들어 말한 것이다.

주해

- 邇之事父: 가까이는 부모를 섬길 수 있다. 邇(가까울 이) '이邇'는 '在家'의 경우이고, '事父'는 孝를 다한다는 뜻이다. "邇指在家言, 事父是能盡孝意."(四書補註備旨)
- 遠之事君: 멀리는 人君을 섬길 수 있다. '遠'은 '在國'의 경우이고, '事君'은 충성을 다한다는 뜻이다. "遠指在國言, 事君是能盡忠意."(四書補註備旨)

【備旨】

子臣之道가 詩無不備하니 學之者ㅣ邇而在家에 可資以事父며 遠而在國에 可資以事君也요

자식과 臣下의 道가 詩에 갖춰져 있지 아니함이 없으니, 배우는 자가 가까이는 집안에서 가히 자뢰資賴하여 부모를 섬길 수 있으며, 멀리는 나라에서 가히 자뢰資賴하여 人君을 섬길 수 있느니라.

多識於鳥獸草木之名이니라

조수鳥獸와 초목草木의 이름을 많이 알 수 있느니라."

其緒餘도 又足以資多識이라

學詩之法이 此章에 盡之하니 讀是經者ㅣ所宜盡心也라

그 나머지도 또한 족히 資賴하여 많이 알 수 있다.
詩를 배우는 法이 이 章에 다했으니, 이 經을 읽는 자가 마땅히 마음을 다해야 할 바이다.

주해

● 緖餘: 나머지. '서緖'는 '事'와 같다.
≪이아爾雅 · 석고釋詁≫ 篇에 나온다. "緖, 事也."

【備旨】

動植之物이 詩無不載하니 學之者ㅣ其緖餘를 可以博物洽聞하여 而多識於鳥獸草木之名也라 詩之有益於人이 如此하니 爾小子ㅣ可不學哉아

動物과 植物이 詩에 실려 있지 않음이 없으니, 배우는 자가 그 나머지를 가히 널리 듣고 두루 알아서 초수鳥獸와 초목草木의 이름을 많이 알 수 있다. 詩가 사람에게 유익함이 이와 같으니, 그대들이 가히 배우지 않으리오?"

주해

● 博物: 여러 사물에 대하여 두루 알다.
漢나라 환관桓寬의 ≪염철론鹽鐵論 · 잡론雜論≫ 篇에 나온다. "桑大夫據當世, 合時變, 推道術, 尙權利, 辟略小辯, 雖非正法, 然巨儒宿學, 惡然大能自解, 可謂博物通士矣." 鹽(소금 염) 桑(뽕나무 상)

● 洽聞: 사물에 대해 널리 듣고 두루 알다. 곧 '다문박식多聞博識'의 뜻. 洽(두루미칠 흡)
≪史記 · 儒林列傳≫에 나온다. "其令禮官勸學, 講議洽聞興禮, 以爲天下先."

[17 · 10]

子ㅣ謂伯魚曰 女ㅣ爲周南召南矣乎아 人而不爲周南召南이면 其猶正牆面而立也與인저

孔子께서 백어伯魚에게 일러 가라사대 "너는 주남周南과 소남召南을 배웠느냐? 사람이 周南과 召南을 배우지 아니하면, 그것은 마치 정면으로 담장을 마주하고 서 있는 것과 같으니라!"

爲는 猶學也라 周南召南은 詩首篇名이니 所言이 皆修身齊家之事라 正牆面而立은 言卽其至近之地로되 而一物無所見하고 一步不可行이라

'爲'는 '學'과 같다. 주남周南과 소남召南은 ≪詩經≫ 첫 편의 이름이니, 말한 바가 모두 수신修身과 제가齊家의 일들이다. '正牆面而立'이란 곧 그 지극히 가까운 곳에 나아가서도, 한 가지 사물도 볼 수가 없고, 한 걸음도 가히 나아갈 수 없음을 말한 것이다.

주해

- 伯魚: 공자의 아들 '공리孔鯉'. 鯉(잉어 리)
- 正牆面而立: 정면으로 담장을 마주하고 서다. 문장이 도치된 표현으로, 곧 '正面(對)牆而立'과 같다. 牆(담 장)

  新安倪氏가 말했다. "書周官曰, 不學牆面, 孔子取譬本此."(大全註疏)

【備旨】

夫子ㅣ謂其子伯魚曰 詩三百篇은 皆所當學이로되 而其中에 猶有其要焉者하니 則周南召南이 是也라 女ㅣ當誦習其辭하고 潛玩其義하여 而爲周南召南矣乎아 夫二南所言은 皆修身齊家之事也니 人而不爲周南召南이면 則身無由修하고 家無由齊하여 雖門內之至近이나 而一物無所見하며 一步不可行하여 其猶正牆面而立也與인저 人而不安於面牆也니 二南을 其可不爲哉아

夫子께서 그 아들 백어伯魚에게 일러 가라사대 "詩 三百篇은 모두 마땅히 배워야 할 바이나, 그 중에 오히려 그 중요한 것이 있으니 곧 주남周南과 소남召南이 이것이니라. 너는 마땅히 그 말을 외워서 익히고, 그 뜻을 깊이 완미玩味해서 周南과 召南을 배웠느냐?

무릇 二南에서 말한 바는 모두 修身과 齊家의 일들이니, 사람으로서 周南과 召南을 배우지 아니하면 곧 몸을 말미암아 닦을 수 없고, 집안을 말미암아 다스릴 수 없어, 비록 門 안의 지극히 가까운 곳이라 해도, 한 가지 물건도 몰 수가 없으며 한 걸음도 가히 나아갈 수가 없어, 그 마치 담장을 정면으로 마주하고 서 있는 것과 같도다!

사람으로서 담장을 마주하는데 편안하지 아니하니, 二南을 그 가히 배우지 않으리오?”

[17·11]

子曰 禮云禮云이나 玉帛云乎哉아 樂云樂云이나 鐘鼓云乎哉아

孔子께서 가라사대 “禮이다 말하고 禮이다 말하나 玉과 비단을 두고 말하는 것이리오? 악樂이다 말하고 악樂이다 말하나 종鐘과 북을 두고 말하는 것이리오?”

敬而將之以玉帛이면 則爲禮요 和而發之以鐘鼓면 則爲樂이니 遺其本而專事其末이면 則豈禮樂之謂哉아
程子曰 禮는 只是一箇序요 樂은 只是一箇和니 只此兩字가 含蓄多少義理라 天下에 無一物無禮樂하니 且如置此兩椅에 一不正이면 便是無序요 無序면 便乖요 乖면 便不和하며 又如盜賊이 至爲不道나 然亦有禮樂하니 蓋必有總屬하여 必相聽順이라야 乃能爲盜요 不然則叛亂無統하여 不能一日相聚而爲盜也라 禮樂이 無處無之하니 學者ㅣ須要識得이라

공경하면서 玉과 비단으로써 받들면 곧 禮가 되고, 조화로우면서 종鐘과 북으로써 發하면 곧 악樂이 되니, 그 근본을 버리고 오로지 그 말단末端만을 일삼으면 곧 어찌 예악禮樂이라 이르리오?

程子 가로되 "禮는 다만 하나의 차례일 뿐이요, 악樂은 다만 하나의 조화일 뿐이니, 다만 이 두 字가 多少의 義理를 함축含蓄하고 있을 뿐이다. 天下에 어느 한 가지 물건도 禮樂이 없을 수 없으니, 또 만약 여기에 두 개의 의자를 두었는데 하나라도 바르지 아니하면 곧 이는 차례가 없는 것이요, 차례가 없으면 곧 어긋나는 것이요, 어긋나면 곧 調和롭지 못하다.

또한 예를 들어 도적이 지극히 道理없는 짓을 하나, 그러나 또한 禮樂이 있으니, 대개 반드시 우두머리와 부하가 있어 반드시 서로 듣고 따라야 이에 능히 도적질을 할 수 있다. 그렇지 않으면 곧 반란叛亂이 일어나 통솔할 수 없어서 능히 하루라도 서로 모여 도적질을 할 수가 없다. 禮樂은 어느 곳이나 없는 곳이 없으니, 배우는 자가 모름지기 알아야 할 것이니라."

주해

- 玉帛: 고대에 제사, 會盟, 朝聘 때 사용하던 옥과 비단. 帛(비단 백) ≪周禮 · 春官 · 사사肆師≫에 "立大祭用玉帛牲牷."이라 했고, ≪左傳 · 哀公七年≫ 條에 "禹合諸侯於塗山, 執玉帛者萬國."이라 했다. 牲(희생 생) 牷(희생 전)

  胡氏가 말했다. "玉帛, 五玉三帛, 禮文之重者也."(大全註疏)

【備旨】

夫子ㅣ欲人探禮樂之本曰 人皆執玉帛以云禮也로되 而

不知禮必有爲之本者요 特假玉帛以將之耳니 禮云禮云이나 徒玉帛云乎哉아
人皆執鍾鼓以云樂也로되 而不知樂必有爲之本者요 特假鍾鼓以發之耳니 樂云樂云이나 徒鍾鼓云乎哉아
然則有存於玉帛鍾鼓之先하며 宰於玉帛鍾鼓之內者ㅣ在矣니 人奈何不一思也리오

夫子께서 사람들에게 禮樂의 근본을 찾게 하고자 하여 가라사대 "사람이 모두 玉帛을 잡고서 禮라고 말하되, 禮가 반드시 행함의 근본이 되는 것을 모르고 다만 玉帛만을 빌어서 받들고자 할 뿐이니, '禮다' 말하고 '禮다' 말하나 한갓 玉帛 만을 말하는 것이리오?
사람이 모두 종鍾과 북을 잡고서 '악樂이다'고 말하되, 악樂은 반드시 행함의 근본이 되는 줄을 모르고 다만 종鍾과 북을 빌어서 發할 뿐이니, '樂이다' 말하고 '樂이다' 말하나 한갓 鍾과 북 만을 말하는 것이리오?
그렇다면 곧 玉帛과 종고鍾鼓 보다 앞에 존재하며, 玉帛과 종고鍾鼓의 안에서 주재하는 것이 있으니, 사람이 어찌 한결같이 생각하지 않으리오?"

주해

- 徒(한갓 도) 特(다만 특) 假(빌 가) 奈(어찌 내)

[17·12]

子曰 色厲而內荏을 譬諸小人컨댄 其猶穿窬之盜也與인저

孔子께서 가라사대 "얼굴빛은 위엄이 있으면서 속으로는 유약한 것을 小人에게 비유하면, 그 벽을 뚫고 담장을 넘는 도적과 같을 것이니라!"

厲는 威嚴也요 荏은 柔弱也라 小人은 細民也라 穿은 穿壁이요 窬는 踰牆이라 言其無實盜名하여 而常畏人知也라

'려厲'는 위엄威嚴이요, '임荏'은 유약柔弱함이다. 小人은 세민細民이다. '천穿'은 벽壁을 뚫는 것이요, '유窬'는 담장을 넘는 것이다. 그 실상도 없이 이름만 훔쳐 항상 남들이 알까 두려워함을 말씀하신 것이다.

주해

- 色厲: 얼굴빛이 엄하다. 厲(엄할 려) 荏(유약할 임)
  "色對內言, 凡形於外者皆是."(四書補註備旨)
- 穿窬: 벽을 뚫고 담장을 넘다. '천유穿踰'라고도 한다. 穿(뚫을 천) 窬(넘을 유) 踰(넘을 유)
  하안何晏의 ≪論語集解≫에 "穿, 穿壁. 窬, 窬牆."이라고 풀이했다. 壁(벽 벽) 牆(담 장)
  또한 ≪孟子 · 盡心下≫ 篇에 "人能充無穿踰之心, 而義不可勝用也."

라 했고, 조기趙岐의 注에 "穿牆踰屋, 姦利之心也."라고 풀이했다.

● 細民: 백성. 平民.
≪안자춘추晏子春秋 · 諫下二十≫ 篇에 나온다. "遂欲滿求, 不顧細民, 非存之道." 顧(돌아볼 고)

【備旨】

夫子ㅣ鄙當時在位者之盜名也曰 人必表裏相符然後에 可謂之君子니 乃若容色嚴厲하여 似乎確然有守하고 毅然有爲者로되 而內實柔弱하여 而不振利得以誘之하고 害得以怵之하여 不勝其荏焉이라
如此之人은 無實盜名하여 常畏人知하니 譬諸小人之中컨대 其猶穿窬之盜也與인저
蓋盜名而畏人知와 與盜物而畏人知는 其爲心一也니 不亦深可恥哉아

夫子께서 당시 지위에 있는 자가 명예를 훔치는 것을 비루鄙陋하게 여겨 가라사대 "사람은 반드시 겉과 속이 서로 부합한 연후에 가히 君子라 이를 수 있으니, 이에 만약 얼굴색은 엄려嚴厲하여 마치 확연히 지키는 것이 있고 의연히 행하는 것이 있는 것 같으나, 內實은 柔弱하여 利得으로 유혹을 받고 해로움으로 두려움을 떨쳐버리지 못하여 그 유약함을 이기지 못한다.
이와 같은 사람은 실상도 없이 명예만 훔쳐 항상 남들이 알까 두려워하니, 이를 小人 가운데 비유하면 그 마치 벽을 뚫고 담장을 넘는 도둑과 같을 것이다.

대개 명예를 훔쳐 남들이 알까 두려워하는 것과 물건을 훔쳐 남들이 알까 두려워하는 것은 그 마음 씀씀이가 한 가지이니, 또한 심히 가히 부끄럽지 않으리오?"

주해

● 鄙(천할 비) 確(굳을 확) 毅(굳셀 의) 怵(두려워할 출)

[17·13]

子曰 鄕原은 德之賊也니라

孔子께서 가라사대 "향원鄕原은 德의 도적이니라."

鄕者는 鄙俗之意라 原은 與愿同하니 荀子原慤註에 讀作愿하니 是也라 鄕原은 鄕人之愿者也니 蓋其同流合汙하여 以媚於世라 故로 在鄕人之中에 獨以愿稱이라 夫子ㅣ以其似德非德하여 而反亂乎德이라 故로 以爲德之賊而深惡(오)之하시니 詳見(현)孟子末篇이라

'향鄕'은 비루하고 저속하다는 뜻이다. '원原'은 '원愿'과 같으니, ≪순자荀子≫의 원각주原慤註에 '讀作愿'이라 한 것이 이것이다. 鄕原은 시골사람 중에 근후謹厚한 척하는 자이니, 대개 그는 流俗과 함께 하고 더러운 세상과 영합하며 세상에 아첨을 한다. 그러므로 鄕人의 가운데 홀로 謹厚하다고 일컫는 것이다.

夫子께서 그것은 德과 비슷하나 德은 아니어서, 도리어 德을 어지럽힌다고 하셨다. 그러므로 德의 도적이라 여기고 깊이 미워하신 것이니, 자세한 내용은 ≪孟子≫ 末篇에 보인다.

주해

- 鄕原: 시골사람 중에 모습은 謹厚한 것 같으나, 실제로는 세속에 영합하는 위선자를 말한다. '향원鄕愿'과 같다. '原'은 '근후謹厚'의 뜻이다. 願(삼갈 원)
  漢나라 서간徐幹의 ≪中論 · 고위考僞≫ 篇에 나온다. "鄕願亦無殺人之罪, 而仲尼惡之, 何也?以其亂德也."
- 荀子原慤註: ≪순자荀子 · 止論≫ 篇의 愿慤에 대한 註. 慤(성실할 각)
  "荀子正論篇, 上端誠, 則下原慤矣. 謂在上者, 能端莊誠實, 則下知謹愿而純慤也."(大全註疏)
- 同流合汙: 流俗과 함께 하고 오세汚世와 영합하다. 곧 세속에 따라 부침浮沈을 한다는 뜻이다. 汙(더러울 오)
  ≪孟子 · 盡心下≫ 篇에 나온다. "日 非之無擧也, 刺之無刺也, 同乎流俗, 合乎汙世, 居之似忠信, 行之似廉潔, 衆皆悅之, 自以爲是, 而不可與人堯舜之道. 故日德之賊也." 조기趙岐의 注에 "志同於流俗之人, 行合於汚亂之世."라고 풀이했다.
  또한 朱子의 ≪答胡季隨書≫에도 나온다. "細看來書, 似已無可得說……如此則更說甚講學, 不如同流合汙, 著衣喫飯, 無所用心之省事也." 喫(먹을 끽)
- 鄙(천할 비) 媚(아첨할 미)

【備旨】

夫子ㅣ嚴亂德之防曰 人之有德者ㅣ爲君子요 無德者ㅣ爲小人은 不難辨也로되 唯鄕原者는 同流合汙하여 似忠

信而非忠信하여 反亂乎忠信이요 似廉潔而非廉潔하여 反亂乎廉潔하니 豈非德之賊乎아 立德之君子는 宜辨之早矣니라

夫子께서 德을 어지럽히는 방비를 엄하게 하여 가라사대 "사람이 德이 있는 자가 君子가 되고, 德이 없는 자가 小人이 되는 것은 분별하기 어렵지 않으나, 오직 향원鄕原이란 자는 流俗과 함께 하고 더러운 세상과 영합하여, 충성스럽고 신의가 있는 것 같으나 충성스럽고 신의가 없어 도리어 忠과 信을 어지럽히며,
청렴하고 결백한 것 같으나 청렴하고 결백하지 아니하여 도리어 청렴과 결백을 어지럽히니, 어찌 德의 도적이 아니리오? 德을 세우는 君子는 마땅히 분별을 빨리 해야 할 것이니라."

[17 · 14]

子曰 道聽而塗說이면 德之棄也라

孔子께서 가라사대 "길에서 듣고 길에서 말을 전하면, 德을 버리는 것이니라."

雖聞善言이나 不爲己有면 是自棄其德也라
王氏曰 君子多識前言往行하여 以畜其德이니 道聽塗說이면 則棄之矣니라

비록 善言을 들었다고 해도 자신의 것으로 삼지 못하면, 이는 스스로 그 德을 버리는 것이다.

王氏 가로되 "君子는 前人의 말씀과 행동을 많이 알아서 그 德을 쌓아가야 하니, 길에서 듣고 길에서 말한다면 곧 德을 버리는 것이다."

주해

- 道聽塗說: 길에서 듣고 길에서 전하는 말. 塗(길 도)
  "道是眼下路, 塗是前頭路. 總極擬其入耳出口, 略無停待意." 擬(헤아릴 의)
  형병邢昺의 疏에 "聞之於道路, 則傳而說之."라고 했고, ≪漢書 · 예문지藝文志≫에 "小說家者流, 蓋出於稗官, 街談巷語, 道聽塗說者之所造也."라고 했다. 稗(피 패) 巷(거리 항)
  또한 朱子의 ≪답조연도서答趙然道書≫에 "視世之道聽塗說於佛老之餘而遽自謂有得者, 蓋嘗笑其陋而譏其僭."이라 했다. 遽(급할 거) 僭(참람할 참)

【備旨】

夫子ㅣ爲不能畜德者儆曰 天下之善言은 皆吾德之資也라 故로 聞善言에 必存之心而體之身이면 是卽吾之德矣어니와 乃若聽之於道하여 而卽說之於前途면 此特爲口耳之資요 而無身心之益하여 終不爲己有矣니 是自棄其德也라 然則聞善言者ㅣ務默識而力行之可矣라

夫子께서 능히 德을 쌓지 못하는 자를 위하여 경계하여 가라사대 "天

下의 善言은 모두 내 德의 바탕이다. 그러므로 善言을 듣고 반드시 그것을 마음에 보존하여 몸에 체득하면, 이는 곧 나의 德이 되거니와, 이에 만약 길에서 듣고 곧 앞길에서 말을 전해 버린다면, 이는 다만 입과 귀만의 바탕이 될 뿐이요, 心身의 이로움이 되지 못하여 마침내 자신의 것이 되지 못하니, 이는 스스로 그 德을 버리는 것이다. 그러므로 곧 善言을 들은 자는 묵묵히 알아 나가고 힘써 행하는데 힘쓰는 것이 可할 지니라."

주해

- 默而識之: 묵묵히 배운 바를 마음속에 간직하다. 識(기록할 지) 〈述而〉 篇에 나온다. "默而識之, 學而不厭, 誨人不倦, 何有於我哉?" 厭(싫을 염) 誨(가르칠 회) 倦(게으를 권)
- 儆(경계할 경) 棄(버릴 기)

[17 · 15]

子曰 鄙夫는 可與事君也與哉아

孔子께서 가라사대 "비루鄙陋한 자와 더불어 가히 人君을 섬길 수 있으리오?"

鄙夫는 庸惡陋劣之稱이라

'비부鄙夫'는 용열하고 惡하고 비루鄙陋하고 졸렬拙劣한 자를 일컫는다.

주해

● 庸惡陋劣: 용열하고 惡하고 비루鄙陋하고 졸렬拙劣함. 陋(좁을 루) 劣(못할 렬)

慶源輔氏가 말했다. "庸謂凡常, 惡只是惡, 陋謂猥瑣, 劣謂昏弱, 四者皆鄙也."(大全註疏) 猥(함부로 외) 瑣(자질구레할 쇄)

【備旨】

夫子ㅣ窮鄙夫之心은 不可令其一日容於朝也曰 爲人臣者는 必有忘身之誠而後에 有事君之義하니 若鄙夫者는 其資性庸惡하여 全無忠義之心하고 識趣陋劣하여 又乏剛正之節하니 豈可與之事君也與哉아

夫子께서 鄙夫의 마음은 가히 그 하루라도 조정에 용납할 수 없음을 궁구窮究하여 가라사대 "신하된 자는 반드시 자신의 안위를 돌보지 않는 정성이 있는 후에야 人君을 섬기는 의리가 있으니, 비부鄙夫와 같은 자는 그 타고난 품성이 용렬勇烈하고 惡하여 전혀 忠義의 마음이 없고, 식견과 취향趣向이 비루하고 용렬하여 또한 강직하고 바른 절의가 부족하니, 어찌 가히 더불어 人君을 섬길 수 있으리오?"

주해

● 亡身: 자신의 안위를 돌보지 않음.

漢나라 가의賈誼의 ≪治安策≫에 나온다. "故化成俗定, 則爲人臣者, 主耳忘身, 國耳忘家."

● 乏(부족할 핍)

其未得之也에는 患得之하고 旣得之하여는 患失之하나니

"그는 富貴를 얻지 못하면 그것을 얻기 위해 근심하고, 이미 얻고 나서는 그것을 잃을까 근심하나니."

何氏曰 患得之는 謂患不能得之라

何氏 가로되 "'患得之'란 능히 얻지 못할까 근심한다는 말이다."

주해

- 之: 네 개의 '之'字는 모두 富貴를 가리킨다.
- 患得: 富貴를 얻기 위해 근심하다. "患得, 便有多方以圖必得意."(四書補註備旨)

  新安陳氏가 말했다. "得, 謂得富貴權利."(大全註疏)
- 患失: 富貴를 잃을까 근심하다. "患失, 便有百計以保不失意."(四書補註備旨)

【備旨】

夫鄙夫之不可與事君者는 何也오 蓋鄙夫는 不知有君하고 其所知者ㅣ唯富貴權利以自便耳라 方其未得之也엔 則患其不能得之하여 日汲汲焉求其必得而已요 及其旣得之也엔 則又患其失之하여 日營營焉求其不失而已라

무릇 鄙夫는 가히 더불어 人君을 섬기지 못한다는 것은 무엇 때문이리오? 대개 鄙夫는 人君이 있음을 알지 못하고, 그가 아는 바는 오직 富貴와 權利로써 스스로를 편하게 할 따름이다. 바야흐로 그가 부귀와 권리를 얻지 못하면 곧 자신이 능히 얻지 못할까 근심하여, 날마다 절박하게 그 반드시 얻기만을 구할 따름이요, 그가 부귀와 권리를 이미 얻게 되면 곧 또한 그것들을 잃을까 근심하여, 날마다 분주하게 그 잃지 않을 것만을 구할 따름이다.

주해

- 汲汲焉: 마음이 몹시 절박한 모습. 汲(분주할 급)
  ≪禮記 · 問喪≫ 篇에 나온다. "其往送也, 望望然, 汲汲然, 如有追而弗及也." 공영달孔穎達의 疏에 "汲汲然者, 促急之情也."라고 풀이했다.
- 營營焉: 마음이 조급하고 불안한 모습. 營(오락가락할 영)
  唐나라 장구령張九齡의 ≪상봉사上封事≫에 나온다. "欲利之心, 日夜營營."

苟患失之면 無所不至矣니라

"진실로 부귀富貴를 잃을까 근심한다면, 하지 못할 바가 없을 것이니라."

小則吮癰舐痔와 大則弑父與君이 皆生於患失而已라

胡氏曰 許昌靳裁之有言曰 士之品이 大槪有三하니 志於

道德者는 功名이 不足以累其心이요 志於功名者는 富貴不足以累其心이요 志於富貴而已者는 則亦無所不至矣라하니 志於富貴는 卽孔子所謂鄙夫也니라

작게는 곧 등창을 빨고 치질을 핥으며, 크게는 곧 부모와 人君을 시해弑害하는 일이 모두 잃을까 근심하는데서 생겨날 따름이다.
胡氏 가로되 "허창許昌의 근재지靳裁之라는 자가 '선비의 品格이 대개 세 가지가 있으니, 道德에 뜻을 둔자는 功名이 족히 그 마음을 얽매지 못하고, 功名에 뜻을 둔자는 富貴가 족히 그 마음을 얽매지 못하고, 富貴에만 뜻을 둔 자는 곧 또한 하지 못할 바가 없을 것이다.'라고 말했으니, 富貴에 뜻을 둔 경우가 곧 孔子께서 말씀하신 鄙夫이다."

주해

- 吮癰舐痔: 등창을 빨고 치질을 핥다. 吮(빨 연) 癰(악창 옹) 舐(핥을 지) 痔(치질 치)
  雲峰胡氏가 말했다. "吮癰舐痔, 是柔惡. 弑父與君, 是剛惡. 故集註不特曰庸陋劣, 而且以惡之一字加之."(大全註疏)
- 功名: '功業聲名'을 말한다.
  南軒張氏가 말했다. "功名, 功業聲名也. 今俗人認貴仕爲功名, 非矣."(大全註疏)
- 靳(가슴걸이 근) 裁(마름질할 재)

【備旨】

夫事君而苟至於患失之면 則凡可以保其得而免其失者ㅣ

亦何所不至哉아 小而汚辱之行과 大而簒弑之謀를 皆將悍然不顧而爲之矣라 此其流弊所必至者리니 而可與之事君也哉아

"무릇 人君을 섬기는데 만일 부귀를 잃을까 근심하게 되면, 곧 무릇 가히 그 얻은 것을 보존하고 그 잃을 것을 면하려는 자가 또한 어디인들 이르지 않으리오?
작게는 오욕汚辱의 행실과 크게는 人君을 찬탈하고 시해하는 도모를 모두 장차 사납게 돌아보지도 않고 행하게 될 것이다. 이는 그 유폐流弊가 반드시 이르게 되는 바이니, 가히 그와 더불어 人君을 섬길 수 있으리오?"

주해

- 簒弑: 人君을 죽이고 그 자리를 빼앗음. 簒(빼앗을 찬) 弑(죽일 시)
- 悍然: 사납고 포악한 모습. 悍(사나울 한)
  明나라 서홍조徐弘祖의 ≪서하객유기徐霞客遊記 · 반강고盤江考≫에 나온다. "彼不辨端末巨細, 悍然秉筆, 類一坵之貉也夫." 坵(언덕 구) 貉(북방민족 맥)

[17 · 16]

子曰 古者에 民有三疾이러니 今也에는 或是之亡(무)也로다

孔子께서 가라사대 "옛날에는 사람들에게 세 가지 병폐가 있었

으나, 지금에는 혹 이마저도 없도다."

氣失其平則爲疾이라 故로 氣稟之偏者를 亦謂之疾이라 昔所謂疾이 今亦無之하니 傷俗之益衰也라

氣가 그 화평함을 잃으면 곧 병폐가 된다. 그러므로 기품氣稟이 치우친 것을 또한 병폐라고 이른다. 옛날에 이른바 병폐라고 한 것이 지금에는 또한 없어졌으니, 풍속이 더욱 쇠한 것을 상심하신 것이다.

주해

- 民: 여기서는 '人'과 같다. "民卽作人字看, 泛言."(四書補註備旨) 泛(무릇 범)
- 或是: '或'은 반드시 다 그렇지는 않다는 뜻이다. '是'는 '三疾'을 가리킨다. "或者, 未必盡然意. 是字指三疾言."(四書補註備旨)
- 氣稟: 타고난 기질과 품성. 稟(받을 품)
  ≪한비자韓非子 · 해로解老≫ 篇에 나온다. "稽萬物之理, 故不得不化. 不得不化, 故無常操. 無常操, 是以死生氣稟焉, 萬智斟酌焉, 萬事廢興焉." 稽(상고할 계) 斟(짐작할 짐) 酌(짐작할 작)
  또한 ≪禮記 · 中庸≫에 "天命之謂性"라고 했는데, 이에 대해 朱子는 "性道雖同, 而氣稟或異, 故不能無過不及之差."라고 풀이했다.

【備旨】

夫子ㅣ致慨曰 古今人之不相及也ㅣ豈特中和之質哉아 卽如古者之民은 其氣稟之偏駁者를 謂之疾이니 疾은 蓋有三焉이라 夫曰疾은 固已偏矣나 然이나 觀至於今에 所趨愈下하여 或併是而亦亡之也로다

夫子께서 지극히 개탄하여 가라사대 "옛날과 지금의 사람들이 서로 미치지 못한 것이 어찌 다만 中和의 바탕 뿐이리오? 곧 옛날 사람들의 경우에는 그 기품氣稟이 치우쳐 어긋난 것을 그것을 일러 병폐라고 했으니, 병폐에는 대개 세 가지가 있다.

무릇 '병폐'라고 말하는 것은 진실로 이미 치우친 것이나, 그러나 지금에 이르러 살펴보면 추향趨向하는 바가 더욱 낮아져 혹 이와 함께 또한 없어졌도다."

주해

- 偏駁: 치우쳐서 어긋나다. 두루 미치지 못하다. '편교偏駮'라고도 한다. 偏(치우칠 편) 駁(어긋날 박) 駮(짐승이름 박)
  漢나라 유향劉向의 ≪설원說苑 · 至公≫에 나온다. "所以自奉者, 殫天下, 竭民力, 偏駁自私, 不能以及人." 殫(다할 탄) 竭(다할 갈)
  또한 ≪漢書 · 谷永傳≫에 "抗湛溺之意, 解偏駮之愛."라고 했고, 안사고顏師古의 注에 "駮, 不周普也."라고 풀이했다. 抗(막을 항) 湛(즐길 담) 溺(빠질 닉)

古之狂也는 肆러니 今之狂也는 蕩이요 古之矜也는 廉이러니 今之矜也는 忿戾요 古之愚也는 直이러니 今之愚也는 詐而已矣로다

옛날의 '광狂'은 방자放恣하더니 지금의 '광狂'은 방탕放蕩하고, 옛날의 '긍矜'은 모가 나더니 지금의 '긍矜'은 忿戾를 하고, 옛날의 '우愚'는 우직愚直하더니 지금의 '우愚'는 속이기만 할 뿐이로다.

狂者는 志願太高라 肆는 謂不拘小節이요 蕩則踰大閑矣라 矜者는 持守太嚴이라 廉은 謂稜角陗厲요 忿戾則至於爭矣라 愚者는 暗昧不明이라 直은 謂徑行自遂요 詐則挾私妄作矣라
范氏曰 末世滋僞하니 豈惟賢者不如古哉리오 民性之蔽도 亦與古人異矣라

'광狂'이란 뜻과 바램이 지나치게 높은 것이다. '사肆'는 小節에 구애받지 않음을 말하고, '탕蕩'은 곧 법도를 넘어서는 것이다. '긍矜'은 간직하고 지키는 것이 지나치게 엄한 것이다. '렴廉'은 모서리가 높고 가파르다는 말이요, '분려忿戾'는 곧 다투는데 이르게 된다, '우愚'는 우매愚昧해서 밝지 못한 것이다. '직直'은 마음대로 행하여 목적을 이룬다는 말이요, '사詐'는 사사로움을 끼고 망령되이 행하는 것이다. 范氏 가로되 "말세에는 거짓이 불어나는 법이니, 어찌 어진 자가 옛날만 같지 못하리오? 사람들의 성품의 폐단도 또한 옛 사람들과 다르다."

주해

- 廉: 모가나다. '廉隅'의 뜻으로 쓰였다. 廉(모날 렴) 隅(모퉁이 우)
  朱子가 말했다. "廉是側邊廉隅."(大全註疏)
- 忿戾: 걸핏하면 화를 내고 도리에 어긋난 행동을 함. 戾(어그러질 려)

何晏의 ≪論語集解≫에 "惡理多怒."이라 했고, 유보남劉寶楠의 ≪論語正義≫에 "注以惡理訓戾, 多怒訓忿……乖戾則多違理, 故注雲惡理."라고 했다. 乖(어그러질 괴)

厚齋馮氏가 말했다. "君子矜而不爭, 矜而忿戾, 小人也."(大全註疏)

● 直: 우직하다. "直謂全無委曲"(四書補註備旨)
● 大閑: 법도나 준칙. 곧 '禮義'를 말한다. 閑(법도 한)
  ≪子張≫ 篇에 나온다. "大德不踰閑." 踰(넘을 유)
● 徑行自遂: 마음 먹은 대로 행하며 목적을 이룸. '경행직수徑行直遂'와 같다. 徑(지름길 경)
  ≪禮記 · 단궁하檀弓下≫ 篇에 나온다. "有直情而徑行者, 戎狄之道也." 戎(서방이민족 융) 狄(북방이민족 적)
● 稜角: 모서리. 稜(모서리 릉)
● 峭厲: 높고 가파름. 陗(산높을 초) 厲(심할 려)
● 肆(방자할 사) 矜(자랑할 긍) 暗(어두울 암) 昧(어두울 매) 挾(낄 협) 滋(불을 자)

【備旨】

何以之見이리오 古之人有志願太高者하니 此是狂之疾이라 然이나 其狂也는 不過不小節하여 肆焉而已러니 若今之狂也는 則不顧禮義하고 踰於大閑之外하여 而流於蕩焉하니 是無古者狂之疾矣요

古之人有持守太嚴者하니 此是矜之疾이라 然이나 其矜也는 不過稜角陗厲廉焉而已러니 若今之矜也는 則逞其剛狠하고 與人乖忤不和하여 而流於忿戾焉하니 是無古者矜之疾矣요

古之人有暗昧不明者하니 此是愚之疾이라 然이나 其愚

也는 不過徑行自遂直焉而已러니 若今之愚也는 則反用機關하고 不免挾私妄作하여 而流於詐焉하니 是無古者愚之疾矣라 習俗之益衰를 可慨也夫인저

"무엇으로써 알 수 있으리오? 옛날 사람 중에 뜻과 바램이 지나치게 높은 자가 있었으니, 이는 '광狂'의 병폐이다. 그러나 그 狂은 小節에 구애받지 아니하여 방자할 따름이었는데, 지금의 '狂'과 같은 경우는 곧 禮義를 돌아보지 아니하고 법도 밖으로 넘어서서 방탕함에 흐르니, 이는 옛날 '狂'과 같은 병폐가 없는 것이요,
옛날 사람 중에 간직하고 지키는 것이 지나치게 엄한 자가 있었으니, 이는 '긍矜'의 병폐이다. 그러나 그 矜은 모서리가 높고 가파른데 지나지 않을 따름이었는데, 지금의 '矜'과 같은 경우는 곧 그 강하고 사나움을 드러내고 남과 더불어 어긋나고 화합하지 못하여 忿戾에 흐르니, 이는 옛날 '矜'과 같은 병폐가 없는 것이요,
옛날 사람 중에 우매愚昧하여 밝지 못한 자가 있었으니, 이는 '우愚'의 병폐이다. 그러나 그 '愚'는 경행자수徑行自遂하며 우직愚直할 따름이었는데, 지금의 '愚'와 같은 경우는 곧 도리어 책략을 쓰고 사사로움을 끼고서 망령된 짓을 하며 간사奸詐함에 흐르는 것을 면하지 못하니, 이는 옛날 '愚'의 병폐가 없는 것이다. 習俗이 더욱 쇠퇴한 것이 가히 개탄스럽도다!"

주해

- 剛狠: 성질이 사납고 어긋나다. '강한剛佷' 또는 '강퍅剛愎'과 같다. 狠(사나울 한) 佷(어그러질 한) 愎(어긋날 퍅)
  ≪三國志·吳志·제갈각전諸葛恪傳≫에 나온다. "權嫌恪剛狠自用, 峻

以當今朝臣皆莫及, 遂固保之, 乃徵恪." 恪(삼각 각)

- 乖忤: 성품이 어긋나고 거슬림. '괴오乖迕'와 같다. 乖(어그러질 괴) 忤(거스를 오) 迕(거스를 오)
  漢나라 왕충王充의 ≪논형論衡·봉우逢遇≫ 篇에 나온다. "君不欲爲治, 臣以忠行佐之, 操志乖忤, 不遇固宜."
- 機關: 책략. 권술.
  元나라 대선부戴善夫의 ≪風光好≫ 第三折에 나온다. "不想陶學士被某識破十二字隱語, 用些機關, 果中其計."
- 逞(다할 령) 詐(속일 사)

[17·17]

子曰 巧言令色이 鮮矣仁이니라

孔子께서 가라사대 "말을 교묘히 잘하고 안색을 잘 꾸미는 자는 어진 이가 드물도다."

重出이라

거듭 나왔다.

주해

- 〈學而〉 篇에 나온 말이다.
- 令(좋을 령) 鮮(드물 선)

[17·18]

子曰 惡(오)紫之奪朱也하며 惡鄭聲之亂雅樂也하며 惡利口之覆(복)邦家者하노라

孔子께서 가라사대 "자색紫色이 주색朱色을 빼앗는 것을 미워하며, 정鄭나라 음악이 아악雅樂을 어지럽히는 것을 미워하며, 말 잘하는 자가 나라를 전복顚覆시키는 것을 미워하노라."

朱는 正色이요 紫는 間色이라 雅는 正也라 利口는 捷給이라 覆은 傾敗也라
范氏曰 天下之理는 正而勝者常少하고 不正而勝者常多하니 聖人所以惡之也시니라 利口之人은 以是爲非하고 以非爲是하며 以賢爲不肖하고 以不肖爲賢하니 人君이 苟悅而信之면 則國家之覆也ㅣ不難矣라

'주朱'는 正色이요, '자紫'는 間色이다. '아雅'는 바름이다. '利口'는 말을 민첩하게 잘하는 것이다. '복覆'은 기울어 패하는 것이다.
范氏 가로되 "天下의 이치는 올바르면서 이기는 경우가 항상 적고, 올바르지 않으면서 이기는 경우가 항상 많으니, 聖人께서 미워하시는 바이다. 말을 잘하는 사람은 옳은 것을 그르다고 하고, 그른 것을 옳다고 하며, 어진 것을 불초不肖하다고 하고, 不肖한 것을 어질다고 하니, 人君이 진실로 그런 자를 좋아해서 믿는다면 곧 國家가 전복顚覆되는 것이 어렵지 않을 것이다."

주해

- 紫之奪朱: 자색紫色이 주색朱色을 빼앗다. 奪(빼앗을 탈)

  "朱色淡, 紫色艷. 紫與朱並列, 決然是壓過朱, 故曰奪朱."(四書補註備旨) 艷(고울 염) 壓(누를 압)

- 鄭聲之亂雅樂: 정鄭나라 음악이 아악雅樂을 어지럽히다. '아악雅樂'은 古代에 帝王이 천지와 조상에 제사를 지내거나, 조정에서 연회를 베풀 때 사용하던 무악舞乐을 말한다.

  "雅音淡, 鄭聲淫. 鄭與雅並奏, 決然是壓過雅, 故曰亂雅樂."(四書補註備旨) 奏(곡조 주)

- 利口: 말을 그럴듯하게 잘함.

  "利口顚倒是非, 混淆賢不肖, 最爲國家行政用人之患."(四書補註備旨) 混(섞을 혼) 淆(뒤섞일 효)

- 正色: 靑·赤(朱)·黃·白·黑의 純正한 色을 말한다.

  ≪禮記·玉藻≫에 "衣正色, 裳閒色."이라 했고, 공영달孔穎達의 疏에 "正謂靑·赤·黃·白·黑五方正色也."라고 풀이했다.

  新安陳氏가 말했다. "朱南方, 赤之正色. 合赤黑而成紫, 北方之間色."(大全註疏)

- 間色: 正色 이외의 色, 곧 雜色을 말한다.

- 捷給: 응대應對가 민첩하다. 捷(빠를 첩) 給(말잘할 급)

  ≪管子·대광大匡≫ 篇에 "隰朋聰明捷給, 可令爲東國."이라 했고, ≪史記·장석지풍당열전張釋之馮唐列傳≫에 "夫絳侯東陽侯稱爲長者, 此兩人言事曾不能出口, 豈斆此嗇夫諜諜利口捷給哉"라고 했다. 絳(진홍 강) 諜(염탐할 첩)

- 覆(뒤집힐 복) 肖(닮을 초)

【備旨】

夫子ㅣ嚴邪正之防曰 天下之理有邪有正이나 而邪每易以勝正이라

如色以朱爲正이어늘 自紫色一出로 其豔冶足以炫目하여 而朱反爲所奪이라 故로 惡紫之能奪朱也요
樂以雅爲正이어늘 自鄭聲一出로 其淫哇足以悅耳하여 而雅樂反爲所亂이라 故로 惡鄭聲之能亂雅樂也요
至若事理之是非와 人品之賢不肖하여는 本有定論이어늘 乃有利口之人이 巧辯惑亂하여 能使人主乖張하여 而邦家以之覆矣라 故로 尤惡利口之能覆邦家者라
要之컨대 辨服色審音律하여 紫與鄭聲을 固可惡矣요 圖治安之邦家라도 傾自利口하니 其可惡更當이어늘 何如人君이 可不痛絶之리오

夫子께서 사邪와 정正의 방비를 엄하게 하여 가라사대 "天下의 이치에 邪와 正이 있으나, 邪가 매번 쉽게 正을 이긴다.
예를 들어 色은 朱色을 正色으로 삼거늘, 자색紫色이 한번 나오면서부터 그 아름답게 꾸민 것이 족히 눈을 어지럽혀 朱色이 도리어 빼앗기게 된다. 그러므로 紫色이 능히 朱色을 빼앗는 것을 미워한다.
악樂은 아악雅樂을 정악正樂으로 삼거늘, 정성鄭聲이 한번 나오면서부터 그 음란한 소리가 족히 귀를 기쁘게 하여 雅樂이 도리어 어지럽게 되었다. 그러므로 鄭聲이 능히 雅樂을 어지럽히는 것을 미워한다.
事理의 是·非와 人品의 賢不肖에 대해서는 본디 定論이 있거늘, 이에 입으로 말 잘하는 사람이 교묘한 말로 현혹하고 어지럽혀 능히 人主로 하여금 올바름을 잃게 하여 나라를 전복시킨다. 그러므로 입으로 말 잘하는 자가 나라를 전복시키는 것을 더욱 미워한다.
요컨대 服色을 분별하고 音律을 살펴서, 紫色과 鄭聲을 진실로 가

히 미워해야 할 것이요, 治安을 도모하는 나라일지라도 말 잘하는 자로부터 기울어지니, 그것을 가히 미워함이 더욱 마땅하거늘, 어찌하여 人君이 가히 통렬痛烈히 끊지 않으리오?"

주해

- 艶冶: 아름답게 꾸밈. 豔(고울 염) 冶(꾸밀 야)
- 炫目: 눈이 부시다. 눈을 현혹시키다. 炫(빛날 현)
  漢나라 동중서董仲舒의 ≪우박대雨雹對≫에 나온다. "雹不炫目, 宣示光耀而已." 雹(우박 박)
- 淫哇: 음란한 소리. 곧 음탕한 음악을 말한다. 淫(음란할 음) 哇(음란한 소리 와)
  ≪文選 · 혜강嵇康〈養生論〉≫에 나온다. "目惑玄黃, 耳務淫哇." 이선李善의 注에 "≪法言≫ 曰 哇則鄭. 李軌曰 哇, 邪也." 軌(궤도 궤)
- 乖張: 올바름을 잃다. 타당성을 잃다. 乖(어그러질 괴)
  南唐의 유숭원劉崇遠의 ≪금화자잡편金華子雜編≫ 卷下에 나온다. "王回崔程郎幼復等三人, 到任之後, 政事乖張. 並勒停見任, 天下爲之岌嶪." 또한 ≪明史 · 추원표전鄒元標傳≫에도 나온다. "其設施乖張者, 如州縣入學, 限以十五六人." 勒(굴레 륵) 岌(높을 급) 嶪(높고험할 업)

[17 · 19]

子曰 予欲無言하노라

孔子께서 가라사대 "내 말이 없고자 하노라."

學者ㅣ 多以言語觀聖人하고 而不察其天理流行之實이 有

不待言而著者라 是以로 徒得其言而不得其所以言이라 故로 夫子ㅣ發此以警之시니라

배우는 자들이 대부분 言語로써 聖人을 관찰하기만 하고, 그 天理가 流行하는 실제가 말을 기다리지 않고도 드러난다는 것을 살피지 못한다. 이로써 한갓 그 말씀만을 얻고, 그 말씀하신 이유를 얻지 못한다. 그러므로 夫子께서 이를 發明하여 경계하신 것이다.

【備旨】

學者ㅣ多觀聖人於言語之間하고 至其天理流行之實이 有不待言而著者하여는 曾不之察이라 故로 夫子ㅣ提醒之曰 道雖以言顯이나 而顯道者는 不必盡以言이니 予今而後에 殆欲無言矣노라하시니 蓋欲學者ㅣ求於言之外也시니라

배우는 자들이 대부분 言語의 사이에서만 聖人을 관찰하고, 그 天理가 流行하는 실제가 말을 기다리지 않고도 드러난다는 것에 있어서는 일찍이 살피지를 못하였다. 그러므로 夫子께서 깨우쳐서 가라사대 "道는 비록 말로써 드러나나, 道를 드러내는 것은 반드시 말로써만 다하는 것은 아니니, 내 지금 이후로는 거의 말이 없고자 하노라!" 라고 하시니, 대개 배우는 자가 말 밖에서 구하도록 하고자 하신 것이다.

주해

- 提醒: 일깨우다. 주의를 환기시키다. 提(끌 제) 醒(깰 성)
  ≪朱子語類≫ 卷十一에 나온다. "且如看≪大學≫ 在明明德一句, 須常常提醒在這裏. 他日長進亦只在這裏."

子貢曰 子如不言이시면 則小子ㅣ何述焉이리잇고

자공子貢이 가로되 "선생님께서 만약 말씀하지 않으시면, 저희들이 무엇을 전술傳述하겠습니까?"

子貢은 正以言語觀聖人者라 故로 疑而問之라

자공子貢은 바로 言語로써 聖人을 살피는 자이다. 그러므로 의심하여 물은 것이다.

주해

- 小子: 많은 제자들을 말한다.
- 述: '전술傳述'을 말한다. 述(지을 술)

【備旨】

乃子貢이 疑而問之曰 小子ㅣ得以述夫子之教者는 正以

其有言在也어늘 子ㅣ如不言이시면 則小子ㅣ將何所傳述焉이리잇고

이에 子貢이 의심하여 물어 가로되 "저희 제자들이 夫子의 가르침을 傳述할 수 있는 것은 바로 그 말씀이 있기 때문이거늘, 선생님께서 만약 말씀하지 아니하시면 곧 저희들이 장차 무엇을 傳述하겠습니까?"

子曰 天何言哉시리오 四時ㅣ行焉하며 百物ㅣ生焉하나니 天何言哉시리오

孔子께서 가라사대 "하늘이 무슨 말씀을 하시리오? 四時가 운행하며 만물이 生長하나니, 하늘이 무슨 말씀을 하시리오?"

四時行百物生은 莫非天理發見(현)流行之實이니 不待言而可見이라 聖人一動一靜이 莫非妙道精義之發이니 亦天而已라 豈待言而顯哉리오 此亦開示子貢之切이니 惜乎라 其終不喩也여

程子曰 孔子之道는 譬如日星之明이로되 猶患門人未能盡曉라 故로 曰 予欲無言이라하시니 若顏子則便默識(지)요 其他則未免疑問이라 故로 曰小子ㅣ何述이릿고 한대 又曰 天何言哉시리오 四時行焉하며 百物生焉이라

하시니 則可謂至明白矣로다
愚按 此與前篇無隱之意로 相發하니 學者ㅣ詳之니라

四時가 운행되고 百物이 생장하는 것은 天理가 발현發見되어 流行하는 실제가 아님이 없으니, 말을 기다리지 않고도 가히 알 수 있다. 聖人의 一動一靜이 오묘한 道와 정밀한 의리가 발현되지 않은 것이 없으니, 또한 하늘의 이치일 따름이다. 어찌 말씀을 기다려 나타나리오? 이는 또한 子貢에게 열어 보여주신 간절함이니, 애석하도다! 그 끝내 깨닫지 못함이여!
程子 가로되 "孔子의 道는 비유컨대 해와 별의 밝음과 같되, 오히려 門人들이 능히 다 깨닫지 못할까 근심하셨다. 그러므로 가라사대 '내 말이 없고자 하노라!'라고 하시니, 顔子와 같은 경우라면 곧 묵묵히 기억했을 것이요, 다른 사람들은 곧 疑問을 면치 못하였을 것이다. 그러므로 '저희들이 무엇을 傳述하겠습니까?'라고 말하자, 또 가라사대 '하늘이 무슨 말씀을 하시리오? 四時가 운행하며 만물이 生長하나니라!'라고 하시니, 곧 가히 지극히 明白하다고 말할 수 있다."
내 살피건대 이는 前篇의 '無隱'의 뜻과 서로 발명하니, 배우는 자가 자세히 살펴야 할 것이다.

주해

● 四時行, 百物生: 四時가 운행되고 百物이 생장하다. '四時'는 '春夏秋冬'을 말하고, '百物'은 '飛潛動植'을 말한다.
慶源輔氏가 말했다. "百物生, 是天理之發見也. 四時行, 是天理之流行也."(大全註疏)

● 默識: 묵묵히 기억하다. '지識'는 '記'와 같다.
〈述而〉 篇에 나온다. "默而識之, 學而不厭, 誨人不倦, 何有於我哉?"

● 無隱: 〈述而〉 篇에 나온다. "子曰 二三子, 以我爲隱乎? 吾無隱乎爾. 吾無行而不與二三子者, 是丘也."

【備旨】

夫子ㅣ因其疑而解之曰 予之欲無言者는 亦以道之無待於言耳라 今夫天이 惟渾惟穆而已니 夫何言之有哉리오 乃四時之受氣於天者ㅣ時니 催一時而吾見其行焉하며 百物之賦形於天者ㅣ物이니 各付物而吾見其生焉이라 是는 行者ㅣ行矣나 而不言所以行하며 生者ㅣ生矣나 而不言所以生하니 天ㅣ果何言之有哉리오
然則予之無言이 亦何病於傳述之難也리오 蓋天理는 觸處而流라 故로 四時百物이 皆天也니 則不言而道已顯矣요 夫子與道爲體라 故로 一動一靜이 皆教也니 則不言而意已傳矣라 彼子貢이 以言求聖人은 是將以言求天也而可乎아

夫子께서 그 의심으로 인하여 풀어주어 가라사대 "내가 말을 하지 않고자 한 것은 또한 道란 말을 기다리지 않기 때문이니라. 지금 저 하늘은 오직 혼연渾然하고 오직 목연穆然할 따름이니, 무슨 말씀이 있으리오?
이에 四時가 하늘로부터 기운을 받는 것이 때이니, 한 때가 다가오

면 우리가 그 운행되는 것을 볼 수 있으며, 百物이 하늘로부터 형체를 부여받은 것이 '物'이니, 각기 物에 부여되면 우리가 그 생장함을 볼 수 있다. 이는 運行되는 것이 運行을 하나 運行되는 이유를 말하지 않으며, 生長하는 것이 生長을 하나 生長하는 이유를 말하지 않으니, 하늘이 과연 무슨 말씀이 있으리오?

그러므로 곧 내가 말이 없는 것이 또한 어찌 傳述하는 어려움의 병폐가 되리오? 대개 天理는 도처에 흐르기 마련이다. 그러므로 四時와 百物이 모두 하늘의 이치이니, 곧 말하지 않아도 道가 이미 나타나는 법이요, 夫子께서는 道와 더불어 한 몸이시다. 그러므로 一動一靜이 모두 가르침이니, 곧 말하지 않아도 뜻이 이미 전해진다. 저 子貢이 말로써 聖人의 뜻을 구하는 것은, 이는 장차 말로써 하늘의 이치를 구하려는 것이니 可한 일이리오?"

주해

- 渾然: 천지가 개벽되기 전에 元氣가 나누어지지 않은 모호한 상태를 말함. '混沌'과 같다. 混(흐릴 혼) 沌(어두울 돈)
  唐나라 유종원柳宗元의 ≪天說≫에 나온다. "彼上而玄者, 世謂之天. 下而黃者, 世謂之地. 渾然而中處者, 世謂之元氣."
  또한 漢나라 왕충王充의 ≪논형論衡 · 談天≫에 나온다. "說 ≪易≫ 者曰 元氣未分, 渾沌爲一."
- 穆然: 고요한 모양. 穆(화목할 모)
  ≪漢書 · 동방삭전東方朔傳≫에 "於是吳王穆然, 俛而深惟, 仰而泣下交頤."리고 했고, 顔師古의 注에 "穆然, 靜思貌."라고 풀이했다. 俛(힘쓸 면) 頤(기를 이)
- 觸處: 곳곳. 도처.
  ≪南史 · 순리전서循吏傳序≫에 나온다. "凡百戶之鄉, 有市之邑, 歌謠舞蹈, 觸處成羣, 蓋宋世之極盛也." 循(좇을 순)
- 催: 다가오다, 닥쳐오다. '催'는 '최박催迫'의 뜻이다. 催(닥쳐올 최)

[17·20]

孺悲ㅣ欲見孔子어늘 孔子ㅣ辭以疾하시고 將命者ㅣ出戶어늘 取瑟而歌하사 使之聞之하시다

유비孺悲가 孔子를 뵙고자 하거늘, 孔子께서 병을 핑계로 사양하시고, 命을 전하는 자가 문을 나서자 슬瑟을 가져다가 노래하시며 그가 듣도록 하셨다.

孺悲는 魯人이니 嘗學士喪禮於孔子라 當是時에 必有以得罪者 故로 辭以疾 而又使知其非疾하여 以警敎之也라 程子曰 此는 孟子所謂不屑之敎誨니 所以深敎之也라

'유비孺悲'는 魯나라 사람이니, 일찍이 士喪禮를 孔子에게 배웠다. 이때를 당하여 반드시 죄를 얻은 것이 있었을 것이다. 그러므로 병으로써 사양하시고, 또 하여금 그것이 병 때문이 아님을 알게 하여 이를 경계하여 가르치신 것이다.
程子 가로되 "이는 孟子가 이른바 '불설不屑의 가르침'이니, 그를 깊이 가르치신 바이다.

주해

- 將命者: 명을 전하는 자. 여기서는 孔子의 命을 전하는 자를 말한다. "將命是孔子之傳命者, 非孺悲使來."(四書補註備旨)
- 士喪禮: 선비의 喪에 관한 禮. ≪禮記·雜記≫에 나온다. "恤由之

喪, 魯哀公使孺悲之孔子, 學士喪禮. 士喪禮於是乎書."

● 不屑之教誨: 달갑게 여기지 않는 가르침. 屑(달갑게여길 설) ≪孟子 · 告子下≫에 나온다. "教亦多術矣. 予不屑之教誨也者, 是亦教誨之而已矣."

【備旨】

魯人孺悲ㅣ欲見孔子어늘 想當時에 必有得罪處라 孔子不欲與之見而託疾以辭之하시니 蓋拒之也요 又恐孺悲以爲眞疾而不悟拒之之意라 故로 乘將命者ㅣ方出戶커늘 卽取瑟而發以聲歌하사 使孺悲聞之而知其非疾焉하시니 庶幾因其辭而思其故하여 必能自悟其得罪之由矣라 此는 子於絶之之中에 而寓警之之意也시니라

魯나라 사람 유비孺悲가 孔子를 뵙고자 하거늘, 생각건대 當時에 반드시 죄를 지은 처지에 있었을 것이다. 孔子께서 그와 더불어 만나고 싶지 아니하여 병을 핑계삼아 사양하시니, 대개 거절하신 것이요, 또 유비孺悲가 정말로 병이 났다고 여기고 자신을 거절하신 뜻을 깨닫지 못할까 염려하셨다.
그러므로 命을 전한 자가 문을 나선 틈을 타서, 곧 거문고를 가져다가 노래 소리를 들려주어 孺悲로 하여금 듣고서 자신이 병이 아님을 알게 하신 것이니, 그 사양함으로 인하여 그 연고를 생각하여 반드시 능히 스스로 그 罪를 얻은 이유를 깨달을 수 있기를 바라신 것이다. 이는 孔子께서 그를 거절하신 가운데 그를 경계하는 뜻을 기탁寄託하신 것이다.

주해

● 庶幾: 바라다. 다만 ~을 원하다.
≪詩 · 小雅 · 거할車舝≫ 篇에 "雖無旨酒, 式飮庶幾. 雖無嘉殽, 式食庶幾."라고 했고, 원매袁梅의 注에 "庶幾, 幸. 此表希望之詞."라고 풀이했다. 舝(비녀장 할) 殽(섞일 효)
또한 ≪左傳 · 襄公二十六年≫ 條에도 나온다. "懼而奔鄭, 引領南望曰 庶幾赦餘." 奔(달릴 분) 赦(용서할 사)

● 寓意: 기탁寄託하다. 뜻을 함축하다. 寓(머무를 우)
南朝의 梁나라 유협劉勰의 ≪문심조룡文心雕龍 · 송찬頌贊≫ 篇에 나온다. "及三閭 ≪橘頌≫, 情采芬芳, 比類寓意, 又覃及細物矣." 橘(귤나무 귤) 覃(미칠 담)

[17 · 21]

宰我ㅣ問 三年之喪이 期已久矣로소이다

재아宰我가 묻되 "三年의 상喪이 기년期年도 이미 오래입니다.

期는 周年也라

'기期'는 1주년이다.

주해

● 三年: 부모의 상喪을 말한다.

【備旨】

宰我ㅣ問於夫子曰 人子於父母에 固皆服三年之喪也라 以予觀之컨대 短而爲期도 亦已久矣어늘 何必三年이리잇고

재아가 夫子께 여쭈어 가로되 "사람의 자식이 부모에 대해 진실로 모두 三年의 喪服을 입습니다. 제가 살피건대 짧게 기년期年의 喪服도 또한 이미 오래되니, 어찌 반드시 三年의 喪服을 입겠습니까?

君子ㅣ三年을 不爲禮면 禮必壞하고 三年을 不爲樂이면 樂必崩하리니

君子가 三年 동안 禮를 행하지 않으면 禮가 반드시 무너지고, 三年 동안 악樂을 익히지 않으면 악樂이 반드시 무너질 것이니,

恐居喪不習하여 而崩壞也라

喪中에 있으면서 禮樂을 익히지 아니하여 붕괴될까 두려워한 것이다.

주해

- 崩壞: 무너지다. 여기서는 禮樂이 생소生疎해 진다는 뜻이다. 崩(무너질 붕) 壞(무너질 괴)

慶源輔氏가 말했다. "此述宰我之意也. 然禮樂者事親從兄而出, 不能三年之喪, 則禮樂之本, 蹙矣."(大全註疏) 蹙(오그라들 축)

【備旨】

夫親喪에 不必三年者는 何也오 蓋禮樂은 不可斯須去身이니 君子居喪에 三年을 不習爲威儀揖遜之禮면 則禮必壞하고 三年을 不習爲聲容節奏之樂이면 則樂必崩하리니 以三年之喪으로 而至於妨禮樂이면 如之何其可也리오

무릇 부모의 상喪에 三年을 期必할 필요가 없다는 것은 무엇 때문이리오? 대개 禮樂은 가히 잠시라도 몸에서 떠날 수 없으니, 君子가 부모의 상喪을 당하여 삼 년 동안 위의威儀와 읍손揖遜의 禮를 익혀서 행하지 아니하면 곧 禮가 반드시 무너지고, 삼 년 동안 성용聲容과 절주節奏의 樂을 익혀서 행하지 아니하면 곧 樂이 반드시 무너질 것이니, 삼 년 동안의 喪 때문에 禮樂을 손상시키는데 이른다면 어찌 그것이 可하겠습니까?

주해

- 斯須: 잠시, 잠깐. '수유須臾'와 같다. 臾(잠깐 유)
- 居喪: 직계 尊親의 喪中에 처하다. '수효守孝'와 같다.
  ≪左傳 · 襄公三十一年≫ 條에 나온다. "居喪而不哀, 在慼而有嘉容, 是謂不度." 또한 ≪禮記 · 曲禮下≫에도 나온다. "居喪未葬, 讀喪禮. 既葬, 讀祭禮. 喪復常, 讀樂章." 慼(근심할 척) 葬(장사지낼 장)
- 威儀: 고대에 제사 등의 典禮를 지낼 때의 儀節이나 손님을 대할 때의 禮義.

≪禮記·中庸≫에 나온다. "禮儀三百, 威儀三千." 공영달孔穎達의 疏에 "威儀三千者, 即 ≪儀禮≫ 中行事之威儀."라고 풀이했다.

- 揖遜: 賓主가 상견할 때 갖추는 예의. '읍양揖讓'과 같다. 揖(읍 읍) 遜(겸손할 손)

  宋나라 엽적葉適의 ≪外論一≫에 나온다. "自景德元年與契丹盟, 更六聖百二十年, 聘使往來, 天子親與之揖遜於庭, 未嘗一日敗盟約也."
- 聲容: 성세聲勢를 말한다.

  明나라 이동양李東陽의 ≪중원알릉우우기中元謁陵遇雨記≫에 나온다. "≪韶≫, 舜樂也. 舜作 ≪簫韶≫, 極聲容之盛." 謁(뵈올 알) 韶(풍류이름 소) 簫(순임금음악소리 소)

舊穀이 旣沒하고 新穀이 旣升하며 鑽燧改火하니 期可已矣로소이다

묵은 곡식이 이미 다하고, 새 곡식이 이미 올라오며, 불씨를 취하는 나무를 뚫어서 불을 바꾸나니, 기년期年이면 가히 그칠 만합니다.

沒은 盡也요 升은 登也라 燧는 取火之木也라 改火는 春取楡柳之火하고 夏取棗杏之火하고 季夏取桑柘之火하고 秋取柞楢之火하고 冬取槐檀之火하니 亦一年而周也라 已는 止也라 言期年則天運一周하고 時物皆變하니 喪至此可止也라

尹氏曰 短喪之說은 下愚도 且恥言之하나니 宰我ㅣ親學聖人之門이로되 而以是爲問者는 有所疑於心而不敢强焉爾니라

'몰沒'은 다함이요, '승升'은 오르는 것이다. '수燧'는 불씨를 취하는 나무이다. '改火'란 봄에는 느릅나무와 버드나무에서 불씨를 취하고, 여름에는 대추나무와 살구나무에서 불씨를 취하고, 늦여름에는 뽕나무와 산뽕나무에서 불씨를 취하고, 가을에는 상수리나무와 졸참나무에서 불씨를 취하고, 겨울에는 홰나무와 박달나무에서 불씨를 취하니, 또한 일 년이면 한 주기가 된다. '이已'는 그치는 것이다. 期年이 되면 곧 天運이 一周하고 철 따라 나오는 생물도 모두 변하니, 喪이 이 때에 이르면 가히 그칠 만하다고 말한 것이다.
尹氏 가로되 "상기喪期를 단축시키자는 말은 지극히 어리석은 자도 또한 그렇게 말하는 것을 부끄러워 하는데, 재아宰我는 친히 聖人의 門下에서 배웠으되 이로써 질문을 한 것은 마음에 의심난 바가 있어 감히 억지로 하지 않았을 따름이다."

주해

- 舊穀既沒: 묵은 곡식이 이미 다 먹고 바닥이 나다. 穀(곡식 곡)
- 新穀既升: 새 곡식이 이미 마당에 오르다. 또는 밥상에 오르다.
- 鑽燧改火: 鑽(뚫을 찬) 燧(부싯돌 수)
  "四時取火, 法乎五行. 春行爲木, 楡柳色青, 象木也. 夏行爲火, 棗杏色赤, 象火也. 季夏行爲土, 桑柘色黃, 象土也. 秋行爲金, 柞楢色白, 象金也. 冬行爲水, 槐檀色黑, 象水也. 周禮司爟, 掌火四時, 變國火以救時疾, 不是人家常用之火."(大全註疏 · 附考) 爟(횃불 관)
- 楡(느릅나무 유) 棗(대추나무 조) 杏(살구나무 행) 柘(산뽕나무 자) 柞(떡갈나무

작) 楢(졸참나무 유) 槐(홰나무 괴) 檀(박달나무 단)

【備旨】

且以期年言之컨대 穀之舊者ㅣ既沒하고 穀之新者ㅣ既升하니 而食物變矣요 鑽燧以取火하고 又改乎四時之木하니 而用物變矣라 是期年은 天運이 爲之一周하니 人子之喪도 亦可已矣로소이다

夫宰我ㅣ知禮樂之崩壞로되 而不知居喪이 尤禮樂之本이며 知時物之皆變이로되 而不知人子有因時之感하니 此短喪之說은 誠非君子之存心이요 仁人之所不爲也라

또한 期年으로써 말하건대, 곡식 중의 오래된 것은 이미 다 먹어 없어지고, 곡식 중의 새로운 것은 이미 밥상에 오르니 食物이 변한 것이요, 불씨 만드는 나무를 뚫어서 불씨를 취하고, 또한 四時의 나무를 바꾸어 쓰니 用物이 변한 것입니다. 이 期年은 天運이 한 주기가 되는 것이니, 자식의 喪期도 또한 가히 그칠만 합니다."

부릇 재아宰我는 禮樂이 붕괴될 줄은 알았으나 居喪이 더욱 禮樂의 근본임을 알지 못한 것이며, 時物이 모두 변한 줄은 알았으나 자식이 때에 따라 죽은 부모에 대한 감회가 생긴다는 사실은 알지 못했으니, 이 喪期를 단축한다는 말은 진실로 君子가 마음에 두어서도 안되는 일이요, 仁人이 행해서도 안되는 일이다.

子曰 食夫稻하며 衣夫錦이 於女에 安乎아 曰安하나이다

孔子께서 가라사대 "쌀밥을 먹으며 비단옷을 입는 것이 그대에게 편안하느냐?"
가로되 "편안하옵니다."

禮에 父母之喪에 既殯하고 食粥麤衰하며 既葬하고 疏食水飮하여 受以成布하며 期而小祥하고 始食菜果하고 練冠縓緣하며 要絰不除라하니 無食稻衣錦之理라 夫子ㅣ欲宰我反求諸心하여 自得其所以不忍者라 故로 問之以此로되 而宰我不察也라

≪禮記≫에 "父母의 喪에 이미 빈소殯所를 차리고는 죽을 먹고 거친 최복衰服을 입으며, 이미 장사葬事를 지내고는 거친 밥을 먹고 물을 마시며 가는 베옷을 받아 입는다. 일 년이 지나 소상小祥이 되면 비로소 채소와 과일을 먹고, 연포관練布冠을 쓰고 붉은 선을 두른 옷을 입으며 허리에 매는 요질要絰은 풀지 않는다."라고 하니, 쌀밥을 먹고 비단옷을 입는 이치는 없는 것이다.
夫子께서 재아宰我로 하여금 돌이켜 마음에서 구하여 스스로 그 차마하지 못하는 바를 얻게 하고자 하셨다. 그러므로 이렇게 물으셨으나 宰我가 살피지 못한 것이다.

주해

- 麤衰: 가장 거친 상복. 麤(거칠 추) 衰(상복 최)
  漢나라 가의賈誼의 ≪新書 · 六術≫ 篇에 나온다. “故復有麤衰齊衰大紅細紅緦麻備六, 各服其所當服.” 齊(상복 자) 緦(시마복 시)
- 疏食: 거친 밥. ‘추반麤飯’과 같다. 疏(거칠 소) 食(밥 사)
  〈述而〉 篇에 나온다. “飯疏食飲水, 曲肱而枕之, 樂亦在其中矣.” 肱(팔뚝 굉) 枕(베개 침)
  또한 ≪禮記 · 喪大記≫에 “君之喪……士疏食水飲, 食之無筭.”라고 했고, 孔穎達의 疏에 “疏, 麤也. 食, 飯也. 士賤病輕, 故疏食. 麤米爲飯, 亦水爲飲.”이라 풀이했다. 筭(산가지 산) 麤(거칠 추)
- 練冠: 부모의 소상小祥 때 쓰던 두꺼운 견직이나 거친 베로 만든 관冠. 練(상복 련, 마전할 련) 冠(갓 관)
  ≪左傳 · 昭公三十一年≫ 條에 “季孫練冠麻衣跣行.”이라 했고, 孔穎達의 疏에 “練冠蓋如喪服斬衰, 既練之後布冠也.”라고 풀이했다. 跣(맨발 선) 斬(상복 참)
- 要絰: 상복을 입을 때 허리에 두르는 삼베 띠. 絰(수질 질)
  ≪儀禮 · 士喪禮≫에 나온다. “苴絰大鬲, 下本在左, 要絰小焉.” 苴(삼 저) 鬲(막을 격)
- 稻(벼 도) 殯(염할 빈) 粥(죽 죽) 葬(장사지낼 장) 縓(분홍빛 전) 緣(가선 연, 선두를 연)

【備旨】

夫子丨特醒之曰 三年之喪에 食必疏食하고 衣必衰麻는 禮也어늘 今子丨以期年而止하여 使期年之外에 遽食夫稻衣夫錦이 於汝之心에 其果以爲安否乎아

宰我丨不察而應之曰 安하나이다

蓋深信夫期之已久하여 而食稻衣錦이 爲無傷也라

夫子께서 특별히 깨우쳐 가라사대 "삼 년의 喪에 먹는 것은 반드시 거친 밥을 먹고, 입는 것은 반드시 최마衰麻를 입는 것이 禮이니라. 이제 그대는 期年이 되어 그치고, 가령 期年이 지나면 갑자기 쌀밥을 먹고 비단옷을 입는다면, 그대의 마음에 그것이 과연 편안하겠느냐? 편안하지 않겠느냐?"

재아宰我가 살피지 않고 응답하여 가로되 "편안하옵니다."

대개 期年이면 이미 오래되었다고 깊이 믿고서, 쌀밥을 먹고 비단옷을 입는 것이 해롭지 않다고 여긴 것이다.

女ㅣ安則爲之하라 夫君子之居喪에 食旨不甘하며 聞樂(악)不樂하며 居處不安故로 不爲也하나니 今女ㅣ安則爲之하라

"그대가 편안하다면 곧 그렇게 하라! 무릇 君子가 喪中에 있게 되면 맛있는 음식을 먹어도 맛이 없으며, 음악을 들어도 즐겁지 아니하며, 거처해도 편안하지 않기 때문에 그렇게 하지 않나니, 지금 그대가 편안하다면 곧 그렇게 하라!"

此는 夫子之言也라 旨는 亦甘也라 初言女安則爲之는 絶之之辭요 又發其不忍之端하여 以警其不察하시고 而再言女安則爲之는 以深責之시니라

이는 夫子의 말씀이다. '지旨'는 또한 맛있다는 뜻이다. 처음에 '그대가 편안하다면 곧 그렇게 하라!'고 말씀하신 것은 끊으신 말씀이요, 또 그 차마하지 못하는 단서를 發하여 그가 살피지 못한 것을 경계하시고, 재차 '그대가 편안하다면 곧 그렇게 하라!'고 말씀하신 것은 깊이 꾸짖으신 것이다.

주해

- 女安則爲之: '그대가 편안하다고 생각한다면 곧 그렇게 하도록 해라!' '女'는 '汝'와 같다. '安'은 '安於食稻衣錦'을 말한다. '爲之'는 '期喪'을 가리켜 말한 것이다.(四書補註備旨)
- 君子之居喪: '君子'는 仁人과 孝子를 말한다. 여기에서 '居喪'은 삼년喪을 말한다.(四書補註備旨)
- 不爲: 그렇게 하지 않다. 곧 期喪을 지내지 않는다는 말이다.

【備旨】

夫子ㅣ復儆之曰 喪之所以不止於期者는 正以心之有不安故耳라 今汝ㅣ旣安於食稻衣錦하여 而無不忍之心矣니 又孰禁女而不爲期乎아 夫君子ㅣ居親三年之喪에 設使食旨而心不甘하며 設使聞樂而心不樂하며 設使居處而心不安이라 故로 不爲期而喪必三年也어늘 今女ㅣ旣安於食稻衣錦하여 而異於君子之用心矣니 又何憚而不爲期乎아

夫子께서 다시 경계하여 가라사대 "부모의 喪이 期年에 그치지 않

는 바는 바로 마음에 편치 못한 것이 있기 때문이니라. 이제 그대는 이미 쌀밥을 먹고 비단옷을 입는데 편안하여 차마하지 못하는 마음이 없으니, 또 누가 그대에게 期年을 지내지 못하도록 禁할 수 있으리오?

무릇 君子가 부모의 삼년 喪을 지내는데, 설사 맛있는 음식을 먹는다 해도 마음에 맛이 없으며, 설사 음악을 듣는다 해도 마음에 즐겁지 아니하며, 설사 거처한다고 해도 마음에 편치 않는다. 그러므로 期年을 지내지 않고 喪은 반드시 삼년을 지내거늘, 이제 그대가 이미 쌀밥을 먹고 비단옷을 입는데 편안하여 君子의 마음 씀씀이와 다르니, 또한 무엇을 꺼려하여 期年을 지내지 않으리오?"

宰我ㅣ出커늘

子曰 予之不仁也여 子生三年然後에 免於父母之懷하나니 夫三年之喪은 天下之通喪也니 予也ㅣ有三年之愛於其父母乎아

재아宰我가 나가거늘,

孔子께서 가라사대 "여予(宰予)는 어질지 못하도다! 자식이 태어난지 삼 년이 지난 후에야 부모의 품에서 벗어날 수 있으니, 무릇 삼 년의 喪은 天下의 통용되는 喪禮이니, 予(宰予)는 부모에게서 삼 년 동안의 사랑을 받아 보았는가?"

宰我丨旣出에 夫子丨懼其眞以爲可安而遂行之라 故로 深探其本而斥之시니라 言由其不仁故로 愛親之薄이 如此也라 懷는 抱也라 又言君子所以不忍於親하여 而喪必三年之故하여 使之聞之하여 或能反求而終得其本心也시니라
范氏曰 喪雖止於三年이나 然이나 賢者之情則無窮也로되 特以聖人爲之中制而不敢過라 故로 必俯而就之요 非以三年之喪으로 爲足以報其親也라 所謂三年然後免於父母之懷는 特以責宰我之無恩하여 欲其有以跂而及之爾시니라

宰我가 이미 물러나자 夫子께서 그가 진실로 가히 편안하다고 여겨 마침내 그대로 행할까 염려하셨다. 그러므로 그 근본을 깊이 찾아서 이를 물리치신 것이다. 그(宰我)가 어질지 못하기 때문에 어버이를 사랑하는데 야박함이 이와 같다고 말씀하신 것이다. '회懷'는 안아주는 것이다. 또한 君子가 어버이에게 차마하지 못하여 喪期를 반드시 삼 년을 지내는 연고를 말하여, 宰我로 하여금 듣고서 혹 능히 돌이켜 구하여 마침내 그 본심을 얻게 하고자 하신 것이다. 范氏 가로되 "喪期가 비록 삼 년에 그치나, 그러나 賢者의 마음은 다함이 없다. 다만 聖人께서 알맞은 제도를 만들었기 때문에 감히 지나치지 않는 것이다. 그러므로 반드시 굽혀 나아간 것이요, 삼년의 喪期로써 족히 그 어버이께 보답할 수 있다는 말이 아니다. 이른바 '삼 년이 지난 연후에 부모의 품에서 벗어난다'는 것은 다만 宰我가 은혜를 모르는 것을 꾸짖어 그로 하여금 뒤따라와서 미치게 하

고자 하셨을 뿐이다.”

주해

- 出: 講論의 자리에서 물러나다.
- 予: 재아宰我의 이름. 또는 재여宰予. 字는 자아子我.
- 通喪: 귀한 자와 천한 자 모두에게 통용되는 제도, 곧 喪禮를 말한다.
- 跂而及之: 뒤따라 와서 더 높은 수준에 도달하기를 바라다. ‘企及’과 같다. 跂(바랄 기)
  漢나라 응소應劭의 ≪風俗通 · 건례愆禮≫에 나온다. “夫聖人之制禮也, 事有其制, 曲有其防, 爲其可傳, 爲其可繼. 賢者俯就, 不肖跂及.”
  劭(힘쓸 소) 愆(허물 건)
  또한 ‘企及’이란 말은 ≪後漢書 · 陳蕃傳≫에 나온다. “蕃大怒曰 聖人制禮, 賢者俯就, 不肖企及.”

【備旨】

及宰我ㅣ旣出에 夫子ㅣ又深探其本而斥之曰 甚矣라 予之不仁故로 愛親之薄이 如此也라 夫父母之喪을 必三年者는 蓋以子生三年然後에 免於父母之懷라 故로 喪必三年은 僅以報其懷抱之勞耳라

夫三年之喪은 凡爲人子者ㅣ皆然하니 乃天下之通喪也라 予亦人子也니 曾有三年之愛於其父母乎아 旣有三年之愛로되 而顧不爲三年之喪以報之면 亦獨何心哉아 甚矣라 予之不仁也여

재아宰我가 이미 물러가자, 夫子께서 또한 그 근본을 깊이 찾아서 이를 물리쳐 가라사대 "심하도다! 予(宰我)가 어질지 못하기 때문에 어버이를 사랑하는데 야박함이 이와 같도다. 무릇 父母의 喪期를 반드시 삼 년으로 삼는 것은 대개 자식이 태어나서 삼 년이 지난 연후에 부모의 품에서 벗어날 수 있기 때문이다. 그러므로 喪期를 반드시 삼 년으로 삼는 것은 부모님이 안아주고 품어주신 수고로움에 겨우 보답할 따름이다.

무릇 삼 년의 喪은 사람의 자식이 된 자라면 모두 그러해야 하니, 이는 天下에 통용되는 喪禮이다. 그대(子) 또한 사람의 자식이니, 일찍이 그 부모에게서 삼 년 동안 사랑을 받아본 적이 있는가? 이미 삼 년 동안의 사랑을 받아 보았으되, 오히려 삼 년의 喪期로써 갚지 않는다면 또한 유독 무슨 마음이리오? 심하도다! 予의 어질지 못함이여!"

주해

- 僅(겨우 근) 顧(도리어 고)

[17·22]

子曰 飽食終日하여 無所用心이면 難矣哉라 不有博弈者乎아 爲之猶賢乎已니라

孔子께서 가라사대 "배불리 먹고 하루 해를 마치면서 학문에 마음을 쓰는 바가 없다면, 어렵도다! 장기와 바둑이라도 있지 아니한가? 그것을 하는 것이 오히려 그만두는 것 보다 나을 것이니라."

博은 局戱也요 弈은 圍棋也라 已는 止也라
李氏曰 聖人非教人博弈也요 所以甚言無所用心之不可爾라

'박博'은 장기 놀이요, '혁弈'은 바둑이다. '已'는 그만두는 것이다. 李氏 가로되 "聖人께서 사람들에게 장기와 바둑을 하라고 가르치신 것이 아니요, 마음 쓰는 바가 없음의 不可함을 깊이 말씀한 바이다."

주해

- 飽食: 배불리 먹다. '도식徒食'과 같다.
- 無所用心: 학문에 마음을 쓰는 바가 없다.
  朱子가 말했다. "心若有用則心有所主. 只看如今纔讀書, 則心便主於讀書. 纔寫字則心便主於寫字. 若是悠悠蕩蕩, 未有不入於邪僻者."(大全註疏)
- 難矣哉: 어렵도다! '難'은 德에 들어가지 것이 근심스럽고, 惡이 날로 자라는 것이 두렵다는 말이다. '矣哉'는 깊이 탄식하는 말이다. "難字, 兼德不入可憂, 惡日長可畏二意. 矣哉有深致歎意, "(四書補註備旨)
- 博弈: 장기와 바둑. 博(장기 박) 弈(바둑 혁)
- 爲之猶賢乎已: 바둑과 장기를 두는 것이 오히려 마음쓰는 것을 그만두는 것 보다 낫다. '之'는 '博奕'이다. '已'는 그치고 마음을 쓰지 않는 것이다.(已是已而不用心)

【備旨】

夫子ㅣ儆人用心曰 人生德業은 由勤心進修而後에 有成

하니 若飽食終日하여 優游自安하고 於凡當爲之事에 無所用其心이면 將神昏志惰하여 日流匪僻하니 難矣哉라 其人乎여 不有博奕者乎아 博奕之事는 雖不可爲나 然이나 爲之則必用其心하여 猶賢於已而一無所用其心者하니 甚矣라 心之不可無所用也여

夫子께서 사람들에게 마음 쓰는 것을 경계하여 가라사대 "人生의 德業은 마음을 부지런히 하여 德에 나아가고 業을 닦은 이후에 성취가 있으니, 만약 배불리 먹고 하루 해를 마치며, 한가롭게 지내면서 스스로 안주하며, 무릇 마땅히 해야 할 일에 대해 그 마음을 쓰는 바가 없으면, 장차 정신이 혼미해지고 뜻이 나태해져 날로 사악한데로 흐르게 되니, 어렵도다! 그 사람이여!
장기와 바둑이 있지 아니한가? 장기나 바둑과 같은 일은 비록 가히 해서는 안되나, 그러나 그것을 하면 곧 반드시 그 마음을 쓰게 되어 오히려 학문을 그만 두고 한 가지도 그 마음을 쓰는 바가 없는 것 보다는 나으니, 심하도다! 마음을 가히 쓰는 바가 없을 수 없음이여!"

주해

- 進修: 德에 나아가고 學業을 닦다. '進德修業'의 뜻.
  ≪魏書 · 高允傳≫에 나온다. "朕既篡統大業, 八表晏寧, 稽之舊典, 欲置學官於郡國, 使進修之業, 有所津寄." 篡(빼앗을 찬)
- 優遊: 한가롭게 노니는 모습. '優遊'와 같음.
  ≪詩 · 大雅 · 권아卷阿≫ 篇에 나온다. "伴奐爾遊矣, 優遊爾休矣." 奐(빛날 환)

● 匪僻: 사악함. '匪辟'과 같다. 匪(악할 비) 僻(치우칠 벽) 辟(허물 벽) ≪明史 · 劉最傳≫에 나온다. "尋請帝勤聖學, 於宮中日誦 ≪大學衍義≫, 勿令左右近習誘以匪僻."

[17 · 23]

子路曰 君子ㅣ尙勇乎잇가
子曰 君子ㅣ義以爲上이니 君子ㅣ有勇而無義면 爲亂이요 小人이 有勇而無義면 爲盜니라

子路가 가로되 "君子는 용맹을 숭상합니까?"
孔子께서 가라사대 "君子는 義를 으뜸으로 삼으니, 君子가 용맹하기만 하고 義가 없으면 亂을 일으키게 되고, 小人이 용맹하기만 하고 義가 없으면 도적질을 하게 되느니라."

尙은 上之也라 君子爲亂과 小人爲盜는 皆以位而言者也라
尹氏曰 義以爲尙이면 則其勇也大矣라 子路好勇이라 故로 夫子ㅣ以此救其失也시니라
胡氏曰 疑此는 子路ㅣ初見孔子時問答也라

'상尙'은 숭상하는 것이다. '君子爲亂'과 '小人爲盜'는 모두 지위로써 말한 것이다.

尹氏 가로되 "의리로써 숭상함을 삼으면 곧 그 용맹이 크다. 子路는 용기를 좋아했기 때문에 夫子께서 이로써 그 잘못을 구제하신 것이다."

胡氏 가로되 "의심컨대 이는 子路가 처음 孔子를 뵈었을 때의 問答일 것이다."

주해

- 君子: 德으로써 말한 것이다.
- 勇: 血氣가 강한 것을 말한다.
- 義: 天理의 마땅함을 말한다.
- 小人: 지위가 없는 것으로써 말한 것이다.

【備旨】

子路ㅣ好勇故로 問於夫子曰 天下之事는 惟勇이라야 足以任之하나니 君子亦尙勇乎잇가

夫子ㅣ告之曰 君子之人은 於義所當行엔 則奮然而必行하고 於義所當止엔 則毅然而必止니 惟義爲上而已矣라 若勇則非所尙也니 何則고

有位之君子ㅣ徒有其勇而無義以制之면 則必因其勇하여 逆理犯分而爲亂이요 無位之小人이 徒有其勇而無義以制之면 則必因其勇하여 肆欲妄行而爲盜라 徒勇之蔽ㅣ一至於此하니 此君子之所尙者는 在義而不在勇

與인저

子路가 용기를 좋아했기 때문에 夫子께 여쭈어 가로되 "天下의 일은 오직 용맹해야 족히 맡을 수 있나니, 君子 또한 용맹을 숭상하옵니까?"

夫子께서 고하여 가라사대 "君子가 된 자는 義로써 마땅히 행할 바에는 곧 분연奮然히 반드시 행하고, 義로써 마땅히 그칠 바에는 곧 의연毅然히 반드시 그치니, 오직 義를 으뜸으로 삼을 따름이니라. 용맹과 같은 경우는 곧 숭상할 바가 아니니 무엇 때문이리오?

지위가 있는 君子가 한갓 용맹만 있고 義로써 제어함이 없다면 곧 반드시 그 용맹으로 인하여 이치를 거역하고 분수를 범하여 亂을 일으킬 것이요, 지위가 없는 小人이 한갓 용맹만 있고 義로써 제어함이 없다면 곧 반드시 그 용맹으로 인하여 방자放恣하게 욕심을 부리고 망령되이 행하여 도적질을 하게 된다. 한갓 용맹만을 믿는 폐단이 한결같이 여기에 이르게 되니, 이는 君子가 숭상할 바가 義에 있고 용맹에 있지 않음인 저!"

주해

- 奮然: 떨치고 일어남. 곧 분발하는 모습을 말한다.
  唐나라 한유韓愈의 ≪여악주유중승서與鄂州柳中丞書≫ 之二에 나온다. "獨閤下奮然率先, 揚兵界上." 鄂(땅이름 악)
- 毅然: 意志가 굳세고 과단성이 있는 모습. 毅(굳셀 의)
  ≪新唐書 · 이광필전李光弼傳≫에 나온다. "賞信罰明, 士卒爭奮, 毅然有古良將風."
- 何則: '무엇 때문인가?' 주로 自問自答하는데 많이 사용된다.
  ≪左傳 · 桓公六年≫ 條에 나온다. "吾牲牷肥腯, 粢盛豐備, 何則不

信?" 또한 ≪史記 · 魯仲連鄒陽列傳≫에도 나온다. "諺曰 有白頭如新, 傾蓋如故. 何則? 知與不知也."라고 했다. 腯(살찔 돌) 粢(기장 자)

● 肆欲: 방자하고 제멋대로 행동함. 肆(방자할 사)
北齊 안지추顔之推의 ≪顔氏家訓 · 序致≫ 篇에 나온다. "雖讀禮傳, 微愛屬文, 頗爲凡人之所陶染, 肆欲輕言, 不備邊幅." 幅(넓이 폭)

[17 · 24]

子貢曰 君子ㅣ亦有惡(오)乎잇가 子曰 有惡(오)하니 惡(오)稱人之惡者하며 惡(오)居下流而訕上者하며 惡(오)勇而無禮者하며 惡(오)果敢而窒者니라

子貢이 가로되 "君子도 또한 미워하는 것이 있사옵니까?"
孔子께서 가라사대 "미워하는 경우가 있으니, 남의 惡을 일컫는 자를 미워하며, 下流에 거하면서 윗사람을 헐뜯는 자를 미워하며, 용맹하되 禮가 없는 자를 미워하며, 과감하되 꽉 막힌 자를 미워하느니라."

訕은 謗毁也요 窒은 不通也라 稱人惡이면 칙무인후지意요 下訕上이면 則無忠敬之心이요 勇無禮면 則爲亂이요 果而窒이면 則妄作이라 故로 夫子ㅣ惡之시니라

'산訕'은 비방하여 헐뜯는 것이요, '질窒'은 통하지 않는 것이다. 남의 惡을 들추어내면 곧 仁厚의 마음이 없는 것이요, 아랫사람이 윗사람을 비방하면 곧 충성과 공경의 마음이 없는 것이요, 용맹하되 禮가 없으면 곧 난을 일으키고, 과감하되 꽉 막혀있으면 곧 망령되이 행동하게 된다. 그러므로 夫子께서 미워하신 것이다.

주해

- 稱人惡: 남의 惡을 들추어내다. '惡'은 '過惡'의 뜻이다.
  "稱人惡, 是好揚人過惡."(四書補註備旨)
- 下流: 下位에 있는 사람. '流'字를 연문衍文으로 보는 견해도 있다.
- 果敢: 과감하게 결단하고 과감하게 행동하다. 곧 '果決敢爲'의 뜻이다.
- 謗毁: 남을 헐뜯거나 비방하다. 謗(헐뜯을 방) 毁(헐 훼)
  ≪공총자孔叢子·힐묵詰墨≫ 篇에 나온다. "墨子雖欲謗毁聖人, 虛造妄言, 柰此年世不相值何." 柰(어찌 내)
- 訕(헐뜯을 산) 窒(막을 질)

【備旨】

子貢ㅣ問於夫子曰 君子於人에 無所不愛하니 不知케라 亦有惡於人乎잇가

夫子曰 好善惡(오)惡은 人心之公이니 君子ㅣ雖以恕心容天下나 亦不能不以公心待天下니 惡誠有之也라 彼隱惡不揚은 仁厚之道也니 君子故로 於稱人之惡者에 惡之하며 爲尊者諱는 忠敬之道也니 君子故로 於居下流而上訕者에 惡之하며 勇而有禮면 勇斯大矣니 君子故로 於

勇而無禮以節文之者에 惡之하며 果而能通이면 果斯善矣니 君子故로 於果敢而窒於理者에 惡之하나니 君子之所惡ㅣ如此니라

子貢이 夫子께 여쭈어 가로되 "君子는 사람에 대하여 사랑하지 않는 바가 없으니, 또한 남을 미워하는 경우가 있는지 모르겠습니다." 夫子께서 가라사대 "善을 좋아하고 惡을 미워하는 것은 人心의 공정함이니, 君子가 비록 용서하는 마음으로써 天下를 包容한다고 해도 또한 능히 公心으로써 天下를 대하지 않을 수 없으니, 미워하는 경우가 진실로 있느니라. 저 남의 惡을 숨겨주고 드러내지 않는 것은 仁厚한 道이니, 君子이기 때문에 남의 惡을 일컫는 자를 미워하며, 존귀한 자를 위해 피하는 것은 忠敬의 道이니, 君子이기 때문에 下流에 처하면서 윗사람을 비방하는 자를 미워하며, 용맹스럽되 禮가 있으면 용맹이 이에 커지니, 君子이기 때문에 용맹스럽기만 하고 禮로써 節文하지 못하는 자를 미워하며, 과감하되 능히 통하면 과감함이 이에 좋은 것이니, 君子이기 때문에 과감하기만 하고 이치에 꽉 막힌 자를 미워하나니, 君子가 미워하는 바가 이와 같으니라."

曰賜也ㅣ亦有惡乎아

惡徼以爲知者하며 惡不孫以爲勇者하며 惡訐以爲直者하노이다

가라사대 "사賜도 또한 미워하는 것이 있느냐?"
(子貢曰) "남을 살피는 것을 지혜를 삼는 자를 미워하며, 불손한 것을 용맹으로 삼는 자를 미워하며, 남의 잘못을 들추어내는 것을 정직으로 삼는 자를 미워하옵니다."

惡徼以下는 子貢之言也라 徼는 伺察也라 訐은 謂攻發人之陰私라
楊氏曰 仁者는 無不愛하니 則君子ㅣ疑若無惡矣로되 子貢之有是心也라 故로 問焉以質其是非시니라
侯氏曰 聖賢之所惡ㅣ如此하시니 所謂唯仁者라야 能惡人也니라

'오요惡徼' 이하는 子貢의 말이다. '요徼'는 몰래 엿보는 것이다. '알訐'은 남의 은밀한 사사로움을 들추어내는 것이다.
楊氏 가로되 "仁者는 사랑하지 아니함이 없으니, 곧 君子가 마치 미워함이 없어야 한다고 의심되지만, 子貢에게 이런 마음이 있었다. 그러므로 질문을 해서 그 是非를 質正하신 것이다."
侯氏 가로되 "聖賢께서 미워하신 바가 이와 같으시니, 이른바 오직 어진 자만이 능히 사람을 미워할 수 있다는 것이다."

주해

- 伺察: 남의 동정을 살피다. 정탐하다. 伺(엿볼 사)
  ≪三國志 · 魏志 · 조상전曹爽傳≫에 나온다. "臣輒力疾, 將兵屯洛水浮橋, 伺察非常." 爽(시원할 상) 輒(문득 첩)
- 陰私: 남에게 알릴 수 없는 은밀한 일.

≪漢書 · 江充傳≫에 나온다. "太子疑齊以己陰私告王, 與齊忤, 使吏逐捕齊, 不得." 忤(거스를 오) 逐(쫓을 축) 捕(사로잡을 포)

● 徼(살필 요) 訐(들추어낼 알)

【備旨】

夫子ㅣ因問子貢曰 君子固有惡矣니 不知케라 賜也도 亦有惡乎아

子貢이 對曰 賜亦有之니이다 彼明覺自然者ㅣ智也니 賜則惡其徼焉而窺人動靜하여 自以爲知者하며 見義必爲者ㅣ勇也니 賜則惡其不遜而犯上凌長하여 自以爲勇者하며 順理無私者ㅣ直也니 賜則惡其訐焉而攻私發伏하여 自以爲直者하니 賜之所惡ㅣ如此니이다

由夫子之惡인댄 凡人世徑行執己하여 不循道理之事는 皆所必絶也요 由子貢之惡인댄 凡人世逞機用察하여 不由本心之事도 亦皆所必絶也니 聖賢之所惡는 皆至公無私與인저

夫子께서 인하여 子貢에게 물어 가라사대 "君子는 진실로 미워하는 것이 있으니, 그대(賜)도 또한 미워하는 것이 있는지 모르겠구나!" 子貢이 대답하여 가로되 "저(賜) 또한 미워하는 것이 있사옵니다. 저 밝게 깨달아 저절로 그렇게 되는 것이 '智'이니, 저는(賜) 곧 그 몰래 살피면서 남의 動靜을 엿보고 스스로 지혜롭다고 여기는 자를 미워하며, 義를 보면 반드시 행하는 것이 '勇'이니, 저(賜)는 곧 그 불손하

여 윗사람을 범하고 어른을 능멸하여 스스로 용맹하다고 여기는 자를 미워하며, 이치를 따르고 사사로움이 없는 것이 '直'이니, 저(賜)는 곧 남의 잘못을 들추어내고 사적인 것을 공격하며 감춰진 것을 드러내어 스스로 정직하다고 여기는 자를 미워하나니, 제(賜)가 미워하는 바가 이와 같사옵니다."

夫子께서 미워하시는 것으로 미루어보면 무릇 인간 세상에 제멋대로 행하고 자신의 생각을 고집하며, 道理를 따르지 않는 일은 모두 반드시 끊어야 할 바요, 子貢이 미워하는 것으로 미루어보면 무릇 인간 세상에 기밀을 들추어내고 몰래 엿보며, 本心으로 말미암지 않는 일도 또한 모두 반드시 끊어야 할 바이니, 聖賢께서 미워하시는 바가 모두 지극히 공정되고 사사로움이 없도다!

주해

- 徑行: 자신의 마음대로 행하다. 徑(빠를 경)
  ≪禮記 · 단궁하檀弓下≫ 篇에 나온다. "禮有微情者, 有以故興物者, 有直情而徑行者, 戎狄之道也." 공영달孔穎達의 疏에 "謂直肆己情而徑行也,"라고 풀이했다.
- 逞機: 기밀을 들추어내다. 逞(드러낼 령)

[17 · 25]

子曰 唯女子與小人이 爲難養也니 近之則不孫하고 遠之則怨이니라

孔子께서 가라사대 "오직 비첩婢妾과 小人이 대하기가 어려우니,

가까이하면 곧 불손不遜하고 멀리하면 곧 원망하느니라."

此小人은 亦謂僕隷下人也라 君子之於臣妾에 莊以涖之하고 慈以畜之면 則無二者之患矣라

여기에서 小人은 또한 종과 下人을 말한다. 君子가 신첩臣妾에 대해 장엄하게 임하고 자애롭게 대한다면 곧 두 가지의 근심이 없을 것이다.

주해

- 女子: 여기서는 비첩婢妾을 말한다. 婢(소첩 비) 妾(첩 첩)
- 難養: 기르기가 어렵다. 곧 상대하기가 어렵다는 말이다. '養'은 '待'의 뜻이다.
  "難養是難待意."(四書補註備旨)
  南軒張氏가 말했다. "女子陰質, 小人陰類. 其所望於人者, 常深, 故難養. 知其難養如此, 則當思所以待之之道."(大全註疏)
- 僕隷: 종. 노복奴僕. 僕(종 복) 隷(노예 예) 奴(종 노)
- 莊(씩씩할 장) 涖(임할 리) 畜(기를 휵)

【備旨】

夫子ㅣ示人以御臣妾之道曰 天下之人은 凡其近之而可以恩勝하며 遠之而可以威勝者면 無不易養也로되 惟女子與小人은 雖曰使令自我하고 駕馭自我로되 而實爲難養也니 何則고

吾而親昵以近之也면 則彼玩心生하여 而不遜於我矣요 吾而嚴厲以遠之也면 則彼懼心生하여 而致怨於我矣라 夫近之不可하고 遠之又不可하니 此其所以難養也라 然則養之道ㅣ奈何오 亦曰 莊以涖之하며 慈以畜之면 則可矣니라

夫子께서 사람들에게 臣妾을 다스리는 道를 보여 가라사대 "天下의 사람들은 무릇 가까이 하되 가히 은혜가 앞서게 하며, 멀리하되 가히 위엄이 앞서게 한다면, 상대하기가 쉽지 않을 수 없다. 그러나 오직 비첩婢妾과 小人은 비록 명령하고 부리는 것을 나로부터 하고, 말 모는 일을 나로부터 하되, 실제로 상대하기가 어려운 것은 무엇 때문이리오?
내가 친하게 대하여 가까이 하면 곧 그에게 소홀시하는 마음이 생겨나 나에게 불손하게 대하며, 내가 엄하게 대하여 멀리하면 곧 그에게 두려워하는 마음이 생겨나 나에게 원망을 하게 된다. 무릇 가까이 해도 안되고 멀리해도 또한 안되니, 이것이 그들을 대하기가 어려운 바이다. 그렇다면 곧 상대하는 道가 어떠해야 하리오? 또한 '장엄하게 임하고 자애롭게 대하면 곧 可하다'고 말할 수 있을 지니라."

주해

- 使令: 명령을 내리다. 일을 시키다.
  ≪孟子·梁惠王上≫ 篇에 나온다. "便嬖不足使令於前與?" 嬖(사랑할 폐)
- 駕禦: 수레를 몰다. '가어駕馭'와 같다. 駕(멍에 가) 禦(어거할 어) 馭(말부

릴 어)

≪呂氏春秋 · 尊師≫ 篇에 나온다. "視輿馬, 愼駕禦. 適衣服, 務輕煖."

● 親昵: 친하게 지내다. 친하게 대하다. 昵(친할 닐)

≪左傳 · 昭公三十二年≫ 條에 나온다. "我一二親昵甥舅, 不皇啟處, 於今十年." 甥(생질 생) 舅(외삼촌 구)

● 玩心: 완홀玩忽하게 대하는 마음. 경홀輕忽하게 대하는 마음.

● 嚴厲: 엄숙하고 심하게 대하다. 관용이 없이 대하다. 厲(심할 려)

≪後漢書 · 응봉전應奉傳≫에 나온다. "糾擧姦違, 不避豪戚, 以嚴厲爲名."

[17 · 26]

子曰 年四十而見惡焉이면 其終也已니라

孔子께서 가라사대 "나이 사십에 미움을 당한다면, 이는 끝났을 뿐이니라."

四十은 成德之時니 見惡(오)於人이면 則止於此而已니 勉人及時遷善改過也라

蘇氏曰 此亦有爲而言이나 不知其爲誰也라

四十은 德을 이루는 시기이니, 남에게 미움을 당한다면 곧 여기에서 그칠 뿐이니, 사람들에게 때에 미쳐 개과천선할 것을 권면하신 것이다.

蘇氏 가로되 "이는 또한 이유가 있어 말씀하신 것이나, 그것이 누구

를 위한 것인지는 알 수 없다."

주해

- 見惡: 君子에게 미움을 당하다. "見惡是見惡於君子."(四書補註備旨)
- 其終也已: 이는 끝났을 뿐이다. '終'은 '止'의 뜻이다.
  吳氏가 말했다. "終止也. 其終也已, 哀其不復有進也."(大全註疏)

【備旨】

夫子ㅣ勉人及時以有爲曰 成德은 以四十爲期니 若年之於四十에 猶然有善不遷하며 有過不改而見惡於人焉이면 則漸向於衰하여 而善之未遷者ㅣ終不及遷하고 過之未改者ㅣ終不及改하여 亦終於此而已矣라
蓋旣不能勵於四十之前이면 又安有望於四十之後리오 此君子所以貴及時以有爲也니라

夫子께서 사람들에게 때에 미쳐서 功을 이루도록 권면하여 가라사대 "德을 이루는 것은 사십을 기한으로 삼으니, 만약 나이가 사십이 되어 여전히 善이 있는 곳으로 옮겨가지 않으며, 허물이 있으나 고치지 아니하여 남에게 미움을 받는다면 곧 점점 쇠미衰微한 곳으로 나아가, 善으로 옮겨가지 못한 자는 끝내 옮겨가지 못하고, 허물을 고치지 못한 자는 끝내 고칠 수 없게 되어, 또한 여기에서 끝나고 말 따름이니라.
대개 이미 능히 사십 전에 힘쓰지 못했다면, 또한 어찌 사십 이후에 바라는 것이 있으리오? 이는 君子가 때에 미쳐서 功을 이루는 것을 귀하게 여기는 바이니라."

주해

- 有爲: 성과를 거두다. 공을 이루다.
  ≪易 · 계사상繫辭上≫에 나온다. "是以君子将有为也."
- 猶然: 여전히. 여전히 ~과 같다.

微子 第十八

此篇은 多記聖賢之出處하니 凡十一章이라

이 篇은 대부분 성현聖賢의 출처를 기록한 것이니, 모두 21章이다.

[18·1]

微子는 去之하고 箕子는 爲之奴하고 比干은 諫而死하니라

미자微子는 떠나가고, 기자箕子는 종이 되고, 비간比干은 간언諫言을 하다 죽었느니라.

微箕는 二國名이요 子는 爵也라 微子는 紂庶兄이요 箕子比干은 紂諸父라 微子는 見紂無道하고 去之以存宗祀하며 箕子比干은 皆諫紂러니 殺比干하고 囚箕子以爲奴하니 箕子ㅣ因佯狂而受辱하니라

'미微'와 '기箕'는 두 나라 이름이요, '子'는 작위爵位이다. 미자微子는 주왕紂王의 서형庶兄이요, 기자箕子와 비간比干은 紂王의 諸父이다. 微

子는 紂王의 무도함을 보고, 그를 떠나 종사宗祀를 보존하였으며, 箕子와 比干은 모두 紂王에게 간언諫言을 했는데, 比干을 죽이고 箕子를 가두어 종으로 삼으니, 箕子는 이로 因하여 거짓으로 미친 체하며 욕을 받았다.

주해

- 去之: 지위를 버리고 황야에 은둔한 것을 말한다.
- 諸父: 伯父와 叔父를 말한다.
  ≪诗・小雅・伐木≫ 篇에 나온다. "既有肥羜, 以速诸父."
- 佯狂: 거짓으로 미친체하다. 佯(거짓 양) 狂(미칠 광)
- 箕(키 기) 諫(간할 간) 爵(벼슬 작) 囚(가둘 수) 辱(욕될 욕)

【備旨】

昔에 殷紂無道하여 微子는 諫之不聽하니 則引其身而去之하고 箕子는 諫之不聽하니 因佯狂受辱而爲之奴하고 比干은 盡力極諫이라가 觸其怒하여 剖心而死하니 是三人者는 或去或奴或死하니 其行之不同이 如此라

옛날 殷나라의 주왕紂王가 無道하여, 微子는 諫言을 해도 듣지 아니하니 곧 그 몸을 물러나 떠나갔고, 箕子는 諫言을 해도 듣지 아니하니 인하여 거짓으로 미친 체하며 욕辱을 받아 종이 되었고, 比干은 힘을 다해 諫言을 하다가 그 노여움을 사서 심장을 갈라 죽음을 당했으니, 이 세 사람은 혹은 떠나가고, 혹은 종이 되고, 혹은 죽음을 당했으니, 그 행함이 같지 않은 것이 이와 같았다.

주해

- 引其身: 그 몸을 물러나게 하다. 引(물러갈 인)
- 極諫: 신하가 人君에게 힘을 다해 諫言을 함.
  漢나라 유향劉向의 ≪설원說苑 · 善說≫ 篇에 나온다. "夫大臣重祿而不極諫, 近臣畏罪而不敢言."
- 觸(닿을 촉) 剖(가를 부)

孔子曰 殷有三仁焉하니라

孔子께서 가라사대 "은殷나라에 세 사람의 仁者가 있었느니라."

三人之行이 不同이나 而同出於至誠惻怛之意라 故로 不咈乎愛之理하여 而有以全其心之德也라
楊氏曰 此三人者는 各得其本心이라 故로 同謂之仁이니라

세 사람의 행함이 같지 않으나, 똑같이 至誠과 측달惻怛의 뜻에서 나왔다. 그러므로 사랑의 이치에 어긋나지 않아서 그 마음의 德을 온전히 할 수 있었다.
楊氏 가로되 "이 세 사람은 각기 그 本心을 얻었기 때문에 똑같이 仁者라고 이른 것이다."

주해

- 三仁: 앞에서 말한 미자微子 · 기자箕子 · 비간比干을 말한다. 여기에

서 '仁'은 '忠君愛國之心'을 가리킨다.

● 惻怛: 불쌍히 여겨 슬퍼함. '측은惻隱'과 같다. 惻(슬퍼할 측) 怛(슬플 달) 宋나라 엽적葉適의 ≪낙청현학삼현사당기樂清縣學三賢祠堂記≫에 나온다. "賈公惻怛長者, 惠貧恤孤."
慶源輔氏가 말했다. "愛之理, 分言之仁也. 心之德, 專言之仁也. 不咈乎愛之理, 指惻怛而言. 有以全其心之德, 指至誠而言也."(大全註疏)

● 咈(어길 불)

【備旨】

孔子ㅣ原其心而斷之曰 殷有微子箕子比干之三臣者하니 吾以爲三仁焉이라 蓋其去는 非忘君也니 以身存先世之統하여 爲殷去也요 其奴는 非懼禍也니 以身俟吾主之悔하여 爲殷奴也요 其死는 非沽名也니 以身挽社稷之墟하여 爲殷死也라 迹雖不同이나 而其愛君憂國之心이 同出於至誠惻怛之意는 一而已矣니 謂之三仁이 夫何愧哉아

吁라 夫子之言이 一出하니 而三者之心이 始白하고 天下之論이 始定矣로다

孔子께서 그 마음에 기인起因해서 단언하여 가라사대 "殷나라에 微子와 箕子와 比干이라는 세 신하가 있었으니, 나는 세 仁者라고 생각하노라. 대개 그 떠나간 것은 人君을 잊은 것이 아니라 몸으로써 先世의 종통宗統을 보존하여 殷나라를 위해 떠난 것이요, 그 종이 된 것은 재앙을 두려워한 것이 아니라 몸으로써 자기 人君의 뉘우침을 기다려 殷나라를 위해 종이 된 것이요, 그 죽음을 당한 것은 명예를 탐한 것이 아니라 몸으로써 사직社稷의 옛터를 만회挽回하여 殷나라를 위하여 죽은 것이다. 자취가 비록 같지 않으나 그 人君을 사랑하고 나라를 근심하는 마음이 똑같이 지극한 정성과 측달惻怛의 마음에서 나온 것은 한 가지일 따름이니, 이들을 세 仁者라고 말하는 것이 어찌 부끄러운 일이리오?"

아! 夫子의 말씀이 한번 나오니 세 사람의 마음이 비로소 明白해지고, 天下의 議論이 비로소 정해졌도다!

주해

- 沽名: 명예를 탐하다. 명예를 구하다. 沽(살 고)
  ≪後漢書 · 逸民傳序≫에 나온다. "彼雖硜硜有類沽名者, 然而蟬蛻囂埃之中, 自致寰區之外, 異夫飾智巧以逐浮利者乎!" 硜(돌소리 갱) 蟬(매미 선) 蛻(허물 태) 囂(들렐 효) 埃(티끌 애) 寰(기내 환)
- 挽(당길 만) 墟(언덕 허) 愧(부끄러울 괴)

[18 · 2]

柳下惠ㅣ爲士師하여 三黜이어늘 人이 曰子ㅣ未可以去乎아

曰 直道而事人이면 焉往而不三黜이며 枉道而事人이면 何必去父母之邦이리오

유하혜柳下惠가 士師가 되어 세 번을 쫓겨나거늘, 사람들이 가로되 "그대는 가히 떠날만하지 않습니까?"
가로되 "道를 곧게 하여 人君을 섬기면 어디를 간들 세 번을 쫓겨나지 않을 것이며, 道를 굽혀 人君을 섬기면 어찌 반드시 父母의 나라를 떠나리오?"

士師는 獄官이라 黜은 退也라 柳下惠三黜不去하고 而其辭氣雍容如此하니 可謂和矣라 然이나 其不能枉道之意는 則有確乎不可拔者하니 是則所謂必以其道而不自失焉者也라
胡氏曰 此必有孔子斷之之言而亡(무)之矣라

'사관士師'는 옥관獄官이다. '출黜'은 쫓겨남이다. 유하혜柳下惠가 세 번이나 쫓겨났으나 떠나지 않고, 그 語氣의 옹용雍容함이 이와 같으니, 가히 '和'라고 이를 만하다. 그러나 그가 능히 道를 굽힐 수 없다는 뜻은 곧 가히 뽑을 수 없는 확고함이 있는 자이니, 이는 곧 이른바 반드시 그 道로써 하여 스스로를 잃지 않는다는 것이다.
胡氏 가로되 "여기에는 반드시 孔子께서 단언하신 말씀이 있어야 하나 없어졌다."

주해

- 柳下惠: 魯나라의 大夫. 姓은 展, 名은 획獲, 字는 금禽이다. 柳下는 食邑이고, 시호諡號는 惠다. 孟子에 의해 伊尹 · 伯夷 · 孔子와 더불어 四大 성인으로 추앙되었다.
- 士師: 獄官. 여기에서 '士'는 刑官을 말하고, '師'는 그 우두머리를 말한다.

"刑官曰士, 其長曰師."(四書補註備旨)

"魯齋王氏曰 舜命皐陶, 汝作士. 士之名始見於刑官. 周禮秋官司寇之屬有士師之職. 刑官曰士, 其長曰師. 故士師之下有鄕士遂士縣士方士訝士, 皆掌獄詞者."(大全註疏) 皐(높을 고) 寇(도적 구)

● 直道而事君: 道를 곧게 하여 人君을 섬기다. '君'은 人君을 가리킨다.

● 雍容: 편안하고 화락한 모습. 雍(온화할 옹)

≪文選·班固〈兩都賦〉序≫에 나온다. "雍容揄揚, 著於後嗣." 여향呂向의 注에 "雍, 和. 容, 緩."이라고 풀이했다.

● 辭氣: 어투. 말투. '語氣'와 같다.

≪泰伯≫ 篇에 나온다. "君子所貴乎道者三. 動容貌, 斯遠暴慢矣. 正顔色, 斯近信矣. 出辭氣, 斯遠鄙倍矣." 何晏의 ≪論語集解≫에 "出辭氣能順而說之, 則無惡戾之言入於耳."라고 풀이했다.

● 黜(물리칠 출) 枉(굽을 왕) 亡(없을 무)

【備旨】

柳下惠ㅣ爲魯典獄之士師하여 道不合에 至三黜而猶不去하니

或人이 諷之曰 君子之仕也는 合則留하고 不合則去어늘 今子ㅣ三黜不用하되 尚未可去之他邦乎아

惠曰 吾之所以三黜者는 爲吾事人以直道而不枉道耳니 惟以直道而事人이면 則勢必難容하니 焉枉而不三黜이며 雖去之他邦이나 亦猶之吾魯也라 若以枉道而事人이면 則勢必易合하니 卽父母之邦하여도 可以仕矣어늘 何必舍此而去耶아 夫直道는 終不可貶이요 枉道는 終不可爲니 此我所以三黜不去也어늘 子ㅣ又何疑哉아

유하혜柳下惠가 魯나라의 형옥刑獄을 관장하는 士師가 되어 道가 맞지 않아 세 번이나 쫓겨났으나 여전히 떠나가지 않으니, 或人이 풍자하여 가로되 "君子가 벼슬을 하는 데에 道에 맞으면 곧 머물고, 맞지 않으면 곧 떠나거늘, 이제 그대는 세 번이나 쫓겨나고 등용되지 못하는데 오히려 가히 다른 나라로 떠나가지 않는가?"

柳下惠가 가로되 "내가 세 번이나 쫓겨난 이유는 내가 人君을 섬기는데 道를 곧게 하되 道를 굽히지 않았기 때문이니, 오직 道를 곧게 하여 人君을 섬기면 곧 형세가 반드시 용납되기 어려우니, 어디를 가더라도 세 번씩 쫓겨나지 않을 것이며,

비록 다른 나라로 떠나가더라도 또한 우리 魯나라와 같으니, 만약 道를 굽히며 人君을 섬긴다면 곧 형세에 반드시 부합하기 쉬워 父母의 나라에 나아가 가히 벼슬할 수 있거늘, 어찌 반드시 이곳을 버리고 떠나리오? 무릇 道를 곧게 하는 것은 끝내 가히 내칠 수 없고 道를 굽히는 것은 끝내 가히 행할 수 없으니, 이것이 내가 세 번이나 쫓겨나고서도 떠나지 않은 이유이거늘, 그대 또 무엇을 의심하리오?"

주해

- 典獄: 형옥刑獄의 일을 관장하다.
  ≪書·呂刑≫ 篇에 나온다. "典獄非訖於威, 惟訖於富." 訖(이를 흘)
- 猶之: ~과 같다. '均之', '等之'와 같다.
  ≪堯曰≫ 篇에 나온다. "猶之與人也, 出納之吝, 謂之有司." 또 淸나라 대명세戴名世의 ≪방일소선생시서方逸巢先生詩序≫에도 나온다. "其所爲跌宕淋漓雄渾悲壯者, 猶之先生之詩也." 吝(아낄 린) 跌(넘어질 질) 宕(방탕할 탕) 淋(물뿌릴 림) 漓(스며들 리)

[18·3]

齊景公이 待孔子曰 若季氏則吾不能이어니와 以季孟之間으로 待之하리라하고 曰吾老矣라 不能用也라한대
孔子ㅣ行하시다

제齊나라 경공景公이 孔子를 대우하여 가로되 "계씨季氏와 같이 내 능히 대우할 수는 없으나, 계씨季氏와 맹씨孟氏의 중간 정도로 대우하겠습니다." 또 가로되 "내가 늙어서 능히 夫子를 등용하지 못하겠노라!"라고 하자,
孔子께서 떠나셨다.

魯三卿에 季氏最貴하고 孟氏爲下卿이라 孔子去之는 事見(현)世家라 然이나 此言은 必非面語孔子요 蓋自以告其臣而孔子聞之爾시니라
程子曰 季氏는 强臣이니 君待之之禮極隆이나 然이나 非所以待孔子也요 以季孟之間待之면 則禮亦至矣라 然이나 復曰 吾老矣라 不能用也라하니 故로 孔子去之시니라 蓋不繫待之輕重이요 特以不用而去爾시니라

노魯나라 三卿에 季氏가 가장 존귀했고, 孟氏는 下卿의 신분이었다. 孔子께서 제齊나라를 떠나신 일을 ≪孔子世家≫에 보인다. 그러나

이 말은 필시 孔子를 대면하고 한 말이 아니요, 대개 스스로 그 신하에게 고한 것인데 孔子께서 이를 들었을 뿐이다.

程子 가로되 "季氏는 막강한 신하이니, 人君이 그를 대우하는 禮가 지극히 융숭隆崇하였을 것이다. 그러나 孔子를 대우할 이유는 아니었다. 季氏와 孟氏의 중간 정도로 대우한다면 곧 禮가 또한 지극한 것이다. 그러나 다시 "내가 늙어서 능히 夫子를 등용하지 못하겠노라!"라고 말했기 때문에, 孔子께서 떠나신 것이다. 대개 대우의 輕重에 얽매인 것이 아니요, 다만 등용하지 못하겠다고 말했기 때문에 떠나셨을 뿐이다."

주해

- 待孔子: 孔子를 대우하다. '待'는 虛禮로써 대우하는 것이다.
  新安陳氏가 말했다. "景公初欲用孔子, 皆本心之暫明. 終不能用, 乃蔽於私意之昏弱, 終於亂亡宜矣."(大全註疏)
- 以季孟之間待之: 계씨季氏와 맹씨孟氏의 중간 정도로 대우하다. 季氏는 魯나라 人君이 가장 후하게 대우하는 경우이고(季氏魯君待之最厚), 孟氏는 조금 박하게 대우하는 경우이다. 그러므로 季氏와 孟氏의 중간 정도로 대우한다는 말은 후하지도 박하지도 않게 대우하겠다는 뜻이다. "孟氏魯君待之稍薄. 季孟之間, 是不厚不薄意."(四書補註備旨) 稍(작을 초)

【備旨】

昔에 孔子在齊할새 齊景公이 與其臣私議待孔子之禮曰 孔子는 魯人也니 彼固習見魯君所以待季孟之禮矣라 吾待孔子以上卿之禮로되 若魯季氏則爲最隆而吾力不能

이오 若以待孟氏者로 待之則又太簡하니 就中斟酌하여 吾欲以季孟二者之間으로 待之면 庶禮得其中 而孔子可以留矣라하고

旣而又曰 孔子之道는 當年莫究며 累世莫殫이라 吾今年已老矣니 不能以有限之年으로 用之而行其道也라하니라

夫旣無待之之誠하고 又無用之之意하니 其不足與有爲를 可知矣어늘 孔子ㅣ豈肯虛拘哉아 於是에 接淅而行하시니 蓋可以速而速也시니라

옛날 孔子께서 제齊나라에 계실 적에 齊나라의 景公이 그 신하와 더불어 사사롭게 孔子를 대우하는 禮를 의논하여 가로되 "孔子는 魯나라 사람이니, 그는 본디 魯나라 人君이 季氏와 孟氏를 대우한 禮를 익히 보았을 것이다. 내가 孔子를 上卿의 禮로써 대우하되, 魯나라의 季氏와 같은 경우는 곧 가장 융숭隆崇하게 대우하는 것이니 내 힘으로는 능히 대우하지 못하고, 만약 孟氏를 대우하는 정도로 대우한다면 곧 또한 너무 간략한 것이니, 중간을 취하여 헤아려서 내가 季氏와 孟氏 두 사람의 중간 정도로 대우하고자 하면 아마도 禮가 그 중도를 얻어 孔子를 가히 머물게 할 수 있을 것이다."라고 했다.

얼마 지나지 않아 또 가로되 "孔子의 道는 當年에 궁구窮究할 수 없으며, 여러 세대를 지나도 다할 수 없다. 내 이제 나이가 이미 늙었으니, 능히 정해진 나이로 孔子를 등용해서 그 道를 행할 수 없도다."라고 했다.

무릇 이미 夫子를 대우하는 정성이 없고, 또한 夫子를 등용하려는 뜻도 없었으니, 그 족히 더불어 할 일이 없음을 가히 알 수 있거늘,

孔子께서 어찌 기꺼이 헛되이 구애를 받으시리오? 이에 서둘러 급히 떠나셨으니, 대개 가히 빨리 떠나야 할 것 같아서 빨리 떠나신 것이다.

주해

- 虛拘: 虛飾적인 예의로 사람을 구속하다. 拘(구애받을 구)
  ≪孟子・盡心上≫ 篇에 나온다. "食而勿愛, 豕交之也. 愛而不敬, 獸畜之也. 恭敬者, 幣之未將者也. 恭敬而無實, 君子不可虛拘." 豕(돼지 시) 幣(비단 폐)
- 接淅而行: 밥 지을 틈도 없이 물에 젖은 쌀을 들고 서둘러 길을 떠나다. 淅(쌀일 석)
  ≪孟子・萬章下≫ 篇에 나온다. "孔子之去齊, 接淅而行." 朱子의 註에 "接, 猶承也. 淅, 漬米也. 漬米將炊, 而欲去之速, 故以手承米而行, 不及炊也."라고 풀이했다. 漬(담글 지) 炊(불땔 취)
- 可以速而速也: 가히 빨리 떠나야 할 것 같으면 빨리 떠나다.
  ≪孟子・公孫丑上≫에 나온다. "可以仕則仕, 可以止則止, 可以久則久, 可以速則速."
- 斟(짐작할 짐) 酌(짐작할 작) 殫(다할 탄)

[18・4]

齊人이 歸女樂이어늘 季桓子ㅣ受之하고 三日不朝한대 孔子ㅣ行하시다

제齊나라의 君臣들이 여악女樂을 보내오자, 계환자季桓子가 받아들이고 삼 일 동안 조회朝會를 열지 않으니, 孔子께서 떠나셨다.

季桓子는 魯大夫니 名이 斯라 按史記定公十四年에 孔子爲魯司寇하여 攝行相事하시니 齊人懼하여 歸女樂以沮之라

尹氏曰 受女樂而怠於政事如此하니 其簡賢棄禮하여 不足與有爲를 可知矣라 夫子ㅣ所以行也는 所謂見幾而作하여 不俟終日者與인저

范氏曰 此篇은 記仁賢之出處 而折中以聖人之行하시니 所以明中庸之道也라

'季桓子계환자'는 魯나라 大夫이니, 이름이 사斯이다. ≪史記·定公十四年≫ 條를 살피건대, 孔子께서 魯나라의 사구司寇가 되어 재상의 일을 섭행攝行하시니, 齊나라 사람들이 두려워하여 女樂을 보내 孔子를 저지하였다.

尹氏 가로되 "여자 樂隊를 받고 政事에 게을리 하는 것이 이와 같으니, 그 賢者를 소홀히 대하고 禮를 버려서 족히 더불어 행할 바가 없음을 가히 알 수 있다. 夫子께서 떠나신 이유는 이른바 기미幾微를 살펴서 행하여 날이 마치도록 기다리지 아니한 것인 저!"

范氏 가로되 "이 篇은 仁者와 賢者의 나아가고 물러서는 일을 기록하여, 聖人의 행실을 절충折衷하셨으니, 중용中庸의 道를 밝히신 바이다."

주해

- 齊人: 齊나라의 人君과 신하를 말한다.
- 歸女樂: 여자 악대樂隊를 보내다. '歸'는 '궤饋'와 통한다. 歸(보낼 귀) 饋(보낼 궤)

- 不朝: 朝會를 열지 않다. 人君도 조회를 열지 않고, 신하도 조회에 참석하지 않았다는 말이다. "兼君不視朝, 臣不往朝說."(四書補註備旨)
- 司寇: 周나라의 六卿 가운데 하나. 형옥刑獄과 규찰糾察의 업무를 관장하였음. 寇(도적 구)
- 攝行: 대신해서 직권을 행사하는 일. 攝(대신할 섭)
《史記 · 五帝本紀》에 나온다. "堯立七十年得舜, 二十年而老, 令舜攝行天子之政, 薦之於天."
- 見幾而作: 사물의 미세한 변화를 관찰하여 유리한 시기에 행동을 취하다.
《易 · 계사하繫辭下》 篇에 나온다. "君子見幾而作, 不俟終日." 공영달孔穎達의 疏에 "言君子既見事之幾微, 則須動作而應之."라고 풀이했다.
- 折中: 절충하다. 바름을 취해서 사물을 판단하는 기준으로 삼다. '折衷'과 같다. 《楚辭 · 九章 · 석송惜誦》 篇에 나온다. "令五帝以折中兮, 戒六神與嚮服." 朱子의 註에 "折中, 謂事理有不同者, 執其兩端而折其中, 若 《史記》 所謂六藝折中於夫子, 是也."라고 풀이했다.
- 沮(막을 저) 俟(기다릴 사)

【備旨】

當定公時하여 季桓子ㅣ當國한대 孔子ㅣ爲魯司寇하여 攝行相事三月하시니 而魯國大治어늘 齊人이 懼其將霸하여 用犂鉏之計하여 以女樂歸焉하니 蓋以沮用賢之志也라

使執國政者ㅣ察其謀而亟反之면 則齊人이 雖智나 安能間無欲之主哉아 夫何季桓子ㅣ先微服往觀하고 而語魯君受之리오 由是로 君臣之間에 溺於聲色하고 而怠於政

事하여 君不臨朝하고 臣不往朝하니 蓋三日焉이라 夫方用賢之日에 而受女樂하니 是簡賢也요 三日不朝하니 是棄禮也니 其不足與有爲를 可知矣라 故로 孔子ㅣ遂行하시니 蓋可以去則去也시니라

定公의 때를 당하여 季桓子가 국정을 담당하였는데, 孔子께서 魯나라의 사구司寇가 되어 재상의 일을 섭행攝行한지 석 달이 지나자 魯나라가 크게 다스려지거늘, 齊나라의 君臣들이 魯나라가 장차 패자覇者가 될 것을 두려워하여 이서犂鉏의 계책을 써서 女樂을 보내니, 대개 어진이의 등용을 저지하려는 뜻이었다.

가사 國政을 담당한 자가 그 음모를 살펴서 재빨리 되돌려 보냈다면, 곧 齊나라의 君臣들이 비록 지혜롭다고 하나 어찌 능히 욕망이 없는 군주를 이간질할 수 있으리오? 어찌 季桓子가 먼저 미복微服을 하고 가서 살펴보고 魯나라 人君에게 女樂을 받아들이도록 말했던가? 이로 말미암아 君臣의 사이가 聲色에 빠지고 政事를 게을리 하여, 人君은 조회에 임하지 않고 臣下는 조회에 가지 않은 것이 대개 삼 일이나 되었다.

무릇 바야흐로 賢者를 등용할 날에 女樂을 받아들였으니 이는 賢者를 홀대하는 것이요, 삼 일 동안 조회하지 않았으니 이는 禮를 버린 것이니, 그는 족히 더불어 행할 수 없다는 것을 가히 알 수 있다. 그러므로 孔子께서 마침내 떠나가셨으니, 대개 가히 떠나야 하니 곧 떠나가신 것이다.

주해

● 犂鉏之計: '여서犂鉏'의 계책. '犂鉏'는 齊나라 景公의 신하이다. 犂(쟁

기 려) 鉏(김맬 서)

孔子가 魯나라의 大司寇가 되어 재상의 일을 섭행攝行하자, 齊나라 君臣들이 魯나라가 장차 覇者가 될까 두려워하였다. 이때 犁鉏가 계책을 내어 미녀 80명으로 구성된 女樂을 魯나라 人君에게 보내어 정사를 소홀하게 함으로써 孔子를 저지하고자 한 일을 말한다.

● 亟(빠를 극) 簡(소홀히할 간)

[18・5]

楚狂接輿ㅣ歌而過孔子曰 鳳兮鳳兮여 何德之衰오 往者는 不可諫이어니와 來者는 猶可追니 已而已而어다 今之從政者ㅣ殆而니라

초楚나라 광인狂人인 접여接輿가 노래하면서 孔子의 수레 앞을 지나가며 가로되 "봉황鳳凰이여! 봉황鳳凰이여! 어찌 德이 쇠하였는가? 지난 일은 가히 諫할 수 없거니와, 다가오는 일은 오히려 가히 따를 수 있으니, 그칠지어다! 그칠지어다! 지금 政事에 종사하는 것은 위태로울 뿐이니라."

接輿는 楚人이니 佯狂辟世러니 夫子ㅣ時將適楚라 故로 接輿ㅣ歌而過其車前也라 鳳은 有道則見(현)하고 無道則隱이니 接輿ㅣ以比孔子하고 而譏其不能隱은 爲德衰

也라 來者可追는 言及今尚可隱去라 已는 止也요 而는 語助辭라 殆는 危也라 接輿는 蓋知尊孔子而趨不同者也라

'접여接輿'는 楚나라 사람이니, 거짓으로 미친 체하며 세상을 피하고 살았는데, 夫子께서 당시 장차 楚나라로 가려하셨다. 그러므로 接輿가 노래하며 그 수레 앞을 지나간 것이다. '鳳'은 道가 있으면 곧 나타나고, 道가 없으면 곧 숨으니, 接輿가 봉황을 孔子에 비유하고 그가 능히 은둔隱遁하지 못한 것은 德이 쇠했기 때문이라고 기롱譏弄한 것이다. '來者可追'는 지금에 이르러서는 오히려 가히 은둔隱遁할 수 있음을 말한 것이다. '이已'는 그침이요, '而'는 어조사이다. '태殆'는 위태로움이다. 接輿는 대개 孔子를 존경했으나 추향趨向은 같지 않은 자일 것이다.

주해

- 接輿: 楚나라의 현인. 姓은 육陸, 이름은 通. 輿(수레 여)
  소왕昭王 때 거짓으로 미친 체하며 벼슬을 하지 않았기 때문에, 당시 사람들이 '楚狂'이라 불렀다. "邢氏曰 接輿姓陸名通, 昭王時佯狂不仕, 時人謂之楚狂."(四書補註備旨) 佯(거짓 양) 狂(미칠 광)
- 鳳兮鳳兮: 봉황이여! 봉황이여! '鳳'은 곧 孔子를 가리킨다. '봉鳳'은 암컷이고, '황凰'은 수컷이다. 鳳(봉황새 봉) 凰(봉황새 황)
  慶源輔氏가 말했다. "鳳, 靈物也. 有道則見, 無道則隱, 鳳固然也. 至於無道而不隱, 則鳳之德衰矣. 然以此論君子修身之常法, 則可至於聖人體道之大權, 則又不可以此例論也."(大全註疏)

【備旨】

昔에 孔子ㅣ將適楚할새 楚狂接輿者ㅣ歌而過孔子之車前曰 鳳兮鳳兮여 有道則見(현)하고 無道則隱이니 其爲德也盛矣로다 今時何時而猶不隱하니 是何其德之衰也아 夫往者之不隱은 固不可諫이어니와 而來者之當隱은 則猶可追也니 已而止之하고 已而止之하여 可以速隱矣어다 今之天下無道하여 其仕而從政者는 皆不免於危殆어늘 尙何栖栖而不隱乎아

夫尊之以鳳하고 而又譏其德之衰하며 諷之以去하고 而又懼其禍之及하니 是隱士與聖人之趨ㅣ不同也라

옛날 孔子께서 장차 楚나라로 가시려고 할 때, 楚나라의 狂人 접여接輿란 자가 노래하며 孔子의 수레 앞을 지나면서 가로되 "봉황이여! 봉황이여! 道가 있으면 곧 나타나고, 道가 없으면 곧 숨으니, 그 德이 성하도다! 지금은 때가 어느 때인데 오히려 은둔隱遁하지 않으니, 이는 얼마나 그 德이 쇠한 것이리오! 무릇 지난날에 隱遁하지 않은 것은 진실로 가히 諫할 수 없거니와, 다가오는 때에 마땅히 隱遁하는 것은 곧 오히려 가히 좇을 수 있으니, 그만두고 그치며 그만두고 그쳐서 가히 속히 은둔隱遁할지어다. 지금 天下에 道가 없는데 그 벼슬하여 政事를 좇는 자는 모두 위태로움을 면할 수 없으니, 오히려 어찌 서둘러 隱遁하지 않으리오?"

무릇 봉황으로써 존중하면서 또한 그 德이 쇠한 것을 기롱譏弄하며, 떠나도록 풍자諷刺하면서 또한 그 재앙이 미칠까 두려워하니, 이는 隱士와 聖人의 趨向과 더불어 같지 않은 것이다.

주해

● 栖栖: 몹시 바쁘고 불안한 모양. '棲棲'와 같다. 栖(깃들일 서) 棲(깃들일 서)

≪詩 · 小雅 · 六月≫에 "六月棲棲, 戎車既飭."이라 했고, 朱子의 註에 "棲棲, 猶皇皇不安之貌."라고 풀이했다. 또한 ≪憲問≫ 篇에도 나온다. "丘何爲是棲棲者與? 無乃爲佞乎?" 飭(삼갈 칙) 佞(아첨할 녕)

孔子ㅣ下하사 欲與之言이러시니 趨而辟之하니 不得與之言하시다

孔子께서 수레에서 내려와 그와 더불어 말씀하고자 했는데, 접여接輿가 빠른 걸음으로 피해 버려 그와 더불어 말씀하지 못하셨다.

孔子下車는 蓋欲告之以出處之意러시니 接輿自以爲是라 故로 不欲聞而避之也라

孔子께서 수레에서 내리신 것은 대개 出處의 뜻을 고하고자 한 것인데, 접여接輿는 스스로 옳다고 여겼기 때문에 듣지 않으려고 피한 것이다.

주해

● 出處: 벼슬에 나아가고 물러나는 일.

漢나라 채옹蔡邕의 ≪천황보규표薦皇甫規表≫에 나온다. "修身力行,

忠亮闡著, 出處抱義, 皦然不汙." 闡(열 천) 皦(밝을 교)
또한 唐나라 한유韓愈의 ≪與崔群書≫에도 나온다. "無入而不自得, 樂天知命者, 固前修之所以禦外物者也. 況足下度越此等百千輩, 豈以出處近遠累其靈臺邪!"

● 趨: 접여接輿가 빠른 걸음으로 가버리다. 趨(빨리걸을 추)

【備旨】

孔子ㅣ聞其歌而知其爲隱者로되 不以其所趨之異而棄之하시고 遂下車하사 欲與之言이러시니 蓋將其濟夫天下也라 乃接輿ㅣ趨而避之하여 若不欲聞其說者하니 夫子ㅣ遂不得與之言이라
由此觀之컨대 豈非遯世之士와 與濟世之士는 其趨不同하여 而不相爲謀也哉아

孔子께서 그 노래를 듣고 그가 은자隱者임을 아셨으나 그 나아가는 바가 다르다고 해서 버리지 않으시고, 마침내 수레에서 내려와 그와 더불어 말하고자 하셨으니, 대개 장차 그와 함게 천하를 구제하고자 하신 것이다. 이에 접여接輿가 빠른 걸음으로 피하면서 마치 그 말씀을 듣지 않으려는 것처럼 하니, 夫子께서 마침내 그와 더불어 말하지 못하셨다.
이로 말미암아 살피건대 어찌 둔세遯世의 선비와 濟世의 선비가 그 추향趨向이 같지 않아 서로 도모하지 못한 것이 아니리오?

주해

● 遯世之士: 세상을 피해 숨어사는 선비. 곧 '피세은거避世隱居'의 뜻이

다. 遯(피할 둔)

≪孔叢子 · 記義≫ 篇에 나온다. "孔子讀 ≪詩≫ 及 ≪小雅≫, 喟然而歎曰 於 ≪考槃≫ 見遁世之士而不悶也."

● 濟世之士: 세상들을 구제하는데 뜻을 둔 선비. 곧 '濟助世人'의 뜻이다.

≪莊子 · 경상초庚桑楚≫에 나온다. "簡髮而櫛, 數米而炊, 竊竊乎又何足以濟世哉?" 成玄英의 疏에 "此蓋小道, 何足救世."라고 풀이했다. 櫛(빗질할 즐) 炊(불땔 취)

또한 ≪後漢書 · 노식전盧植傳≫에도 나온다. "性剛毅有大節, 常懷濟世志."

[18 · 6]

長沮桀溺이 耦而耕이어늘 孔子過之하실새 使子路로 問津焉하신대

장저長沮와 걸익桀溺이 함께 밭을 갈고 있거늘, 孔子께서 지나시다가 子路로 하여금 나루터를 묻게 하신대,

二人은 隱者라 耦는 並耕也라 時에 孔子ㅣ自楚反乎蔡라 津은 濟渡處라

두 사람은 은자隱者이다. '우耦'는 나란히 밭가는 것이다. 이 때에 孔子께서 楚나라로부터 채蔡나라로 돌아오시는 길이었다. '진津'은 물을 건너는 곳이다.

주해

- 長沮桀溺: 장저長沮와 걸익桀溺은 모두 춘추시대 楚나라의 隱者이다. 그 이름은 전하지 않지만, 후세 사람들이 이름으로 삼았을 뿐이다. 沮(막을 저) 桀(빼어날 걸) 溺(빠질 익)
  "二人姓名不傳, 皆記事者加之以名耳. 沮者止而不出, 溺者沈而不返." (四書補註備旨)
  劉寶楠의 ≪論語正義≫에 "長沮桀溺, 名皆從水, 子路問津, 一時何自識其姓名? 諒以其物色名之."라고 풀이했다.
- 耦耕: 소 대신 한 사람이 앞에서 쟁기를 끌고 다른 한 사람이 뒤에서 쟁기질을 하는 밭갈이. '우경偶耕'과 통한다. 耦(나란히밭갈 우) 耕(밭갈 경)
  ≪禮記 · 月令≫ 篇에 나온다. "季冬之月命農計耦耕事, 脩耒耜, 具田器." 耒(쟁기 뢰) 耜(보습 사)

【備旨】

昔에 楚蔡間에 有隱士長沮桀溺二人者하여 相與爲耦而耕이어늘 孔子ㅣ過其所耕之地하실새 將以濟渡나 而未知其處하여 因使子路問津焉하신대

옛날 초楚나라와 채蔡나라 사이에 隱士인 장저長沮와 걸익桀溺이란 두 사람이 있어 서로 나란히 밭을 갈고 있거늘, 孔子께서 그들이 밭가는 땅을 지나시는데 장차 물을 건너려고 하나 그 나루터를 알지 못하여 子路로 하여금 나루터를 묻게 하신대,

長沮曰 夫執輿者ㅣ爲誰오
子路曰 爲孔丘시니라
曰 是ㅣ魯孔丘與아
曰 是也시니라
曰 是ㅣ知津矣니라

장저長沮가 가로되 "저 수레 고삐를 잡고 있는 자가 누구십니까?"
子路가 가로되 "공구孔丘이십니다."
가로되 "이 분이 魯나라의 孔丘십니까?"
"그렇습니다."
가로되 "이 분은 나루터를 알 것입니다."

執輿는 執轡在車也라 蓋本子路御而執轡러니 今下問津이라 故로 夫子ㅣ代之也라 知津은 言數(삭)周流하여 自知津處라

'집여執輿'는 고삐를 잡고 수레에 앉아 있는 것이다. 대개 본래는 子路가 수레를 몰면서 고삐를 잡았는데, 지금은 내려서 나루터를 묻고 있었기 때문에 夫子께서 대신 잡으신 것이다. '知津'은 자주 周流하였으므로 스스로 나루터를 알 것이라는 말이다.

주해

- 執(잡을 집) 轡(고삐 비) 御(어거할 어) 數(자주 삭)

【備旨】

長沮ㅣ不以津告하고 乃指孔子問曰 夫執轡而在車輿者는 其人이 爲誰오

子路曰 爲孔丘其人也시니라

長沮曰 爾所謂孔丘者는 是魯國之孔丘與아

子路曰 是也시니라

長沮ㅣ遂譏之曰 在他人엔 容有不知津者어니와 旣爲魯國孔丘면 則爲東西南北之人也라 無不至之國이며 亦無不至之津이니 是知津矣리라

長沮此言은 蓋託辭以拒子路나 實譏夫子之不隱也라

장저長沮가 나루터를 알려주지 않고, 이에 孔子를 가리켜 물어 가로되 "무릇 고삐를 잡고 수레에 앉아 있는 자는, 그 사람이 누구십니까?"

子路가 가로되 "공구孔丘라고 하는 그 분이십니다."

長沮가 가로되 "그대가 말한 孔丘란 분은 바로 魯나라의 孔丘이십니까?"

子路가 가로되 "그렇습니다."

長沮가 마침내 기롱譏弄하여 가로되 "다른 사람의 경우라면 혹 나루터를 알지 못하는 자가 있을 수 있거니와, 이미 魯나라의 孔丘라고 한다면 곧 동서남북으로 周流하는 사람이요, 이르지 않은 나라가 없으며 또한 이르지 않은 나루터가 없으니, 이 분은 나루터를 알 것입니다."

長沮의 이 말은 대개 말에 의탁하여 子路를 거절한 것이나, 실제로는 夫子께서 은둔하지 않은 것을 譏弄한 것이다.

問於桀溺한대
桀溺曰 子ㅣ爲誰오
曰 爲仲由로라
曰 是魯孔丘之徒與아
對曰 然하다
曰 滔滔者ㅣ天下ㅣ皆是也니 而誰以易之리오 且而ㅣ與其從辟人之士也론 豈若從辟世之士哉리오하고
耰而不輟하더라

다시 걸익桀溺에게 묻건대,
桀溺이 가로되 "그대는 누구십니까?"
가로되 "중유仲由라고 합니다."
가로되 "그대는 魯나라 孔丘의 문도門徒입니까?"
대답하여 가로되 "그렇습니다."
가로되 "도도滔滔한 것이 天下가 모두 이러하니, 누가 그대와 더불어 난세를 바꾸리오? 또한 그대는 저 사람을 피하는 선비를

따르는 것이 어찌 세상을 피하는 선비를 따르는 것만 같으리오?" 라고 말하면서, 씨앗 덮는 일을 멈추지 않았다.

滔滔는 流而不反之意라 以는 猶與也라 言天下皆亂하니 將誰與變易之리오 而는 汝也라 辟人은 謂孔子요 辟世는 桀溺自謂라 耰는 覆種也라 亦不告以津處라

'도도滔滔'는 물이 흘러가서 돌아오지 않는다는 뜻이다. '以'는 '與'와 같다. '天下가 모두 어지러우니 장차 누구와 더불어 이를 바꾸리오?' 라고 말한 것이다. '而'는 너(그대)이다. '피인辟人'은 孔子를 말한 것이요, '피세辟世'는 걸익桀溺 자신을 말한 것이다. '우耰'는 씨앗을 덮는 것이다. 또한 나루터가 있는 곳을 알려주지 않은 것이다.

주해

- 誰以易之: '누가 그대와 더불어 난세를 바꾸리오?' '誰'字는 君臣을 겸해서 한 말이다. "誰字兼君臣看. 誰以易之, 言誰與爾以治易亂."(四書補註備旨) 爾(너 이)
  慶源輔氏가 말했다. "桀溺以夫子辟人, 而天下皆滔滔不返, 則人無一不可避者. 故絶人逃世以爲潔, 而自謂其能避世."(大全註疏)
- 辟人: 악인을 피하다. 곧 無道한 君主를 피한다는 뜻이다. '피인避人'과 같다. 辟(피할 피) 避(피할 피)
  何晏의 ≪論語集解≫에 "士有辟人之法, 有辟世之法. 長沮桀溺謂孔子爲士, 從辟人之法. 己之爲士, 則從辟世之法."이라고 풀이했다.
- 辟世: 세상을 피하다. 곧 혼탁한 세상을 피하여 벼슬하지 않고 은둔하는 것을 말한다. '避世'와 같다.
  〈憲問〉 篇에 나온다. "賢者辟世, 其次辟地, 其次辟色, 其次辟言."

與其~, 豈若…: '~하는 것이 어찌 …하는 것만 같으리오?', '~하기 보다는 차라리 …하는 편이 낫다.'

● 滔(물넘칠 도) 以(더불어 이) 耰(씨앗덮을 우) 輟(그칠 철)

【備旨】

子路丨旣不得於長沮하고 又問津於桀溺한대

桀溺이 亦不以津告하고 乃問曰 子爲誰오

子路曰 我爲仲由也니라

桀溺曰 旣爲仲由면 是魯孔丘之徒與아

子路丨對曰 然하다

桀溺이 乃責之曰 孔丘周流하니 其意이 豈謂天下猶有可易耶아 今滔滔日趨於亂者는 天下皆是也니 雖欲變亂爲治나 而上無可與之君이요 下無可與之民이니 固亦末之何矣라 將誰與變易之리오 夫旣無以變易이면 則周流丨亦何爲也오 且而丨與其從辟人之士하여 於此에 不可則去之彼하여 而徒勞無益也론 豈若從辟世之士하여 付理亂於不知하여 而優游自樂哉리오하고

於是에 耰而不輟하여 若不喩其問津之意焉이라

子路가 이미 장저長沮에게 답을 얻지 못하고, 다시 걸익桀溺에게 나루터를 물었는데,

걸익桀溺이 또한 나루터를 알려주지 않고, 이에 물어 가로되 "그대는 누구십니까?"

子路가 가로되 "저는 仲由라고 합니다."

桀溺이 가로되 "이미 仲由라면, 그대는 魯나라 孔丘의 문도門徒입니까?"

子路가 대답하여 가로되 "그렇습니다."

桀溺이 이에 꾸짖어 가로되 "孔丘가 천하를 周流하니, 그 뜻이 어찌 天下를 오히려 가히 바꿀 수 있다고 말하리오? 지금 도도滔滔히 날마다 난세를 좇는 것이 天下가 모두 이러하니, 비록 亂世를 바꾸어 治世를 이루고자 하나 위로는 가히 함께 할 人君이 없고, 아래로는 가히 함께 할 백성이 없으니 진실로 또한 어찌할 도리가 없도다. 장차 누구와 더불어 세상을 바꾸리오? 무릇 이미 바꿀 수 없다면 곧 周流한다고 해도 또한 무슨 소용이리오? 장차 그대는 저 사람을 피하는 선비를 따라서 이곳에서 不可하면 곧 저곳으로 옮겨 다니며 무익하게 헛수고만 하는 것이, 어찌 세상을 피하는 선비를 따라서 治亂을 不知중에 맡겨두고 우유자락優游自樂하는 것만 같으리오."라고 말하였다.

이에 씨앗을 덮는 일을 멈추지 아니하며, 마치 그가 나루터를 묻는 뜻을 알지 못하는 것처럼 했다.

주해

- 理亂: 다스려짐과 어지러워짐. 곧 '治亂'과 같다. 理(다스릴 리)
- 優游自樂: 한가롭게 스스로 즐기는 모습. '優游自得' 또는 '悠悠自適'과 같다. 優(넉넉할 우) 游(노닐 유)
  漢나라 반고班固의 ≪東都賦≫에 나온다. "莫不優遊而自得, 玉潤而金聲."

子路ㅣ行하여 以告한대
夫子ㅣ憮然曰 鳥獸는 不可與同群이니 吾非斯人之徒를 與오 而誰與리오 天下ㅣ有道면 丘ㅣ不與易也니라

子路가 돌아가서 告하자,
夫子께서 무연憮然히 가라사대 "새나 짐승은 가히 더불어 무리지어 살 수 없으니, 내가 이 사람들과 더불어 함께 하지 않는다면 누구와 더불어 함께 하리오? 天下에 道가 있다면 내(丘)가 더불어 바꾸려고 하지도 않을 것이니라."

憮然은 猶悵然이니 惜其不喩己意也라 言所當與同羣者는 斯人而已니 豈可絶人逃世하여 以爲潔哉리오 天下若已平治면 則我無用變易之리니 正爲天下無道故로 欲以道易之耳니라
程子曰 聖人이 不敢有忘天下之心이라 故로 其言이 如此也시니라
張子曰 聖人之仁은 不以無道必天下而棄之也시니라

'무연憮然'은 '창연悵然'과 같으니, 그들이 자신의 뜻을 깨닫지 못함을 애석해 한 것이다. 이른바 마땅히 더불어 함께 무리지어 살 수 있는 자는 이 사람들 뿐이니, 어찌 가히 사람을 끊고 세상을 피하여 고결함으로 삼을 수 있으리오? 天下가 만약 이미 태평하게 다스려졌다

면 곧 내가 변역變易할 필요가 없으니, 바로 天下가 無道하기 때문에 道로써 천하를 바꾸고자 할 따름이라고 말씀하신 것이다.

程子 가로되 "聖人은 감히 天下를 잊는 마음을 두지 못하시기 때문에, 그 말씀이 이와 같은 것이다."

張子 가로되 "聖人의 仁은 無道하다고 하여 천하를 기필期必하여 버리시지 않는다."

주해

- 憮然: 크게 슬퍼하며 실의에 빠진 모습. '창연悵然'과 같다. 憮(실의할 무) 悵(슬피할 창)
  형병邢昺의 疏에 "憮, 失意貌."라고 풀이했다.
  "憮然, 有身世無窮之感意."(四書補註備旨)
  新安陳氏가 말했다. "溺沮以賢人自守之心, 而量聖人濟世之心, 宜其不足以知聖人也."(大全註疏)
- 悵然: 뜻과 같지 않아 실의하여 즐겁지 못한 모습.
  楚나라 宋玉의 ≪神女賦≫ 序에 나온다. "罔兮不樂, 悵然失志." 또한 ≪史記 · 日者列傳≫에도 나온다. "宋忠賈誼忽而自失, 芒乎無色, 悵然噤口不能言." 芒(까끄라기 망) 噤(입다물 금)
- 斯人之徒與: 이 人君과 백성들의 무리와 함께 하다. 곧 '斯人'은 人君과 백성들을 가리키는 말이다. '與'는 함께 한다는 뜻이다.
  "斯人指君與民言. 徒猶類也. 與謂相與也."(四書補註備旨)
- 不與易: 더불어 바꾸지 않다. 곧 더불어 바꿀 필요가 없다는 뜻이다.
  "不與二字, 作無用."(四書補註備旨)

【備旨】

子路ㅣ於是에 遂行하여 以沮溺之言으로 告夫子한대

夫子ㅣ聞之하시고 惜其不喩己意하여 憮然歎曰 彼謂與其從辟人으론 不若從辟世는 是謂斯世之人은 皆不可與同羣也니 不知鳥獸異類라 旣不可與同羣이면 則所當與同羣者는 斯人而已니 吾非斯人之徒를 與오 而誰與哉아

彼謂天下無道어늘 誰與易之는 不知若天下有道면 則丘ㅣ不用變易之矣라 丘之栖栖不息하여 欲以道易之者는 正爲天下無道故也니 滔滔之說은 彼何其不諒吾之心也耶아

子路가 이에 마침내 돌아가서 장저長沮와 걸익桀溺의 말을 夫子께 고한대,

夫子께서 들으시고 그들이 자신의 뜻을 깨닫지 못함을 애석해하며 무연憮然히 탄식하여 가라사대 "저들이 말한 '그 사람을 피하는 자를 따르는 것이 세상을 피하는 자를 따르는 것만 같지 못하다'는 것은, 이는 이 세상 사람들은 모두 가히 더불어 함께 무리지어 살 수 없다는 말이니, 새나 짐승이 다른 무리임을 알지 못한 것이니라. 이미 가히 더불어 함께 무리지어 살 수가 없다면 곧 마땅히 더불어 함께 무리지어 살 자는 이 사람들 뿐이니, 내가 이런 사람들과 무리지어 함께 하지 않는다면 누구와 더불어 함께 하리오?

저들이 말한 '天下가 無道하거늘 누구와 더불어 세상을 바꾸리오?'라는 것은, 만약 天下에 道가 있다면 곧 내(丘)가 변역變易할 필요가 없다는 것을 알지 못한 것이다. 내(丘)가 바쁘게 쉬지 아니하며 道로써 세상을 바꾸고자 한 것은 바로 天下에 道가 없기 때문이니, '도

도滔滔히 강물이 흘러가면 다시 돌아오지 못한다'는 말을 하여, 저들이 어찌 그 내 마음을 헤아리지 못하는가?"

[18・7]

子路丨從而後러니 遇丈人丨以杖荷蓧하여 子路丨問曰 子丨見夫子乎아 丈人曰 四體를 不勤하며 五穀을 不分하나니 孰爲夫子오하고 植其杖而芸하더라

子路가 夫子를 따라 周流하다가 뒤에 처졌는데, 지팡이로 대 삼태기를 매고 길을 지나가는 노인을 만나자,
子路가 물어 가로되 "그대는 우리 夫子를 보셨습니까?"
丈人이 가로되 "그대는 四體를 부지런히 움직여 농사도 짓지 않으며, 오곡을 분별하지도 못하는데, 누가 夫子란 말인가?" 하고, 그 지팡이를 땅에 꽂아 두고 김을 매기 시작했다.

丈人은 亦隱者라 蓧는 竹器요 分은 辨也라 五穀不分은 猶言不辨菽麥爾니 責其不事農業하고 而從師遠遊也라 植은 立之也요 芸은 去草也라

'丈人'은 또한 은자이다. '조蓧'는 竹器요, '分'은 분별하는 것이다. '오

곡을 분별하지 못한다'는 말은 '콩과 보리도 분별하지 못한다'는 말과 같으니, 그(子路)가 농사를 일삼지 않고 스승을 좇아 멀리 노니는 것을 꾸짖은 것이다. '치植'는 세우는 것이요, '운芸'은 풀을 매는 것이다.

주해

- 從而後: 뒤따르다가 뒤에 처지다. 곧 孔子를 따라 천하를 周流하다가 일행의 뒤에 처진 것을 말한다.
- 遇丈人: 노인을 만나다. '丈人'은 노인을 말한다. 遇(만날 우)
  "丈人, 老人之稱."(四書補註備旨)
- 以杖荷蓧: 지팡이로 대 삼태기를 매다. '하荷'는 '담擔'의 뜻이다. 荷(멜 하) 蓧(대삼태기 조) "荷, 擔也. 蓧是芸草器. 掛蓧於丈, 荷之而行."(四書補註備旨) 掛(걸 괘)
- 五穀不分: 오곡을 분별하지 못하다. '五穀'은 稻黍稷麥菽을 말한다. 稻(벼 도) 黍(기장 서) 稷(기장 직) 麥(보리 맥) 菽(콩 숙)
- 植其杖而芸: 그 지팡이를 꽂아 두고 김을 매다. '운芸'은 '운耘'과 같다. 値(세울 치) 芸(김맬 운) 耘(김맬 운)
- 菽麥不辨: 콩과 보리도 분별하지 못하다. 곧 사리 분별을 못하는 자라는 뜻이다.
- 遠遊: 멀리 노닐다. '遠游'와 같다.
  〈里仁〉 篇에 나온다. "子曰 父母在, 不遠遊. 遊必有方." 또한 ≪楚辭·遠遊≫ 篇에도 나온다. "悲時俗之迫阨兮, 願輕擧而遠遊." 阨(좁을 애)

【備旨】

昔에 夫子ㅣ自楚反蔡할새 子路ㅣ從之而偶相失在後러니 適遇高年之丈人이 以杖荷其蓧而來하여

子路ㅣ迎而問曰 子ㅣ曾見吾夫子乎아

丈人이 知子路ㅣ爲從孔子遊者하고 乃正言責之曰 今之時는 固稼穡食力時也어늘 汝ㅣ於四體에 則不勤於耕하고 於五穀에 亦不分其類하여 而徒然從師遠遊하고 顧問夫子於我하니 我安知行路之人이 孰爲爾之夫子乎아하고 於是에 植其杖而芸하여 更不答他하더라

옛날 夫子께서 楚나라로부터 채蔡나라로 돌아올 때, 子路가 뒤따르다가 우연히 서로 잃고 뒤처져 있었는데, 마침 나이 많은 丈人이 지팡이로 그 대 삼태기를 매고 걸어오는 것을 만났다.

子路가 맞이하여 물어 가로되 "그대는 일찍이 우리 夫子를 보셨습니까?"

丈人이 子路가 孔子를 좇아 주유周遊하는 자임을 알고, 이에 바른 말로 꾸짖어 가로되 "지금은 진실로 농삿일에 힘써야 하는 때이거늘, 그대는 四體를 곧 경작하는데 힘쓰지 않고 오곡에 대해 그 종류를 변별하지도 못하면서, 헛되이 스승을 따라 멀리 노닐면서 다만 나에게 夫子에 대해 물으니, 내 어찌 길 가는 사람 중에 누가 그대의 夫子인 줄 알리오?" 라고 하며, 이에 그 지팡이를 땅에 꽂아 두고 김을 매면서 다시는 그에게 답을 하지 않았다.

주해

- 稼穡: 씨를 뿌리고 수확하는 일. 곧 농삿일을 말함. 稼(심을 가) 穡(거둘 색)

≪書 · 無逸≫ 篇에 나온다. "厥父母勤勞稼穡, 厥子乃不知稼穡之艱難." 또한 ≪孟子 · 滕文公上≫에도 나온다. "後稷敎民稼穡." 厥(그

길) 艱(어려울 간)

● 食力: 노동에 의지해서 생활하다.
≪國語 · 晉語四≫에 나온다. "庶人食力." 또한 宋나라 소식蘇軾의 ≪糴米≫ 詩에도 나온다. "知非笑昨夢, 食力免自愧." 糴(쌀사들일 적) 昨(어제 작)

● 適(마침 적) 顧(다만 고) 他(남 타)

子路ㅣ拱而立한대

子路가 두 손을 맞잡고 서 있는데,

知其隱者하고 敬之也라

그가 隱者임을 알고, 공경하게 대한 것이다.

주해

● 拱而立: 두 손을 맞잡고 공손히 서다. 곧 '공수송립拱手竦立'을 말한다. 拱(두손맞잡을 공) 竦(삼갈 송)

【備旨】

乃子路ㅣ聞丈人之言하고 遂拱而立以敬之하니 蓋不敢以待己之倨로 而亦以倨待之也라

이에 子路가 丈人의 말을 듣고, 곧 두 손을 맞잡고 서서 공경하게 대하니, 대개 감히 자신을 대하는 것이 거만하다고 해서 또한 거만하게 그를 대할 수 없었던 것이다.

주해

- 遂: 곧. 이에. '於是' 또는 '就'와 같음. 遂(이에 수)
- 倨(거만할 거)

止子路宿하여 殺雞爲黍而食(사)之하고 見其二子焉이어늘 明日에 子路行하여 以告한대

子曰 隱者也로다 하시고 使子路로 反見(현)之러시니 至則行矣러라

子路를 머물러 묵게 하고, 닭을 잡아 기장밥을 지어 먹이고, 그의 두 아들을 뵈이거늘, 이튿날 子路가 夫子께 가서 고한대, 孔子께서 가라사대 "隱者로다!" 하시고, 子路로 하여금 돌아가 다시 뵙게 하셨는데, 도착해 보니 이미 떠나버렸다.

孔子ㅣ使子路反見之는 蓋欲告之以君臣之義러니 而丈人은 意子路ㅣ必將復來라 故로 先去之하여 以滅其跡하니 亦接輿之意也라

孔子께서 子路로 하여금 돌아가 다시 뵙게 한 것은 대개 君臣의 義를 고하고자 하신 것인데, 丈人은 子路가 반드시 장차 다시 올 것이라고 생각했다. 그러므로 먼저 떠나가 그 종적을 없애 버렸으니, 또한 접여接輿의 뜻과 같다.

주해

- 止子路宿: 子路를 머물러 묵게 하다. '止'는 '留'와 같다. 止(머무를 지)
- 見其二子: 자신의 두 아들로 하여금 나와서 뵙게 하다. 곧 長幼의 예절을 밝힌 것이다. 見(뵈올 현)
  "是丈人令二子出見, 此其明長幼之節處."(四書補註備旨)
- 至則行矣: 도착해 보니 이미 떠나고 없었다. "至是子路復至, 行是丈人先行."(四書補註備旨)
- 食(먹일 사) 跡(자취 적)

【備旨】

丈人이 於是에 止子路宿於其家하여 殺鷄爲黍而食之하니 野人之供具ㅣ可謂優厚矣요 復見其二子焉하니 敬長之儀文이 可謂有禮矣라 夫丈人이 前倨而後恭이 若此하니 固有感於子路之敬이요 亦以示避世之爲可樂也라

及止宿之明日에 子路ㅣ行及夫子하여 以丈人所責之辭와 所接之禮로 而備告於夫子한대

夫子ㅣ聞而歎之曰 此賢而隱者也나 惜不明出處之大道耳라시니라

因使子路反見之하니 蓋欲挽之以共濟天下也로되 而丈

人은 逆知子路之復來라 故로 先去之하니 及子路ㅣ至하여는 則已行矣라

丈人이 이에 子路를 자신의 집에 묵게 하여, 닭을 잡고 기장밥을 지어 대접하니, 野人의 음식 대접이 가히 매우 厚待하다고 말할 수 있다. 다시 그 두 아들로 하여금 뵙게 하니, 어른을 공경하는 儀文이 가히 禮가 있다고 말할 수 있다.
무릇 丈人이 먼저 거만하고 뒤에 공손함이 이와 같으니, 진실로 子路의 공경함에 감응이 있었던 것이요, 또한 세상을 피해 사는 것이 가히 즐겁다는 점을 보여준 것이다.
머물러 묵은 이튿날, 子路가 夫子께 돌아가서 丈人이 꾸짖었던 말과 대접한 禮를 모두 夫子께 아뢰었는데,
夫子께서 듣고 탄식하여 가라사대 "이 분은 賢者이면서 隱者이나, 애석하게도 出處의 大道를 깨닫지 못했을 따름이로다!"
이 때문에 子路로 하여금 돌아가 뵙게 하니, 대개 그를 만류挽留하여 함께 天下를 구제하고자 하였다. 그러나 丈人은 子路가 다시 올 것을 미리 알아차리고 먼저 떠나 버렸으니, 子路가 도착했을 때는 곧 이미 떠나버린 뒤였다.

주해

- 供具: 술과 음식을 갖추어 대접하다.
  ≪史記 · 범저채택열전範雎蔡澤列傳≫에 나온다. "須賈辭於範雎, 範雎大供具, 盡請諸侯使, 與坐堂上, 食飮甚設. 而坐須賈於堂下." 雎(물수리 저)
- 優厚: 후대厚待하다. 優(넉넉할 우)
  ≪儀禮 · 근례覲禮≫ 篇에 나온다. "侯氏先升, 授幾." 漢나라 鄭玄의

註에 "幾者安賓, 所以崇優厚也."라고 풀이했다. 覲(뵐 근)

- 儀文: 禮儀의 형식.
  唐나라 장구령張九齡의 ≪청행교례소請行郊禮疏≫에 나온다. "聖朝典則, 盛世儀文, 亦雲咸備, 可謂無遺矣."
- 挽(당길 만) 逆(미리 역)

子路曰 不仕ㅣ無義하니 長幼之節을 不可廢也니 君臣之義를 如之何其廢之리오 欲潔其身而亂大倫이로다 君子之仕也는 行其義也니 道之不行은 已知之矣시니라

子路가 가로되 "벼슬하지 않는 것은 君臣의 義가 없는 것이니, 長幼의 예절도 가히 廢할 수 없거늘 君臣의 義를 어찌 그것을 廢하리오? 그 몸을 고결히 하고자 하여 大倫을 어지럽힌 것이로다. 君子가 벼슬을 하는 것은 그 義를 행하는 것이니, 道가 행해지지 못할 것은 이미 알고 계시니라."

子路ㅣ述夫子之意如此라 蓋丈人之接子路甚倨나 而子路ㅣ益恭한대 丈人이 因見(현)其二子焉하니 則於長幼之節에 固知其不可廢矣라 故로 因其所明以曉之라 倫은 序也라 人之大倫이 有五하니 父子有親과 君臣有義와 夫婦有別과 長幼有序와 朋友有信이 是也라 仕는 所以

行君臣之義라 故로 雖知道之不行이나 而不可廢라 然이나 謂之義면 則事之可否와 身之去就를 亦自有不可苟者라 是以로 雖不潔身以亂倫이나 亦非忘義以殉祿也라
福州에 有國初時寫本하니 路下에 有'反子' 二字하여 以此爲子路反而夫子ㅣ言之也하니 未知是否라
范氏曰 隱者는 爲高故로 往而不反하고 仕者는 爲通故로 溺而不止라 不與鳥獸同群이면 則決性命之情하여 以饕富貴하니 此二者는 皆惑也라 是以로 依乎中庸者爲難이로되 惟聖人은 不廢君臣之義而必以其正하니 所以或出或處而終不離於道也시니라

子路가 夫子의 뜻을 서술한 것이 이와 같다. 대개 丈人이 子路를 대접한 것이 심히 거만하였으나 子路가 더욱 공손하게 대하니, 丈人이 인하여 그 두 아들로 하여금 뵙게 하니 곧 長幼의 예절에 대해 진실로 그것을 가히 廢할 수 없음을 안 것이다. 그러므로 그 밝은 바(長幼之節)를 인하여 깨우치신 것이다.
'륜倫'은 차례이다. 사람의 大倫이 다섯 가지가 있으니, 父子有親과 君臣有義와 夫婦有別과 長幼有序와 朋友有信이 이것이다. '仕'는 君臣의 義를 행하는 바이다. 그러므로 비록 道가 행해지지 못할 것을 알면서도 가히 폐할 수 없는 것이다. 그러나 이를 義라고 말한다면 곧 일의 可否와 몸의 거취去就를 또한 스스로 가히 구차하게 할 수 없는 것이 있다. 이 때문에 비록 몸을 고결히 하여 大倫을 어지럽히지 않는다 해도, 또한 義를 잊고 봉록俸祿을 탐하지는 않는 것이다.
복주福州에 國初(宋初)의 寫本이 있으니, '路'字 아래에 '反子' 두 글자

가 있는데, 이로써 '子路가 돌아오자 夫子께서 말씀하신 것이다' 라고 했으니, 옳고 그름을 알 수 없다.

范氏 가로되 "隱者는 고상하다고 여기기 때문에 가서 돌아오지 않고, 벼슬한 者는 통달 했다고 여기기 때문에 탐닉耽溺하되 그치지 않는 것이다. 새나 짐승과 더불어 함께 무리지어 살지 않는다면 곧 性命의 情을 決斷하여 부귀를 탐하니, 이 두 가지는 모두 미혹된 것이다. 이 때문에 中庸에 의거하는 것이 어렵지만, 오직 聖人이라야 君臣의 義를 폐하지 않고 반드시 그 正道로써 하니, 혹 출사出仕하거나 혹 은퇴隱退한다고 해도 끝내 道에서 떠나지 않으신 것이다."

주해

- 不仕無義: 벼슬하지 않는 것은 義가 없는 것이다. '無義'는 君臣간의 義를 폐한 것을 말한다.
- 潔其身而亂大倫: 그 몸을 고결히 하여 大倫을 어지럽히다. '潔身'은 곧 '獨善'을 말한다.

  新安陳氏가 말했다. "大倫備於五者. 此所謂潔身而亂大倫, 只是說廢君臣之大倫."(大全註疏)

  新安陳氏가 또한 말했다. "潔身亂倫, 沮溺丈人之儔, 過乎中庸者也. 忘義殉祿, 苟仕饕富貴之徒, 不及乎中庸者也."(大全註疏) 儔(짝 주) 殉(탐할 순) 饕(탐할 도)
- 性命: 하늘이 품수稟賦한 것과 만물이 부여賦與받은 것. 朱子는 하늘이 품부稟賦한 것을 '命'이라 했고, 만물이 품수稟受한 것을 '性'이라 했다. 稟(줄 품)

  ≪易·乾≫ 卦에 나온다. "乾道變化, 各正性命." 공영달孔穎達의 疏에 "性者, 天生之質, 若剛柔遲速之別. 命者, 人所稟受, 若貴賤夭壽之屬也."라고 했고, ≪朱子本義≫에 "物所受爲性, 天所賦爲命."이라 풀이했다. 遲(늦을 지)
- 決性命之情: 性命의 情을 파괴하다. '決'은 破壞의 뜻이다.

≪莊子 · 변무騈拇≫ 篇에 나온다. "不仁之人, 決性命之情, 而饕富貴."

【備旨】

子路ㅣ因述夫子之意하여 而言於其家曰 君臣之義는 無所逃於天地之間이라 故로 仕則行義 而不仕則無義矣라 夫長幼之節과 君臣之義는 均不容以偏廢者라 向者에 見我以二子는 則長幼之節을 旣知不可廢也어늘 至於君臣之義하여는 如之何其獨廢之리오

是欲潔其一身之小節이라가 而不知亂乎君臣之大倫也니 亦未觀之君子耳라 彼君子之惓惓於仕也ㅣ豈貪位慕祿乎哉아 正以君臣之義를 不可廢라 故로 出而行其以臣事君之義也라 若夫道之不行은 固己知之早矣니 豈可諉於道之不行하여 而遂絶人逃世하여 以廢此義哉아 子路ㅣ述夫子之意如此니 而惜乎라 趨之不同也여

子路가 인하여 夫子의 뜻을 서술하여 그 집 사람들(丈人의 二子)에게 말하여 가로되 "君臣의 義는 天地의 사이에 벗어날 곳이 없기 때문에, 벼슬을 하면 곧 義를 행하고 벼슬하지 아니하면 곧 義가 없는 것입니다. 무릇 長幼의 예절과 君臣의 義는 모두 한 쪽만을 버릴 수는 없습니다. 지난번에 두 아들로 하여금 나를 뵙게 한 것은 곧 長幼의 예절을 이미 가히 폐할 수 없음을 아신 것이나, 君臣의 義에 대해서는 어찌 이것을 홀로 폐할 수 있으리오?

이는 자신의 한 몸의 小節을 깨끗이 하려다가 君臣의 大倫를 어지

럽히게 된다는 사실을 알지 못한 것이니, 또한 君子의 도리를 살피지 못했을 뿐입니다. 저 君子가 벼슬에 권권惓惓하는 것이 어찌 지위를 탐하고 봉록俸祿을 바라고 한 것이리오? 바로 君臣의 義를 가히 폐할 수 없기 때문에 出仕하여 그 신하로서 人君을 섬기는 義를 행한 것입니다. 道가 행해지지 않는 것에 대해서는 진실로 이미 일찍부터 알았으니, 어찌 가히 道가 행해지지 않는 것을 핑계 삼아 마침내 사람을 끊고 세상을 피하여 이 義를 폐하리오?"

子路가 夫子의 뜻을 서술함이 이와 같으니, 애석하도다! 추향趨向이 서로 같지 않음이여!

주해

- 偏廢: 한쪽 만을 들어 취하고 나머지는 버리다. 偏(치우칠 편) 廢(폐할 폐)

  ≪三國志 · 蜀志 · 楊儀傳≫에 나온다. "亮深惜儀之才幹, 憑魏延之驍勇, 常恨二人之不平, 不忍有所偏廢也." 憑(기댈 빙) 驍(날랠 효)
- 惓惓: 삼가고 정성스러운 모양. 곧 '충근忠勤'의 뜻이다. 惓(삼갈 권)

  ≪漢書 · 劉向傳≫에 나온다. "欲終不言, 念忠臣雖在甽畝, 猶不忘君, 惓惓之義也." 顏師古의 注에 "惓惓, 忠謹之意. 惓讀與拳同."이라 풀이했다. 甽(밭도랑 견) 畝(이랑 무)
- 慕(바랄 모) 諉(핑계할 위)

[18 · 8]

逸民은 伯夷와 叔齊와 虞仲과 夷逸과 朱張과 柳下惠와 少連이니라

'일민逸民'은 백이伯夷와 숙제叔齊와 우중虞仲과 이일夷逸과 주장朱張과 유하혜柳下惠와 소련少連이니라.

逸은 遺逸이요 民者는 無位之稱이라 虞仲은 卽仲雍이니 與泰伯同竄荊蠻者라 夷逸朱張은 不見(현)經傳이라 少連은 東夷人이라

'일逸'은 은거한다는 뜻이요, '民'은 지위가 없는 자를 일컫는다. '우중虞仲'은 곧 중옹仲雍이니, 태백泰伯과 함께 형만荊蠻의 땅으로 달아난 자이다. 이일夷逸과 주장朱張은 經傳에 보이지 않는다. 소련少連은 東夷人이다.

주해

- 逸民: 학문과 덕행이 높으나 세상을 피하여 은거한 사람. 逸(숨을 일)
  하안何晏의 ≪論語集解≫에 "逸民者, 節行超逸也."라고 했고, 안사고顔師古의 註에 "逸民, 謂有德而隱處者."라고 풀이했다.
- 虞仲: 仲雍을 말한다. 고공단보古公亶父(太王)의 아들로 泰伯의 아우이며 季歷의 兄이다. 太王이 季歷의 아들 昌(文王)에게 뜻을 두자, 아우 泰伯과 함께 만이蠻夷의 땅으로 달아났다고 한. 亶(믿음 단)
- 遺逸: 은거하다. 인재를 버려두고 등용하지 않다. '유일遺佚' 또는 '유일遺軼'과 같다. 佚(숨을 일) 軼(잃을 일)
  ≪漢書 · 五行志中之下≫에 나온다. "是歲遣博士褚大等六人持節巡行天下, 存賜鰥寡, 假與乏困, 擧遺逸獨行君子詣行所在." 褚(솜옷 저) 巡(돌 순) 鰥(홀아비 환) 寡(홀어미 과) 乏(가난할 핍) 詣(나아갈 예)
  또한 ≪孟子 · 公孫丑上≫에도 나온다. "進不隱賢, 必其以道. 遺佚而不怨, 阨窮而不憫." 阨(좁을 애) 憫(불쌍히여길 민)
- 竄(숨을 찬) 荊(가시나무 형) 蠻(오랑캐 만) 雍(온화할 옹)

【備旨】

記者ㅣ因夫子ㅣ品第夷齊以下七人之行 故로 先紀其人曰 古之人에 有以逸民稱者ㅣ七人하니 曰伯夷 曰叔齊 曰虞仲 曰夷逸 曰朱張 曰柳下惠 曰少蓮之七人者라 立心制行이 雖異나 而以賢見逸於世則同이라 故로 皆謂之逸民也라

기록한 자가 夫子께서 백이伯夷와 숙제叔齊 이하 일곱 사람의 행실을 품평하여 차례를 정한 것으로 인하였다. 그러므로 먼저 그 사람들을 기록하여 가로되 "옛날 사람들 중에 逸民이라고 일컬은 자가 일곱 사람이 있으니, 伯夷와 叔齊와 우중虞仲과 이일夷逸과 주장朱張과 유하혜柳下惠와 소련少蓮 등의 일곱 사람을 말한다. 그들이 뜻을 세우고 행위를 정한 것이 비록 다르나, 賢者인데도 세상에 버림을 받기는 곧 마찬가지이다. 그러므로 '일민逸民'이라고 이른 것이다."

주해

- 品第: 인물을 품평하여 등급(차례)을 정함. 第(등급 제)
  梁나라 종영鍾嶸의 ≪詩品·總論≫에 나온다. "諸英志録, 並義在文, 曾無品第." 嶸(가파를 영)
- 立心: 뜻을 세우다. '立意'와 같다.
- 制行: 도덕과 행위의 준칙을 규정하다.
  ≪禮記·表記≫에 나온다. "聖人之制行也, 不制以己." 孔穎達의 疏에 "聖人之制法立行不造制以己之所能, 謂不將己之所能以爲法, 恐凡人不能行也."라고 풀이했다.

子曰 不降其志하며 不辱其身은 伯夷叔齊與인저

孔子께서 가라사대 "그 뜻을 굽히지 아니하며, 그 몸을 욕되게 하지 않은 자는 백이伯夷와 숙제叔齊인 저!"

주해

- 不降其志: 그 뜻을 굽히지 않다. 降(굽힐 항)
  "不降者, 高尚不屈志, 以立心言."(四書補註備旨)
- 不辱其身: 그 몸을 욕되게 하지 않다. 辱(욕될 욕)
  "不辱者, 淸潔不汚身, 以制行言."(四書補註備旨)
  新安陳氏가 말했다. "非其君不事, 不降志可見. 不立惡人之朝, 不辱身可見."(大全註疏)

【備旨】

夫子ㅣ嘗稱贊而論列之曰 逸民中에 有立志之高하여 不肯少屈於人하며 持身之潔하여 不肯少汚於世者하니 其惟伯夷叔齊與인저 此特立獨行之士니 蓋淸而逸者乎인저

夫子께서 일찍이 이들을 칭찬하시고 일일이 논하여 가라사대 "일민逸民 가운데 立志가 고상하여 조금이라도 남에게 굽히려 하지 않으며, 몸가짐이 고결하여 조금이라도 세속에 더럽혀지지 않으려는 자가 있으니, 그 오직 伯夷와 叔齊인 저! 이들은 특립독행特立獨行한

선비이니, 대개 청렴하여 은둔한 자인 저!"

주해

- 論列: 일일이 열거하며 논하다.
  ≪荀子 · 왕패王霸≫ 篇에 나온다. "相者, 論列百官之長, 要百事之聽." 覇(으뜸 패)
- 不肯: 동의하지 않다. 받아들이지 않다. 肯(옳게여길 긍)
  ≪곡량전穀梁傳 · 宣公四年≫ 條에 나온다. "公及齊侯平莒及郯, 莒人不肯." 莒(제후이름 거) 郯(나라이름 담)
- 特立獨行: 뜻과 행실이 고결하여 世波에 따르지 않음.
  ≪禮記 · 유행儒行≫ 篇에 나온다. "世治不輕, 世亂不沮, 同弗與, 異弗非也, 其特立獨行有如此者." 沮(막을 저)
  또한 唐나라 한유韓愈의 ≪백이송伯夷頌≫에도 나온다. "士之特立獨行, 適於義而已, 不顧人之是非, 皆豪傑之士, 信道篤而自明者也." 顧(돌아볼 고)

謂柳下惠少連하시되 降志辱身矣나 言中倫하며 行中慮하니 其斯而已矣니라

유하혜柳下惠와 소련少連에 대해 말씀하시되 "뜻을 굽히고 몸을 욕되게 하였으나, 말이 법도에 맞으며 행실이 사려에 맞았으니, 그들은 이러했을 따름이니라."

柳下惠는 事見上이라 倫은 義理之次第也라 慮는 思慮

也니 中慮는 言有意義合人心이라 少連은 事不可考나 然이나 記에 稱其善居喪하여 三日不怠하고 三月不解하며 朞悲哀하고 三年憂라하니 則行之中慮를 亦可見矣라

柳下惠의 일은 앞에 보인다. '倫'은 義理의 차례이다. '려慮'는 사려思慮이니, '中慮'는 뜻이 사람의 마음에 부합된다는 말이다. 소련少蓮은 일을 가히 상고할 수 없으나, 그러나 ≪禮記≫에 그가 '居喪을 잘하여 삼 일 동안 나태하지 아니했고 석 달 동안 해이懈弛하지 않았으며, 일 년 동안 悲哀에 빠지고 삼 년 동안 근심하였다'고 했으니, 곧 행실이 사려에 맞았음을 또한 가히 알 수 있다.

주해

- 柳下惠, 事見上: 柳下惠의 일은 앞에 보인다. 곧 〈위영공衛靈公〉 篇과 〈미자微子〉 篇에 柳下惠에 대한 기술이 있다.
  李氏가 말했다. "惠不辭小官, 降志也. 不羞汙君, 辱身也."(大全註疏) 汙(더러울 오)
- 次第: 차례. 순서.
- 三月不解: 석 달 동안 해이懈弛하지 않다. '解'는 '해懈'와 통한다. 懈(게으를 해) 弛(늦출 이)
  ≪禮記 · 雜記下≫ 篇에 나온다. "孔子曰, 少蓮大蓮善居喪. 三日不怠, 三月不解, 朞悲哀, 三年憂, 東夷之子也. 言其生於夷狄而知禮也."

【備旨】

謂柳下惠少連하시되 不擇君而仕하니 降其志矣요 不相時而出하니 辱其身矣로되 但其所言者는 則中乎義理之

倫次하고 其所行者는 則中乎人心之思慮라 蓋雖降志而不枉己하며 雖辱身而不求合하니 則惠連之所可取者는 在斯中倫中慮而已矣니 茲非和而逸者乎아

유하혜柳下惠와 소련少蓮에 대해 말씀하시되 "人君을 가리지 않고 벼슬을 했으니 그 뜻을 굽힌 것이요, 때를 살피지 않고 나아갔으니 그 몸을 욕되게 한 것이로되, 다만 그 말한 바가 곧 義理의 차례에 맞고, 그 행한 바가 곧 人心의 思慮에 맞았다.
대개 비록 뜻을 굽혔으나 몸을 굽히지는 않았고, 비록 몸을 욕되게 하였으나 영합迎合되는 것을 구하지는 아니했으니, 곧 柳下惠와 少連에게 가히 취할 바는 이렇게 차례에 맞고 思慮에 맞는 데에 있을 따름이니, 이는 화합하면서 숨은 자가 아니리오?"

주해

- 相時: 때를 살피다. 시기를 관찰하다. 相(살필 상)
  漢나라 가의賈誼의 ≪新書 · 立後義≫에 나온다. "夫帝王者, 莫不相時而立儀, 度務而制事, 以馴其時也." 馴(길들일 순)
- 倫次: 차례. 순서. 倫(차례 륜)
- 茲(이 자)

謂虞仲夷逸하시되 隱居放言하나 身中淸하며 廢中權이니라

우중虞仲과 이일夷逸에 대해 말씀하시되 "은둔해 살면서 말을 거

리낌 없이 하였으나, 몸은 淸白에 맞았고, 스스로 관직을 버린 것은 권변權變에 맞았느니라.”

仲雍이 居吳에 斷髮文身하고 裸以爲飾이라 隱居獨善은 合乎道之淸이요 放言自廢는 合乎道之權이라

중옹仲雍이 吳나라에 살면서 머리카락을 자르고 文身을 하며 벌거벗는 몸에 치장을 하였다. 은둔하면서 홀로 그 몸을 선하게 한 것은 道의 淸白에 부합되고, 말을 거리낌 없이 하며 스스로 관직을 버린 것은 道의 권변權變에 부합되었다.

주해

- 放言: 말을 거리낌 없이 멋대로 함.
  “隱居是遁世不出. 方言是肆言無忌.”(四書補註備旨)
- 身中淸: 홀로 그 몸을 善하게 하여 淸白에 맞게 하다. ‘身’은 ‘獨善其身’의 身을 말한다.
  “身謂獨善其身, 承隱居說. 淸是不汚.”(四書補註備旨)
  황간皇侃의 ≪論語義疏≫에 “身不仕于亂朝, 是中淸潔也.”라고 풀이했다.
- 廢中權: 스스로 관직을 버려 환난을 면함으로써 權變에 맞게 하다.
  “廢謂甘於自廢, 承放言說. 權是達變.”(四書補註備旨)
  마융馬融의 ≪論語馬氏訓說≫에 “遭世亂, 自廢棄以免患, 合于權也.”라고 풀이했다.
  또한 ≪文子 · 道德≫에 “圣人者应时权变, 见形施宜.”라고 했다.
- 獨善: 홀로 그 몸을 善하게 하다. 곧 ‘獨善其身’의 뜻이다.
  ≪韩非子 · 外储说右下≫에 나온다. “闻有吏虽乱而有独善之民, 不闻有民乱而有独治之吏, 故明主治吏不治民.”

【備旨】

謂虞仲夷逸하시되 隱居而遯世하니 行未必中慮矣요 放言而無忌하니 言未必中倫矣라 然이나 其隱居而身不汚也ㅣ有合於道之淸하며 放言以示自廢也ㅣ有合於道之權이라 蓋雖潔身而未嘗亂倫하며 雖高踏而未嘗害義矣니 玆非放而逸者乎아

우중虞仲과 이일夷逸에 대해 말씀하시되 "은거하면서 세상을 피하니 행실이 반드시 사려에 맞는 것은 아니요, 말을 함부로 하면서 거리낌이 없으니 말이 반드시 차례에 맞는 것은 아니다. 그러나 그가 은거하면서 몸을 더럽히지 않은 것은 道의 淸白에 부합됨이 있으며, 말을 함부로 하면서 스스로 관직을 버린 것은 道의 權變에 부합됨이 있었다.
대개 비록 몸을 깨끗이 하였으나 일찍이 차례를 어지럽히지 않았으며, 비록 고답高踏적이기는 하나 일찍이 義를 해치지 않았으니, 이들은 거리낌 없이 말하면서 숨은 자가 아니리오?"

我則異於是하여 無可無不可호라

"나는 곧 이들과 달라서, 可한 것도 없고 不可한 것도 없느니라."

孟子曰 孔子는 可以仕則仕하고 可以止則止하고 可以久

則久하고 可以速則速이라하시니 所謂無可無不可也라

孟子 가라사대 "孔子께서는 가히 벼슬할 만하면 곧 벼슬하고, 가히 그칠 만하면 곧 그치고, 가히 오래 머무를 만하면 곧 오래 머물고, 가히 속히 떠나야 한다면 곧 속히 떠나셨다." 라고 하셨으니, 이른바 可한 것도 없고 不可한 것도 없다는 것이다.

謝氏曰 七人이 隱遯不汙則同이나 其立心造行則異라 伯夷叔齊는 天子不得臣하고 諸侯不得友하니 蓋已遯世離群矣라 下聖人一等하야 此其最高與인저 柳下惠少連은 雖降志而不枉己하고 雖辱身而不求合하니 其心有不屑也라 故로 言能中倫하고 行能中慮라 虞仲夷逸은 隱居放言하니 則言不合先王之法者ㅣ多矣라 然이나 淸而不汙也하고 權而適宜也하니 與方外之士ㅣ害義傷敎而亂大倫者로 殊科라 是以로 均謂之逸民이니라
尹氏曰 七人은 各守其一節이요 而孔子則無可無不可하시니 此所以常適其可 하사 而異於逸民之徒也니라
揚雄이 曰觀乎聖人이면 則見賢人이니 是以로 孟子語夷惠에 亦必以孔子斷之시니라

謝氏 가로되 "일곱 사람이 은둔하여 몸을 더럽히지 않은 것은 곧 똑같으나, 그들이 뜻을 세우고 행위를 정한 것은 곧 다르다. 백이伯夷와 숙제叔齊는 天子가 신하로 얻지 못하고, 제후가 벗으로 얻지 못했으니, 대개 이미 세상에 은둔하고 무리를 떠난 것이다. 聖人에서

한 등급을 낮춘다면 이들이 그 가장 높을 것인 저! 유하혜柳下惠와 소련少蓮은 비록 뜻을 굽혔으나 몸은 굽히지 아니했고, 비록 몸을 욕되게 하였으나 영합을 구하지 아니했으니, 그 마음에 탐탁하게 여기지 않은 것이 있었다. 그러므로 말이 능히 차례에 맞고 행실이 능히 사려에 맞았던 것이다. 우중虞仲과 이일夷逸은 은거하면서 말을 거리낌 없이 하였으니, 곧 말이 先王의 법도에 부합되지 않은 경우가 많았다. 그러나 淸白하여 몸을 더럽히지 않았고, 權變을 행하여 마땅하였으니, 方外의 선비가 義를 해치고 교화를 손상시키면서 大倫을 어지럽힌 것과는 다르다. 이 때문에 모두 '逸民'이라고 부른 것이다."

尹氏 가로되 "일곱 사람이 각각 그 한 가지 절개를 지켰으나, 孔子께서는 곧 可함도 없고 不可함도 없으셨으니, 항상 그 可함에 적합하여 逸民의 무리들과 다르신 이유이다."

揚雄이 가로되 "聖人을 살피면 곧 賢人을 알 수 있으니, 이 때문에 孟子께서 伯夷와 柳下惠를 말씀하실 때에 또한 반드시 孔子를 들어 論斷하신 것이다."

주해

- 異於是: 이들과 다르다. '是'는 앞에 나온 逸民을 가리킨다.
- 無可無不可: 可한 것도 없고 不可한 것도 없다.

  마융馬融의 ≪論語馬氏訓說≫에 "亦不必進, 亦不必退, 唯義所在也." 라고 풀이했다.

  南軒張氏가 말했다. "無可者, 不以可爲主也. 無不可者, 不以不可爲主也. 夫子之心, 當可則可, 當不可則不可, 其曰無者, 言不存乎心也. 若夷濟之心則未免有不可, 下惠少蓮則未免有可也."(大全註疏)
- 適宜: 마땅하다. 적당하다. '合適' 또는 '相宜'와 같음.

  ≪宋書 · 범태전範泰傳≫에 나온다. "器有要用, 則貴賤同資. 物有適

宜, 則家國共急."

● 方外: 세속을 벗어난 곳, 곧 仙境 또는 僧道가 사는 곳을 말한다. '世外'와 같다.
≪楚辭 · 원유遠遊≫ 篇에 나온다. "覽方外之荒忽兮, 沛罔象而自浮." 또한 ≪淮南子 · 숙진훈俶真訓≫에도 나온다. "(真人)騎蜚廉而從敦圄, 馳於方外, 休乎宇內." 沛(늪 패) 蜚(곤충 비) 圄(가둘 어)

● 殊科: 다르다. 殊(다를 수) 科(조목 과)
≪漢書 · 公孫弘傳≫에 나온다. "(弘)位在宰相封侯, 而爲布被脫粟之飯, 奉祿以給故人賓客, 無有所餘……與內富厚而外爲詭服以釣虛譽者殊科." 詭(속일 궤) 釣(낚시 조)

【備旨】

夫七人之行이 如是하니 是其所不爲者는 皆其心之有所不可也요 其所爲者는 皆心之有所可也어니와 若我則異於是也니 當可則可하고 當不可則不可하여 可與不可를 蓋不存乎心也니 我其爲逸民否耶아

"무릇 일곱 사람의 행실이 이와 같으니, 이는 그들이 행하지 않은 것은 모두 그 마음에 不可한 바가 있기 때문이요, 그들이 행한 것은 모두 마음에 可한 바가 있기 때문이다.
나와 같은 경우는 곧 이들과 다르니, 可한 일에 당면하면 곧 可하고, 不可한 일에 당면하면 곧 不可하여, 可함과 不可함을 대개 마음에 두지 않으니, 나는 그 逸民인가 逸民이 아닌가?"

[18·9]

大師摯는 適齊하고

太師 지摯는 제齊나라로 가고,

大師는 魯樂官之長이요 摯는 其名也라

'大師'는 魯나라 樂官의 우두머리요, 지摯는 그 이름이다.

주해

- 大師: 음악을 관장하는 관리. '大'는 음이 '태泰'이다. '太師'와 같다.
- 摯(잡을 지) 適(갈 적)

【備旨】

魯自夫子ㅣ正樂之後로 一時에 諸伶官이 皆識樂之正이러니 及魯事日非하여는 三桓이 僭越하니 彼樂官之長太師名摯者는 則去魯而適齊焉하니 及太師旣去하여 而相率以行者ㅣ不一其人矣라

魯나라는 夫子께서 음악을 바르게 한 이후로 일시에 여러 영관伶官들이 모두 음악의 바름을 알았는데, 魯나라 國事가 날로 그릇되어 三桓이 국정을 전횡專橫하니, 저 악관樂官의 우두머리이자 이름이 지摯인 太師가 곧 魯나라를 떠나서 齊나라로 가버렸다. 太師가 이미 떠나 버리자, 서로 뒤따라 떠난 자들이 그 한 사람이 아니었다.

주해

- 伶官: 음악을 관장하는 관리. 곧 '악관樂官'을 말한다. 伶(사령 령) ≪詩 · 패풍邶風 · 簡兮序≫에 나온다. "衛之賢者, 仕於伶官." 鄭玄의 箋에 "伶官, 樂官也. 伶氏世掌樂而善焉, 故後世多號樂官爲伶官."이라고 풀이했다. 邶(나라이름 패)
- 三桓: 춘추시대 魯나라 桓公의 후손인 孟孫氏 · 叔孫氏 · 季孫氏를 말함.
- 僭越: 本分을 지나쳐서 일을 처리하다. '참람僭濫'과 같음. 僭(참람할 참) 越(넘을 월)
  ≪魏書 · 청하왕역전淸河王懌傳≫에 나온다. "諒以天尊地卑, 君臣道別, 宜杜漸防萌, 無相僭越." 懌(기뻐할 역) 萌(싹틀 맹)

亞飯干은 適楚하고 三飯繚는 適蔡하고 四飯缺은 適秦하고

아반亞飯의 樂師인 간干은 초楚나라로 가고, 三飯의 樂師인 료繚는 채蔡나라로 가고, 四飯의 樂師인 결缺은 진秦나라로 가고,

亞飯以下는 以樂侑食之官이라 干繚缺은 皆名也라

'아반亞飯' 이하는 음악으로 人君의 식사를 돕는 官職이다. '간干' · '료繚' · '결缺'은 모두 이름이다.

주해

- 亞飯: 천자나 제후의 두 번째 식사. 또는 식사 때 樂章을 연주하는 樂官을 말한다. 이하 三飯과 四飯의 경우도 마찬가지다.
  "亞飯是第二次飯. 楚, 南方之國", "蔡, 小國.", "秦, 西戎之國"(四書補註備旨)
  朱子가 말했다. "白虎通曰 王者平旦食, 晝食, 晡食, 暮食, 凡四飯. 諸侯三飯, 大夫再飯. 故魯之師官, 自亞飯以下, 蓋三飯也."(大全註疏) 晡(신시 포)
- 侑食: 尊長이 식사할 때 곁에서 모시고 시중드는 일. 侑(도울 유)
  ≪周禮 · 天官 · 膳夫≫ 篇에 나온다. "以樂侑食……卒食, 以樂徹於造." 鄭玄의 註에 "侑, 猶勸也."라고 풀이했다. 膳(반찬 선)
  또한 ≪禮記 · 옥조玉藻≫ 篇에도 나온다. "凡侑食, 不盡食." 孔穎達의 疏에 "明侍君之食, 因明凡人相敵爲食之禮……此明勸食於尊者之法."이라고 풀이했다.
- 繚(두를 료) 蔡(거북 채) 缺(빠질 결)

【備旨】

由是로 以樂而侑亞飯之食者ㅣ名干은 因太師之去而亦適楚焉이요 以樂而侑三飯之食者ㅣ名繚는 因太師之去而亦適蔡焉이요 以樂而侑四飯之食者ㅣ名缺은 因太師之去而亦適秦焉하니 雖其所適之國ㅣ不同이나 而其潔身之志는 一太師之志也라

이로 말미암아 음악으로 亞飯의 식사를 돕던 干은 太師가 떠남으로 인하여 또한 楚나라로 가버렸고, 음악으로 三飯의 식사를 돕던 료繚는 太師가 떠남으로 인하여 또한 蔡나라로 가버렸으며, 음악으로

四飯의 식사를 돕던 결缺은 太師가 떠남으로 인하여 또한 秦나라로 가버렸으니, 비록 그들이 떠나간 나라는 같지 않으나 몸을 깨끗이 하려는 뜻은 太師의 뜻과 마찬가지이다.

鼓方叔은 入於河하고

북치는 방숙方叔은 河內 땅으로 숨어 들어가고,

鼓는 擊鼓者요 方叔은 名이라 河는 河內라

'고鼓'는 북을 치는 사람이요, '方叔'은 이름이다. '河'는 河內를 말한다.

주해

- 入河內: 河內로 숨어 들어가서 살다. '河內'는 지명이다. "入有一往不返意, 較適國之情更深."(四書補註備旨)
- 鼓(북 고) 擊(칠 격)

【備旨】

樂必有鼓하니 司擊鼓之官而名方叔者ㅣ亦因太師之去하여 而入於河焉하고

음악에는 반드시 북이 있으니, 북치는 일을 맡은 관원으로서 이름이 方叔인 자가 또한 太師의 떠남으로 인하여 河內 땅으로 숨어 들어갔고.

播鼗武는 入於漢하고

소고小鼓를 흔드는 무武는 漢中으로 숨어 들어가고,

播는 搖也라 鼗는 小鼓니 兩旁有耳하여 持其柄而搖之면 則旁耳還自擊이라 武는 名也라 漢은 漢中이라

'파播'는 흔드는 것이다. '도鼗'는 小鼓이니, 양 쪽에 귀가 달려 있어 그 자루를 잡고 흔들면, 곧 양 쪽의 귀가 돌아와 스스로 치게 된다. '武'는 이름이다. '漢'은 漢中이다.

주해

- 播(뿌릴 파) 鼗(소고 도) 搖(흔들 요) 柄(자루 병)

【備旨】

樂必有鼗하니 司播鼗之官而名武者ㅣ亦因太師之去하여 而入於漢焉하고

음악에는 반드시 小鼓가 있으니, 소고를 흔드는 일을 맡은 관원으

로서 이름이 武인 자가 또한 太師의 떠남으로 인하여 漢中 땅으로 숨어 들어갔고,

少師陽과 擊磬襄은 入於海하니라

少師인 양陽과 경쇠를 치는 양襄은 海島로 숨어 들어 갔느니라.

少師는 樂官之佐라 陽襄은 二人名이니 襄은 卽孔子ㅣ所從學琴者라 海는 海島也라
此는 記賢人之隱遯하여 以附前章이라 然이나 未必夫子之言也니 末章放此니라
張子曰 周衰樂廢어늘 夫子自衛反魯하여 一嘗治之하시니 其後伶人賤工도 識樂之正이러니 及魯益衰하여는 三桓僭妄한대 自大師以下로 皆知散之四方하여 逾河蹈海以去亂이라 聖人俄頃之助ㅣ功化如此하니 如有用我면 期月而可ㅣ豈虛語哉시리아

'소사少師'는 樂官의 보좌하는 사람이다. '양陽'과 '양襄'은 두 사람의 이름이니, '襄'은 곧 孔子께서 좇아 거문고를 배운 자이다. '海'는 海島이다.
이는 賢人의 은둔을 기록하여 앞 章에 붙인 것이다. 그러나 반드시 夫子의 말씀이라고 할 수는 없으니, 끝 장도 이와 같다.

張子 가로되 "周나라가 쇠하여 음악이 무너졌거늘, 夫子께서 衛나라로부터 魯나라로 돌아와서 한번 일찍이 다스리니 그 뒤에 樂人과 賤工도 음악의 바름을 알게 되었다. 그 후 魯나라가 더욱 쇠하게 되어 三桓이 참람하고 망령된 짓을 저지르자, 大師로부터 이하 모든 사람들이 사방으로 흩어져 河水를 건너고 바다를 건너 난을 피해야 할 줄을 알았다. 聖人께서 잠깐 동안의 도움이 그 功化가 이와 같았으니, '만약 나를 등용한다면 일 년이면 可하다'고 하신 것이 어찌 빈말이리오?"

주해

- 少師: 太師를 보좌하는 자.
  磬(경쇠 경) 襄(도울 양)
- 伶人: 樂人. '伶工'과 같음. 伶(사령 영)
  ≪國語 · 周語下≫에 나온다. "二十四年鐘成, 伶人告和." 韋昭의 註에 "伶人, 樂人也."라고 풀이했다.
  雙峯饒氏가 말했다. "賢者仕於伶官, 已是衰世之事. 到夫子時, 伶官亦不可仕, 想是時專尙哇之樂, 正樂不行. 是以皆散之四方."(大全註疏)
  哇(음란한소리 왜)
- 賤工: 기예가 뛰어나지 못한 匠人.
  ≪孟子 · 滕文公下≫ 篇에 나온다. "昔者趙簡子使王良與嬖奚乘, 終日而不獲一禽. 嬖奚反命日 天下之賤工也." 조기趙岐의 註에 "謂王良鄙賤之工師也."라고 풀이했다. 嬖(사랑할 폐) 奚(어찌 혜)
- 功化: 功業과 교화.
  ≪漢書 · 가의전찬賈誼傳贊≫에 나온다. "使時見用, 功化必盛."
- 俄頃: 잠깐. 짧은 시간. '片刻'과 같다. 俄(갑자기 아)
  晉나라 곽박郭璞의 ≪江賦≫에 나온다. "倏忽數百, 千裏俄頃, 飛廉無以睎其蹤, 渠黃不能企其景." 倏(빨리달릴 숙) 睎(바라볼 희) 蹤(자취 종) 渠

(도랑 거)

- 如有用我, 期月而可: '만약 나를 등용한다면 일 년이면 可하다' 〈子路〉 篇에 나온다. "苟有用我者, 朞月而已可也, 三年有成." 朞(돌 기)
- 散(흩을 산) 逾(넘을 유) 蹈(건널 도) 俄(갑자기 아)

【備旨】

至於樂官之佐하여 爲少師而名陽과 與夫擊磬之官而名襄者ㅣ亦因太師之去하여 而入於海焉이라 雖所入之地不同이나 而其避亂之心은 一太師之心也라 噫라 樂官去而樂存하니 固夫子ㅣ正樂之功이나 然而魯ㅣ其衰矣로라

"樂官을 보좌하는 사람으로서 少師가 된 '陽'과 경쇠를 치는 관원인 '襄'도 또한 太師가 떠남으로 인하여 海島에 숨어 들어갔다. 비록 숨어 들어간 땅이 같지 않으나, 그 난을 피하려는 마음은 太師의 마음과 한가지이다. 슬프도다! 樂官은 떠났으나 음악이 남아 있으니, 진실로 夫子께서 음악을 바로잡으신 功이로다. 그러나 그 魯나라는 이미 쇠하였도다!"

[18·10]

周公이 謂魯公曰 君子ㅣ不施其親하며 不使大臣으로 怨乎不以하며 故舊ㅣ無大故

則不棄也하며 無求備於一人이니라

주공周公이 노공魯公에게 교훈을 내려 가라사대 "君子는 그 친척을 버리지 아니하며, 대신으로 하여금 등용해주지 않음을 원망하지 않게 하며, 옛 신하가 중대한 과실이 없다면 곧 버리지 아니하며, 한 사람에게 모든 것이 갖춰지기를 요구하지 않느니라."

施는 陸氏本에 作弛하니 福本同이라
魯公은 周公子伯禽也라 弛는 遺棄也요 以는 用也라 大臣은 非其人則去之요 在其位則不可不用이라 大故는 謂惡逆이라
李氏曰 四者는 皆君子之事니 忠厚之至也라
胡氏曰 此는 伯禽受封之國할새 周公訓戒之辭니 魯人이 傳誦하여 久而不忘也라 其或夫子ㅣ嘗與門弟子로 言之歟아

'시施'는 ≪육씨본陸氏本≫에 '이弛'라고 되어 있으니, ≪福本≫도 마찬가지다.
'魯公'은 周公의 아들 백금伯禽을 말한다. '이弛'는 버리는 것이요, '以'는 등용하는 것이다. 大臣은 그 맞는 사람이 아니면 곧 버리는 것이요, 그 지위에 있으면 곧 가히 쓰지 않을 수 없다. '大故'는 간악奸惡과 역란逆亂을 말한다.
李氏 가로되 "네 가지는 모두 君子의 일이니, 忠厚의 지극함이다."
胡氏 가로되 "이는 伯禽이 封地를 받아 그 나라로 갈 때 周公이 훈

계한 말이니, 魯나라 사람들이 입으로 전하여 오래도록 잊지 않은 것이다. 그것은 혹 夫子께서 일찍이 門弟子들과 더불어 말씀하신 것이리라!"

주해

- 謂魯公: 魯公에게 훈계하여 말하다. '謂'는 교훈을 내린다는 뜻이다. '魯公'은 周公의 아들인 백금伯禽을 말한다.
  "謂是教訓. 伯禽受封魯國, 故稱魯公."(四書補註備旨)
- 不施其親: 그 친척을 버리지 않다. '施'는 '이弛'의 뜻이다. '親'은 九族을 말한다. 施(버릴 시) 弛(버릴 이)
  "施作弛. 親指九族言."(四書補註備旨)
  孔安國의 ≪論語孔氏訓解≫에 "易也. 不以他人之親易己之親."라고 풀이했다.
- 故舊: 역대로 공훈이 있는 옛 신하. '世臣'과 같다.
  "故舊就世臣說. 不棄是不遺棄."(四書補註備旨) 棄(버릴 기)
  '世臣'이란 말은 ≪孟子 · 梁惠王下≫ 篇에 나온다. "所謂故國者, 非謂有喬木之謂也, 有世臣之謂也." 손석孫奭의 疏에 "世臣, 累世修德之舊臣也."라고 풀이했다. 喬(높을 교)
  또한 ≪禮記 · 曲禮下≫ 篇에도 나온다. "大夫不名世臣姪娣." 鄭玄의 註에 "世臣, 父時老臣."이라고 풀이했다. 姪(조카 질) 娣(여동생 제)
- 大故: 엄중한 과실이니 죄악. 곧 奸惡과 逆亂을 말한다.
  何晏의 ≪論語集解≫에 "大故, 謂惡逆之事."라고 풀이했다. 또한 ≪漢書 · 李延年傳≫에 "延年愚, 以爲丞相久故, 及先帝用事, 非有大故, 不可棄也."라고 했다.

【備旨】

昔에 魯公受封之始에 周公이 訓戒之曰 立國은 以忠厚

爲本니 今汝ㅣ享有國矣니 亦知君子忠厚之道乎인저 君子於一本九族之親에 則篤其親愛하여 而不至於廢弛焉하며 大臣을 不信用則怨하나니 必信任之하여 不使怨乎不以也하며 故舊之家는 先世有功德於民者니 有大故면 或在所棄어니와 無大故則賢世官하고 不賢世祿하여 不棄之也하며 人不能皆全才하여 各有所長이니 過求之면 則一得者ㅣ皆在所棄矣니 無求全責備於一人이라

此數者는 皆立國之本이요 君子之事라 不可以不勉也니 汝ㅣ往欽哉어다

옛날 노공魯公이 처음으로 封地를 받을 때, 周公이 훈계하여 가라사대 "나라를 세우는 것은 忠厚를 근본으로 삼으니, 이제 너는 나라를 갖게 되었으니 또한 君子의 '忠厚之道'를 알아야 할 것이니라! 君子는 근본이 하나인 九族의 친척들에 대해 곧 그 親愛를 돈독히 하여 폐하거나 버리는데 이르지 말아야 한다. 大臣을 믿고 쓰지 아니하면 곧 원망하게 되나니, 반드시 믿고 맡겨서 하여금 등용해주지 않음을 원망하지 않게 해야 한다. 故舊의 집안은 先世에 백성에게 功德이 있는 자이니, 간악奸惡과 역란逆亂이 있다면 혹 버릴 수 있지만, 간악奸惡과 역란逆亂이 없으면 곧 어진 이는 대대로 벼슬을 주고 어질지 못한 이는 대대로 祿을 주어 버리지 말아야 한다. 사람은 능히 모두 재주를 온전하게 갖출 수가 없어 각기 잘하는 바가 있으니, 지나치게 요구하면 곧 일단 얻은 것이 모두 버려지게 되니, 한 사람에게 온전함을 구하고 모두 갖춰지기를 바라지 말아야 한다.

이 몇 가지는 모두 나라를 세우는 근본이요 君子의 일이므로 가히

힘쓰지 않을 수 없으니, 너는 가서 공경할 지어다!"

주해

- 先世: '先代' 또는 '前代'와 같다.
  漢나라 王充의 ≪論衡 · 感類≫ 篇에 나온다. 陰陽不和, 災變發起, 或時先世遺咎, 或時氣自然." 災(재앙 재) 咎(허물 구)
- 求全責備: 온전함을 구하고 모두 갖춰지기를 바라다.
  ≪明史 · 노상승전盧象昇傳≫에 나온다. "臺諫諸臣, 不問難易, 不顧死生, 專以求全責備. 雖有長材, 從何展布."
- 汝(너 여) 祿(복 녹) 欽(공경할 흠)

[18 · 11]

周有八士하니 伯達과 伯适과 仲突과 仲忽과 叔夜와 叔夏와 季隨와 季騧니라

주周나라에 여덟 명의 선비가 있었으니, 백달伯達과 백괄伯适과 중돌仲突과 중홀仲忽과 숙야叔夜와 숙하叔夏와 계수季隨와 계와季騧이니라

或曰 成王時人이라하고 或曰 宣王時人이라하니 蓋一母四乳而生八子也나 然이나 不可考矣라
張子曰 記善人之多也라
愚按 此篇은 孔子於三仁逸民師摯八士에 旣皆稱贊而品

列之하시고 於接輿沮溺丈人에 又每有惓惓接引之意하시니 皆衰世之志也니 其所感者深矣라 在陳之歎도 蓋亦如此시니라 三仁則無間然矣요 其餘數君子者ㅣ亦皆一世之高士니 若使得聞聖人之道하여 以裁其所過而勉其所不及이면 則其所立이 豈止於此而已哉리오

혹자는 "成王 때 사람이다."라고 말하고, 혹자는 "宣王 때 사람이다."라고 말하니, 대개 한 어머니가 네 번 아이를 낳아 여덟 아들을 생산한 것이나, 그러나 가히 상고할 수 없다.

張子 가로되 "善人이 많다는 것을 기록한 것이다."

내 살피건대 이 篇은 孔子께서 三仁과 일민逸民과 太師 지摯와 八士에 대해서 이미 모두 칭찬하고 품평하여 등급을 정하셨으며, 또한 접여接輿와 장저長沮와 걸익桀溺과 丈人에 대해서 매번 정성스럽게 대접하고 인도하려는 뜻을 두셨으니, 모두 쇠퇴한 세상의 뜻이며 그 느끼신 바가 깊다. 진陳나라에 계실 때의 탄식도 대개 또한 이와 같다.

三仁은 곧 흠잡을 데가 없고, 그 나머지 여러 君子들도 또한 모두 一世의 高士이니, 만약 聖人의 道를 듣고 그 지나친 바를 제재하고 그 미치지 못한 바를 힘쓰게 했다면, 곧 그 뜻을 세운 바가 어찌 여기에만 그쳤으리오!"

주해

- 周有八士: 周나라에 여덟 선비가 있다.

  "周指周初盛時言. 士者有才德之稱. 八士, 切一母四乳說."(四書補註備旨)

包咸의 ≪論語包氏章句≫에 "周時四乳生八子, 皆爲顯士, 故記之耳."라고 풀이했다.

- 四乳: 아이를 네 차례 낳다. 곧 쌍생아雙生兒를 말한다. 乳(낳을 유) 雙峯饒氏가 말했다. "四乳皆雙生, 固爲異事. 八子皆賢, 尤異事也. 故孔子稱之可見周時氣數之盛."(大全註疏)
- 在陳之歎: 陳나라에서 탄식했던 일. 〈衛靈公〉篇에 나온다.
- 适(빠를 괄) 突(갑자기 돌) 隨(따를 수) 騧(공골말 와) 惓(삼갈 권) 間(틈 간)

【備旨】

昔에 我周盛時에 以歷世培植人才之澤으로 發之爲英賢輩出之祥하여 卽一家之中에 有八士焉이라 初乳所生은 則伯達伯适이 其人也요 再乳所生은 則仲突仲忽이 其人也니 雖以伯仲爲次第나 均之爲宅俊之才矣요 三乳所生은 則叔夜叔夏이 其人也요 四乳所生은 則季隨季騧이 其人也니 雖以叔季爲先後나 均之爲邦家之光矣라

夫四乳而生八子도 已足異矣로되 而八子ㅣ皆賢하니 豈不爲尤異乎아 非我周氣運之盛이면 何以得此리오 惜乎라 今不可復覩矣로다

옛날 우리 周나라가 융성할 때에 역대로 人才를 양성하는 은택이 발하여 英賢들을 輩出하는 상서로움을 삼아서, 곧 한 집안에서 여덟 명의 선비가 태어났다. 맨처음 낳아서 태어난 이는 곧 백달伯達과 백괄伯适이 그들이요, 두 번째 낳아서 태어난 이는 곧 중돌仲突과 중홀仲忽이 그들이니, 비록 백중伯仲으로써 차례를 삼았으나 똑같이 벼

슬이 뛰어난 인재들이다. 세 번째 낳아서 태어난 이는 숙야叔夜와 숙하叔夏가 그들이요, 네 번째 낳아서 태어난 이는 곧 계수季隨와 계와季騧가 그들이니, 비록 숙계叔季로써 선후를 삼았으나 똑같이 나라의 光榮이 되었다.

무릇 네 번 낳아서 여덟 아들을 출산하는 것도 이미 족히 기이한 일이로되, 여덟 아들이 모두 현명하니 어찌 더욱 기이한 일이 아니리오? 우리 周나라의 기운이 융성하지 않았다면, 어찌 이들을 얻었으리오? 애석하도다! 이제는 가히 다시 볼 수가 없도다!

주해

- 英賢: 덕과 재주가 뛰어난 사람.
  ≪後漢書 · 마엄전馬嚴傳≫에 나온다. "能通 ≪左氏春秋≫, 因覽百家羣言, 遂結英賢, 京師大人咸器異之."
- 伯仲叔季: 형제의 서열을 나타내는 말. 곧 '백伯'은 첫째, '중仲'은 둘째, '숙叔'은 셋째, '계季'는 막내를 말한다. 伯(맏 백) 仲(버금 중) 叔(아재비 숙) 季(끝 계)
  ≪儀禮 · 士冠禮≫에 나온다. "曰伯某甫, 仲 · 叔 · 季, 唯其所當." 鄭玄의 註에 "伯仲叔季, 長幼之稱."이라 풀이했다.
- 培植: 나무를 심고 가꾸다. 인재를 양성하다. 培(북돋울 배) 植(심을 식)
  宋나라 육유陸遊의 ≪사전참정계謝錢參政啟≫에 나온다. "玆蓋伏遇某官培植衆材, 主張公論."
- 覩(볼 도)

論語集註 卷十九

子張 第十九

子張 第十九

此篇은 皆記弟子之言하되 而子夏爲多하고 子貢次之라 蓋孔門에 自顏子以下는 穎悟莫若子貢하고 自曾子以下는 篤實無若子夏라 故로 特記之詳焉이라 凡二十五章이라

이 篇은 모두 弟子의 말을 기록하였으나, 자하子夏가 말한 것이 많고 자공子貢이 그 다음이다. 대개 孔門에 안자顏子 이하로는 영오穎悟함이 子貢만한 이가 없고, 曾子 이하로는 篤實함이 子夏같은 이가 없다. 그러므로 특별히 상세하게 기록하였다. 모두 25장이다.

주해

- 穎悟: 총명하다. 지혜가 남보다 뛰어나다. 穎(빼어날 영)
  ≪晉書·王戎傳≫에 나온다. "戎幼而穎悟, 神彩秀徹." 徹(밝을 철)
  勉齋黃氏가 말했다. "此篇所記, 不過五人, 曰子張子夏子游曾子子貢, 皆孔門之高弟."(大全註疏)
  慶源輔氏가 말했다. "穎悟篤實, 皆以資質言. 二子資質次於顏曾, 顏曾學力有非二子所能及者. 顏之穎悟, 知之固徹, 行之又至. 曾之篤實, 行之固至, 知之又徹. 子貢雖穎悟於知, 而不足於行. 子夏雖篤實於行, 而不足於知焉."(大全註疏)

[19·1]

子張曰 士ㅣ見危致命하며 見得思義하며 祭思敬하며 喪思哀면 其可已矣라

子張이 가로되 "선비가 위태로움을 보면 목숨을 바치며, 이득을 보면 義를 생각하며, 제사에 공경을 생각하며, 喪事에 슬픔을 생각하면 그 可할 뿐이니라."

致命은 謂委致其命이니 猶言授命也라 四者는 立身之大節이니 一有不至면 則餘無足觀이라 故로 言士ㅣ能如此면 則庶乎其可矣라

'치명致命'은 그 목숨을 바친다는 말이니, '수명授命'이라는 말과 같다. 네 가지는 立身의 大節이니, 하나라도 지극하지 못한 것이 있으면 곧 나머지는 족히 볼 것이 없다. 그러므로 선비가 능히 이와 같이 하면 곧 거의 그 可하다고 말한 것이다.

주해

- 士, 見危致命: 선비는 人君과 부모의 위태로움을 보면 자신의 목숨을 바친다. '見危'는 '臨難'의 뜻이고, '致命'은 '殺身成仁'을 말한다. '致命'에 대해 孔穎達의 ≪論語孔氏訓解≫에 "不愛其身."이라고 풀이했다.

  "士是超於凡民者. 見危是臨難. 致明, 卽殺身成仁也."(四書補註備旨)

  新安陳氏가 말했다. "見危致命者, 處變而決之於一旦也. 思義敬哀者, 處常而思之於平時也."(大全註疏)

● 庶乎: 거의. 대략. 庶(거의 서)
唐나라 柳宗元의 ≪非國語上 · 問戰≫ 篇에 나온다. "劌之問洎嚴公之對, 皆庶乎知戰之本也." 劌(상처입을 귀) 洎(적실 계)

【備旨】

子張이 論士曰 所貴乎士者는 貴有立身之大節耳니 如果見君父之危면 則委致其命하여 而臨難無苟免하며 見所得之利면 則思義之當取與否하여 而臨財無苟得하며 祭祀則思敬하여 而致如在之誠하며 居喪則思哀하여 而極悲痛之切이니 士ㅣ能如此면 則大節無虧하여 其可已矣라

子張이 선비를 논하여 가로되 "선비에게 귀한 바는 立身의 大節이 있음을 귀하게 여길 따름이다. 만약 人君과 부모의 위태로움을 보면 곧 그 목숨을 바쳐 어려움에 임해서 구차히 면하려는 것이 없으며, 얻은 이익을 보면 곧 의리상 마땅히 취할 것인가의 여부를 생각하여 재물에 임해서 구차히 얻는 것이 없으며, 祭祀에는 곧 공경을 생각하여 선조가 마치 살아계신 듯이 정성을 다하며, 居喪에는 곧 슬픔을 생각하여 비통悲痛의 간절함을 지극히 하니, 선비가 능히 이와 같이 하면 곧 大節에 어그러짐이 없어 그것이 可할 따름이다."

[19·2]

子張曰 執德不弘하며 信道不篤이면 焉能爲有며 焉能爲亡(무)리오

子張이 가로되 "德을 간직하되 기량器量이 크지 못하며, 道를 믿되 독실하지 못하면, 어찌 능히 있다고 할 것이며, 어찌 능히 없다고 하리오?"

有所得而守之太狹이면 則德孤하고 有所聞而信之不篤이면 則道廢라 焉能爲有無는 猶言不足爲輕重이라

얻은 바가 있으나 지킴이 지나치게 협소하면 곧 德이 외롭고, 들은 바가 있으나 믿음이 독실하지 못하면 곧 道가 무너진다. '어찌 능히 있고 없다고 하리오?' 라는 말은 족히 경중輕重으로 삼을 수 없다는 말과 같다.

주해

- 執德不弘: 德을 간직하되 크지 못하다. '弘'은 器量이 큰 것이다.
  "執德以量言. 弘者, 器量大也. 不弘則小."(四書補註備旨)
- 信道不篤: 道를 믿되 지조가 견고하지 못하다. '독篤'은 지조志操가 견고한 것이다.
  "信道以志言. 篤者, 志操堅也. 不篤則浮."(四書補註備旨)
- 焉能爲有, 焉能爲亡: '어찌 능히 있다고 할 것이며, 어찌 능히 없다고 하리오?' '무亡'는 '無'와 같다. 焉(어찌 언) 亡(없을 무)
  황간皇侃의 ≪論語義疏≫에 "世無此人不足爲輕, 有此人不足爲重."

대답하여 가로되 "子夏께서는 '可한 자는 더불어 사귀고, 그 不可한 자는 거절하라.'고 하셨습니다."
子張이 가로되 "내가 듣는 바에 다르도다. 君子는 어진 이를 존중하고 무리를 포용하며, 장점이 있는 자를 가상히 여기고 능력이 부족한 자를 불쌍히 여겨야 한다. 내가 크게 어질다면 남들에게 어찌 포용하지 못할 것이며, 내가 어질지 못하다면 남들이 장차 나를 거절할 것이니, 어찌 그 사람을 거절하리오?"

子夏之言이 迫狹하니 子張譏之ㅣ是也라 但其所言亦有過高之弊하니 蓋大賢은 雖無所不容이나 然이나 大故는 亦所當絶이요 不賢은 固不可以拒人이나 然이나 損友은 亦所當遠이니 學者ㅣ不可不察이니라

자하子夏의 말이 박절迫切하고 협소하니, 子張이 이를 비판한 것이 옳다. 다만 그(子張)가 말한 바도 또한 지나치게 높은 폐단이 있으니, 대개 大賢은 비록 포용하지 못할 바가 없으나, 그러나 간악奸惡하고 역란逆亂한 자는 또한 마땅히 끊어야 한다. 어질지 못한 자는 진실로 가히 사람을 거절하지 못하나, 그러나 손해되는 벗은 또한 마땅히 멀리해야 하니, 배우는 자가 가히 살피지 않을 수 없다.

주해

- 可者與之: 可한 자는 더불어 사귀다. '可者'는 '益友'를 말하고, '與'는 사귀는 것이다.
- 其不可者拒之: 그 不可한 자는 거절하다. '不可者'는 '損友'를 말하고, '拒'는 절교하는 것이다.

和靖尹氏가 말했다. "子張所言, 泛交之道也. 子夏所言, 擇交之道也. 泛交而不能擇, 取禍之道也."(大全註疏)

- 嘉善而矜不能: 장점이 있는 자를 가상히 여기고, 능력이 부족한 자를 불쌍히 여기다. 嘉(아름다울 가) 矜(불쌍히여길 긍)
  "善指一長可取者. 嘉稱揚也. 不能對善看. 矜, 憐恤也."(四書補註備旨)
- 大賢: 앞에서 나온 '賢'과 '善者'를 말한다.
- 不賢: 앞에서 나온 '衆'과 不能者'를 말한다.
- 迫(닥칠 박) 狹(좁을 협)

【備旨】

昔者에 子夏子張이 皆學於夫子之門이러니 一則篤信謹守하여 而交主於嚴하고 一則才高意廣하여 而交主於寬하여 其見不同而持以敎人이 亦異라 故로 子夏之門人이 問交於子張이니 蓋必有疑於其師之說하여 而欲得子張之說以折衷之也라

子張이 不遽以己意告之하고 而先詰之曰 爾師子夏ㅣ必有論交者하니 所云何如오

對曰 子夏ㅣ曰 人有賢否하여 而可不可를 別焉이니 於可者는 則與之友하고 其不可者는 拒之而勿友니 子夏所云者ㅣ若此러이다

子張曰 子夏之所云은 異乎吾所聞也로다 君子之交는 於賢而有德者엔 則崇奉敬事而尊之하고 而其衆之未必賢者는 亦在所容而無棄絶之意焉이며 於有善可取者엔 則褒美樂道而嘉之하고 而其無善而不能者는 亦在所矜而

加憫恤之意焉이라 夫尊賢嘉善은 是可者를 固與之也요 容衆矜不能은 其不可者도 亦不拒也라 吾所聞於君子之交ㅣ固如此하니 信如子夏之論而拒人也인댄 其將居己於大賢而拒人乎아 抑將居己於不賢而拒人乎아

不知케라 我而誠大賢與인댄 則可者ㅣ常在我하여 以我之可로 自能化人之不可리니 於人에 何所不容이며 我而誠不賢與인댄 則不可者ㅣ常在我하여 以我之不可로 方將拒於人之可리니 卽欲拒人이나 如之何其拒人也리오 論交者 何必以拒爲哉아

要之컨대 子夏論은 失於隘하고 子張之論은 失於濫하니 惟以主善之心으로 辨賢否하고 以含弘之度로 待天下면 自無隘濫之弊하여 而交道得矣리라

옛날 자하子夏와 자장子張이 모두 夫子의 門下에서 배웠는데, 한 사람은 곧 독실하게 믿고 삼가히 지키며 사귀는데 엄함을 주장했고, 한 사람은 곧 자질이 뛰어나고 뜻이 넓어 사귀는데 실질을 주장하여, 그 견해가 같지 않았으며 사람을 가르치는 것 또한 달랐다. 그러므로 子夏의 門人이 子張에게 남과 사귀는 道를 물으니, 대개 반드시 그 스승의 말에 의심난 것이 있어 子張의 말을 얻어 절충折衷하고자 한 것이다.

子張이 문득 자신의 뜻으로써 고하지 않고, 먼저 힐문詰問하여 가로되 "그대 스승인 子夏께서 필시 사귀는 道를 논한 적이 있을 터이니, 일러준 바가 어떠했는가?"

대답하여 가로되 "子夏께서는 '사람은 어질고 어질지 못한 이가 있

어서 可함과 不可함을 구별해야 하니, 可한 자는 곧 더불어 그와 사귀고, 그 不可한 자는 거절하여 사귀지 말라.'고 하셨으니, 子夏께서 일러주신 바가 이와 같았습니다."

子張이 가로되 "子夏께서 말씀하신 바가 내가 들은 바에 다르도다. 君子의 사귐은 어질고 德이 있는 자에 대해서는 곧 숭상하여 받들고 공경하여 섬겨서 그를 존중하며, 그 무리 중에 반드시 어질지는 못한 자도 또한 포용해서 끊어버리는 뜻이 없어야 한다. 가히 취할 만한 장점이 있는 자에 대해서는 곧 좋은 점을 기리고 道를 즐겨해서 그를 가상히 여기고, 그 장점도 없고 능력도 없는 자도 또한 불쌍히 여겨 구휼하는 뜻을 더해야 한다.

무릇 어진이를 존중하고 장점이 있는 자를 가상히 여기는 것은 이는 可한 자를 진실로 더불어 사귀는 것이요, 무리를 포용하고 능력이 없는 자를 불쌍히 여기는 것은 그 不可한 자도 또한 거절하지 않는 것이다.

내 君子의 사귐에 대해 들은 바가 진실로 이와 같으니, 진실로 子夏가 논한 대로 사람을 거절한다면, 그것은 장차 大賢이 자신에게 있기 때문에 사람을 거절하는 것인가? 아니면 장차 어질지 못함이 자신에게 있기 때문에 사람을 거절하는 것인가?

알지 못하겠도다. 내가 진실로 크게 어질다면 곧 可한 것이 항상 나에게 있어서, 나의 可함으로써 스스로 능히 남의 不可함을 교화할 수 있으니, 남들에 대해 어찌 포용하지 못할 것이며, 내가 진실로 어질지 못하다면 곧 不可한 것이 항상 나에게 있어서 나의 不可함으로써 바야흐로 장차 남의 可함에 의해 거절될 것이니, 곧 남을 거절하고자 하나 어찌 그 남을 거절할 수 있으리오? 사귐을 논하는 자가 어찌 반드시 거절로써 하겠는가?"

요컨대 子夏의 논함은 협소한데 빠졌고, 子張의 논함은 넘치는데 잘못되었으니, 오직 善을 주장하는 마음으로 어진 사람인가의 여부를 분별하고, 널리 포용하는 도량度量으로 天下를 대한다면, 저절로 협소하거나 넘치는 폐단이 없어져서 사귐의 道가 얻어질 것이다.

주해

- 敬事: 공경하게 일을 받들다. 곧 '恭敬奉事'의 뜻이다. ≪書 · 立政≫ 篇에 나온다. "以敬事上帝, 立民長伯."
- 褒(기릴 포) 憫(가엾게여길 민) 恤(구휼할 휼) 隘(좁을 애) 濫(넘칠 람)

[19 · 4]

子夏曰 雖小道나 必有可觀者焉이어니와 致遠恐泥라 是以로 君子ㅣ不爲也니라

子夏 가로되 "비록 작은 道이기는 하나 반드시 가히 볼만한 것이 있거니와, 원대함을 이루는데 통하지 못할까 두렵도다. 그러므로 君子는 하지 않느니라."

小道는 如農圃醫卜之屬이라 泥는 不通也라
楊氏曰 百家衆技는 猶耳目鼻口하여 皆有所明而不能相通하니 非無可觀也로되 致遠則泥矣라 故로 君子ㅣ不

爲也라

'小道'는 농사 · 채소 가꾸기 · 醫術 · 卜術 등과 같은 일이다. '니泥'는 통하지 못하는 것이다.
楊氏 가로되 "百家의 여러 기예技藝는 이목구비와 같아서 모두 밝은 바가 있으나 능히 서로 통하지 아니하니, 가히 볼만한 것이 없는 것이 아니라 원대함에 이르는 데는 곧 통하지 못한다. 그러므로 君子는 하지 않는 것이다."

주해

- 小道: 작은 道. 곧 禮樂政教 이외의 학설을 말한다.
  鄭玄의 ≪論語鄭氏註≫에 "小道, 如今諸子書也."라 했고, 何晏의 ≪論語集解≫에는 "小道謂異端."이라고 풀이했다.
  "小道亦聖人所作, 非異端可比. 但道理細小耳."(四書補註備旨)
  朱子가 말했다. "小者, 對大之名, 正心修身以治人道之大者也. 專一家之業而治於人道之小者也."(大全註疏)
- 致遠恐泥: 원대함을 이루는데 통하지 못할까 두렵다. '遠'은 '修己治人'을 말한다. 泥(통하지않을 니)
  "致推極也. 遠卽大也, 謂修己治人. 遠大之業, 對小字看. 泥是達不去."(四書補註備旨)
  新安陳氏가 말했다. "大道愈遠而愈通, 小道致遠而不通. 是以君子於大道盡心焉, 而於小道不屑用其心也."(大全註疏) 屑(달갑게여길 설)
- 圃(밭 포) 醫(의원 의) 卜(점 복)

【備旨】

子夏ㅣ示人以務本之意曰 君子는 以遠大爲務어늘 豈徒

以可觀者로 自限哉아 苟徒取其可觀이면 雖一技一藝之小道나 於理亦無不該하고 於用亦各有濟하여 必有可觀者也라 然이나 一節之能은 僅足以周一節之用이니 推而致之修齊治平遠大之事하얀 恐泥焉而不通이라

是以로 君子ㅣ務其遠者大者하여 而於此에 有所不爲也니 此其所以能致之遠하여 而無不通歟인저

子夏가 사람들에게 근본에 힘쓰는 뜻을 보여 가로되 "君子는 遠大함으로 일을 삼거늘, 어찌 한갓 가히 볼만한 것으로써 스스로 한계를 지으리오? 만일 한갓 그 볼만한 것만 취한다면, 비록 한 가지 재주와 한 가지 기예의 小道일지라도 이치에 또한 갖추지 않은 것이 없고, 쓰임에 또한 각각 구제함이 있어 반드시 가히 볼만한 것이 있다. 그러나 一節의 능함은 겨우 족히 一節의 쓰임에만 고루 미치니, 미루어 修身과 齊家와 治國과 平天下의 遠大한 일에 이르는데 있어서는 막혀서 통하지 못할까 두렵다.

이 때문에 君子는 그 멀고 큰 것에 힘을 쓰고, 이 小道에 대해서는 하지 않는 바가 있으니, 이는 君子가 능히 원대함에 이르러서 통하지 않음이 없는 까닭인 저!"

주해

- 僅(겨우 근) 周(고루미칠 주)

[19·5]

子夏曰 日知其所亡(무)하며 月無忘其所能이면 可謂好學也已矣니라

子夏 가로되 "날마다 그 알지 못한 바를 알게 되며, 달마다 그 알고 있는 바를 잊지 아니하면, 가히 배우기를 좋아한다고 이를 만하니라."

亡는 無也니 謂己之所未有라
尹氏曰 好學者는 日新而不失이라

'무亡'는 없음이니, 자신이 갖고 있지 않은 것을 말한다.
尹氏 가로되 "배우기를 좋아하는 자는 날로 새로워져 잃지 않게 된다."

주해

- 日知其所亡: 날마다 자신이 알지 못한 바를 알게 되다. '亡'은 '無'와 같으니, 알지 못하고 행하지 못한 것을 말한다.
  "日是每日. 知是會悟考校. 亡是未知未行者."(四書補註備旨)
- 月無忘其所能: 달마다 자신이 알고 있는 바를 잊지 않다. '能'은 이미 알고 이미 행한 것을 말한다.
  "月是每月. 無亡是檢點記憶. 能是已知已行者, 卽得自日知來."(四書補註備旨)
- 日新而不失: 날로 새로워져 잃지 않게 되다.
  勉齋黃氏가 말했다. "求之敏則能日新, 守之篤則能不失. 進學之道,

無以復加於此矣."(大全註疏)

【備旨】

子夏ㅣ勉人好學曰 人之爲學에 未得則有怠求之心하고 旣得則有遺亡之失하니 皆不可謂之好學也라 若有人於此한대 於每日之間에 將理之所未知未行者를 汲汲以求之나 然이나 又恐學久以有忘也하고
又必於每月之間에 將理之所已知已行者를 孜孜以習之면 夫知所亡하여 旣有日新之益하고 無忘所能하여 又有不失之功이니 則學無間而心益純하여 洵可謂之好學也已矣라 然則君子之學이 可不與時而俱進哉아

子夏가 사람들에게 학문을 좋아하도록 권면하여 가로되 "사람이 학문을 다스리는데 얻지 못하면 곧 구하기를 게을리 하는 마음이 생겨나고, 이미 얻게 되면 곧 잃어버리는 잘못이 있게 되니, 모두 가히 학문을 좋아한다고 말할 수 없다.
만약 사람이 여기에서 매일 사이에 이치로 알지 못하고 행하지 못한 바를 급급하게 구하나, 그러나 또한 배운지 오래되어 잊어버릴까 근심을 하게 된다. 또한 반드시 매달 사이에 이치로 이미 알고 이미 행한 바를 부지런히 익히면, 무릇 알지 못한 바를 알아서 이미 날로 새로워지는 유익함이 있게 되고, 이미 알고 있는 바를 잊지 않아서 또한 잃지 않는 功이 있게 되니, 곧 배움은 間斷함이 없고 마음은 더욱 순수하여 진실로 가히 학문을 좋아한다고 말할 수 있

을 뿐이다. 그러므로 곧 君子의 배움이 가히 때와 더불어 함께 나아가지 않으리오?"

주해

- 汲汲: 마음이 다급한 모양. 汲(분주할 급)
  ≪禮記 · 問喪≫ 篇에 나온다. "其往送也, 望望然, 汲汲然, 如有追而弗及也." 孔穎達의 疏에 "汲汲然者, 促急之情也."라고 풀이했다.
- 孜孜: 부지런히 힘쓰는 모양. 孜(힘쓸 자)
  ≪書 · 익직益稷≫편에 나온다. "予何言?予思日孜孜." 孔穎達의 疏에 "孜孜者, 勉功不怠之意."라고 풀이했다. 稷(기장 직)
- 怠(게으를 태) 洵(진실로 순) 俱(함께 구)

[19 · 6]

子夏曰 博學而篤志하며 切問而近思하면 仁在其中矣니라

子夏 가로되 "배우기를 널리 하고 뜻을 독실하게 하며, 간절히 묻고 가까이 생각하면, 仁이 그 가운데 있느니라."

四者는 皆學問思辨之事耳니 未及乎力行而爲仁也라 然이나 從事於此면 則心不外馳하여 而所存自熟이라 故로 曰仁在其中矣라하니라
程子曰 博學而篤志하며 切問而近思하면 何以言仁在其

中矣요 學者ㅣ要思得之니 了此면 便是徹上徹下之道라
又曰 學不博則不能守約이요 志不篤則不能力行이니 切問近思在己者하면 則仁在其中矣니라
又曰 近思者는 以類而推니라
蘇氏曰 博學而志不篤이면 則大而無成이요 泛問遠思면 則勞而無功이니라

네 가지는 모두 박학博學과 심문審問과 신사愼思와 명변明辯의 일일 뿐이니, 힘써 행하여 仁을 실천하는 데에는 미치지 못하나, 그러나 이에 從事하면 곧 마음이 밖으로 내달리지 아니하여, 보존한 바가 저절로 익숙해진다. 그러므로 '仁이 그 가운데 있다.'라고 말한 것이다.
程子 가로되 "'배우기를 널리 하고 뜻을 독실하게 하며, 간절히 묻고 가까이 생각하면', 어찌 仁이 그 가운데 있다고 말했으리오? 배우는 자가 이를 생각해서 체득해야 하니, 이 점을 이해한다면 곧 위로 통하고 아래로 통하는 道이다."
또 가로되 "배움이 넓지 않으면 곧 능히 要約을 지키지 못하고, 뜻이 독실하지 않으면 곧 능히 힘써 행하지 못할 것이니, 자신에게 있는 것을 간절히 묻고 가까이 생각하면, 곧 仁이 그 가운데 있을 것이다."
또 가로되 "'近思'란 類로써 미루는 가는 것이다."
蘇氏 가로되 "널리 배우되 뜻이 독실하지 않으면 곧 크기만 하고 이루는 것이 없으며, 널리 묻고 멀리 생각하면 곧 수고롭기만 하고 공효功效가 없게 된다."

주해

- 博學而篤志: 배우기를 널리 하고 뜻을 독실하게 하다.
  '博學'은 멀리 계고稽考하고 가까이 고찰해서 그 이치를 구하는 것이다. '篤志'는 뜻을 전일하게 해서 다른 것을 구하지 않는 것이다. "博學是遠稽近考而求其理, 篤志是意念專一而不他求."(四書補註備旨) 稽(상고할 계)
- 切問而近思: 배워서 미처 깨닫지 못한 일에 대해 간절히 묻고, 능히 할 수 있는 일에 대해 가까이 생각하다.
  "切問是所問皆切己之事. 近思是所思皆身心之要."(四書補註備旨)
  何晏의 ≪論語集解≫에 "切問者, 切問于己所學而未悟之事也. 近思者, 近思于己所能及之事也."라고 풀이했다.
- 仁在其中矣: 仁이 그 가운데 있다. '其中'은 '博學篤志, 切問近思'를 말한다.
- 學問思辨: 박학博學과 심문審問과 신사愼思와 명변明辯을 말한다. 審(살필 심) 愼(삼갈 신)
  ≪禮記・中庸≫에 나온다. "博學之, 審問之, 愼思之, 明辨之, 篤行之." 이에 대해 주자의 ≪四書章句集註≫에 "此誠之之目也. 學問思辨, 所以擇善而爲知, 學而知也. 篤行, 所以固執而爲仁, 利而行也."라고 풀이했다. 執(잡을 집)
  胡氏가 말했다. "力行固所以爲仁. 然學問思辨, 皆所以求爲仁之方. 心存乎學問思辨, 則雖未見於行, 而己不外馳矣. 心不外馳, 則所存自熟. 是乃力行之本, 故曰仁在其中矣."(大全註疏) 馳(달릴 치)
- 了: 깨닫다. 이해하다. 곧 '了解'의 뜻이다. 了(깨달을 료)

【備旨】

子夏ㅣ示人以求仁之方曰 人惟無所用其心이면 則其心放逸하여 而不存矣니 誠能博以學之하여 以廣其聞見하

고 而又篤其志焉하여 以求必得하며 切以問之하여 以致其精詳하고 而又近以思焉하여 以求在己면 此皆致知之事요 非所以力行而爲仁也라

然이나 從事於此면 則此心에 有所收斂하여 天理卽此存하고 人欲이 無由肆하여 不期仁而仁自在其中矣니 有志於仁者ㅣ勉之니라

子夏가 사람들에게 仁을 구하는 방법을 보여 가로되 "사람이 오직 그 마음을 쓰는 바가 없으면 곧 그 마음이 방일放逸하여 보존되지 못한다. 진실로 능히 널리 배워서 그 見聞을 넓히고, 또 그 뜻을 독실하게 하여 반드시 얻기를 구하며, 간절하게 물어서 그 정밀하고 상세함을 다하고, 또 가까이 생각하여 자신에게 있는 것을 구할 수 있다면, 이는 모두 致知의 일이요, 힘써 행하여 仁을 실천하는 것이 아니다.

그러나 이에 종사하면 곧 이 마음에 검속檢束되는 바가 있어 天理가 곧 여기에 보존되고, 人欲이 방자放恣함이 없어 仁을 기약하지 않아도 仁이 저절로 그 가운데 있게 된다. 그러므로 仁에 뜻을 둔 자는 힘쓸지어다."

주해

- 放逸: 방종하면서 안일安逸함만 추구하다. 곧 '방종일락放縱逸樂'의 뜻이다. 縱(멋대로 종) 逸(편안할 일)
  ≪逸周書 · 時訓≫ 篇에 나온다. "蜩不鳴, 貴臣放逸." 朱右曾의 校釋에 "放逸, 放縱晏佚."이라고 풀이했다. 蜩(매미 조) 晏(편안할 안)
- 收斂: 몸과 마음을 검속檢束하다. 행위를 점검點檢하다. 斂(거둘 렴)

[19·7]

子夏曰 百工이 居肆하여 以成其事하고 君子ㅣ學하여 以致其道니라

子夏 가로되 "百工은 관부官府의 작업장에 거처하면서 그 일을 이루고, 君子는 배워서 그 道를 이루느니라."

肆는 謂官府造作之處라 致는 極也라 工不居肆면 則遷於異物而業不精하고 君子不學이면 則奪於外誘而志不篤이라
尹氏曰 學은 所以致其道也라 百工이 居肆하여 必務成其事하나니 君子之於學에 可不知所務哉아
愚按 二說相須라야 其義始備니라

'사肆'는 관부官府에서 물건을 만드는 곳을 말한다. '치致'는 지극히 하는 것이다. 장인匠人이 官府에 거처하지 않으면 곧 다른 사물에 마음을 빼앗겨 일이 정밀하지 못하고, 君子가 배우지 아니하면 곧 외부의 유혹에 마음을 빼앗겨 뜻이 독실하지 못하게 된다.
尹氏 가로되 "배움은 그 道를 이루는 바이다. 百工이 官府에 거처하면서 반드시 그 일을 이루는데 힘써야 하니, 君子가 학문에 대해 가히 힘써야 할 바를 알지 못하리오?"
내 살피건대 두 가지 말이 서로 의지해야 그 뜻이 비로소 갖추어진다.

주해

- 居肆: 官府의 물건을 만드는 곳에 거처하다. 肆(가게 사)
  "居肆, 是使之不遷於異物意."(四書補註備旨)
- 二說相須, 其義始備: 두 가지 말이 서로 의지해야 그 뜻이 비로소 갖추어지다. 須(의지할 수)
  朱子가 말했다. "百工居肆, 方能做得事成. 君子學, 方可以致其道. 然居肆亦有不能成其事, 如閑坐打鬨過日底. 學亦有不能致其道, 如學小道與中道而廢之類. 故後說云, 居肆須務成其事. 學必須務致其道. 故必二說相須而義始備."(大全註疏) 鬨(떠들 홍)

【備旨】

子夏ㅣ勉人專務於學曰 天下有其事不相類나 而其功則無不同者하니 如百工이 皆以成事爲要나 然이나 百工은 必居於肆하여 一心專業이라야 乃以成其事之精工이니 百工도 且然이온 而況於君子乎아

君子ㅣ皆以致道爲期나 然이나 必勤於學하여 求知其理而行其事라야 乃以造乎道之極致라 然則有志於道者ㅣ可不以學爲專務哉아

子夏가 사람들에게 오로지 배움에 힘쓸 것을 권면하여 가로되 "天下에는 그 일이 서로 같지 않은 경우가 있으나, 그 功은 곧 같지 않은 것이 없다. 예를 들어 百工이 모두 일을 이루는 것으로써 요체要諦를 삼으나, 그러나 百工은 반드시 官府의 작업장에 거처하면서 一心으로 일에 전념해야 이에 그 일의 정교함을 이룰 수 있으니, 百工도 또한 그러하거늘 하물며 君子에서 있어서랴!

君子는 모두 道를 이루는 것으로써 기약을 삼으나 그러나 반드시 배우는데 부지런하여, 그 이치를 알고 그 일을 행할 것을 구해야만 이 이에 道의 극치極致에 나아갈 수 있다. 그러므로 곧 道에 뜻을 둔 자가 가히 배움에 오로지 힘쓰지 않으리오?"

[19·8]

子夏曰 小人之過也는 必文이니라

子夏 가로되 "小人은 허물이 있으면, 반드시 문식文飾을 하느니라."

文은 飾之也라 小人은 憚於改過하고 而不憚於自欺라 故로 必文以重其過니라

'文'은 문식文飾하는 것이다. 小人은 허물을 고치는 것은 꺼려하고, 스스로를 속이는 데는 꺼려하지 않는다. 그러므로 반드시 文飾을 하여 그 허물을 重하게 한다.

주해

- 文: 꾸미다. 감추다. '문식文飾' 또는 '엄식掩飾'과 같다. 飾(꾸밀 식) 掩(가릴 엄)

  南軒張氏가 말했다. "有過則改之而已. 小人恥過而憚改. 故必文. 文謂飾非以自欺."(大全註疏) 憚(꺼릴 탄) 欺(속일 기)

【備旨】

子夏丨警文過者曰 過貴於改니 若小人之人은 其有過也면 必曲爲文飾하여 以重其過焉하니 此所以不能遷善而終爲小人也라

子夏가 허물을 문식文飾하는 자를 경계하여 가로되 "허물은 고치는 것을 귀하게 여기니, 예를 들어 小人은 자신에게 허물이 있으며, 반드시 왜곡되게 文飾을 하여 그 허물을 중하게 하니, 이것이 바로 능히 개과천선改過遷善하지 못하고 끝내 小人이 되는 이유이다."

[19·9]

子夏曰 君子丨有三變하니 望之儼然하고 卽之也溫하고 聽其言也厲니라

子夏 가로되 "君子에게 세 가지 변화가 있나니, 멀리서 바라보면 엄연儼然하고, 가까이 나아가면 온화하고, 그 말을 들어보면 엄정嚴正하니라."

儼然者는 貌之莊이요 溫者는 色之和요 厲者는 辭之確이라
程子曰 他人은 儼然則不溫하고 溫則不厲로되 惟孔子丨

全之시니라
謝氏曰 此非有意於變이니 蓋並行而不相悖也라 如良玉溫潤而栗然이니라

'엄연儼然'은 모습이 장엄한 것이요, '온溫'은 안색이 온화한 것이요, '려厲'는 말이 정확正確한 것이다.
程子 가로되 "다른 사람은 엄연儼然하면 곧 온화하지 못하고, 온화하면 곧 정확하지 못하지만, 오직 孔子께서는 온전히 갖추셨다."
謝氏 가로되 "이는 변화에 뜻을 둔 것이 아니니, 대개 아울러 행하여도 서로 어긋남이 없는 것이니, 마치 좋은 玉이 따뜻하고 윤택이 나면서도 단단한 것과 같다."

주해

- 君子: 여기서는 聖人을 말한다.
- 儼然: 엄숙하고 장중莊重한 모습.
  〈堯曰〉 篇에 나온다. "君子正其衣冠, 尊其瞻視, 儼然人望而畏之."
- 厲: 엄정嚴正하다. 厲(엄할 려)
  "厲謂是非不易."(四書補註備旨)
  鄭玄의 ≪論語鄭氏註≫에 "厲, 嚴正也."라고 풀이했다.
  新安陳氏가 말했다. "儼然而溫, 剛中有柔也. 溫而厲, 柔中剛也. 剛柔不偏, 陰陽合德, 惟夫子有之. 人見其然以爲三變. 聖人自然而然, 豈有意於變哉."(大全註疏)
- 溫潤: 온화하고 부드러우며 윤택이 나는 모습. 원래는 옥의 색깔을 의미했으나, 후에 사람이나 사물의 품성을 나타내는 말로 쓰이게 되었다.
  ≪禮記・聘義≫에 나온다. "夫昔者君子比德於玉焉, 溫潤而澤仁也."
  孔穎達의 疏에 "溫潤而澤仁也者, 言玉色溫和柔潤而光澤, 仁者亦溫

和潤澤, 故雲仁也."리고 풀이했다.

- 栗然: 견실하고 치밀한 모양. 栗(여물 율)
  明나라 방효유方孝孺의 ≪送李生序≫에 나온다. "摩其外, 輝然而溫, 栗然而潤, 人雖賤之. 吾必以爲良玉矣." 摩(갈 마)

【備旨】

子夏ㅣ形容中和之氣象曰 君子는 盛德積中而光輝發外하니 其容貌辭氣之間에 自人見之면 則若有三變焉이라 方其遠而望之하면 則矜莊之貌ㅣ儼然不可犯이니 是一變也요 及其近而卽之也면 則和厚之色이 溫然其可親에 若與儼然不同矣니 是又一變也요. 及其有言而聽之也면 則嚴正之辭ㅣ厲然而可憚에 又若與溫不同矣니 是又一變矣라

夫此一君子也로되 卽之已不同於望하고 聽之已不同於卽하니 不可謂其非三變也라 然이나 變生於人之觀聽이요 而非出於君子之有心이니 此有道之氣象이 所以自別與인저

子夏가 中和의 기상을 형용하여 가로되 "君子는 盛德이 안에서 쌓여 광휘가 바깥으로 발하게 되니, 그 용모와 말투 사이에 남들이 보면 곧 마치 세 가지 변화가 있는 것 같다.

바야흐로 그 멀리서 바라보면 곧 장엄한 모습이 儼然하여 가히 범할 수가 없으니 이것이 한 가지 변화요, 그 가까이 나아가 바라보면

곧 화후和厚한 안색이 온화하여 그 가히 친할 수 있으므로 마치 儼然함과는 더불어 같지 않으니 이것이 또 한 가지 변화요, 그 말을 하여 듣게 되면 곧 엄정한 말이 정확해서 가히 삼갈 수 있으므로 또한 마치 온화함과는 같지 않은 것 같으니 이것이 또 한 가지 변화이다. 무릇 이는 똑같은 君子로되 가까이 나아가면 이미 멀리서 바라본 것과 같지 않고, 들어보면 이미 가까이 나아간 것과 같지 않으니, 가히 그 三變이 아니라고 말하지 못할 것이다. 그러나 변화는 남들이 보고 듣는데서 나오는 것이요, 君子가 마음을 둔 곳에서 나온 것이 아니니, 이는 道의 기상이 저절로 구별이 되는 이유인 저!"

[19・10]

子夏曰 君子는 信而後勞其民이니 未信則以爲厲己也니라 信而後諫이니 未信則以爲謗己也니라

子夏 가로되 "君子는 믿음을 얻은 이후에 그 백성을 수고롭게 해야 하니, 믿음을 얻지 못하면 곧 자신들을 괴롭힌다고 여길 것이니라. 믿음을 얻은 이후에 충간忠諫을 해야 하니, 믿음을 얻지 못하면 곧 자신을 비방한다고 여길 것이니라."

信은 謂誠意惻怛而人信之也라 厲는 猶病也라 事上使下에 皆必誠意交孚而後에 可以有爲라

'신信'은 정성스런 뜻이 간절하여 남들이 이를 믿어주는 것을 말한다. '려厲'는 괴롭히는 것이다. 윗사람을 섬기고 아랫사람을 부리는 데 모두 반드시 정성스런 뜻이 서로 미더워진 후에 가히 행할 수 있다.

주해

- 君子: 여기서는 士大夫로서 위로는 人君을 두고 아래로는 백성을 둔 자를 말한다. "指士大夫, 上有君下有民者言."(四書補註備旨)
- 惻怛: 슬퍼하다. 측은히 여기다. 간절하다. 여기서는 '간절하다'는 뜻이다. 惻(슬퍼할 측) 怛(슬플 달)
  宋나라 나대경羅大經의 ≪계림옥로鶴林玉露≫ 卷一에 나온다. "(杜甫)詩意與狄昌同, 而其惻怛規戒, 涵蓄不露, 則大有逕庭矣." 逕(소로 경)
- 交孚: 서로 믿다. 상호 신뢰하다. 孚(미쁠 부)
  ≪易·睽≫에 나온다. "睽孤, 遇元夫, 交孚, 厲無咎." 왕필王弼의 註에 "同志相得而無疑焉, 故曰交孚也."라고 풀이했다. 睽(노려볼 규) 咎(허물 구)
  南軒張氏가 말했다. "信在使民諫君之先. 若使民而民以爲厲己, 諫君而君以爲謗己, 是在我孚信未篤而已."(大全註疏)

【備旨】

子夏ㅣ勗居官者曰 君子ㅣ以一身으로 處上下之間하여 未有忠愛不孚而遽可以有爲者라

其使民也에 必其愛民之誠意ㅣ已積於平日하여 俾民心으로 允孚乎我하고 而信之矣而後에 興當爲之役하여 以勞其民이면 斯民ㅣ祗見其愛而忘其勞焉이어니와 苟未信而遽勞之면 則民不諒其上之愛我하고 惟見其事之不

堪하여 將以爲虐下而厲乎己也라

其事君也에 必其忠君之誠意ㅣ已裕於平時하여 俾君心으로 素諒夫我하고 而信之矣而後에 進讜直之言以諫其君이면 斯君이 惟嘉其忠而行其諫焉이어니와 苟未信而遽諫之면 則君不諒其臣之納忠하고 惟見其言之逆耳하여 將以爲訕上 而謗乎己也라 然則有事上使下之責者ㅣ當知所先矣니라

子夏가 관직에 있는 자를 권면하여 기로되 "君子가 한 몸으로써 윗사람과 아랫사람의 사이에 처하여 충성과 사랑이 서로 미덥지 않는데도 갑자기 가히 행할 수 있는 자는 있지 아니하다.

그 백성을 부리는데 반드시 그 백성을 사랑하는 誠意가 이미 평일에 쌓여서 백성들의 마음으로 하여금 진실로 나를 믿게 하고, 자신을 믿게 된 연후에 해야 할 일(부역賦役)을 일으켜 그 백성을 수고롭게 한다면, 이 백성들이 다만 그 사랑을 보고 그 수고로움은 잊게 되거니와, 만일 아직 믿지 못하는데 갑자기 백성들을 수고롭게 한다면 곧 백성들이 그 윗사람이 자신을 사랑한다고 여기지 않고, 오직 그 일을 견디지 못하여 장차 아랫사람을 학대하고 자신을 괴롭힌다고 여길 따름이다.

그 人君을 섬기는데 반드시 그 人君에게 충성하는 誠意가 平時에 이미 넉넉하여 人君의 마음으로 하여금 평소에 나를 믿게 하고, 자신을 믿게 된 연후에 곧은 말을 진언하여 그 人君에게 간언을 한다면, 이 人君이 오직 그 충성을 가상히 여겨 그 간諫한 것을 행하게 되거니와, 만일 아직 믿지 못하는데 갑자기 간언을 하게 되면 곧

서로 表裏를 이루니, 末이 곧 이 근본이요 다만 그 末을 배우면 근본이 곧 여기에 있다고 말한 것이 아니다.

주해

- 言游: 곧 子游를 말한다. '言'은 姓, '子游'는 字이다.
- 君子之道: 君子의 道. 여기서 '君子'는 가르침을 펴는 자이고, '君子之道'는 곧 '敎人之道'를 말한다.
- 孰先傳焉, 孰後倦焉: '무엇을 먼저 삼아 전하며, 무엇을 뒤로 삼아 게을리 하리오?'

  包咸의 ≪論語包氏章句≫에 "言先傳業者必先厭倦. 故我門人先教以小事, 後將教以大道也."라고 했다.
- 洒掃應對는 便是形而上者니 理無大小: '쇄소洒掃와 응대應對는 곧 이 '形而上'의 일이니, 이치에는 크고 작음이 없다.'

  勉齋黃氏가 말했다. "形而上, 謂超乎事物之表, 專指事物之理言也. 洒掃應對事, 雖至粗, 其所以然者, 便是至精之理. 其曰理無大小者, 非以洒掃應對爲小, 形而上者爲大也. 蓋不但至大之事, 方有形而上之理. 雖至小之事, 亦有之至. 故曰理無大小也."(大全註疏)
- 精義入神: 미묘한 義理를 정밀하게 연구하여 신묘한 境界에 들어가다.

  ≪易・繫辭下≫에 나온다. "精義入神, 以致用也." 이에 대해 宋나라 장재張載는 ≪정몽正蒙・神化≫에서 "精義入神, 事豫吾內, 求利吾外也."라고 풀이했다.

【備旨】

子夏ㅣ聞之而嘆曰 噫라 言游謂我敎門人以末하고 而不敎其本이라하니 斯言이 過矣로다 據游之言인댄 得無見我之先傳하고 而遂疑我之後倦乎인저 亦未觀之君子耳라

君子ㅣ敎人之道는 有先以末者니 亦其敎之不得不先이요 而非有心於先之也니 孰先傳焉이며 有後以本者니 亦其敎之不得不後요 而非有心於後之也니 孰後倦焉이리오 但學者所至에 有可告以本者하고 有未可告以本者하니 譬諸草木之有大小컨대 其區類固有別矣라

若不量其造詣淺深과 工夫之生熟하고 槪以本之高遠者로 强而語之면 是誣之而已라 君子敎人之道는 正欲成就後學이어늘 而焉可誣也리오

彼洒掃應對는 小學之始事也요 正心誠意는 大學之卒事也라 若夫有始而卽有卒이니 擧始終本末하여 一以貫之者는 其惟生安之聖人然後에 能之乎인저 以聖人之所能者로 而遽責之門人小子면 誣耶아 非耶아 噫라 游之言이 誠過矣로다

子夏가 듣고 탄식하여 가로되 "오호라! 言游(子游)는 내가 제자들에게 末端을 가르치고 그 근본을 가르치지 않는다고 말하니, 이 말이 지나치도다! 言游의 말에 의거하면, 내가 먼저 삼아 전하는 것을 보지 못하고, 마침내 내가 뒤로 삼아 게을리 한다고 의심하는 것이니, 또한 아직 君子를 살피지 못했을 따름이다.

君子가 사람을 가르치는 道는 末端을 우선하는 경우가 있으니, 또한 그 가르치는데 우선하지 않을 수가 없어서이지, 우선하는데 마음을 둔 것이 아니니 무엇을 먼저 삼아 전하리오? 근본을 뒤로 하는 경우가 있으니, 또한 그 가르치는데 뒤로 하지 않을 수가 없어서

이지, 뒤로 삼는데 마음을 둔 것이 아니니 무엇을 뒤로 삼아 게을리 하리오? 다만 배우는 자의 수준이 가히 근본으로 고할 수 있는 자가 있고, 가히 근본으로 고할 수 없는 자가 있으니, 草木에 그 大小가 있는 것에 비유하면 그 종류에 본디 구별이 있는 것이다.
만약 그 조예造詣가 깊고 얕은 것과 工夫가 익거나 익지 않은 것을 헤아리지도 않고, 개괄적으로 근본의 高遠한 것으로써 억지로 말해준다면, 이는 그들을 속일 따름이다. 君子가 사람을 가르치는 道는 바로 후학을 성취시키고자 한 것이니 어찌 가히 속일 수 있으리오? 저 洒掃와 應對는 小學의 처음에 해당되는 일이요, 正心과 誠意는 大學의 끝에 해당되는 일이다. 시작이 있으면 곧 끝이 있는 법이니, 始終과 本末을 들어 하나로 관통할 수 있는 경우는, 그 오직 生知安行하는 聖人인 후에야 능히 할 수 있으리라! 聖人만이 능히 할 수 있는 것으로 서 갑자기 門人의 여러 제자들에게 요구한다면, 이는 속이는 것인가? 속이는 것이 아닌가? 오호라! 言游의 말이 진실로 지나치도다!"

주해

- 若夫: '~의 경우에는', '~에 있어서는'. '至于'와 같다.
  ≪易 · 계사繫辭下≫에 나온다. "若夫雜物撰德, 辯是與非, 則非其中爻不備." 爻(괘 효)
- 生安: 태어나면서부터 알고, 편안하게 행하다. 곧 '生知安行'하는 聖人의 모습을 표현한 말이다.
  ≪禮記 · 中庸≫에 나온다. "或生而知之, 或學而知之, 或困而知之, 及其知之, 一也. 或安而行之, 或利而行之, 或勉強而行之, 及其成功, 一也."
- 詣(이를 예) 責(요구할 책)

[19·13]

子夏曰 仕而優則學하고 學而優則仕니라

子夏 가로되 "벼슬하면서 여력이 있으면 곧 배우고, 배우면서 여력이 있으면 곧 벼슬을 하느니라."

優는 有餘力也라 仕與學은 理同而事異라 故로 當其事者ㅣ必先有以盡其事而後에 可及其餘라 然이나 仕而學이면 則所以資其仕者ㅣ益深이요 學而仕면 則所以驗其學者ㅣ益廣이니라

'우優'는 餘力이 있는 것이다. 벼슬과 학문은 이치는 같으나 일이 다르다. 그러므로 그 일을 맡은 자가 반드시 먼저 그 일에 진력盡力한 후에 가히 그 나머지 일에 미칠 수 있다. 그러나 벼슬하면서 배우면 곧 그 벼슬에 자뢰資賴하는 바가 더욱 깊어지고, 배우면서 벼슬을 하면 곧 그 배움을 증험하는 바가 더욱 넓어질 것이다.

주해

- 仕與學, 理同而事異: 벼슬과 학문은 이치는 같으나 일이 다르다. 仕(벼슬할 사)

  慶源輔氏가 말했다. "仕所以行其學, 而學所以基其仕, 故曰理同. 然仕則以陳力就列致君澤民爲事, 學則以誦詩讀書格物致知爲事, 故曰事異."(大全註疏)

  新安陳氏가 말했다. "仕者先盡仕之事. 有餘力則益及於學. 學者先盡學之事, 有餘力則始及於仕."(大全註疏)

● 優(넉넉할 우)

【備旨】

子夏ㅣ論仕與學者ㅣ當各知所重也曰 當仕之時엔 則仕爲重이니 必致君澤民하고 待職業閒暇而優乎其有餘力焉이면 則用其功於學하여 以稽乎典籍之間하니 是其學也ㅣ非以妨乎仕而適以資乎仕矣요
當學之時하얀 以學爲重이니 必修德明道하고 待涵養純熟而優乎其有餘力焉이면 則推其學於仕하여 以見(현)諸行事之實하니 是其仕也ㅣ非以妨吾學而適以驗吾學矣니 有仕與學之責者ㅣ其可不知所重哉아

子夏가 벼슬하고 배우는 자가 마땅히 각각 소중한 할 바를 알아야 함을 논하여 가로되 "벼슬할 때에 당해서는 곧 벼슬이 중요하니 반드시 치국택민致君澤民을 하고, 맡은 일이 한가한 때를 기다려 넉넉하게 그 여력이 있으면 곧 그 功을 학문에 써서 전적典籍의 사이에서 상고하니, 이는 그 배움이 벼슬에 방해되지 않고 다만 벼슬하는데 자뢰資賴하는 것이다.
배울 때에 당해서는 배움을 중하게 여기니 반드시 德을 닦아 道를 밝히고, 涵養이 純熟할 때를 기다려 넉넉하게 그 여력이 있으면 곧 그 배움을 벼슬하는데 미루어 行事의 실제에 나타나게 되니, 이는 그 벼슬이 나의 배움에 방해되지 않고 다만 내가 배운 것을 증험하는 것이니, 벼슬과 배움의 책무가 있는 자가 그 가히 소중히 여길 바를 알지 못하리오?"

주해

- 致君: 人君을 잘 보좌하여 聖君이 되도록 함.
  《墨子 · 親士》에 나온다. "良才難令, 然可以致君見尊."
- 澤民: 백성에게 은택을 베풀다.
  宋나라 공정신龔鼎臣의 《東原錄》에 나온다. "生死有益於齊, 亦嘗以靈異澤民." 鼎(솥 정)
- 典籍: 古今圖書. 法典이나 圖籍 등 선조들의 중요한 문헌.
  《孟子 · 告子下》 篇에 나온다. "諸侯之地方百裏. 不百裏. 不足以守宗廟之典籍." 趙岐의 註에 "典籍, 謂先祖常籍法度之文也."라고 했다.
- 涵養: 修身과 養性을 말한다. 涵(젖을 함)
  朱子의 《答徐子融書》 之四에 나온다. "就平易明白切實處玩索涵養, 使心地虛明."
- 純熟: 숙련되다. 정통하다.
  宋니리 소식蘇軾의 《次韻定慧欽長老見寄》 之四에 나온다. "真源未純熟, 習氣餘陋劣."

[19 · 14]

子游曰 喪은 致乎哀而止니라

자유子游가 가로되 "상례喪禮는 슬픔을 다하고 그치느니라."

致極其哀요 不尚文飾也라
楊氏曰 喪은 與其易也론 寧戚이니 不若禮不足而哀有餘之意라

愚按 而止二字는 亦微有過於高遠 而簡略細微之弊하니 學者ㅣ詳之니라

그 슬픔을 다하고, 문식文飾을 숭상하지 않는 것이다.
楊氏 가로되 "喪禮는 그 상구喪具가 잘 다스려지기 보다는 차라리 슬퍼하는 것이 나으니, 禮가 부족하나 슬픔이 남는 것만 같지 못하다는 뜻이다."
내 살피건대 '而止' 두 字는 또한 약간 高遠함에 지나쳐서 세미細微한 것을 소홀히 하는 폐단이 있으니, 배우는 자가 상세히 살펴야 한다.

주해

- 致乎哀: 슬픔을 다하다. '致'는 '盡'의 뜻이다. 致(다할 치)
  南軒張氏가 말했다. "喪主乎哀. 致者, 自盡之謂. 若毁生滅性, 則是過乎哀者也."(大全註疏) 毁(헐 훼) 滅(멸할 멸)
- 與其~, 寧…: '~하기 보다는 차라리 …하는 편이 낫다.' 寧(차라리 녕)
- 簡略: 소홀히 하다. '간홀簡忽'과 같다.
- 易(다스려질 이) 戚(슬플 척)

【備旨】

子游ㅣ崇本意曰 世人이 多趨於末하니 以吾觀之컨대 於居喪者는 但於其哀痛之心에 推之以致其極而止하니 何以文飾爲哉아 不然이면 哀有未至하여 吾恐其餘不足觀矣니 爲人子者ㅣ其知所重乎인저

子游가 근본을 숭상하는 것을 뜻하여 가로되 "세상 사람들이 末端을 추향趨向하는 경우가 많으니, 내가 살피건대 喪中에 있는 자는 다만 그 애통哀痛해 하는 마음에서 미루어 그 지극함을 다해서 그치는 것이니, 어찌 文飾을 하리오? 그렇지 않으면 슬픔이 지극하지 못하여 내 아마도 그 나머지는 족히 볼 것도 없으니, 사람의 자식이 된 자가 그 중히 여길 바를 알아야 할 지니라!"

[19 · 15]

子游曰 吾友張也ㅣ爲難能也나 然而未仁이니라

子游 가로되 "내 벗 子張이 어렵게 능할 것이나 그러나 仁하지는 못하다."

子張은 行過高而少誠實惻怛之意라

子張은 행실이 지나치게 고원高遠하여 성실하고 간절한 뜻이 부족하였다.

주해

- 張: 자장子張을 말한다.
- 爲難能: 남들이 하기 어려운 일을 하다. "爲難能, 是爲人所難爲之事."(四書補註備旨)

皇侃의 ≪論語義疏≫에 "子游言吾同志之友子張, 容貌堂偉, 難爲人所能及, 故云難能也."라고 풀이했다.

● 未仁: '仁'하다고 말하기가 어렵다. '未'는 단정하기 어렵다는 말이다.
  雙峯饒氏가 말했다. "行過高, 解難能. 少誠實惻怛, 解未仁. 無誠實則不能全心之德, 無惻怛則不能全愛之理."(大全註疏)
● 惻怛: 간절하다. 간곡하다. 惻(슬퍼할 측) 怛(슬플 달)

【備旨】

子游ㅣ箴子張之失曰 吾友若張也ㅣ有過高之才하여 其所爲ㅣ皆人所不能爲니 是難能也라 然而少誠實惻怛之意하여 未免心馳於外하니 其於仁則未也라 曷若返諸切近乎아

子游가 子張의 과실을 경계하여 가로되 "나의 벗 子張과 같은 자는 지나치게 高遠한 재주가 있어, 그 하는 바가 모두 남들이 능히 행할 수 없는 것들이니, 이는 능히 하기 어려운 일이다.
그러나 성실하고 간절한 뜻이 부족하여 마음이 바깥으로 치닫는 것을 면하기 어려우니, 그는 仁에 있어서는 아직 부족하다. 어찌 切問과 近思로 돌이키는 것만 같으리오?"

주해

● 切近: '切問近思'. 간절하게 묻고, 가까이 생각함.
● 箴(경계할 잠) 曷(어찌 갈)

[19·16]

曾子曰 堂堂乎라 張也여 難與並爲仁矣로다

曾子 가라사대 "당당堂堂하도다. 子張이여! 더불어 남과 함께 仁을 행하기는 어렵도다."

堂堂은 容貌之盛이라 言其務外自高하여 不可輔而爲仁이요 亦不能有以輔人之仁也라
范氏曰 子張이 外有餘而內不足이라 故로 門人이 皆不與其爲仁하니라 子曰 剛毅木訥이 近仁이라하시니 寧外不足而內有餘면 庶可以爲仁矣니라

'당당堂堂'은 용모가 盛한 것이다. 그가 외면에만 힘쓰고 스스로 高遠하다고 여겨 가히 사로 도와서 仁을 행할 수도 없고, 또한 능히 남의 仁을 도울 수도 없다고 말한 것이다.
范氏 가로되 "子張이 밖으로는 남음이 있으나 안으로는 不足하였다. 그러므로 門人들이 모두 그와 더불어 仁을 행하지 못하였다. 孔子께서 '강하고 굳세고 질박하고 어눌함이 仁에 가깝도다!'라고 말씀하셨으니, 차라리 밖으로는 不足할지언정 안으로 남음이 있으면 거의 가히 仁을 행할 수 있을 것이다."

주해

- 堂堂: 용모가 장엄하고 대범하다.
  何晏의 ≪論語集解≫에 "言子张容仪盛而於仁道薄也."라고 풀이

했다.

新安陳氏가 말했다. "堂堂以貌言. 難能以才言. 皆自高之意. 並猶共也."(大全註疏)

● 剛毅木訥: 강하고 굳세고 질박하고 어눌함. '木'은 質朴 剛(굳셀 강) 毅(굳셀 의) 訥(말더듬을 눌)

≪子路≫ 篇에 나온다. "子曰 剛毅木訥, 近仁."

【備旨】

曾子ㅣ規子張之務外曰 朋友는 所以輔仁이니 若堂堂乎라 盛於容貌之張也여 其務外自高之氣象이 如此하니 則於己에 無體認密察之功하여 人固不可輔之爲仁이요 於人에 無切偲觀感之助하여 己亦不能輔人爲仁이니 蓋難與之並爲仁矣로다

夫以張之賢으로 而難與爲仁은 惟誠之不足耳니 張ㅣ可不急反其所習哉아

曾子께서 子張이 외면에 힘쓰는 것을 바로잡아 가라사대 "朋友는 仁을 돕는 바이니, 당당한 것 같도다. 용모가 盛한 子張이여! 그 외면에 힘쓰고 스스로 高遠하다고 여기는 기상이 이와 같으니, 곧 자신에게는 몸으로 깨닫고 세밀히 살피는 功이 없어서 남이 진실로 가히 그를 도와서 仁을 행하게 할 수 없으며, 남에게는 간절히 책선責善을 하며 보고 느끼는 도움이 없어서 자신이 또한 능히 남을 도와 仁을 행할 수 없으니, 대개 그와 더불어 함께 仁을 행하기가 어려울 것이다.

무릇 子張의 현명함으로 더불어 仁을 행하기 어려운 것은 오직 精

誠이 부족할 따름이니, 子張이 가히 급히 그 습관된 것을 돌이키지 않으리오?"

주해

● 切偲: '절절시시切切偲偲'. 곧 서로 존중하면서 善을 권면하는 모양. 偲(책선할 시)
〈子路〉 篇에 나온다. "朋友切切偲偲, 兄弟怡怡." 何晏의 ≪論語集解≫에 "切切偲偲, 相切責之皃."라고 했고, 형병邢昺의 疏에 "朋友以道義切磋琢磨, 故施於朋友也."라고 풀이했다. 怡(기쁠 이) 皃(얼굴 모)
또한 ≪詩 · 小雅 · 상체常棣≫ 篇에도 나온다. "雖有兄弟, 不如友生." 이에 대해 毛傳에는 "朋友以義, 切切然."이라 했고, 唐나라 육덕명陸德明의 ≪經傳釋文≫에 "切切然, 定本作切切偲偲然."이라고 풀이했다. 棣(산앵두나무 체)

● 規(바로잡을 규)

[19 · 17]

曾子曰 吾ㅣ聞諸夫子하니 人未有自致者也나 必也親喪乎인저

曾子께서 가라사대 "내가 夫子께 듣자 하니, '사람이 다른 일에는 스스로 다하지 못한 것이 있으나, 반드시 스스로 다해야 할 일은 바로 친상親喪이니라!'라고 하셨다."

致는 盡其極也라 蓋人之眞情이 所不能自已者라

尹氏曰 親喪은 固所自盡也니 於此에 不用其誠이면 惡(오)乎用其誠이리오

'치致'는 그 지극함을 다하는 것이다. 대개 사람의 진정眞情이 능히 스스로 그치지 못하는 것이다.
尹氏 가로되 "친상親喪은 진실로 스스로 다해야 할 바이니, 여기에다 그 정성을 쓰지 않는다면 어디에 그 정성을 쓰리오?"

주해

● 自致者: 일에 있어서 자신의 힘을 다하다.
● 親喪: 부모 喪.
馬融의 ≪論語馬氏訓解≫에 "言人雖未能自致盡于他事, 至于親喪, 必自致盡."라고 했다.
● 眞情: 참된 정.
新安陳氏가 말했다. "眞情, 乃愛親之人心, 天理所發見者."(大全註疏)
● 惡(어찌 오)

【備旨】

曾子ㅣ欲人自識其眞心曰 吾ㅣ聞諸夫子하니 云人之用情이 未有不待人勉而自盡其極者也나 若自盡其極而不容已者는 必也親喪乎인저
蓋他事는 尙待人勉이나 只有親喪은 出於人之眞情이요 不待人勉也니라

曾子께서 사람들에게 스스로 그 眞心을 알게 하고자 하여 가라사대

"내가 夫子께 듣자 하니, '사람이 마음을 쓰는데 남의 권면勸勉을 기다리지 않고 스스로 그 지극함을 다하는 자가 있지 않으나, 만약 스스로 그 지극함을 다하여 그만두는 것을 용납하지 못할 것이라면 반드시 親喪일 것이니라!'라고 말씀하셨다.
대개 다른 일은 오히려 남의 勸勉을 기다릴 수 있으나, 다만 親喪은 사람의 眞情으로부터 나오는 것이요, 남의 勸勉을 기다리지 않는다."

[19·18]

曾子曰 吾ㅣ聞諸夫子하니 孟莊子之孝也ㅣ其他는 可能也어니와 其不改父之臣과 與父之政이 是難能也니라

曾子께서 가라사대 "내가 夫子께 듣자 하니, '맹장자孟莊子의 孝는 그 다른 것은 가히 능히 할 수 있거니와, 그 아버지의 신하와 아버지의 政事를 바꾸지 않은 것은 이는 능히 하기가 어려우니라!'라고 하셨다."

孟莊子는 魯大夫니 名은 速이요 其父는 獻子니 名은 蔑이라 獻子有賢德이어늘 而莊子ㅣ能用其臣하고 守其政이라 故로 其他孝行은 雖有可稱이나 而皆不若此事之爲難이니라

맹장자孟莊子는 魯나라의 大夫이니, 이름은 속速이다. 그 아버지는 헌자獻子이니 이름은 멸蔑이다.
헌자獻子에게 어진 德이 있거늘, 莊子가 능히 그 신하들을 등용하고, 그 政事를 그대로 지켰다. 그러므로 다른 孝行도 비록 가히 칭찬할 것이 있으나, 모두 이 일처럼 하기 어려운 것만 못하다.

주해

- 孟莊子: 魯나라의 大夫인 '중손속仲孫速'을 말한다.
- 不改父之臣與父之政: 아버지의 신하와 아버지의 政事를 바꾸지 않다.
  "臣是父所任用者, 政是父所設施者."(四書補註備旨)
  朱子가 말했다. "人固有用父之臣者, 然稍拂他私意, 便自用不得. 亦有行父之政者, 於私欲稍有不便處, 自行不得."(大全註疏) 稍(적을 초) 拂(거스를 불)
- 蔑(버릴 멸)

【備旨】

曾子ㅣ述孟莊子繼述之孝曰 吾ㅣ聞諸夫子하니 云孟莊子之孝也ㅣ其他事生喪死는 雖足爲孝나 然猶可能也요 惟於父沒之後에 不改父所用之臣與父所行之政은 是眞難能也라
蓋人情이 多惡老成而喜新進하며 作聰明而亂舊章이온 而況於得以自專之日乎아 獻子有賢德하여 爲魯社稷臣이면 則其臣必賢하고 其政必善이요 而莊子嗣立하여 不

以己私로 而悖父德하니 其孝ㅣ不誠難能也哉아

吾ㅣ所聞於夫子者ㅣ如此하니 是則莊子之孝ㅣ得夫子而益彰矣니라

曾子께서 맹장자孟莊子가 계승한 孝를 傳述하여 가라사대 "내가 夫子께 듣자 하니, '孟莊子의 孝는 그 나머지 일들처럼 부모 생전에 섬기고 돌아가셔서 장사지내는 일은, 비록 족히 孝라고 해도 그러나 오히려 가히 행할 수 있는 일이요, 오직 아버지가 돌아가신 뒤에 아버지가 등용한 신하와 아버지가 행한 政事를 바꾸지 않는 것은 이는 진실로 능히 행하기가 어려운 일이다.

대개 人情이 대부분 나이 들고 德 있는 사람을 싫어하고 새로 등용된 사람을 좋아하며, 聰明을 드러내고 옛 제도와 문물을 어지럽히거늘, 하물며 자신의 뜻대로 결정하고 행할 수 있는 날을 얻은 경우에랴! 헌자獻子에게 어진 德이 있어 魯나라 사직社稷의 신하로 삼으면, 곧 그 신하가 반드시 어질고 그 政事가 반드시 잘 되었으며, 장자莊子가 帝位를 이어 받아 자신의 사사로운 생각으로 父德을 어그러지지 않게 하니, 그 孝가 참으로 능히 행하기가 어렵지 않으리오?'라고 말씀하셨다.

내가 夫子께 들은 바가 이와 같으니, 이는 곧 孟莊子의 孝가 夫子의 인정을 받아 더욱 드러난 것이다."

주해

- 繼述: 이어받다. 계승하다.
  唐나라 韓愈의 ≪順宗實錄五≫에 나온다. "懼忝傳歸之業, 莫申繼述之志." 懼(두려워할 구) 忝(더럽힐 첨)

● 老成: 나이가 많고 德이 있는 사람.
≪後漢書 · 和帝紀≫에 나온다. "今彪聰明康彊, 可謂老成黃耇矣." 李賢의 註에 "老成, 言老而有成德也."라고 풀이했다. 彪(범 표) 耇(노인 구)

● 新進: 처음 벼슬에 등용된 사람.
≪漢書 · 조광한전趙廣漢傳≫에 나온다. "所居好用世吏子孫新進年少者, 專厲彊壯蠭氣, 見事風生, 無所回避." 顔師古의 註에 "言舊吏家子孫而其人後出求進, 又年少也."라고 풀이했다. 蠭(벌 봉)

● 自專: 자신의 뜻대로 결단하고 행동하다.
≪禮記 · 中庸≫에 나온다. "愚而好自用, 賤而好自專."

● 嗣立: 제위를 계승하다. 嗣(이을 사)
≪國語 · 晉語九≫에 나온다. "及景子長於公宮, 未及教訓而嗣立矣, 亦能纂修其身以受先業, 無謗於國." 纂(모을 찬)

[19 · 19]

孟氏ㅣ使陽膚로 爲士師라
問於曾子한대
曾子曰 上失其道하여 民散이 久矣니 如得其情이면 則哀矜而勿喜니라

孟氏가 양부陽膚를 士師로 삼았다.
陽膚가 曾子께 옥사獄事를 다스리는 道를 묻건대,
曾子 가라사대 "윗사람이 그 道를 잃어 백성들이 흩어진 지 오래되었으니, 만약 그 實情을 안다면 곧 불쌍히 여기고 기뻐하지 말지니라."

陽膚는 曾子弟子라 民散은 謂情義乖離하여 不相維繫라 謝氏曰 民之散也는 以使之無道하고 敎之無素라 故로 其犯法也는 非迫於不得已면 則陷於不知也라 故로 得其情이면 則哀矜而勿喜니라

'양부陽膚'는 曾子의 弟子이다. '民散'은 人情과 의리가 괴리乖離되어 서로 연계되지 않은 것을 말한다.
謝氏 가로되 "백성들이 흩어진 것은 백성 부리기를 無道하게 하고, 가르치는데 바탕이 없기 때문이다. 그러므로 그들이 법을 범한 것은 부득이하게 핍박을 당한 것이 아니라면 곧 無知에 빠진 것이다. 그러므로 그 실정을 안다면 곧 불쌍히 여기고 기뻐하지 말라."

주해

- 士師: 옥관獄官의 우두머리. 獄(옥 옥)
- 哀矜: 불쌍히 여기다. '연민憐憫'과 같다. 矜(불쌍히여길 긍)
  ≪書 · 呂刑≫에 나온다. "皇帝哀矜庶戮之不辜." 戮(죽일 륙) 辜(허물 고)
- 情義: 人情과 義理.
- 維繫: 유지되고 연계되다. '維係'와 같다. 維(맬 유) 繫(맬 계)
  朱子가 말했다. "生業不厚, 敎化不脩, 內無尊君親上之心, 外無仰事附育之賴. 是以, 恩疏義薄, 不相維繫, 而日有離散之心."(大全註疏) 脩(닦을 수)

【備旨】

魯大夫孟氏ㅣ使陽膚로 爲典獄之士師라
陽膚ㅣ以士師之道로 問於曾子한대

曾子ㅣ告之曰 汝ㅣ爲士師하니 亦知民犯法之由乎아 蓋今之爲民上者ㅣ失其所以使民敎民之道라 故로 其尊卑上下之際에 情義乖離하여 各相爭訟하니 其來久矣라 是其犯法也ㅣ非迫於饑寒而不得已면 則陷於罪戾而不自知니 汝ㅣ於折獄之時에 如得其犯法之情實이면 則當念其不得已之故與其不自知之由하여 而哀憐矜恤之하며 愼勿喜己之明察이 爲能發奸摘伏也니라 如此則用法平恕하여 而士師之任이 無忝矣리라

魯나라 大夫인 孟氏가 양부陽膚를 전옥典獄의 士師로 삼았다.
이에 陽膚가 士師의 道를 曾子께 묻건대,
曾子께서 고하여 가라사대 "그대가 士師가 되었으니, 또한 백성들이 법을 어기는 이유를 아는가? 대개 지금은 백성들의 윗사람이 된 자들이 그 백성을 부리고 백성을 가르치는 道를 잃어 버렸다. 그러므로 그 존비尊卑와 上下의 사이에 人情과 의리가 괴리乖離되어 각각 서로 송사訟事를 다투니 그 유래가 오래되었다.
이는 그들의 범법犯法이 추위와 굶주림에 급박하여 부득이한 것이 아니라면, 곧 죄악에 빠져서 스스로 알지 못하기 때문이다. 그대가 옥사獄事를 판결할 때 만약 그들이 法을 犯한 情實을 안다면, 곧 마땅히 그 부득이하게 法을 犯한 연고와 그들이 스스로 알지 못하는 이유를 염두에 두고서 그들을 가련하고 불쌍하게 여겨 돌보아 주어야 하며, 삼가 자신의 明察함이 능히 간사함을 들추어내고 죄상을 밝혀낼 수 있다고 기뻐하지 말아야 한다. 이와 같이 하면 곧 法을 집행하는 것이 공정하면서도 관대하여 士師의 임무에 욕됨이 없을 것이다."

주해

- 典獄: 형옥刑獄의 일을 맡다. 典(맡을 전) 獄(옥 옥)
  ≪書 · 呂刑≫에 나온다. "典獄非訖於威, 惟訖於富." 訖(이를 흘)
- 罪戾: 죄. 과실. '죄건罪愆'과 같다. 戾(어그러질 려) 愆(허물 건)
  ≪左傳 · 莊公二十二年≫ 條에 나온다. "赦其不閑於教訓而免於罪戾, 弛於負擔, 君之惠也." 赦(용서할 사) 弛(늦출 이)
- 折獄: 소송 사건을 판결하다. 折(판결할 절)
  ≪易 · 豐≫ 卦에 나온다. "君子以折獄致刑." 孔穎達의 疏에 "斷決獄訟."이라고 풀이했다.
- 矜恤: 불쌍히 여기고 돌보아 줌. 矜(불쌍히여길 긍) 恤(구휼할 휼)
- 發奸摘伏: 간사奸邪함을 들추어내고 숨겨진 죄상을 밝혀내다. '적摘'은 '적擿'과 같다. 摘(딸 적다) 伏(숨을 복) 擿(들출 적)
  ≪魏書 · 良吏傳 · 宋世景≫에 나온다. "民間之事, 巨細必知, 發姦摘伏, 有若神明."
  南朝 梁元帝의 ≪현람부玄覽賦≫에도 나온다. "慕張生之擿伏, 挹邊延之勵精." 挹(뜰 읍) 勵(힘쓸 려)
- 平恕: 공정함을 유지하면서 너그럽고 인자함. 恕(용서할 서)
  ≪北史 · 조작전趙綽傳≫에 나온다. "時河東薛胄爲大理卿, 俱名平恕." 綽(너그러울 작) 薛(맑은대쑥 설) 胄(맏아들 주)
- 饑(굶주릴 기) 訟(송사할 송) 忝(욕될 첨)

[19 · 20]

子貢이 曰紂之不善이 不如是之甚也니 是以로 君子ㅣ惡(오)居下流하나니 天下之惡이 皆歸焉이니라

子貢이 가로되 "주紂의 不善이 이처럼 심하지는 않았으니, 이 때문에 君子는 下流에 처하는 것을 싫어한다. 天下의 惡이 모두 그곳으로 모여들기 때문이다."

下流는 地形卑下之處로 衆流之所歸니 喩人身有汙賤之實이면 亦惡名之所聚也라 子貢言此는 欲人常自警省하여 不可一置其身於不善之地요 非謂紂本無罪 而虛被惡名也니라

'下流'는 地形이 낮은 곳으로 모든 물이 흘러 모여드는 곳이다. 사람 몸에 더럽고 천한 행실이 있으면 또한 惡名이 모여드는 곳으로 비유한 것이다.

子貢이 이렇게 말한 것은 사람들이 항상 스스로 경계하고 살펴서 가히 한 번이라도 그 몸을 不善의 자리에 방치하지 않도록 하고자 함이요, 주紂가 본디 罪가 없는데 공연히 惡名을 뒤집어 쓴 것이라고 말한 것이 아니다.

주해

- 紂之不善, 不如是之甚也: 주紂의 不善이 이처럼 심하지는 않았다. '주紂'는 殷나라의 마지막 君主. 이름은 辛, 字는 受, 시호諡號는 紂이다. 紂(고삐 주)

  南軒張氏가 말했다. "紂不道極矣, 其始亦未至若是之甚. 惟其爲不善, 而天下之惡皆歸之, 日累月成以至貫盈, 豈不猶川澤居下而衆水歸之乎."(大全註疏)

【備旨】

子貢이 儆人之爲不善曰 古今之言不善者ㅣ必曰商紂하니 甚矣라 自我言之컨대 紂之不善이 不至人言如是之甚也요 特以紂自置身於不善之地하여 而居天下之下流耳라 蓋地之下者는 衆流所歸요 人之下者는 亦衆惡所聚라 是以로 君子ㅣ不敢爲惡 而惡(오)居下流하나니 正以一居下流면 則天下之惡이 皆歸焉이라 亦如人之所以歸紂惡名者矣니 人可不惕然自省哉아

子貢이 사람들이 不善을 행하는 것을 경계하여 가로되 "古今에 不善을 말하는 자들은 반드시 商나라의 주紂를 말하니, 심하도다! 내가 말하건대, 紂의 不善함이 사람들의 말처럼 이렇게 심한 데에 이른 것이 아니며, 다만 紂가 스스로 몸을 不善의 자리에 방치하여 天下의 下流에 처했기 때문이다.
대개 땅이 낮은 곳은 모든 물이 흘러 들어가는 곳이요, 사람이 악한 자는 또한 모든 惡이 흘러 모여드는 곳이다. 이 때문에 君子는 감히 惡을 행하지 않고 下流에 처하는 것을 싫어하나니, 바로 한번 下流에 처하게 되면 곧 天下의 惡이 모두 그에게 흘러 모여들기 때문이다. 이는 또한 사람들이 주紂에게 惡名에 돌리는 것과 같은 것이니, 사람이 가히 두려워하며 스스로 살피지 않으리오?"

주해

- 惕然: 두렵고 근심하는 모양. 惕(두려워할 척)

[19·21]

子貢이 曰君子之過也는 如日月之食焉이라 過也에 人皆見之하고 更也에 人皆仰之니라

子貢이 가로되 "君子의 허물은 마치 일식日蝕이나 월식月蝕과 같으니라. 허물이 있으면 사람들이 모두 바라보고, 허물을 고치면 사람들이 모두 우러러 보느니라."

주해

- 過: 허물. 과실. "過是無心失理."(四書補註備旨)
- 日月之食: 日蝕과 月蝕. '食'은 '식蝕'과 같다. 蝕(좀먹을 식)
  南軒張氏가 말했다. "人皆見之者, 君子不文飾掩蔽其過. 日月之蝕, 旋而復矣. 無損其明也. 故君子改過不吝, 而德愈光焉."(大全註疏) 掩(가릴 엄) 蔽(덮을 폐) 愈(더욱 유)
- 更: 허물을 고치다. '更'은 '改'의 뜻이다. 更(고칠 경)

【備旨】

子貢이 論君子之善處過曰 人孰能無過리오 若君子之過也는 一如日月之食焉이라 方其有過也에 不自隱諱하니 人皆得而見之하고 及其更也엔 則復於無過하니 人又皆仰之라

夫過而人皆見은 一日月之暫晦也요 更而人皆仰은 一日月之旋復也니 不猶日月之食而無傷於明乎아 人不當以

過로 棄君子矣라

子貢이 君子는 허물을 잘 처리해야 함을 논하여 가로되 "사람이 누가 능히 허물이 없으리오? 君子의 허물과 같은 경우는 일식日蝕이나 월식月蝕과 완전히 똑같다. 바야흐로 君子에게 허물이 있으면 스스로 꺼려해서 숨길 수가 없으니 사람들이 모두 바라볼 수 있고, 君子가 허물을 고치게 되면 곧 허물이 없는 상태로 회복을 해서 사람들이 또한 모두 우러러보게 된다.

무릇 허물이 있어 사람들이 모두 바라보는 것은 해와 달이 잠시 어두워지는 것과 같고, 허물을 고쳐 사람들이 모두 우러러보는 것은 해와 달이 다시 밝음을 회복하는 것과 같으니, 마치 日蝕과 月蝕이 밝음을 해치지 못하는 것과 같지 않으리오? 사람은 마땅히 허물 때문에 君子를 버려서는 안 될 것이다."

주해

- 一如: 완전히 똑같다.
  ≪儀禮 · 유사철有司徹≫에 나온다. "司馬羞湇魚, 一如尸禮." 湇(축축해질 읍) 尸(주검 시)
- 隱諱: 꺼려해서 숨기거나 감추고 말하지 않음. 隱(숨길 은) 諱(꺼릴 휘)
  ≪荀子 · 成相≫ 篇에 나온다. "世亂惡善不此治, 隱諱疾賢, 良由姦詐, 鮮無災." 양경楊倞의 註에 "隱諱過惡, 疾害賢良, 長用姦詐, 少無災也."라고 풀이했다. 災(재앙 재) 倞(굳셀 경)
- 暫晦: 잠시 어두워지다. 暫(잠시 잠) 晦(어두울 회)
- 旋復: 다시 회복하다. 旋(돌 선)

[19 · 22]

衛公孫朝ㅣ問於子貢曰 仲尼는 焉學고

위衛나라의 공손조公孫朝가 子貢에게 물어 가로되 "仲尼께서는 어느 스승에게서 배우셨습니까?"

公孫朝는 衛大夫라

공손조公孫朝는 위衛나라의 大夫이다.

주해

- 焉學: 어떤 스승에게서 배우셨는가? 焉(어찌 언)
  "學, 以師言. 焉學, 是從何師而學."(四書補註備旨)

【備旨】

昔에 衛公孫朝ㅣ慕聖人而不知라 故로 問於子貢曰 吾觀컨대 仲尼ㅣ禮樂文物古今事變에 無所不通하니 必有所從學也라 不知케라 果焉學乎아
蓋意夫子ㅣ有常師也라

옛날 衛나라의 공손조公孫朝가 聖人을 흠모했으나 알지를 못했다. 그러므로 子貢에게 물어 가로되 "내 보건대 仲尼께서는 예악禮樂 · 문물文物과 古今의 변화에 대해 통하지 아니한 바가 없으시니, 반드시 좇아 배우신 바가 있을 것입니다. 과연 어느 스승에게서 배우셨는지 알지 못하겠습니다."

대개 夫子께 일정한 스승이 있었을 것이라고 생각한 것이다.

주해

- 事變: 사물의 변화.
  ≪詩 · 大序≫에 나온다. "吟詠情性, 以風其上, 達於事變而懷其舊俗者也."
- 常師: 정해진 스승. 일정한 스승.
  晉나라 원굉袁宏의 ≪後漢紀 · 靈帝紀≫에 "蟠學無常師, 博覽無不通."이라 했고, 唐 韓愈의 ≪師說≫에 "聖人無常師."라고 했다. 宏(클 굉) 蟠(서릴 반)

子貢이 曰文武之道ㅣ未墜於地하여 在人이라 賢者는 識(지)其大者하고 不賢者는 識(지)其小者하여 莫不有文武之道焉하니 夫子ㅣ焉不學이시며 而亦何常師之有시리오

子貢이 가로되 "文王과 武王의 道가 땅에 떨어지지 아니하여 사람들에게 남아 있습니다. 어진 자는 그 큰 것을 기억하고 어질지 못한 자는 그 작은 것을 기억하여, 文王과 武王의 道가 있지 않은 곳이 없으니, 夫子께서는 어디에서인들 배우지 않으셨으며, 또한 어찌 일정한 스승이 계셨으리오?"

文武之道는 謂文王武王之謨訓功烈과 與凡周之禮樂文章이 皆是也라 在人은 言人有能記之者라 識는 記也라

'文武의 道'는 文王과 武王의 모훈謨訓 · 공훈功勳과 周나라의 예악禮樂 · 文章이라고 말하는 것들이 모두 이것이다. '在人'은 사람 중에 능히 이것을 기억하는 자가 있다는 말이다. '지識'는 기억하는 것이다.

주해

- 在人: 사람들에게 남아 있다. '人'은 賢者와 不賢者를 모두 가리킨다.
- 大者: 道의 大綱과 要領을 말한다.
- 小者: 道의 小節과 細目을 말한다.
- 謨訓: 계책計策과 교훈. 謨(꾀 모) 訓(가르칠 훈)
  《書 · 胤征》 편에 나온다. "聖有謨訓, 明徵定保." 胤(이을 윤)
- 功烈: 공훈과 업적.
  《左傳 · 襄公十九年》 條에 나온다. "銘其功烈, 以示子孫." 銘(새길 명)

【備旨】

子貢이 曰子ㅣ疑夫子之焉學하니 亦未知其得統於文武耳로다 文王武王之道ㅣ盡於謨訓功烈하고 散於禮樂文章하여 至今尙未墜於地하여 在人이라 猶得而傳之하니 如才智敏達而賢者는 則識其綱領之大者하고 卽才智稍劣而不賢者도 亦識其條目之小者하여 蓋莫不有文武之道ㅣ存焉하니 識大識小ㅣ皆有道라

夫子ㅣ或從賢者而學之하시고 或從不賢者而學之하시니 焉往而不學하시고 卽焉往而非師하사 而亦何常師之有리오 然則能無不學無不師者는 是乃夫子之所以爲夫子耳라

子貢이 가로되 "그대가 夫子께서 어느 스승에게서 배웠는가를 의심하니, 또한 夫子께서 文王과 武王으로부터 계통을 얻었다는 사실을 모르는 것이로다. 文王와 武王의 道는 모훈謨訓과 공열功烈에 다 갖춰져 있고 禮樂과 文章에 흩어져 있어, 지금도 여전히 땅에 떨어지지 아니하여 사람들에게 남아 있습니다. 오히려 얻어 전할 수 있으니, 예를 들어 재주와 지혜가 민첩하고 통달하여 현명한 자는 곧 그 綱領 중의 큰 것을 기억하고, 곧 재주와 지혜가 조금 부족하여 현명하지 못한 자라도 또한 條目 중의 작은 것을 기억하여, 대개 文武의 道가 보존되어 있지 않음이 없으니, 큰 것을 기억하고 작은 것을 기억하는데 모두 道가 있습니다.

夫子께서 혹 현명한 자를 좇아 배우기도 하시고, 혹 현명치 못한 자를 좇아 배우기도 하셨으니, 어디를 간들 배우지 않으시고 곧 어디를 간들 스승으로 삼지 아니하여, 또한 어찌 일정한 스승이 있으시리오? 그러므로 곧 능히 배우지 않음이 없으시고, 스승으로 삼지 않음이 없는 것은 이것이 곧 夫子께서 夫子가 되신 이유입니다."

주해

● 敏達: 민첩하고 통달하다. 敏(민첩할 민)
≪漢書 · 京房傳≫에 나온다. "淮陽王上親弟, 敏達好政, 欲爲國忠."
淮(강이름 회)

[19·23]

叔孫武叔이 語大夫於朝曰 子貢이 賢於仲尼하니라

숙손무숙叔孫武叔이 조정에게 大夫들에게 일러 가로되 "子貢이 仲尼보다 뛰어나도다!"

武叔은 魯大夫니 名은 州仇라

'무숙武叔'은 魯나라의 大夫이니, 이름은 주구州仇이다.

주해

- 語: 고하다. '告'와 같다.
- 賢於仲尼: 중니仲尼 보다 낫다. 뛰어나다. 賢(나을 현)
  朱子가 말했다. "子貢賢於仲尼, 聖人固自難知. 如子貢在當時想是大段明辨, 果斷通曉, 事務歆動, 得人. 孔子自謂達不如賜."(大全註疏) 歆(받을 흠)

【備旨】

叔孫武叔이 語衆大夫於朝曰 人皆以仲尼爲聖人이로되 自我觀之컨대 子貢之聰明才辨이 殆賢於仲尼라하니 斯言也ㅣ不惟不知仲尼요 抑亦不知賜矣라

숙손무숙叔孫武叔이 조정에서 여러 大夫들에게 말하여 가로되 "사람들이 모두 仲尼를 聖人이라고 하는데, 내가 보건대 子貢의 총명함과 재주才辨이 거의 仲尼 보다 나을 것이다."라고 하니, 이 말은 仲尼를 알지 못할 뿐만 아니라, 또한 사賜(子貢)를 모르고 것이다.

주해

- 才辨: 재주와 기변機變. '才辯'과 같다.
  ≪後漢書 · 列女傳 · 채염蔡琰≫에 나온다. "(琰)博學有才辯, 又妙於音律." 琰(옥 염)

子服景伯이 以告子貢한대
子貢이 曰譬之宮牆컨댄 賜之牆也는 及肩이라 窺見室家之好어니와

자복경백子服景伯이 이를 子貢에게 고하자,
子貢이 가로되 "궁궐 밖의 담장에 비유하건대, 나(賜)의 담장은 어깨 높이에 미치기 때문에 집 안의 좋은 점을 들여다 볼 수 있거니와,"

牆卑室淺이라

담장은 낮고 집은 얕다.

주해

- 子服景伯: 魯나라의 大夫. 姓은 子服, 이름은 何, 字는 伯, 諡號는 景이다.
- 宮牆: 궁궐 밖의 담장. 牆(담 장, 경계)
  "宮牆謂宮外之牆."(四書補註備旨)
- 窺見室家之好: 집 안의 좋은 점을 들여다 볼 수 있다. 窺(엿볼 규)
  "宮牆外望曰窺. 室家之好喻威儀文辭之盛."(四書補註備旨)

【備旨】

子服景伯이 述其言以告子貢하니 蓋不足武叔之言也라 子貢이 曰凡人之造詣는 其高下淺深이 各有不同하니 譬之컨대 內宮外牆之間에 可見焉이라 賜之道는 阻於上達하여 猶夫牆之卑也니 止於及肩而已라 牆卑則室淺하여 而中之所有를 可一覽而盡也라 故로 人ㅣ皆得窺見其室家之好하니 固不必入門而後知矣니라

자복경백子服景伯이 그 말을 서술하여 子貢에게 고하니, 대개 무숙武叔의 말이 부족했던 것이다.

子貢이 가로되 "무릇 사람의 조예造詣는 그 높낮이와 깊고 얕음이 각각 같지 않으니, 비유컨대 內宮과 외장外牆의 사이에 가히 볼 수 있습니다. 나(賜)의 道는 上達에 막혀 마치 담장이 낮은 것과 같으니, 어깨 높이에 미쳐 그칠 따름입니다. 담장이 낮으면 곧 집 안이 얕아서 집 안에 있는 것을 가히 한번 보고 다 알 수 있습니다. 그러므로 사람들이 모두 그 집 안의 좋은 것을 들여다 볼 수 있으니, 진실로

반드시 門에 들어간 후에 아는 것이 아닙니다."

주해

● 上達: 위로 天命을 깨닫다.
〈憲問〉 篇에 나온다. "子曰 不怨天, 不尤人, 下學而上達, 知我者, 其天乎?" 邢昺의 疏에 "下學而上達者, 言已下學人事, 上知天命."이라고 풀이했다. 尤(허물 우)

夫子之牆은 數仞이라 不得其門而入이면 不見宗廟之美와 百官之富니

"夫子의 담장은 몇 길이나 되어, 그 門에 들어가지 못하면 종묘宗廟의 아름다움과 百官의 풍부함을 볼 수 없으니,"

七尺曰仞이라 不入其門이면 則不見其中之所有니 言牆高而宮廣也라

七尺을 '인仞'이라 한다. 그 門에 들어가지 않으면 곧 그 집 안에 있는 것을 볼 수 없으니, 담장이 높고 궁궐이 넓음을 말한 것이다.

주해

● 數仞: 여러 길. 仞(길 인) '數仞'은 造詣가 높은 것을 말한다.
● 宗廟之美: 종묘宗廟의 아름다움. 곧 道德이 빛나는 것을 말한다.

● 百官之富: 百官의 풍부함. 곧 道德이 충실한 것을 말한다.
劉寶楠의 ≪論語正義≫에 "數仞之牆, 指天子諸侯, 故有宗廟百官."

【備旨】

若夫子之牆也는 道隆於峻極而莫踰하니 蓋有數仞之高也라 牆高則宮廣이니 是必入其門而後에 見其所有로되 而苟不得其門而入이면 則不得見其壯麗中藏하여 輝乎宗廟之美와 與其森列內蘊하여 廓乎百官之富焉이라

夫子의 담장과 같은 경우는 道가 지극히 높아서 넘을 수가 없으니, 대개 수 길이나 높은 것이다. 담장이 높으면 곧 궁궐이 넓으니, 이는 반드시 그 門에 들어간 후에 그 집 안에 있는 것을 들여다 볼 수 있다.
그러나 만일 그 門에 들어가지 못하면 곧 그 壯麗한 가운데 감추어져 빛나는 宗廟의 아름다움과, 그 삼엄하게 늘어선 가운데 쌓여서 드넓은 百官의 풍부함을 볼 수 없을 것이다.

주해

● 峻極: 지극히 높음. 峻(높을 준)
≪禮記·中庸≫에 나온다. "發育萬物, 峻極於天." 鄭玄의 註에 "峻, 高也."라고 했고, 孔穎達의 疏에 "言聖人之道高大, 與山相似, 上極於天."이라고 풀이했다.
● 森列: 삼엄하게 배열되다. 어지럽게 나열되다. 森(나무빽빽할 삼)
● 隆(클 융) 蘊(쌓을 온) 廓(넓을 확)

得其門者ㅣ或寡矣라 夫子之云이 不亦宜乎아

"그 門에 들어간 사람이 혹 적기 때문에, 夫子(武叔)가 말한 것이 또한 마땅하지 않으리오?"

此夫子는 指武叔이라

여기에서 '夫子'는 무숙武叔을 가리킨다.

주해

● 夫子之云: 夫子(武叔)이 말한 것. 곧 '子貢이 仲尼보다 더 현명하다' 고 한 말.

新安陳氏가 말했다. "賢人之道, 卑淺易見. 聖人之道, 高深難知. 此子貢以牆室取譬之意也. 要之觀乎賢人則見聖人, 使叔孫果知子貢之所以爲子貢, 則亦必略知孔子之所以爲孔子, 豈至爲此言哉. 叔孫非特不知孔子, 亦不知子貢也."(大全註疏)

【備旨】

今之人은 皆宮牆外望者也니 求其得入夫子之門하여 而覩其美且富者ㅣ蓋或寡矣라 若夫子는 正不得其門而入者也니 求之旣無其端하고 望之莫得其際라 其云賜賢於仲尼하여 而以室家之好로 加美富之上也ㅣ不亦宜乎아 藉令得門而入於數仞之中하여 而縱觀乎美富면 當爽然自失이어늘 敢云賜賢乎哉아

"요즘 사람들은 모두 宮궐의 담장 밖에서 바라보는 자들이니, 그 夫子의 門에 들어가기를 구하여 그 아름답고 또한 풍부함을 본 사람이 대개 혹 적을 것이다.

夫子(武叔)와 같은 경우는 바로 그 門에 들어가지 못한 자이니, 구한다고 해도 이미 그 실마리가 없고, 바라본다고 해도 그 때를 얻지 못한다. 그러므로 그(武叔)가 '내(賜)가 仲尼 보다 낫다'고 말하면서, 집 안의 좋은 것을 아름답고 풍부한 것 위에다 올려놓은 것이 또한 마땅하지 않으리오?

가령 門을 구해서 수 길이나 되는 집 안으로 들어가서 아름답고 풍부한 것을 실컷 구경한다면 마땅히 망연자실할 것이니, 감히 내(賜)가 낫다고 이르리오?"

주해

- 藉令: 가령. 가사. '假令'과 같다. 藉(가령 자)
- 縱觀: 마음대로 구경함. '縱覽'과 같다.
- 爽然自失: 망연자실茫然自失한 모양. '상연약실爽然若失'과 같다. 爽(시원할 상) 茫(아득할 망)
  清나라 포송령蒲松齡의 ≪요재지의聊齋志異 · 소취小翠≫ 篇에 나온다. "公爽然自失, 而悔無及矣." 聊(의지할 료) 齋(재계할 재) 翠(물총새 취)
- 覩(볼 도)

[19 · 24]

叔孫武叔이 毁仲尼어늘

子貢이 曰無以爲也하라 仲尼는 不可毁也

니 他人之賢者는 丘陵也라 猶可踰也어니와 仲尼는 日月也라 無得而踰焉이니 人雖欲自絶이나 其何傷於日月乎리오 多見其不知量也로다

숙손무숙叔孫武叔이 仲尼를 헐뜯자,
子貢이 가로되 "그러지 마십시오. 仲尼는 가히 헐뜯을 수 없으니 他人의 어진 정도는 구릉丘陵과 같아 오히려 가히 넘을 수 있거니와, 仲尼는 해나 달과 같아 넘을 수가 없습니다. 사람들이 비록 스스로 끊고자 하나 그 어찌 해와 달을 손상할 수 있으리오? 다만 그 스스로 분수를 알지 못함을 볼 뿐입니다."

無以爲는 猶言無用爲此라 土高曰丘요 大阜曰陵이라 日月은 喩其至高라 自絶은 謂以謗毁自絶於孔子라 多는 與祇同하니 適也라 不知量은 謂不自知其分量也라

'無以爲'는 마치 이렇게 할 필요가 없다고 말하는 것과 같다. 땅이 높은 것을 '구丘'라고 하고, 큰 언덕을 '릉陵'이라 한다. '日月'은 그 지극히 높음을 비유한 것이다. '자절自絶'은 헐뜯고 비방하여 스스로 孔子와의 관계를 끊는 것을 말한다. '多'는 '지祇'와 같으니 '다만'이라는 뜻이다. '不知量'은 스스로 그 분수를 알지 못한다는 말이다.

주해

- 他人之賢者: 다른 여러 聖人들.
- 自絕: 仲尼를 헐뜯고 비방함으로써 스스로 仲尼와의 관계를 끊다.
- 謗毁: 헐뜯고 비방하다. '毁謗'과 같다. 謗(헐뜯을 방) 毁(헐 훼)
《孔叢子 · 힐묵詰墨》 篇에 나온다. "墨子雖欲謗毁聖人, 虛造妄言, 柰此年世不相値何." 詰(꾸짖을 힐) 柰(어찌 내)
- 多: 다만. '지祇'와 같다. 多(다만 다) 祇(다만 지)
《左傳 · 襄公十四年》 條에 나온다. "吾今實過, 悔之何及, 多遺秦禽." 祇(마침 지) 適(마침 적)

【備旨】

叔孫武叔이 前言仲尼不及子貢하고 至是하여 又毁謗之하니
子貢이 曉之曰 無用此毁爲也하라 仲尼는 固不可得而毁也니 如他人之賢者는 所造雖高나 不過丘陵也라 猶可得而踰越也어니와 仲尼之爲聖은 直是日月也라 懸象於天高니 視古今에 倂無得而踰越焉이라 人雖欲毁謗하여 以自絶於聖人之敎나 其何傷損於日月之高乎아 祇見其不知己之分量也니 而何以毁爲哉아

숙손무숙叔孫武叔이 앞에서 '仲尼가 子貢에게 미치지 못한다'고 말하고, 여기에서는 또 仲尼를 헐뜯고 비방하니,
子貢이 깨우쳐 가로되 "그렇게 헐뜯지 마십시오. 仲尼는 진실로 가히 헐뜯을 수 없으니, 예를 들어 他人의 어진 모습은 조예造詣가 비록

높으나 구릉丘陵에 지나지 않아 오히려 가히 넘을 수 있거니와, 仲尼께서 聖人이 되신 것은 다만 日月과 같습니다. 높은 하늘에 있는 日月星辰이니 古今을 살펴서 나란히 뛰어넘을 수가 없습니다. 사람들이 비록 헐뜯고 비방하여 스스로 聖人의 가르침을 끊고자 하나, 그들이 어찌 日月의 높음을 손상시킬 수 있겠습니까? 다만 그들이 자신의 분수를 헤아리지 못함을 볼 뿐이니, 어찌 헐뜯을 수 있으리오?"

주해

● 懸象: 천문현상天文現象. 곧 日月星辰을 말한다. 懸(매달 현)
《易・繫辭上》에는 '縣象'으로 되어 있다.
漢나라 班固의 《典引》에 나온다. "懸象闇而恒文乖, 彝倫斁而舊章缺." 闇(어두울 암) 彝(떳떳할 이) 斁(싫어할 역)

[19・25]

陳子禽이 謂子貢曰 子ㅣ爲恭也언정 仲尼ㅣ豈賢於子乎리오

진자금陳子禽이 子貢에게 일러 가로되 "그대(子貢)가 공손해서 그렇지 仲尼가 어찌 그대 보다 낫다고 하리오?"

爲恭은 謂爲恭敬推遜其師也라

'爲恭'은 공경恭敬하여 그 스승에게 겸양謙讓하는 것을 말한다.

주해

- 推遜: 겸손謙遜하다. 겸양謙讓하다. 推(밀 퇴)
  ≪三國志 · 魏志 · 왕창전王昶傳≫에 나온다. "樂安任昭先, 淳粹履道, 內敏外恕, 推遜恭讓, 處不避洿, 怯而義勇, 在朝忘身." 洿(웅덩이 오) 怯(겁낼 겁)

【備旨】

陳子禽이 謂子貢曰 子之於仲尼也에 譬之以宮牆하고 喩之以日月하니 乃務爲恭敬以推遜夫師也라 若以實論之면 仲尼豈誠賢於子乎리오.

진자금陳子禽이 子貢에게 일러 가로되 "그대는 仲尼에 대해 자신은 궁장宮牆에 비유하고 仲尼는 日月에 비유하니, 이는 恭敬에 힘써 스승에게 겸양한 것입니다. 만약 실제로 논한다면 仲尼가 어찌 참으로 그대 보다 낫다고 하리오?."

子貢이 曰君子ㅣ一言에 以爲知하며 一言에 以爲不知니 言不可不愼也니라

子貢이 가로되 "君子는 한 마디 말로 지혜롭기도 하고, 한 마디 말로 지혜롭지 못하기도 하니, 말을 가히 삼가지 않을 수 없습니다."

責子禽不謹言이라

자금子禽이 말을 삼가지 않음을 꾸짖은 것이다.

주해

- 君子: 여기서는 '學者'를 말한다.
- 知: 남을 알아보는 명철함이 있는 것이다. "知是有知人之明."(四書補註備旨)
- 不知: 남을 알아보지 명철함이 없는 것이다. "不知是無知人之明."(四書補註備旨)

  勉齋黃氏가 말했다. "一言善爲知, 一言不善爲不知. 知不知, 係於一言, 不可不謹."(大全註疏)

【備旨】

子貢이 責之曰 君子之評論人也에 一言之得이면 人卽以爲知하며 一言之失이면 人卽以爲不知하나니 知與不知ㅣ係於一言이 如此라 故로 言不可以不愼也니 子ㅣ何爲此不知之言耶아

子貢이 꾸짖어 가로되 "君子가 사람을 평론하는데 있어서, 한 마디 말을 얻으면 사람들이 곧 지혜롭다고 여기며, 한마디 말을 잃으면 사람들이 곧 지혜롭지 못하다고 여기니, 지혜롭고 지혜롭지 못함이 한 마디 말에 관계되는 것이 이와 같습니다. 그러므로 말을 가히 삼가지 않을 수 없으니, 그대는 어찌 이 지혜롭지 못한 말을 하십니까?"

夫子之不可及也는 猶天之不可階而升也니라

"夫子에게 가히 미치지 못하는 것은 마치 하늘에 가히 사다리를 놓아 오를 수 없는 것과 같습니다."

階는 梯也라 大可爲也어니와 化不可爲也라 故로 曰不可階而升也라

'계階'는 사다리이다. 크게 이루는 일은 가히 할 수 있거니와, 천하를 교화시키는 일은 가히 할 수가 없다. 그러므로 '가히 사다리로 오를 수 없다'고 말한 것이다.

주해

- 大可爲也, 化不可爲也: 크게 이루는 일은 할 수 있지만, 천하를 교화시키는 일은 할 수가 없다. '大'는 德業을 크고 빛나게 하는 것이고, '化'는 만민을 교화시키는 것이다.
  ≪孟子・盡心下≫에 나온다. "充實而有光輝之謂大, 大而化之之謂聖." 趙岐의 註에 "大行其道使天下化之, 是爲聖人."이라 했다.
  新安陳氏가 말했다. "孟子曰 大而化之之謂聖. 有善信美而至於大, 乃思勉之所可及, 故曰可爲, 可躡階梯而升也. 至於化則非思勉之所可及, 故曰不可爲, 非可躡階梯而升矣."(大全註疏) 躡(밟을 섭)

【備旨】

豈以夫子爲可及耶아 不知夫子之聖은 神無方而化無體

라 其德之高於天下하여 人不可幾及之也니 猶天之以形高於天下하여 人不可階梯而升也라 及之且不可온 而況賢之乎아

어찌 夫子를 가히 미칠 수 있다고 하리오? 夫子의 聖스러움은 신묘하여 일정한 방향이 없고 변화하여 정해진 형체가 없습니다. 그 德이 천하에 높아서 사람들이 가히 거의 미칠 수가 없으니, 마치 하늘의 형상이 천하에 높아서 사람들이 가히 사다리로 오를 수 없는 것과 같습니다. 夫子게 미치는 것도 또한 不可하거늘 하물며 夫子 보다 낫다고 하리오?

夫子之得邦家者인댄 所謂立之斯立하며 道之斯行하며 綏之斯來하며 動之斯和하며 其生也榮하고 其死也哀니 如之何其可及也리오

"夫子께서 나라를 얻어 다스렸다면, 이른바 '백성들을 바로 세우면 이에 바로 서게 되고, 백성들을 인도하면 이에 따르고, 백성들을 편안하게 해주면 이에 모여들고, 백성들을 고무하면 이에 화답하고, 夫子께서 살아 계시면 또한 영광스럽게 여기고, 夫子께서 돌아가시면 또한 슬퍼할 것'이니, 어찌 그 가히 미치리오?"

立之는 謂植其生也라 道는 引也니 謂敎之也라 行은 從也라 綏는 安也요 來는 歸附也라 動은 謂鼓舞之也요 和는 所謂於變時雍이니 言其感應之妙ㅣ神速如此라 榮은 謂莫不尊親이요 哀則如喪考妣라
程子曰 此는 聖人之神化가 上下與天地同流者也라

'立之'는 그 생계를 마련해주는 것을 말한다. '道'는 인도하는 것이니 가르침을 말한다. '行'은 따르는 것이다. '수綏'는 편안함이요, '來'는 와서 붙음이다. '動'은 고무鼓舞시킨다는 말이고, '和'는 이른바 '오호라! 감화되어서 이에 화합하도다!'를 말하는 것이니, 그 감응이 신묘함이 신기하게 빠르기가 이와 같음을 말한 것이다. '榮'은 존경하고 친애하지 않은 이가 없다는 말이요, '哀'는 곧 부모 喪을 당한 것과 같은 것이다.
程子 가로되 "이는 聖人의 신묘한 敎化가 上下와 天地에 함께 흐르는 것이다."

謝氏曰 觀子貢稱聖人語에 乃知晩年進德이 蓋極於高遠也라 夫子之得邦家者인댄 其鼓舞群動이 捷於桴鼓影響하니 人雖見其變化 而莫窺其所以變化也라 蓋不離於聖而有不可知者存焉하니 聖而進於不可知之之神矣니 此殆難以思勉及也라

謝氏 가로되 "子貢이 聖人을 칭찬하는 말을 봄에 곧 晩年에 德에 나아감이 대저 高遠함에 지극하였음을 알 수 있다. 夫子께서 나라

를 얻을진댄 그 고무하여 무리(백성)가 움직임이 북채를 두드리는 것과 메아리와 그림자 보다 빠르니 사람이 비록 그 변화를 볼 수 있으나 그 써 변화된 바를 엿보지 못할 것이다. 대저 聖人에서 떠나지 않았으나 가히 알 수 없는 자가 있음이 있으니 聖스럽고 가히 알 수 없는 신묘함에 나아감이니, 이는 자못 생각하고 힘씀으로써 미치기 어려운 것이다."

주해

- 得邦家: 나라를 얻어 다스리다. '邦家'는 '國家'와 같다.
  ≪詩·小雅·南山有台≫에 나온다. "樂只君子, 邦家之基." 鄭玄의 전箋에 "人君既得賢者, 置之於位, 又尊敬以禮樂, 樂則能爲國家之本."이라 풀이했다.
  孔安國의 ≪論語孔氏訓解≫에 "謂爲諸侯若卿大夫."라고 했다.
- 立之斯立: 백성들을 바로 세우면 이에 바로 서다. "立就養說. 斯立, 卽民得其養."(四書補註備旨)
- 歸附: 돌아와 복종하다. 귀순하다. 附(의지할 부)
  漢나라 王充의 ≪論衡·定賢≫ 篇에 나온다. "以人眾所歸附, 賓客雲合者爲賢乎?"
- 動之斯和: '백성들을 고무鼓舞시키면 이에 화해하다.' 또는 '백성들을 동원하면 이에 화답하다.'
  何晏의 ≪論語集解≫에 "動之則莫不和睦."라고 했고, 皇侃의 ≪論語義疏≫에 "動, 謂勞役也. 悅以使民, 民忘其勞, 故役使之, 莫不和睦也."라고 했다. 睦(화목할 목)
- 於變時雍: '오호라! 교화되어서 이에 화합하도다.' '於'는 어조사이다. '變'은 감화이다. '時'는 '是'와 같다. '雍'은 화합이다. 於(오홉다할 오) 雍(온화할 옹)
  ≪書·요전堯典≫에 나온다. "克明俊德, 以親九族. 九族既睦, 平章百姓. 百姓昭明, 協和萬邦. 黎民於變時雍." 黎(백성 여)

● 考妣: 부모. 또는 돌아가신 부모. 考(죽은아비 고) 妣(죽은어미 비) ≪書 · 순전舜典≫에 나온다. "帝乃殂落, 百姓如喪考妣." 孔傳에 "考妣, 父母."라고 했다. 또한 ≪禮記 · 曲禮下≫에도 나온다. "生曰父曰母曰妻. 死曰考曰妣曰嬪." 嬪(아내 빈) 殂(죽을 조)

【備旨】

惜호라 夫子ㅣ未得邦家하니 其不可及者를 無以自見耳라 如使夫子ㅣ得邦家而治之면 則其神化當何如哉아 正所謂制田里之政하여 而立之以植其生이면 則民斯立而無不植其生하며 明理義之教하여 而道之以復其性이면 則民斯行而無不復其性하며 綏之於旣立之後하여 而益廣其安養之澤이면 則民斯來而愛戴歸附를 自不可禦하며 動之於旣道之後하여 而益善其鼓舞之術이면 則民斯和而於變時雍을 自不容已니 其德化感人之速이 如此라 將見其生也에 蒙立道綏動之化者ㅣ莫不尊親而人皆榮之하고 其死也에 懷立道綏動之化者ㅣ如喪考妣而人皆哀之리니 其德化入人之深이 又如此라 此皆盛德之所致니 有莫知其所以然而然者ㅣ甚矣라

夫子之治는 一天之治也니 如之何其可及也리오 此所謂不可階而升也어늘 而子ㅣ乃謂我曰 仲尼豈賢於子리오 하니 誠不自知其不知之失也哉인저

"애석하도다! 夫子께서 나라를 얻어 다스리지 못하시니, 내(子貢)가

夫子께 가히 미칠 수 없다는 것을 스스로 보지 못할 뿐이니라. 가사 夫子께서 나라를 얻어 다스렸다면, 곧 그 신묘한 교화가 어떠했으리오?

바로 이른바 田里의 政事를 제정하여 백성들을 세워서 그 생계를 마련해 주면 곧 백성들이 이에 서서 그 생계를 마련해주지 않음이 없게 되며, 理義의 가르침을 밝혀 백성들을 인도하여 그 본성을 회복하게 하면 곧 백성들이 이에 행하여 그 본성을 회복하지 아니함이 없게 되며, 이미 생계를 마련해준 후에 백성들을 편안하게 해서 그 安養의 은택을 더욱 넓히면 곧 백성들이 이에 몰려들어 충심으로 받들고 귀의하는 것을 스스로 가히 막을 수가 없으며, 이미 引導한 후에 백성들을 고무鼓舞시켜 그 鼓舞시키는 방법을 더욱 잘하면 곧 백성들이 이에 和하여 '오호라! 교화되어서 이에 화합하도다.'하는 것을 스스로 그칠 수 없으니, 그 德化가 사람을 감화시키는 신속함이 이와 같을 것입니다.

장차 夫子께서 살아계시면 생계를 마련해주고 인도해 주고 편안하게 해주고 고무시켜 준 敎化를 입은 자들이 夫子를 존중하고 친애하지 아니함이 없어 사람들이 모두 夫子를 영광스럽게 여길 것이며, 夫子께서 돌아가시면 생계를 마련해주고 인도해 주고 편안히 해주고 고무시켜 준 敎化를 입은 자들이 마치 부모 喪을 당한 것 같이 하여 사람들이 모두 슬퍼하는 것을 볼 수 있을 것이니, 그 德化가 사람들에게 깊이 들어간 것이 또한 이와 같을 것입니다. 이는 모두 盛德으로 이루어진 바이니, 그것이 그렇게 된 이유를 알지 못하나 그렇게 된 것이 깊은 것입니다.

夫子의 다스림은 천하의 커다란 다스림이니, 어찌 夫子께 가히 미칠 수 있으리오? 이는 이른바 '가히 사다리로 오를 수 없다'는 말이거늘, 그대(陳子禽)는 곧 나에게 일러 '仲尼께서 어찌 그대(子貢) 보다 낫다고 하리오?' 라고 말하니, 진실로 스스로 자신이 지혜롭지 못한 과실을 알지 못하는 것입니다."

주해

● 如使: 가령假令. 가사假使. 설사設使.
≪孟子 · 公孫丑下≫에 나온다. "如使予欲富, 辭十萬而受萬, 是爲欲富乎?"

● 田里: 토지와 주택.
≪周禮 · 地官 · 遂人≫ 篇에 나온다. "凡治野, 以下劑致甿, 以田里安甿." 가공언賈公彥의 疏 : 에 "以田里安甿者, 田則爲百晦之田, 里則五晦之宅. 民得業則安, 故雲安甿也."라고 풀이했다. 甿(백성 맹) 晦(이랑 무)

● 理義: 公理와 正義
≪孟子 · 告子上≫에 나온다. "故理義之悅我心, 猶芻豢之悅我口." 芻(꼴 추) 豢(기를 환)

● 安養: 安息과 休養.
宋나라 陳師道의 ≪賀本州劉大夫書≫에 나온다. "倉庫旣傾, 饑寒並解. 鯨鯢就戮, 金鼓不鳴. 方玆安養之秋, 樂得循良之吏." 鯨(고래 경) 鯢(도롱뇽 예) 戮(죽일 륙)

● 愛戴: 충심으로 받들다. 戴(일 대)

● 一天: 온 세상. 큰 세상. 곧 하늘처럼 크고 많은 것을 뜻한다.
元나라 마치원馬致遠의 ≪漢宮秋≫ 第三折에 나온다. "想娘娘那一天愁都撮在琵琶上." 撮(당길 촬)

論語集註 卷二十

堯曰 第二十

堯曰 第二十

凡三章

모두 3章이다.

[20 · 1]

堯曰 咨爾舜아 天之曆數ㅣ在爾躬하니 允執厥中하라 四海困窮하면 天祿이 永終하리라

요堯가 가라사대 "오호라! 그대 순舜아! 하늘의 역수曆數가 그대 한 몸에 있으니 진실로 그 中道를 잡을지니라. 四海가 곤궁하면 하늘의 祿이 영원히 끝나리라!"

此는 堯命舜而禪以帝位之辭라 咨는 嗟歎聲이라 曆數는 帝王相繼之次第니 猶歲時氣節之先後也라 允은 信也라 中者는 無過不及之名이라 四海之人이 困窮하면 則君祿ㅣ도 亦永絶矣니 戒之也라

이는 요堯가 순舜에게 명하여 帝位를 선양禪讓할 때 한 말씀이다. '자咨'는 탄식하는 소리이다. '역수曆數'는 帝王이 서로 계승하는 차례이니, 마치 세시기절歲時氣節의 선후와 같다. '윤允'은 '진실로'의 뜻이다. '中'은 지나치거나 미치지 못함이 없다는 말이다. 四海의 사람들이 곤궁하면 곧 人君의 祿도 또한 영원히 끊어진다는 것이니, 순舜을 경계하신 것이다.

주해

- 允執厥中: '진실로 그 中道를 잡다.' 곧 언행이 불편부당不偏不黨한 中正의 道에 부합된다는 말이다. 允(진실로 윤) 執(잡을 집) 厥(그 궐)
  ≪書 · 대우모大禹謨≫에 나온다. "人心惟危, 道心惟微, 惟精惟一, 允執厥中." 孔穎達의 疏에 "信執其中正之道."라고 풀이했다.
  "允執是眞個執得. 其字指道, 中是恰好的道理."(四書補註備旨)
- 歲時: 일 년. 사계절.
  ≪周禮 · 春官 · 점몽占夢≫에 나온다. "掌其歲時, 觀天地之會, 辨陰陽之氣." 鄭玄의 註에 "其歲時, 今歲四時也."라고 했다.
- 氣節: 節氣. '節令'과 같다.
  ≪後漢書 · 西域傳論≫에 나온다. "若其境俗性智之優薄, 產載物類之區品, 川河領障之基源, 氣節涼暑之通隔……莫不備寫情形, 審求根實."
- 咨(탄식할 자)

【備旨】

昔에 帝堯ㅣ禪位於舜而命之曰 咨嗟哉라 爾舜也여 自古帝王之興은 皆天之曆數어니와 吾以爾德之升聞者로 而上觀天道하고 下驗人心하니 天之曆數ㅣ當在爾躬矣라

然이나 豈易承也哉아 亦視其執中何如耳니라

天下萬事萬物이 莫不有中하니 爾ㅣ於事事物物에 惟擇其中하여 允執而用之하고 而無過不及之差면 則四海蒙福하여 而天祿을 其永享矣어니와 苟不能執中하여 而致四海困窮이면 則上天所與之祿이 自此而永絶矣리니 曆數ㅣ安能爲汝有哉아하시니 其戒命之辭ㅣ如此시니라

옛날 제요帝堯께서 순舜에게 帝位를 선양禪讓할 때 命하여 가라사대 "오호라! 그대 舜이여! 예로부터 帝王이 일어나는 것은 모두 하늘의 역수曆數를 받았거늘, 내가 그대의 德이 널리 소문이 나서 위로 天道를 살피고 아래로 人心에 證驗해 보니, 하늘의 曆數가 마땅히 그대 한 몸에 있도다. 그러나 어찌 쉽게 받을 수 있으리오? 또한 그 中正의 道를 잡은 것이 어떠한가를 볼 따름이니라.

天下의 萬事와 萬物이 中道가 있지 않은 것이 없으니, 그대가 萬事萬物에 대해 오직 그 中道을 가려서 진실로 그것을 잡고 써서 지나치거나 미치지 못하는 어긋남이 없으면, 곧 四海가 福을 입어 天祿을 그 영원히 누릴 수 있을 것이니라. 만일 능히 中道를 잡지 못하여 四海가 곤궁함에 이르게 되면 곧 하늘이 부여한 祿이 이로부터 영원히 끊어질 것이니, 역수曆數가 어찌 능히 그대를 위하여 있으리오?"라고 하시니, 그 경계하여 命하신 말씀이 이와 같으셨다.

주해

- 禪位: 帝位를 선양禪讓하다. 禪(사양할 선)
  唐나라 유지기劉知幾의 ≪史通 · 疑古≫ 篇에 나온다. "堯知子丹朱不肖, 故有禪位之志."

● 升聞: 널리 소문이 나다. 升(높을 승)
≪書 · 舜典≫에 나온다. "玄德升聞, 乃命以位." 또한 ≪孔子家語 · 집기執轡≫에도 나온다. "升聞於天, 上帝俱歆, 用永厥世, 而豐其年." 轡(고삐 기) 歆(받을 흠)

● 事事物物: 일마다 물건마다. 곧 '萬事萬物'과 같다.
≪朱子語類≫ 卷七五에 나온다. "事事物物皆有箇道理."

舜이 亦以命禹하시니라

순舜이 또한 우禹에게 命하시니라.

舜이 後遜位於禹할새 亦以此辭命之라 今見於虞書大禹謨하니 比此加詳이라

舜이 후에 우禹에게 손위遜位하실 때에 또한 이 말씀으로 命하셨다. 지금≪우서虞書 · 대우모大禹謨≫에 보이니, 이보다 더욱 상세하다.

주해

● 遜位: 帝位를 사양하다. '讓位'와 같다. 遜(사양할 손)
≪史記 · 太史公自序≫에 나온다. "唐堯遜位, 虞舜不台."

● 虞書大禹謨: ≪우서虞書 · 대우모大禹謨≫ 篇을 말한다.
≪書 · 大禹謨≫에는 '允執厥中' 외에 '人心惟危, 道心惟微, 惟精惟一'의 三句가 더 있다. "人心惟危, 道心惟微, 惟精惟一, 允執厥中."

【備旨】

後舜이 禪位於禹에 亦以此辭命之하시니 雖加以精一之訓하여 視昔爲詳이나 要亦不過執守此中焉이라 此舜之授요 而禹之所以得統於舜者也라

후에 舜이 禹에게 선위禪位를 할 때 또한 이 말씀으로 命하시니, 비록 '惟精惟一'의 가르침을 덧붙여서 옛날 보다 상세하게 되었으나, 요컨대 또한 이 中正의 道를 잡아서 지키는데 지나지 않는다. 이는 舜이 전해준 것이요, 禹가 舜에게서 종통宗統을 얻은 것이다.

주해

- 加以精一之訓: '惟精惟一'의 가르침을 더하다.
  朱子가 말했다. "中只是個恰好的道理. 允是眞個執得. 堯當時告舜, 只說這一句. 後來舜告禹, 又添得人心惟危, 道心惟微, 惟精惟一三句, 說得較仔細."(大全註疏) 仔(자세할 자)

(蕩)曰 予小子履는 敢用玄牡하여 敢昭告于皇皇后帝하노니 有罪를 不敢赦하며 帝臣不蔽니 簡在帝心이니이다 朕躬有罪는 無以萬方이요 萬方有罪는 罪在朕躬하니라

(탕왕湯王이) 가라사대 "저 소자 이履(蕩)는 감히 검은 숫소를 잡아

감히 위대하신 上帝께 밝혀 고합니다. 죄가 있는 걸桀을 감히 용서하지 아니하며, 천하의 현인들을 가리지 아니하나니, 군사를 간열簡閱하여 걸桀을 치는 것은 上帝의 마음에 달려 있나이다. 내 몸에 죄가 있는 것은 萬方의 백성 때문이 아니요, 萬方의 백성에게 죄가 있는 것은 그 죄가 제 몸에 있사옵니다."

此는 引商書湯誥之辭니 蓋湯旣放桀而告諸侯也라 與書文大同小異하니 曰上에 當有湯字라 履는 蓋湯名이라 用玄牡는 夏尙黑에 未變其禮也라 簡은 閱也라
言桀有罪를 己不敢赦요 而天下賢人은 皆上帝之臣이니 己不敢蔽니 簡在帝心하여 惟帝所命이라 此는 述其初請命而伐桀之辭也라 又言君有罪는 非民所致요 民有罪는 實君所爲라하니 見其厚於責己薄於責人之意라 此는 其告諸侯之辭也라

이는≪尙書 · 蕩誥≫의 말씀을 인용한 것이니, 대개 탕왕蕩王이 이미 걸桀을 추방하고 諸侯들에게 고한 내용이다.≪書傳≫의 글과 大同小異하니 '曰'字 위에 마땅히 '湯'字가 있어야 한다. '리履'는 대개 湯의 이름이다. '현모玄牡를 쓴다는 것'은 夏나라가 검은색을 숭상하였는데 아직 그 禮를 바꾸지 않은 것이다. '간簡'은 간열簡閱하는 것이다.
걸桀에게 罪가 있음을 내가 감히 용서하지 못하며, 天下의 賢人은 모두 上帝의 신하이니 자신이 감히 가리지 못하며, 군사를 檢閱하여 걸桀을 치는 것은 上帝의 마음에 달려 있으니 오직 上帝께서 命

하신 바이다. 이는 湯王이 처음에 天命을 청하여 桀을 정벌할 때의 말을 기술한 것이다.

또한 人君에게 죄가 있는 것은 백성들이 만든 것이 아니요, 백성들에게 죄가 있는 것은 실제로는 人君이 저지른 일이라고 말하니, 湯王이 자신을 責하는데는 무겁게 하고 남을 責하는데는 가볍게 하는 마음을 볼 수 있다. 이는 湯王이 제후들에게 고한 말씀이다.

주해

- 予小子履: '저 小子 이履'. '小子'는 帝王의 자칭으로 謙辭이다. '予小子'는 '予一人'과 같다. '履'는 湯王의 이름이다. 履(신 리)
- 玄牡: 고대 천지에 제사지낼 때 희생犧牲으로 쓰던 검은 숫소. 牡(수컷 모)

  ≪書・탕고湯誥≫에 나온다. "(湯)敢用玄牡, 敢昭告於上天神後, 請罪有夏." 誥(고할 고)

  孔安國의 ≪論語孔氏訓解≫에 "殷家尚白, 未變夏禮, 故用玄牡."라고 했다.
- 皇皇后帝: 위대하신 上帝. '皇皇'은 아름답고 盛한 모습. '后帝'는 '上帝' 또는 '天帝'이다. 何晏의 ≪論語集解≫에 "皇, 大. 后, 君也. 大大君帝, 謂天帝也."라고 풀이했다.

  ≪詩・魯頌・비궁閟宮≫ 篇에 나온다. "皇皇后帝, 皇祖后稷." 鄭玄의 箋에 "皇皇后帝, 謂天也."라고 했다. 閟(문닫을 비)
- 有罪不敢赦: 죄가 있는 걸桀을 감히 용서하지 않다. '有罪'는 걸桀을 말한다. 赦(용서할 사)
- 帝臣不蔽: 천하의 현인들을 가리지 않다. '帝臣'은 천하의 賢人을 말한다. 蔽(가릴 폐)

  "帝臣指天下賢人."(四書補註備旨)
- 簡在帝心: '군사를 간열簡閱하여 걸桀을 치는 것은 오직 天心에 달려있다.' '簡'은 '簡閱'이고, '간열簡閱'은 '군사를 검열하여 토벌하다.'는

뜻으로 '검열檢閱' 또는 '감열鑒閱'과 같다. '帝心'은 곧 '天心'을 말한다.
鑒(살필 감)
"簡是鑒閱意, 兼命討言. 帝心卽天心."(四書補註備旨)
'簡閱'에 대해 ≪南史 · 위찬전韋粲傳≫에 나온다. "還至廬陵, 聞侯景作逆, 便簡閱部下, 倍道赴援." 廬(오두막 려) 赴(나아갈 부)

- 萬方: 여기서는 '천하의 백성'을 말한다. "萬方指天下之民說."(四書補註備旨)
- 昭(밝을 소) 朕(나 짐)

【備旨】

禹之後에 應曆數而有天下者는 商湯也라
湯之放桀而告諸侯曰 予ㅣ向之伐桀也에 請於帝曰 予小子履는 敢用玄色之牡하여 敢昭告於皇皇后帝하노니 桀之有罪를 我不敢赦而弗誅하며 天下賢人은 皆上帝之臣이라 我不敢蔽而不用이라 蓋其有罪也有德也에 皆已簡閱을 自上帝之心하여 我惟聽上帝之命而已니 敢違之而不誅不用哉아
吾之請命以伐桀者ㅣ如此요 而今旣爲天子하여 其責任이 尤有甚重者라 朕躬이 若有過면 擧乃自己致之니 無與於爾萬方也요 若萬方有過면 擧實我一人이 撫馭失道而致之니 其罪在朕躬하니라
此則命討之公이요 自責之厚니 而湯之得統於禹者를 其誥戒ㅣ如此也니라

우禹의 뒤에 역수曆數를 받아 天下를 차지한 자는 商나라 탕왕蕩王이다.

蕩王이 걸桀을 추방하고 제후들에게 고하여 가라사대 "내가 지난번 桀을 토벌할 때 上帝께 청하여 '저 소자 리履는 감히 검은색의 숫소를 써서 감히 위대하신 上帝께 밝혀 고합니다. 桀에게 죄가 있는 것을 제가 감히 용서하여 주벌誅罰하지 않을 수 없으며, 天下의 賢人은 모두 上帝의 신하이므로 제가 감히 가려두고 쓰지 않을 수 없습니다.

대개 그에게 罪가 있거나 德이 있으면 모두 이미 간열簡閱하는 것을 上帝의 마음에서 비롯하여 저는 오직 上帝의 命을 들을 뿐이니, 감히 천명을 어겨 桀을 誅罰하지 않고 賢人을 등용하지 않으리오? 제가 天命을 청하여 桀을 誅罰한 것이 이와 같았고, 이제 이미 天子가 되어 그 책임이 더욱 막중합니다. 제 몸에 만약 과실이 있다면 모든 것이 곧 자신이 저지른 것이니, 저 만 백성들과는 상관없는 일이요, 만약 만 백성에게 과실이 있다면 모든 것이 실로 제 한 몸이 백성들을 어루만지고 다스리는데 道를 잃어서 그렇게 된 것이니 그 罪가 제 몸에 있습니다.'라고 말씀하셨다."

이는 곧 명령하여 誅罰하는 것이 공정하고 스스로를 꾸짖는 것이 무거운 것이니, 湯王이 禹에게 宗統을 이어 받은 것을 그가 가르치고 경계함이 이와 같았다.

주해

- 無與: 상관없다. 관계없다. '與'는 '간여幹與'의 뜻이다. 與(간여할 여) ≪左傳・襄公十四年≫ 條에 나온다. "詰朝之事, 爾無與焉, 與, 將執女." 詰(꾸짖을 힐)
- 撫馭: 어루만지며 다스리다. '撫禦'와 같다. 撫(어루만질 무) 馭(말부릴

어) 禦(부릴 어)

≪北史 · 장수타전張須陁傳≫에 나온다. "須陁獨勇決善戰, 又長撫馭, 得士卒心, 號爲名將." 陁(비탈질 타)

● 擧(모두 거)

周有大賚하신대 善人이 是富하니라

周나라가 四海에 크게 베푸시니, 善人이 이에 부유하게 되었노라.

此以下는 述武王事라 賚는 予也라 武王이 克商하고 大賚于四海하니 見周書武成篇이라 此는 言其所富者ㅣ皆善人也라 詩序云 賚는 所以錫予善人이라하니 蓋本於此라

이 아래는 武王의 일을 기술한 것이다. '뢰賚'는 하사下賜하는 것이다. 武王이 商나라를 이기고 四海의 백성에게 크게 베푸니, 이는 ≪尙書 · 周書 · 武聖≫ 篇에 보인다.

이는 그 부유하게 된 자가 모두 善人임을 말한 것이다. 〈詩序〉에 "뢰賚는 善人에게 주는 것이다." 라고 했으니, 대개 여기에서 근본한 것이다.

주해

● 周有大賚: 周나라가 四海의 백성들에게 크게 은혜를 베풀다. '周'는 武王을 말한다. '대뢰大賚'는 온 천하에 크게 베푸는 것이다. 賚(하사할 뢰)

"周指武王言. 大賚是遍天下而錫予之也. 故曰大."(四書補註備旨)

- 善人: 德行이 있는 자.

  ≪詩 · 周頌≫ 篇에 나온다. "賚大封於廟也. 賚, 予也. 言所以錫予善人也." 廟(사당 묘)

- 錫予: 주다. 하사下賜하다. 錫(줄 석) 賜(줄 사)

  ≪詩 · 小雅 · 采菽≫ 篇에 나온다. "君子來朝, 何錫予之." 菽(콩 숙)

【備旨】

湯之後에 應曆數而有天下者는 武王也니 當伐商之後에 散財發粟하여 大賞賚於天下하시니라 然이나 非人人而富之요 惟善人ㅣ是厚而已니 其賞善之公이 如此也라

탕왕湯王의 뒤에 역수曆數에 응하여 天下를 차지한 자는 武王이니, 商나라를 정벌한 뒤에 재물을 나누어주고 곡식을 풀어서 천하에 큰 賞을 베푸셨다. 그러나 사람마다 부유하게 한 것이 아니라 오직 善人만을 후대厚待했을 따름이니, 그 善人에게 賞을 주는 공정함이 이와 같았다.

주해

- 散財發粟: 재물을 나누어주고 곡식을 풀어 백성을 구제하다. 粟(곡식 속)

  ≪元史 · 完澤傳≫에 나온다. "元貞以來,朝廷恪守成憲, 詔書屢下, 散財發粟, 不惜巨萬, 以頒賜百姓, 當時以賢相稱之." 恪(삼갈 각) 頒(나눌 반)

雖有周親이나 不如仁人이오 百姓有過ㅣ在予一人이니라

비록 商나라에 至親이 있으나 周나라의 어진 신하들만 같지 못하며, 百姓들의 책망이 나 한 사람에게 있느니라.

此는 周書太誓之辭라
孔氏曰 周는 至也니 言紂至親雖多나 不如周家之多仁人이라

이는 〈周書 · 태서太誓〉의 말이다.
孔氏 가로되 "'周'는 지극히 가깝다는 뜻이니, 紂王의 至親이 비록 많으나 周나라의 仁人이 많은 것만 같지 못하다는 말이다."

주해

- 雖有周親: 비록 지극히 가까운 친척이 있으나. '周'는 지극히 가깝다는 뜻이다. '周親'은 '至親' 또는 '密親'과 같다. 여기서는 商나라의 자손들을 말한다. 周(친밀할 주)
  "周親指商家之子孫言."(四書補註備旨)
  朱子가 말했다. "紂之至親, 豈不多? 惟其衆叛親離, 所以不濟事. 故書謂紂有億兆夷人, 離心離德, 是也."(大全註疏)
- 不如仁人: 周나라의 어진 신하들만 같지 못하다. '仁人'은 周나라의 신하들을 말한다.
  "仁人指周家之臣言."(四書補註備旨)
  ≪書 · 泰誓中≫에 나온다. "雖有周親, 不如仁人." 孔傳에 "周, 至也. 言紂至親雖多, 不如周 家之少仁人."이라고 풀이했다.

● 百姓有過, 在予一人: '百姓들이 책망이 나 한 사람에게 있다.' 곧 백성들이 내(武王)가 紂를 정벌하지 않는다고 원망하고 꾸짖는다는 말이다. '過'는 '구咎'의 뜻이다. '予一人'은 武王 자신을 말한다. 咎(책망할 구)

"過, 咎也. 言百姓皆咎我不伐紂. 予一人, 武王自稱."(四書補註備旨)

【備旨】

當伐商之初하여 誓師之辭에 有曰 紂雖有至親之多나 皆離心離德에 不如周家之多仁人이요 我今旣獲仁人之助하니 若不往征商罪면 則百姓皆有過하여 責在予一人矣니 伐商을 其容已乎아 其伐暴之果 如此라

처음 商나라를 정벌할 때 군사들에게 맹서盟誓하는 말을 하여 가로되 "주紂가 비록 至親들이 많으나 모두 마음이 떠나고 德에서 벗어나, 周나라의 仁人이 많은 것만 같지 못하다.

내가 이제 이미 仁人들의 도움을 얻었으니 만약 가서 商나라의 罪를 정벌하지 아니하면, 곧 백성들이 모두 허물로 삼아 그 책망이 나 한 사람에게 있으니, 商나라를 정벌하는 일을 그칠 수 있으리오?" 라고 말하니, 그 폭정暴政을 정벌하는 과단성이 이와 같았다.

주해

● 離心離德: 마음이 떠나고 德에서 벗어나다. 곧 각기 다른 마음을 품고 행동이 서로 일치하지 못함을 말한다.

≪書 · 泰誓中≫에 나온다. "受有億兆夷人, 離心離德. 予有亂臣十人, 同心同德."

謹權量하며 審法度하며 修廢官하신대 四方之政이 行焉하니라

도량형度量衡을 다스리고, 법도를 정하며, 폐지된 관직을 다시 설치하시니, 四方의 정사가 잘 시행되었다.

權은 稱錘也요 量은 斗斛也라 法度는 禮樂制度皆是也라

'권權'은 저울과 저울추요, '량量'은 말(斗)과 섬(곡斛)이다. '법도法度'는 예악禮樂과 制度가 모두 이것이다.

주해

- 謹權量: 도량형度量衡을 다스리다. '權'과 '量'은 度量衡이다. 衡(저울대 형)

  包咸의 ≪論語包氏章句≫에 "權, 秤也. 量, 斗斛也."라고 했다. 秤(저울 칭) 斗(말 두) 斛(휘 곡)

  "謹是使稱量適均意."(四書補註備旨)
- 審法度: 법도를 정하다. '심審'은 '定'하는 것이다. '法度'는 나라를 다스리는 典刑制度이다. 審(살필 심)

  "審是使因革適宜意."(四書補註備旨)
- 修廢官: 폐지된 관직을 다시 설치하다. 곧 廢官을 다시 설치하여 능력 있고 어진 자를 적절하게 등용한다는 말이다. '폐관廢官'은 직책은 있으나 벼슬자리가 없는 경우, 또는 벼슬자리는 있으나 그 직책과 맞지 않는 경우를 말한다. 이에 대해 杨伯峻은 清나라 赵佑의 ≪四书温故录≫을 인용하여 "或有职而无其官, 或有官而不举其职, 皆曰废."라고 풀이했다.

"修是使賢能適用意. 廢官卽紂所擯斥者."(四書補註備旨) 擯(물리칠 빈) 斥(물리칠 척)

皇侃의 ≪論語義疏≫에 "治故曰修, 若舊官有廢者, 則更修立之也."라고 했다.

【備旨】

及天下已定之後에 於權量則謹之하여 使輕重多寡로 各適其中也하며 於法度則審之하여 使因革損益으로 各得其當也하며 於廢官則修之하여 使惟賢惟能으로 各擧其職也라 是는 擧商之玩弊而廢墜者하여 一旦에 整飭而維新之하니 四方이 靡不改觀易聽하여 而奉行新天子之典章矣니 政其有不行耶아

天下가 이미 안정된 뒤에 도량형에 대해서는 곧 다스려서 가볍고 무겁고 많고 적은 것으로 하여금 각각 중도에 맞게 하며, 法度에 대해서는 곧 살펴서 이어받고 바꾸고 덜고 더하는 것으로 하여금 각각 그 마땅함을 얻게 하며, 廢官에 대해서는 곧 설치하여 어질고 능력있는 자로 하여금 각각 그 직책에 거용擧用하였다.

이는 商나라가 함부로 결정해서 폐지한 것을 들어 하루 아침에 가지런히 정리해서 새롭게 하니, 四方에서 보고 듣는 것을 고쳐서 새 天子의 전장제도典章制度를 받들어 행하지 아니함이 없으니, 政事에 그 시행되지 못할 것이 있으리오?

주해

- 因革: 이어받고 바꾸는 일. 곧 인습因襲과 변혁. '沿革'과 같다. 襲(계승할 습)
  晉나라 갈홍葛洪의 ≪抱朴子 · 用刑≫ 篇에 나온다. "以畫一之歌, 救鼎湧之亂, 非識因革之隨時, 明損益之變通也." 鼎(솥 정)
- 玩弊: 함부로 판단하다. 멋대로 결정하다. 玩(경시할 완) 弊(판결할 폐)
  ≪史記 · 範蔡傳≫에 나온다. "弊禦於諸侯." 禦(막을 어)
- 廢墜: 폐지하다. 없애다. '멸절滅絕'과 같다. 墜(떨어질 추)
  ≪左傳 · 昭公九年≫ 條에 나온다. "文武成康之建母弟, 以蕃屛周, 亦其廢隊是爲, 豈如弁髦而因以敝之." 弁(고깔 변) 髦(긴털 모)
- 整飭: 가지런하여 조리가 있음. 整(가지런할 정) 飭(갖출 칙)
  ≪三國志 · 蜀志 · 許靖傳≫에 나온다. "知足下忠義奮發, 整飭元戎, 西迎大駕, 巡省中嶽."

興滅國하며 繼絶世하며 擧逸民하신대 天下之民이 歸心焉하니라

멸망한 나라를 다시 일으켜 세워주며, 끊어진 후사後嗣를 다시 이어주며, '일민逸民'을 擧用하시니, 天下의 백성들이 성심으로 귀부歸附하였느니라.

興滅繼絶은 謂封黃帝堯舜夏商之後요 擧逸民은 謂釋箕子之囚하고 復商容之位니 三者는 皆人心之所欲也라

'멸망한 나라를 일으켜 세워주고, 끊어진 후사後嗣를 이어주었다'는 것은 黃帝·堯·舜·夏商의 후예後裔를 封해 준 것이다. '일민逸民을 거용擧用했다'는 것은 옥에 갇힌 기자箕子를 풀어주고, 상용商容의 지위를 회복시켜 준 것이니, 이 세 가지는 모두 人心이 원하는 바이다.

주해

- 興滅國: 멸망한 나라를 다시 일으켜 세워주다.
  "滅國指有人無國者說."(四書補註備旨)
- 繼絕世: 후사後嗣가 끊긴 나라의 대를 다시 이어주다.
  "絕是指有國無人者說."(四書補註備旨)
- 擧逸民: 덕행이 있으나 세상을 피해 은둔한 자를 擧用하다. '擧'는 '擧用'이다. '逸民'은 원래 '避世隱居'자를 말하나, 여기서는 주紂에게 버려진 賢者를 말한다.
  "擧是擧用. 逸民是紂所播棄者."(四書補註備旨) 播(뿌릴 파) 棄(버릴 기)
  〈微子〉篇에 나온다. "逸民, 伯夷叔齐虞仲夷逸朱张柳下惠少连." 何晏의 ≪論語集解≫에 "逸民者, 节行超逸也."라고 했고, 皇侃의 ≪論語義疏≫에도 "民中有才, 行超逸, 不仕者."라고 했다.
- 歸心: 誠心으로 귀부歸附하다.
  조조曹操의 〈短歌行〉에 나온다. "周公吐哺, 天下歸心." 哺(먹을 포)
- 商容: 商나라의 승상丞相. 纣王의 폭정에 견디다 못해 殿閣에 머리를 부딪쳐 죽음. 사후에 '玉堂星'에 封해졌다.

【備旨】

不特此也라 至於前代帝王之後하여는 於無其國而久滅者는 則興之하여 錫之土以復其舊也하며 於有其國而世已絕者는 則繼之하여 立之人以延其祀也하며 於賢人之

遺逸者는 則擧之하여 釋其囚而復其位也라

是는 擧紂之所翦滅而播棄者하여 一旦에 建立而顯揚之하니 天下ㅣ靡不慰望順欲하여 而思蒙聖天子之德澤矣니 民心이 有不歸焉者耶아

다만 이것 뿐만이 아니다. 前代 제왕의 후예後裔에 대해서 그 나라가 없이 멸망한지 오래된 자에게는 곧 나라를 다시 일으켜서 토지를 하사하여 그 옛 땅을 회복시켜 주었으며, 그 나라가 있으나 후사後嗣가 이미 끊어진 자에게는 곧 후사後嗣를 이어서 그 후손을 세워 그 제사를 잇도록 하였으며, 賢人 중에 버려진 자는 곧 擧用하여 그 갇힌 자를 풀어주어 그 지위를 회복시켜 주었다.

이는 주왕紂王이 멸망시키고 버린 자들을 擧用하여 하루아침에 다시 세우고 널리 드러내니, 天下 사람들이 바라던 것을 위로받고 원하는 것을 할 수 있게 되어 聖天子의 德澤을 입었다고 생각하지 않은 사람이 없으니, 民心이 돌아오지 않을 수 있으리오?

주해

- 翦滅: 멸망시키다. 없애다. 翦(자를 전)
  ≪左傳 · 成公二年≫ 條에 나온다. "餘姑翦滅此而朝食."
- 顯揚: 널리 드러내다. '表彰'과 같다.
  ≪禮記 · 祭統≫에 나온다. "顯揚先祖, 所以崇孝也."
- 慰望順欲: 바라는 것을 위로해주고 원하는 것을 하도록 함. 慰(위로할 위)
- 靡(없을 미) 蒙(입을 몽)

所重은 民食喪祭러시다

소중하게 여긴 것은 백성들의 먹을 것과 상례喪禮와 제사祭祀였다.

武成曰 重民五敎하니 惟食喪祭라하니라

〈周書 · 武成〉 篇에 가로되 "백성들의 五敎를 소중히 여기니, 오직 먹을 것과 喪禮와 祭祀뿐이다."

주해

- 五敎: 五典의 가르침. 곧 '君臣 · 父子 · 夫婦 · 兄弟 · 長幼'간의 윤리도덕을 말한다. '五常'과 같다.
  節齋蔡氏가 말했다. "五敎, 君臣父子夫婦兄弟長幼, 五典之敎也. 食以養生, 喪以送死, 祭以追遠. 五敎三事, 所以立人紀而厚風俗, 聖人之所甚重焉者."(大全註疏)

【備旨】

至其所尤重者는 民之食喪祭焉이라 蓋食以養生하고 喪以送死하고 祭以報本 而人道之始終이 備矣라 重之者는 所以立人紀而厚風俗也라 此皆反商政之虐이요 由舊政之仁이니 而武王之得統於湯者ㅣ 又如此라

그(武王)가 더욱 소중히 여긴 바는 백성들의 먹을 것과 상례喪禮와 제사祭祀였다. 대개 음식으로써 생계를 유지하고, 喪禮로써 죽은 자를 보내고, 祭祀로써 근본에 보답하여 人道의 처음과 끝이 모두 갖춰지게 된다.

그것(三者)을 소중히 여기는 것은 사람의 기강紀綱을 세우고 풍속을 두텁게 하기 때문이다. 이는 모두 商나라 政事의 학정虐政을 돌이키고 옛 政事의 仁으로 말미암는 것이니, 武王이 湯王에게 宗統을 얻은 것이 또한 이와 같다.

주해

- 人紀: 사람이 지켜야 할 '綱紀', 또는 '紀綱'. 곧 立身處世의 도덕규범을 말한다.
  ≪書 · 伊訓≫ 篇에 나온다. "先王肇修人紀." 孔傳에 "言湯始修爲人綱紀."라고 풀이했다. 肇(비로소 조)

寬則得衆하고 信則民任焉하고 敏則有功하고 公則說(열)이니라

너그러우면 곧 무리를 얻고, 미덥게 하면 곧 백성들이 신임하고, 민첩하면 곧 功이 있고, 공정하게 하면 곧 백성들이 기뻐하느니라.

此는 於武王之事에 無所見하니 恐或泛言帝王之道也라 楊氏曰 論語之書는 皆聖人微言이어늘 而其徒傳守之하여 以明斯道者也라 故로 於終篇에 具載堯舜咨命之言과

湯武誓師之意와 與夫施諸政事者하여 以明聖學之所傳者ㅣ一於是而已니 所以著明二十篇之大旨也라 孟子於終篇에 亦歷敍堯舜湯文孔子相承之次하시니 皆此意也니라

이는 武王의 일에 보이는 바가 없으니, 아마도 혹 帝王의 道를 두루 말한 것인 듯하다.

楊氏 가로되 "≪論語≫의 내용은 모두 聖人의 은미隱微한 말씀이거늘, 그 門徒들이 전하고 지키면서 이 道를 밝힌 것이다. 그러므로 終篇에 요堯와 순舜의 감탄하고 命한 말씀과 蕩王과 武王의 군사들에게 맹서盟誓한 뜻과 政事를 베푼 것들을 모두 실어서 聖學이 전한 바가 여기에서 한결같다는 사실을 밝혔을 따름이니, 곧 ≪論語≫ 이십 편의 大旨를 드러내 밝힌 이유이다. ≪孟子≫의 終篇에 또한 낱낱이 堯·舜·蕩·文·孔子가 서로 계승한 차례를 서술하셨으니, 모두 이러한 뜻이다."

주해

- 寬則得衆: 너그러우면 곧 무리를 얻게 된다. 곧 천하의 민심이 귀부歸附한다는 뜻이다.
  "寬是包含偏覆. 得衆是天下歸附."(四書補註備旨)
- 帝王之道: 帝王의 道. 곧 堯·舜·蕩·武의 道를 말한다.
  雲峰胡氏가 말했다. "帝王之道, 不能外一中字. 堯舜以禪讓爲中, 蕩武以征伐爲中. 泛言之則曰寬曰信曰敏曰公, 約言之則曰中而已."(大全註疏)
  新安陳氏가 말했다. "寬者, 柔之中. 敏者, 剛之中. 信者, 中之實. 公者, 中之體."(大全註疏)
- 微言: 뜻이 깊고 함축적인 말.
  ≪逸周書·大戒≫에 나온다. "微言入心, 夙喻動眾." 朱右曾의 校釋

에 "微言, 微眇之言."이라고 풀이했다. 또한 漢나라 劉歆의 ≪移書讓太常博士≫에 "及夫子沒而微言絕, 七十子卒而大義乖."라고 했다. 夙(일찍 숙)

【備旨】

夫二帝三王之爲治ㅣ如此하니 要不出於寬信敏公四者之道焉이라 寬以御衆이면 則天下ㅣ知吾量之能容하여 而衆於我乎愛戴矣요 信以出令이면 則天下ㅣ知吾誠之足恃하여 而民於我乎倚仗矣요 敏以圖治면 則無怠無荒하여 百度振擧 而有功矣요 公以裁物이면 則無偏無黨하여 百姓이 誠服而欣悅矣라

夫析言之면 有是四者之道하고 約言之면 則曰中而已라 吾夫子ㅣ生於堯舜禹湯武之後하여 而得其聖學之傳者ㅣ又豈有外於此哉아

무릇 二帝와 三王의 다스림이 이와 같으니, 요컨대 '寬·信·敏·公'의 네 가지 道에서 벗어나지 않는다. 너그러움으로 사람들을 다스리면 곧 天下 사람들이 나의 도량이 능히 포용할 수 있음을 알게 되어 사람들이 나를 사랑으로 받들 것이요, 믿음으로 명령을 내리면 곧 천하 사람들이 내 정성이 족히 믿을 만함을 알게 되어 백성들이 나에게 의지할 것이요, 민첩함으로 다스리는 것을 도모하면 곧 나태함이 없고 방종함이 없어 온갖 법도가 떨쳐 일어나 功이 있을 것이요, 공정하게 사물을 판단하면 곧 치우치지 않고 편당偏黨을 짓지 않아 백성들이 진실로 복종하며 기뻐할 것이다.

무릇 이것들을 나누어서 말하면 여기에 네 가지의 道가 있고, 요약하여 말하면 곧 '中'이라고 말할 따름이다. 우리 夫子께서 堯·舜·禹·蕩·武王의 뒤에 태어나 그 聖學의 전수를 받은 것이 또한 어찌 여기에서 벗어난 것이 있으리오?

주해

- 二帝: 당요唐堯와 우순虞舜.
- 三王: 夏禹·商湯·周文武.
- 倚仗: 의지하다. 倚(의지할 의) 仗(의지할 장)
  ≪三國志·魏志·王肅傳≫에 나온다. "官寡而祿厚, 則公家之費鮮, 進仕之志勸. 各展才力, 莫相倚仗."
- 圖治: 방법을 강구해서 나라를 다스리다.
  明나라 유기劉基의 ≪욱리자郁離子·千里馬≫에 나온다. "今之用人也, 徒以具數與? 抑亦以爲良而倚以圖治與?" 鬱(막힐 울)
- 怠荒: 나태하고 방종하다. '荒'은 방종하다, 방탕하다는 뜻이다. 荒(어리석을 황)
  ≪禮記·曲禮上≫에 나온다. "毋側聽, 毋嗷應, 毋淫視, 毋怠荒." 이에 대해 鄭玄의 註에 "怠荒, 放散身體也."라고 했고, 孔穎達의 疏에 "謂身體放縱, 不自拘斂也."라고 했다. 嗷(부르짖을 교)
- 裁(판단할 재)

[20·2]

子張이 問於孔子曰 何如라야 斯可以從政矣니잇고

子曰 尊五美하고 屛四惡이면 斯可以從政

矣리라

子張이 曰何謂五美니잇고

子曰 君子ㅣ惠而不費하며 勞而不怨하며 欲而不貪하며 泰而不驕하며 威而不猛이니라

子張이 孔子께 여쭈어 가로되 "어떻게 해야 이에 가히 政事에 종사할 수 있사옵니까?"

孔子께서 가라사대 "五美를 높이고 四惡을 막으면 이에 가히 政事에 종사할 수 있느니라."

子張이 가로되 "무엇을 五美라고 말씀하십니까?"

孔子께서 가라사대 "君子는 은혜를 베풀되 낭비하지 아니하며, 수고롭게 하되 원망받지 아니하며, 仁義를 구하고자 하되 탐하지 않으며, 태평하되 교만하지 않으며, 위엄이 있되 사납게 하지 않느니라."

주해

- 惠而不費: 은혜를 베풀되 낭비하지 않다.
- 勞而不怨: 수고롭게 하되 원망을 받지 않다. '勞'는 백성을 부리는 것이다.

  "勞是役使. 不怨是不憤恨."(四書補註備旨) 憤(성낼 분)
- 欲而不貪: 仁義를 구하고자 하되 탐하지 않다. (四書補註備旨)
- 泰而不驕: 태평하되 교만하지 않다. 驕(교만할 교)
- 威而不猛: 위엄이 있되 사납게 하지 않다. 猛(사나울 맹)

  "威是莊嚴. 不猛是不過於嚴厲."(四書補註備旨) 厲(사나울 려)

【備旨】

昔者에 子張이 以爲政之道로 問於夫子曰 必何如圖治라야 斯可以從政矣니잇고

夫子ㅣ告之曰 政之利於治者에 有五美하니 則必尊而奉行之하며 政之害於治者에 有四惡焉하니 則必屛而絶去之라야 斯可以從政而無難矣니라

子張이 又問曰 何謂五美之目잇고

夫子ㅣ告之曰 從政之君子는 惠以及人而不費己之財하니 此惠之美也요 勞民之力而不致民之怨이니 勞何美也며 心有所欲而不病於貪이니 欲何美也며 體常舒泰而不見其驕하니 非泰之美乎며 有威可畏而不見其猛하니 非威之美乎아 所謂五美者ㅣ如此하니 子ㅣ欲爲政인대 惟於五者를/에 尊之可矣니라

옛날 子張이 政事를 다스리는 道를 夫子께 여쭈어 가로되 "반드시 어떻게 방도를 세워 나라를 다스려야 이에 가히 政事에 종사할 수 있사옵니까?"

夫子께서 고하여 가라사대 "政事를 다스리는데 이로운 것에 '五美'가 있으니, 곧 반드시 높여서 받들어 行해야 하며, 政事를 다스리는데 해로운 것에 '四惡'이 있으니, 곧 반드시 막아서 끊고 제거해야 이에 가히 政事에 종사하는데 어려움이 없을 것이니라."

子張이 또 여쭈어 가로되 "무엇을 五美의 條目이라고 말합니까?"

夫子께서 고하여 가라사대 "政事에 종사하는 君子는 은혜로써 사람

에게 미치되 자신의 재물을 낭비하지 않으니 이는 은혜가 아름다운 것이요, 백성들의 힘을 수고롭게 하되 백성들의 원망을 사지 않으니 수고로움이 얼마나 아름다우며, 마음에 하고자하는 바가 있으나 탐내는데 병들지 아니하니 하고자하는 것이 얼마나 아름다우며, 몸이 항상 편안하되 그 교만함을 보이지 아니하니 태평함의 아름다움이 아니며, 가히 두려워할만한 위엄이 있되 그 사나움을 보이지 아니하니 위엄의 아름다움이 아니리오? 이른바 '五美'라는 것이 이와 같으니, 그대가 政事를 다스리고자 한다면 오직 이 다섯 가지를 높이는 것이 可할지니라."

子張이 曰何謂惠而不費니잇고
子曰 因民之所利而利之니 斯不亦惠而不費乎아 擇可勞而勞之어니 又誰怨이리오 欲仁而得仁이어니 又焉貪이리오 君子ㅣ無衆寡하며 無小大히 無敢慢하나니 斯不亦泰而不驕乎아 君子ㅣ正其衣冠하고 尊其瞻視면 儼然人望而畏之하나니 斯不亦威而不猛乎아

子張이 가로되 "무엇을 '은혜를 베풀되 낭비하지 않는다'고 하옵니까?"
孔子께서 가라사대 "백성들이 이롭게 여기는 것으로 인하여 이롭게 해주니, 이것이 또한 '은혜를 베풀되 낭비하지 않는다'는 것이 아니리오? 가히 수고롭게 할 만한 것을 가려서 수고롭게 하니 또한 누구를 원망하리오? 仁을 얻고자 해서 仁을 얻었으니 또한 어찌 탐하리오? 君子는 사람이 많고 적음을 따지지 않고, 일이 작거나 큰 것을 가리지 않으며 감히 교만하지 아니하니, 이것이 또한 태평하되 교만하지 않은 것이 아니리오? 君子가 그 의관衣冠을 바르게 하고 바라보는 것을 존엄스럽게 하면, 엄연儼然하여 남들이 바라보고 경외敬畏하나니, 이것이 또한 위엄이 있되 사납지 않은 것이 아니리오?"

주해

- 欲仁而得仁: 仁을 얻고자 하여 仁을 얻다. '仁'은 仁心과 仁政을 말한다.
  "仁指仁心仁政."(四書補註備旨)
- 無衆寡, 無小大: 사람이 많고 적음을 따지지 않고, 일이 작고 큰 것을 가리지 않다.
  "衆寡, 以人言. 小大, 以事言."(四書補註備旨)
- 儼然: 엄숙하고 장중한 모습. 儼(의젓할 엄)
  "儼然是威重之貌, 屬君子身止說."(四書補註備旨)

【備旨】

子張이 欲聞五美之實하여 而先問之曰 惠於人者는 必費於己하나니 果何以爲惠而不費니잇고

夫子ㅣ乃備擧其實而告之曰 因民有天地自然之所利하여 而爲之經制敎導以利之면 其利之出於民者요 初未嘗損於己也니 斯不亦惠而不費乎아 擇其可勞之事하여 爲國計民生所賴者而勞之면 則佚道以使民하여 民自忘其勞也니 又誰怨於我乎아 欲求仁心仁政之施하여 而卽得以盡其仁이면 則自有而自得하여 非有取於人也니 又焉至於貪乎아

君子ㅣ無論人之衆寡하고 無論事之大小하며 皆主於敬하여 無敢以慢心處之면 則動無不敬而自然安舒요 非矜肆以長傲矣니 斯不亦泰而不驕乎아 君子ㅣ正其衣冠之服하고 尊其瞻視之容하며 儼然在上하여 人咸望而畏之면 則臨之以莊而自然嚴重이요 非暴厲以虐人矣니 斯不亦威而不猛乎아하시니

此五美之實은 爲政者之所當尊也니라

子張이 五美의 실제를 듣고자 하여 먼저 여쭈어 가로되 "남에게 은혜롭게 하는 자는 반드시 자신의 재물을 써야 하니, 과연 어떻게 해야 은혜롭게 하되 낭비하지 않을 수 있사옵니까?"

夫子께서 이에 그 실제를 빠짐없이 들어 고하여 가라사대 "백성들에게 天地自然의 이로운 바가 있는 것에 따라 그들을 위해 다스리고 절제하고 가르치고 인도해서 이롭게 해주면, 그 이로움이 백성에게서 나온 것이요 애초에 일찍이 자신의 재물을 손상시킨 것이 아니니, 이것이 또한 은혜롭게 하되 낭비하지 않는 것이 아니리오? 그들이 가히 수고롭게 할 만한 일을 가려서 국가경제와 민생에 도움이 될 일을 위해 그들을 수고롭게 하면, 곧 백성들을 안락하게 하는 道로써 백성들을 부리게 되어 백성들이 스스로 그 수고로움을 잊게 되니 또한 누가 나를 원망하리오? 仁心과 仁政의 시책을 구하고자 하여 곧 그 仁을 다 구할 수만 있다면, 곧 저절로 생기고 저절로 얻게 되어 남에게서 취할 것이 없으니 또한 어찌 탐하게 되리오? 君子가 사람 수가 많고 적음을 논하지 않고 일이 크고 작음을 논하지도 않으며, 모두 恭敬을 주장하여 감히 오만한 마음으로 치리하

지 않으면 곧 행동이 공경하지 아니함이 없어 자연히 편안해지고, 교만하고 방자해서 오만함을 키우지 않으니 이것이 또한 태평하되 교만하지 않은 것이 아니리오?

君子가 그 衣冠의 복장을 바르게 하고 그 바라보는 용모를 중시하며, 엄연儼然히 위에 있으니 사람들이 모두 바라보고 두려워하면 곧 장엄하게 임해서 자연히 엄중해지고, 포악하고 사납게 사람을 학대하지 않으니 이것이 또한 위엄이 있되 사납지 않은 것이 아니리오?" 라고 말씀하시니, 이 '五美'의 실제는 위정자가 마땅히 중시해야 할 바이다.

주해

- 國計民生: 국가경제와 民生.
  ≪明史 · 王家屛傳≫에 나온다. "國計民生, 莫關聖慮."
- 佚道: 백성들을 안락하게 만드는 道(방법). '佚'은 '逸'과 같다. 佚(편안할 일) 逸(편안할 일)
  ≪孟子 · 盡心上≫ 篇에 나온다. "以佚道使民, 雖勞不怨."
- 長傲: 오만함을 키우다. 傲(거만할 오)
  宋나라 장재張載의 ≪正蒙 · 乾稱≫ 篇에 나온다. "誠不知戒其出汝者, 歸咎其不出汝者, 長傲且遂非, 不知孰甚焉." 咎(허물 구)
- 矜肆: 교만驕慢하고 방자放恣함. 矜(자랑할 긍) 肆(방자할 사)
  ≪新唐書 · 元載傳≫에 나온다. "朝恩已誅, 載得意甚, 益矜肆." 誅(벨 주)

子張이 曰何謂四惡이니잇고

子曰 不敎而殺을 謂之虐이요 不戒視成을 謂之暴요 慢令致期를 謂之賊이요 猶之與

人也로되 出納之吝을 謂之有司니라

子張이 가로되 "무엇을 四惡이라고 하옵니까?"
孔子께서 가라사대 "가르치지 않고 죽이는 것을 '학虐'이라고 말하고, 미리 경계하지 않고 일의 성사를 바라는 것을 '포暴'라고 말하고, 명령을 태만히 하고 기한을 재촉하는 것을 '적賊'이라고 말하고, 사람들에게 재물을 균등하게 배분해야 하는데도 출납出納을 인색하게 하는 것을 '유사有司'라고 말하니라."

虐은 謂殘酷不仁이요 暴는 謂卒遽無漸이라 致期는 刻期也라 賊者는 切害之意니 緩於前而急於後하여 以誤其民而必刑之면 是賊害之也라 猶之는 猶言均之也니 均之以物與人이로되 而於其出納之際에 乃或吝而不果면 則是有司之事요 而非爲政之體니 所與雖多나 人亦不懷其惠矣라
項羽ㅣ使人하여 有功當封이면 刻印刓이로되 忍弗能予라가 卒以取敗하니 亦其驗也라
尹氏曰 告問政者ㅣ多矣로되 未有如此之備者也라 故로 記之하여 以繼帝王之治하니 則夫子之爲政을 可知也리라

'학虐'은 잔혹하여 어질지 못한 것을 말한다. '포暴'는 갑작스럽게 하고 점차적으로 하지 않는 것을 말한다. '치기致期'는 기한을 각박하게

하는 것이다. '적賊'은 극히 해롭다는 뜻이니, 앞에서 느긋하게 하고 뒤에서 급하게 하여 그 백성들을 그릇되게 만들어 반드시 형벌을 내린다면 이는 백성을 해치는 것이다. '유지猶之'는 '均之'라는 말과 같으니, 사람들에게 재물을 균등하게 나눠주어야 하는데 그 출납할 때에 이에 혹 인색해서 과감하지 못하면, 이는 有司의 일이요 政事를 다스리는 요체가 아니니, 주는 것이 비록 많다고 해도 사람들이 또한 그것을 은혜롭게 생각하지 않는다.

항우項羽가 사람을 부리는데 功이 있어 마땅히 봉작封爵을 하게 되면, 새겨 놓은 인장印章이 다 닳아지는데도 차마 능히 주지 못하다가 마침내 패망을 초래하였으니 또한 그러한 증험證驗이다.

尹氏 가로되 "政事의 물음에 대해 告하신 것이 많으나, 이처럼 잘 갖춰진 것이 없다. 그러므로 이를 帝王의 정치에 뒤이어서 기록하였으니, 곧 夫子의 爲政을 가히 알 수 있을 것이다."

주해

- 有司: 여기서는 창고의 재물을 관장하는 자이다.
  "有司是司倉庫財帛之人."(四書補註備旨) 帛(비단 백)
- 視成: 일의 성공을 바라다.
  劉寶楠의 ≪論語正義≫에 "言上於民, 當先告戒之, 而後責成功也." 라고 풀이했다.
- 卒遽: 갑자기. 창졸간에. '急遽'와 같다. '卒'은 '猝'과 통한다. 遽(갑자기 거) 猝(갑자기 졸)
  ≪漢書 · 丙吉傳≫에 나온다. "詔召丞相, 御史, 問以虜所入郡吏, 吉具對. 御史大夫卒遽不能詳知, 以得譴讓." 虜(포로 로) 譴(꾸짖을 견)
- 切害: 극히 해롭다. 매우 엄중하다.
  宋나라 司馬光의 〈西京應天禪院及會聖宮奉安仁宗英皇帝御容了畢德音〉에 나온다. "應西京 管內限德音到日, 見禁罪人, 除故殺刼殺鬪

殺謀殺十惡及僞造符印放火官典犯贓不赦外, 雜犯死罪降從流內, 情理切害, 奏取指揮." 刼(깎을 겁) 贓(장물 장) 赦(용서할 사)

● 刻印: 인장印章을 새기다. 刻(새길 각)
≪史記 · 留侯世家≫에 나온다. "趣刻印, 先生因行佩之矣." 佩(찰 패)

● 殘(해칠 잔) 酷(독할 혹) 刓(깎을 완) 忍(차마 인)

【備旨】

子張이 又問曰 五美之實은 固如此矣로되 敢問何謂四惡이니잇고

夫子ㅣ又告之曰 爲政者ㅣ欲民不爲惡이면 則當素敎之어늘 若平時不敎民爲善이라가 而遽殺其不善이면 是殘酷不仁而謂之虐이요 凡有所興作이면 則當先戒之어늘 若不戒之於先이라가 而遽考視其成이면 是急遽無漸而謂之暴요 凡有號令이면 則當致嚴之어늘 若故緩其令於前이라가 而刻期責之於後면 是有意害民而謂之賊이요 至於有功當賞이면 卽斷然與之而人始蒙其惠어늘 若或先或後라가 不免於與면 是均之以物與人也로되 而於出此納彼之際에 乃或吝而不果라 是爲人守財하여 不得自專者所爲니 則謂之有司之事요 而非爲政之體矣라

此四惡之實은 爲政者之所宜屛也니 誠能於所當尊者而尊之하고 於所宜屛者而屛之면 則從政이 亦何難哉아

子張이 또 여쭈어 가로되 "五美의 실제는 진실로 이와 같으나, 무엇

을 四惡이라고 말하는지 감히 여쭙겠습니다."

夫子께서 또 고하여 가라사대 "위정자가 백성들이 惡을 행하지 않게 하고자 하면 곧 마땅히 평소에 가르쳐야 하거늘, 만약 平時에 백성들에게 선을 행하도록 가르치지 않다가 갑자기 그가 不善하다가 죽인다면 이는 잔혹하고 어질지 못한 것이니 그것을 '학虐'이라고 말한다. 무릇 백성들을 흥기시켜 해야 할 일이 있으면 곧 마땅히 먼저 경계시켜야 하거늘, 만약 사전에 경계시키지 않다가 갑자기 그 성사를 바란다면 이는 갑작스럽게 하고 점차적으로 하지 않는 것이니 그것을 '포暴'라고 말한다. 무릇 호령號令이 있으면 곧 마땅히 지극히 엄하게 해야 하거늘, 만약 고의로 그 호령을 앞에서 느슨하게 하다가 정해진 기일을 뒤에서 추궁한다면 이는 의도적으로 백성을 해치는 것이니 그것을 '적賊'이라고 말한다.

功이 있어 마땅히 賞을 주게 되면 곧 단연코 주어야 사람들이 비로소 그 은혜를 입게 되거늘, 만약 혹 미리 줄까 혹 나중에 줄까 망설이다가 어쩔 수 없이 주게 된다면 이는 사람들에게 재물을 균등하게 배분해야 하는데도 이것을 내어주고 저것을 받아들일 때 이에 혹 인색하게 하고 과단성이 없는 것이다. 이런 일은 남을 위해 재물이나 지키면서 자기 마음대로 할 수 없는 자가 하는 일이니, 곧 이것을 有司의 일이요 위정자의 본모습이 아니라고 말한다.

이 四惡의 실제는 위정자가 마땅히 막아야 할 일이니, 진실로 능히 마땅히 높여야 할 일은 높이고 마땅히 막아야 할 일은 막는다면 곧 政事에 종사하는 것이 또한 어찌 어려우리오?"

주해

- 號令: 부대를 지휘할 때 내리는 명령과 지시.
  ≪禮記·月令≫에 나온다. "(季秋之月)是月也, 申嚴號令."

● 斷然: 반드시. 절대적으로.
≪朱子語類≫ 卷七二에 나온다. "己有過, 便斷然改之, 如雷之勇, 決不容有些子遲緩." 遲(늦을 지) 緩(느슨할 완)

[20 · 3]

子曰 不知命이면 無以爲君子也요

孔子께서 가라사내 "命을 알지 못하면 君子가 되지 못하니라."

程子曰 知命者는 知有命而信之也라 不知命면 則見害必避하고 見利必趨하나니 何以爲君子리오

程子 가로되 "命을 안다는 것은 命이 있음을 알고서 이를 믿는 것이다. 命을 알지 못하면 곧 손해를 보면 반드시 피하고, 이익을 보면 반드시 달려가게 되니, 어찌 君子가 될 수 있으리오?"

주해

● 不知命: 命을 알지 못하다. 여기에서의 '命'은 '天命'의 뜻이 아니라, '길흉화복吉凶禍福의 命 곧 '사생死生 · 수요壽夭 · 빈부貧富 · 귀천貴賤'의 命을 말한다.
朱子가 말했다. "此與五十知天命不同. 知天命, 謂知其理之所自來. 此不知命, 是說死生壽夭貧富貴賤之命."(大全註疏)
"此知字, 便有信而安之意. 命以氣數言, 卽吉凶禍福之命."(四書補註備旨)
皇侃의 ≪論語義疏≫에 "命, 謂窮通壽夭也. 人生而有命, 受之由天,

故不可不知也."라고 했다.

【備旨】

夫子ㅣ示人以當知之事曰 人之所當知者ㅣ有三하니 一曰知命이요 一曰知禮요 一曰知言이라

蓋命은 稟於有生之初者也라 人必知命이면 則臨利害之際에 惟命是安하여 庶無愧於君子矣어니와 苟不知命이면 則見害必避하고 見利必趨하리니 是亦僥倖苟免之人而已니 其何以爲君子乎아 故로 命不可以不知也니라

夫子께서 사람들에게 마땅히 알아야 할 일로써 보여 가라사대 "사람이 마땅히 알아야 할 일에 세 가지가 있으니, 하나는 '命'을 아는 것이요, 하나는 '禮'를 아는 것이요, 하나는 '言'을 아는 것이니라. 대개 '命'은 처음 태어날 때 받은 것이니, 사람이 반드시 命을 알면 곧 이익과 손해에 당면했을 때 오직 命을 편안히 여겨 거의 君子에게 부끄러움이 없을 것이다. 그러나 만일 命을 알지 못하면 곧 손해를 보면 반드시 피하고 이익을 보면 반드시 달려가게 된다. 이는 또한 요행을 바라고 구차하게 손해를 면하려는 사람일 뿐이니, 그가 어찌 君子가 될 수 있으리오? 그러므로 命을 가히 알지 않을 수 없느니라."

주해

- 苟免: 구차하게 손해를 면하다. 苟(구차히 구)

  ≪禮記·曲禮上≫에 나온다. "臨財毋苟得, 臨難毋苟免." 孔穎達의

疏에 "若君父有難, 臣子若苟且免身而不鬭, 則陷君父於危亡. 故雲毋苟免."이라고 풀이했다.

● 稟(받을 품) 苟(만일 구) 愧(부끄러울 괴) 僥(바랄 요) 倖(요행 행)

不知禮면 無以立也요

"禮를 알지 못하면 바로 서지 못하니라."

不知禮면 則耳目無所加요 手足無所措라

禮를 알지 못하면 곧 耳目에 더할 바가 없고 手足을 둘 바가 없다.

주해

● 不知禮: 禮를 알지 못하다. 여기에서 '知'는 예를 알고 지킨다는 뜻이다.

"此知字, 便有守之之意. 禮以一身威儀揖遜之節言."(四書補註備旨) 揖(읍 읍) 遜(겸손할 손)

● 無以立: 바로 설 수 없다. 여기에서 '立'은 간직하고 따른다는 뜻이다.

"立是有持循意."(四書補註備旨)

雲峰胡氏가 말했다. "集註十字, 是形容無以立三字. 耳目無所加, 是懵蒙然不知有可立之地. 手足無所措, 是茫然卒無可立之地."(大全註疏) 懵(어리석을 몽)

皇侃의 ≪論語義疏≫에 "禮主恭儉莊敬, 爲立身之本. 人若不知禮者, 無以得立其身于世也."라고 했다.

【備旨】

禮는 所以檢身者也니 人必知禮면 則以之持循하여 而在我有據하여 可與立矣어니와 苟不知禮면 則耳目手足이 無所範圍하여 而事物ㅣ得以搖奪之矣니 其何以能立乎아 故로 禮不可以不知也니라

禮는 몸을 검속檢束하는 것이니, 사람이 반드시 禮를 알면 곧 이것을 간직하고 좇아서 자신에게 의거依據할 것이 있게 되어 가히 더불어 설 수 있다.
만일 禮를 알지 못하면 곧 耳目과 手足이 범위範圍를 정할 곳이 없어서 事物이 耳目과 手足을 흔들어 빼앗을 것이니, 그가 어찌 능히 설 수 있으리오? 그러므로 禮를 가히 알지 않을 수 없느니라.

주해

- 搖奪: 외부 영향에 의해 마음이 흔들리거나 결심을 바꿈. 搖(흔들 요) 奪(빼앗을 탈)
  明나라 이지李贄의 ≪答李見羅先生書≫에 나온다. "聰明蓋世, 剛健篤生, 卓然不爲千聖所搖奪者, 未可遽以與我共學此也." 贄(폐백 지)

不知言이면 無以知人也니라

"남의 말을 알지 못하면 사람을 알지 못하니라."

言之得失에 可以知人之邪正이니라

尹氏曰 知斯三者면 則君子之事備矣라 弟子ㅣ記此以終篇하니 得無意乎아 學者ㅣ少而讀之하고 老而不知一言爲可用이면 不幾於侮聖言者乎아 夫子之罪人也니 可不念哉아

말의 得失에 따라 사람의 사악함과 바름을 알 수 있다.

尹氏 가로되 "이 세 가지를 알면 곧 君子의 일이 갖추어진다. 弟子들이 이를 기록하여 ≪論語≫ 한 篇을 마쳤으니 어찌 의도가 없으리오? 배우는 자가 젊어서부터 이 글을 읽고 늙어서 한 마디 말씀이라도 가히 쓸 만하다는 것을 알지 못한다면, 聖人의 말씀을 모독하는 자에 가깝지 않겠는가? 이는 夫子의 罪人이니 가히 생각하지 않을 수 있으리오?"

주해

- 不知言: 남의 말을 알아 듣지 못하다. '知'는 窮理工夫를 말한다. '言'의 남의 말이다.

  "此知字, 要有窮理工夫. 言是人之言."(四書補註備旨)
- 得無: '어찌 ~이 아니리오?' '豈不' 또는 '莫非'와 같다. 得(어찌 득) 〈顔淵〉 篇에 나온다. "爲之難, 言之得無訒乎?" 또한 ≪漢書 · 趙充國傳≫에도 나온다. "我告漢軍先零所在, 兵不往擊, 久留, 得亡效五年時不分別人而並擊我?" 擊(칠 격)
- 不幾於侮聖言者乎: '聖人의 말씀을 모독하는 자에 가깝지 않겠는가?' 幾(가까울 기) 侮(업신여길 모)

【備旨】

言者는 人心之聲也니 人必知言이면 則在人無遁情하여 而邪正을 從可知矣어니와 苟聽其言而不能知其是非得失之所以然이면 則人之邪正을 無自而辨하여 遂失其取舍之則矣니 其何以知人乎아 故로 言不可以不知也라 知斯三者하여 而上以達天하며 內以成己하며 外以盡人하면 而自修之要得矣리라

말이라는 것은 人心의 소리이니, 사람이 반드시 남의 말을 알아들으면 곧 남들이 감정을 속일 수가 없어 간사하고 바름을 좇아서 가히 알 수 있다.
만일 그 말을 듣고 능히 그 是非와 得失이 그렇게 생긴 이유를 알지 못한다면, 곧 남들의 간사함과 올바름을 스스로 분별할 수 없어서 마침내 그 取舍의 법칙을 잃게 되니, 그가 어찌 사람을 알 수 있으리오? 그러므로 말을 가히 알지 않을 수 없느니라.
이 세 가지를 알아서 위로 하늘의 이치를 깨닫고, 안으로 자신의 학문을 이루며, 밖으로 人事를 다한다면, 스스로 닦는 요체要諦를 얻을 수 있느니라."

주해

- 遁情: 감정을 속이다. 마음을 감추다. '은정隱情'과 같다. 遁(숨을 둔) ≪新唐書 · 突厥傳贊≫에 나온다. "然帝數暴師不告勞, 料敵無遁情, 善任將, 必其功, 蓋黃帝之兵也."
- 成己: 자신으로부터 일을 성취하다. 곧 '成己成物'의 뜻이다.

≪禮記 · 中庸≫에 나온다. "誠者, 非自成己而已也, 所以成物也. 成己, 仁也. 成物, 知也. 性之德也, 合內外之道也." 孔穎達의 疏에 "言人有至誠, 非但自成就己身而已, 又能成就外物."이라고 풀이했다.

부록

孔子世系表

◀ 孔 子 祖 先 ▶

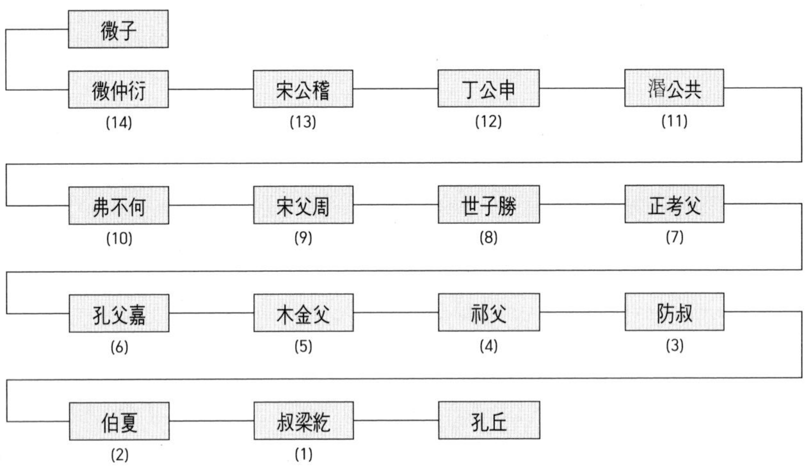

* 〈孔子辭典 · 孔子世系表〉, 上海辭書出版社, 2008. 참조.

◀ 孔氏嫡裔 ▶

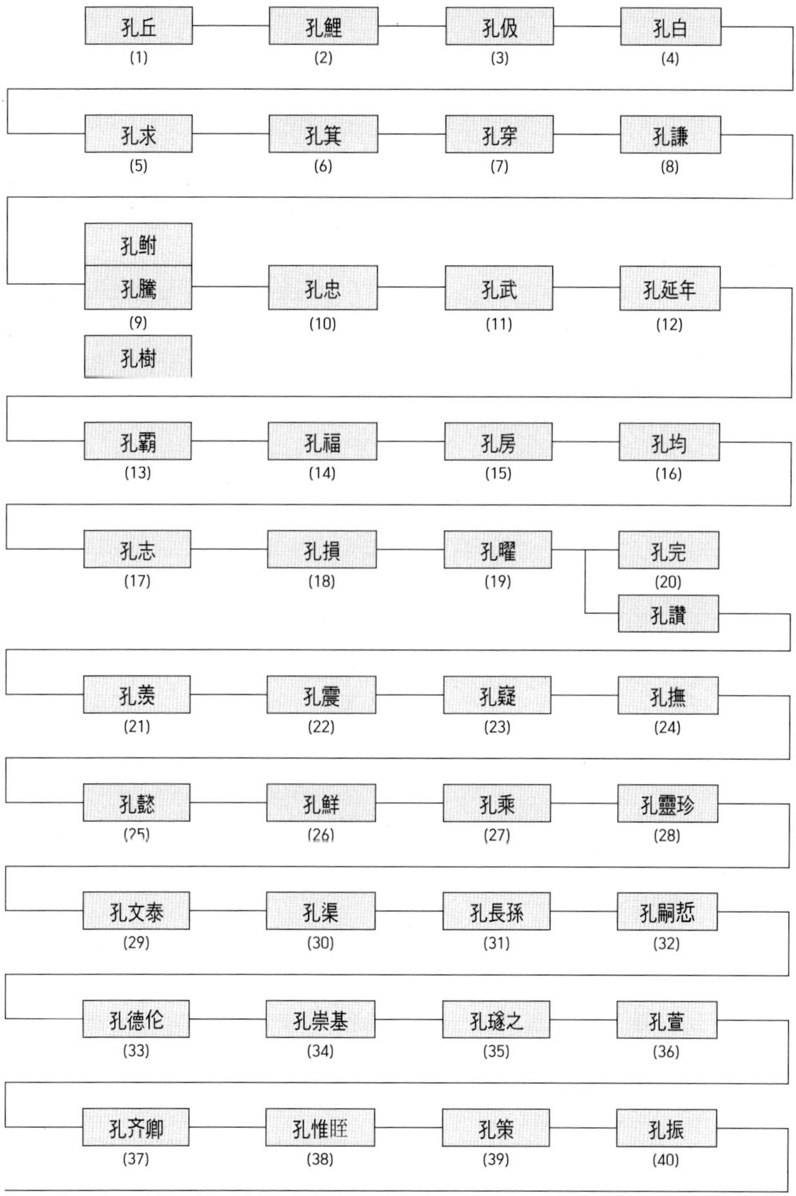
孔丘
(1)
孔鯉
(2)
孔伋
(3)
孔白
(4)
孔求
(5)
孔箕
(6)
孔穿
(7)
孔謙
(8)
孔鮒
孔騰
(9)
孔樹
孔忠
(10)
孔武
(11)
孔延年
(12)
孔霸
(13)
孔福
(14)
孔房
(15)
孔均
(16)
孔志
(17)
孔損
(18)
孔曜
(19)
孔完
(20)
孔讚
孔羨
(21)
孔震
(22)
孔嶷
(23)
孔撫
(24)
孔懿
(25)
孔鮮
(26)
孔乘
(27)
孔靈珍
(28)
孔文泰
(29)
孔渠
(30)
孔長孫
(31)
孔嗣悊
(32)
孔德伦
(33)
孔崇基
(34)
孔璲之
(35)
孔萱
(36)
孔齐卿
(37)
孔惟晊
(38)
孔策
(39)
孔振
(40)

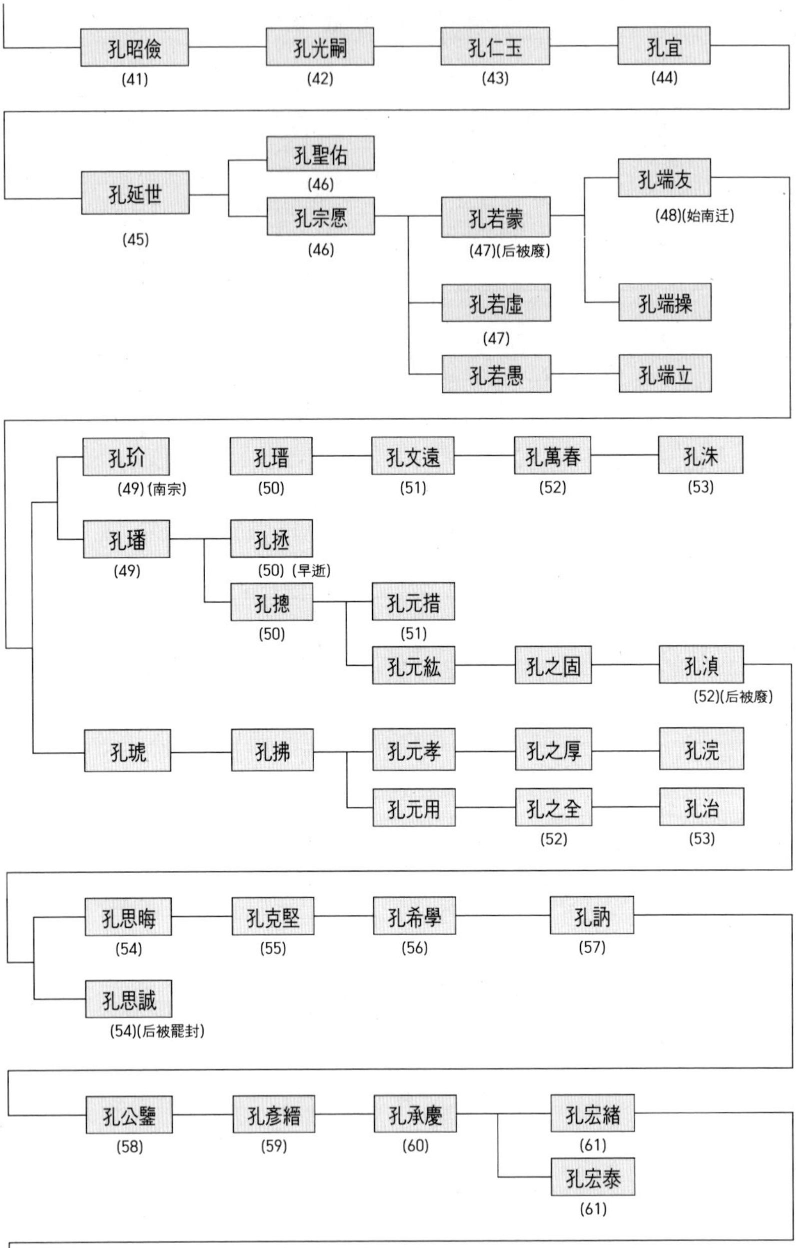
孔昭儉
(41)
孔光嗣
(42)
孔仁玉
(43)
孔宜
(44)
孔延世
(45)
孔聖佑
(46)
孔宗愿
(46)
孔若蒙
(47)(后被廢)
孔若虛
(47)
孔若愚
孔端友
(48)(始南迁)
孔端操
孔端立
孔玠
(49)(南宗)
孔璠
(49)
孔琥
孔瑨
(50)
孔拯
(50)(早逝)
孔揔
(50)
孔拂
孔文遠
(51)
孔元措
(51)
孔元紘
孔元孝
孔元用
孔萬春
(52)
孔之固
孔之厚
孔之全
(52)
孔洙
(53)
孔湞
(52)(后被廢)
孔浣
孔治
(53)
孔思晦
(54)
孔思誠
(54)(后被罷封)
孔克堅
(55)
孔希學
(56)
孔訥
(57)
孔公鑒
(58)
孔彥縉
(59)
孔承慶
(60)
孔宏緒
(61)
孔宏泰
(61)

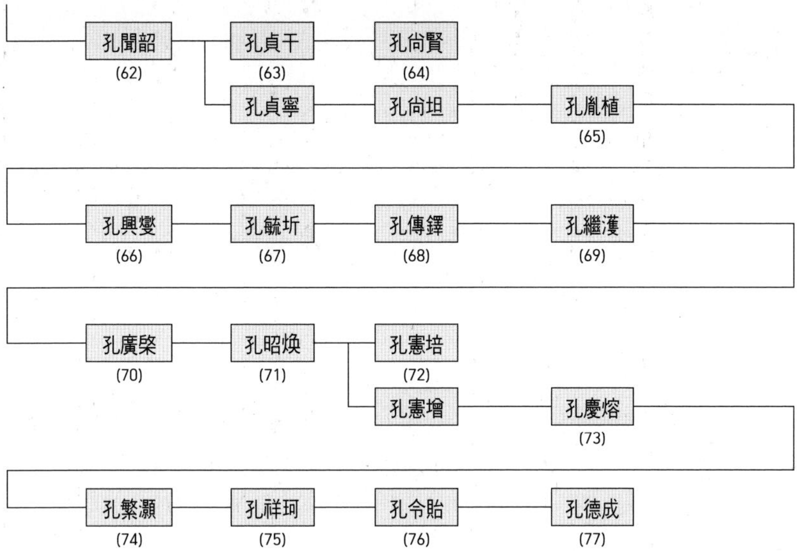
孔聞韶
(62)
孔貞干
(63)
孔尙賢
(64)
孔貞寧
孔尙坦
孔胤植
(65)
孔興燮
(66)
孔毓圻
(67)
孔傳鐸
(68)
孔繼濩
(69)
孔廣棨
(70)
孔昭煥
(71)
孔憲培
(72)
孔憲增
孔慶熔
(73)
孔繁灝
(74)
孔祥珂
(75)
孔令貽
(76)
孔德成
(77)

부록2

≪史記·仲尼弟子列傳≫

孔子曰“受業身通者七十有七人”, 皆異能之士也. 德行: 顔淵, 閔子騫, 厓伯牛, 仲弓. 政事: 厓有, 季路. 言語: 宰我, 子貢. 文學: 子遊, 子夏. 師也辟, 參也魯, 柴也愚, 由也喭, 回也屢空. 賜不受命而貨殖焉, 億則屢中.

孔子之所嚴事, 於周則老子, 於衛蘧伯玉, 於齊晏平仲, 於楚老萊子, 於鄭子產, 於魯孟公綽. 數稱臧文仲柳下惠銅鞮伯華介山子然, 孔子皆後之, 不並世.

顔回者, 魯人也, 字子淵. 少孔子三十歲. 顔淵問仁, 孔子曰“克己複禮, 天下歸仁焉.” 孔子曰“賢哉回也. 一簞食, 一瓢飮, 在陋巷, 人不堪其憂, 回也不改其樂.” “回也如愚, 退而省其私, 亦足以發, 回也不愚.” “用之則行, 舍之則藏, 唯我與爾有是夫.” 回年二十九, 發盡白, 蚤死. 孔子哭之慟, 曰“自吾有回, 門人益親.” 魯哀公問 “弟子孰爲好學?” 孔子對曰“有顔回者好學, 不遷怒, 不貳過. 不幸短命死矣, 今也則亡.”

閔損字子騫. 少孔子十五歲. 孔子曰 “孝哉閔子騫. 人不間於其父母昆弟之言.” 不仕大夫, 不食汙君之祿. “如有複我者, 必在汶上矣.”

厓耕字伯牛. 孔子以爲有德行. 伯牛有惡疾, 孔子往問之, 自牖執其手, 曰 “命也夫. 斯人也而有斯疾, 命也夫.”

厓雍字仲弓. 仲弓問政, 孔子曰 “出門如見大賓, 使民如承大祭. 在邦無怨, 在家無怨.” 孔子以仲弓爲有德行, 曰 “雍也可使南面.” 仲弓父,賤人. 孔子曰 "犁牛之子騂且角, 雖欲勿用, 山川其舍諸?"

冉求字子有, 少孔子二十九歲. 爲季氏宰. 季康子問孔子曰 "冉求仁乎?" 曰 "千室之邑, 百乘之家, 求也可使治其賦. 仁則吾不知也." 復問 "子路仁乎?" 孔子對曰 "如求." 求問曰 "聞斯行諸?" 子曰 "行之." 子路問 "聞斯行諸?" 子曰 "有父兄在, 如之何其聞斯行之." 子華怪之, "敢問問同而答異?" 孔子曰 "求也退, 故進之. 由也兼人, 故退之."

仲由字子路, 卞人也。少孔子九歲。子路性鄙, 好勇力, 志伉直, 冠雄雞, 佩豭豚, 陵暴孔子. 孔子設禮稍誘子路, 子路後儒服委質, 因門人請爲弟子. 子路問政, 孔子曰 "先之, 勞之." 請益. 曰 "無倦." 子路問 "君子尚勇乎?" 孔子曰 "義之爲上. 君子好勇而無義則亂, 小人好勇而無義則盜." 子路有聞, 未之能行, 唯恐有聞. 孔子曰 "片言可以折獄者, 其由也與." "由也好勇過我, 無所取材." "若由也, 不得其死然." "衣敝縕袍與衣狐貉者立而不恥者, 其由也與." "由也升堂矣, 未入於室也." 季康子問 "仲由仁乎?" 孔子曰 "千乘之國可使治其賦, 不知其仁." 子路喜從遊, 遇長沮桀溺荷蓧丈人. 子路爲季氏宰, 季孫問曰 "子路可謂大臣與?" 孔子曰 "可謂具臣矣." 子路爲蒲大夫, 辭孔子. 孔子曰 "蒲多壯士, 又難治. 然吾語汝. 恭以敬, 可以執勇. 寬以正, 可以比眾. 恭正以靜, 可以報上." 初, 衛靈公有寵姬曰南子. 靈公太子蕢聵得過南子, 懼誅出奔. 及靈公卒而夫人欲立公子郢. 郢不肯, 曰 "亡人太子之子輒在." 於是衛立輒爲君, 是爲出公. 出公立十二年, 其父蕢聵居外, 不得入. 子路爲衛大夫孔悝之邑宰. 蕢聵乃與孔悝作亂, 謀入孔悝家, 遂與其徒襲攻出公. 出公奔魯, 而蕢聵入立, 是爲莊公. 方孔悝作亂, 子路在外, 聞之而馳往. 遇子羔出衛城門, 謂子路曰 "出公去矣, 而門已閉, 子可還矣, 毋空受其禍." 子路曰 "食其食者不避其難." 子羔卒去. 有使者入城, 城門開, 子路隨而入. 造蕢聵, 蕢聵與孔悝登台. 子路曰 "君焉用孔悝? 請得而殺之." 蕢聵弗聽. 於是子路欲燔台, 蕢聵懼, 乃下石乞壺黶攻子路, 擊斷子路之纓. 子路曰 "君子死而冠不免." 遂結纓而死. 孔子聞衛亂, 曰 "嗟乎, 由死矣." 已而果死. 故孔子曰 "自吾得由, 惡言不聞於耳." 是時子貢爲魯使於齊.

宰予字子我, 利口辯辭. 既受業, 問"三年之喪不已久乎? 君子三年不爲禮, 禮必壞. 三年不爲樂, 樂必崩. 舊穀既沒, 新穀既升, 鑽燧改火, 期可已矣." 子曰 "於汝安乎?" 曰 "安." "汝安則爲之. 君子居喪, 食旨不甘, 聞樂不樂, 故弗爲也." 宰我出, 子曰 "予之不仁也. 子生三年然後免於父母之懷. 夫三年之喪, 天下之通義也." 宰予晝寢. 子曰 "朽木不可雕也, 糞土之牆不可圬也." 宰我問五帝之德, 子曰 "予非其人也." 宰我爲臨菑大夫, 與田常作亂, 以夷其族, 孔子恥之.

端沐賜, 衛人, 字子貢. 少孔子三十一歲. 子貢利口巧辭, 孔子常黜其辯. 問曰 "汝與回也孰愈?" 對曰 "賜也何敢望回. 回也聞一以知十, 賜也聞一以知二." 子貢既已受業, 問曰 "賜何人也?" 孔子曰 "汝器也." 曰 "何器也?" 曰 "瑚璉也." 陳子禽問子貢曰 "仲尼焉學?" 子貢曰 "文武之道未墜於地, 在人, 賢者識其大者, 不賢者識其小者, 莫不有文武之道. 夫子焉不學, 而亦何常師之有!" 又問曰 "孔子適是國必聞其政. 求之與? 抑與之與?" 子貢曰 "夫子溫良恭儉讓以得之. 夫子之求之也, 其諸異乎人之求之也." 子貢問曰 "富而無驕, 貧而無諂, 何如?" 孔子曰 "可也. 不如貧而樂道, 富而好禮."

田常欲作亂於齊, 憚高國鮑晏, 故移其兵欲以伐魯. 孔子聞之, 謂門弟子曰 "夫魯, 墳墓所處, 父母之國, 國危如此, 二三子何爲莫出?" 子路請出, 孔子止之. 子張子石請行, 孔子弗許. 子貢請行, 孔子許之. 遂行, 至齊, 說田常曰 "君之伐魯過矣. 夫魯, 難伐之國, 其城薄以卑, 其地狹以泄, 其君愚而不仁, 大臣僞而無用, 其士民又惡甲兵之事, 此不可與戰. 君不如伐吳. 夫吳, 城高以厚, 地廣以深, 甲堅以新, 士選以飽, 重器精兵盡在其中, 又使明大夫守之, 此易伐也." 田常忿然作色曰 "子之所難, 人之所易. 子之所易, 人之所難. 而以教常, 何也?" 子貢曰 "臣聞之, 憂在內者攻彊, 憂在外者攻弱. 今君憂在內. 吾聞君三封而三不成者, 大臣有不聽者也. 今君破魯以廣齊, 戰勝以驕主, 破國以尊臣, 而君之功不與焉, 則交日疏於主. 是君上驕主心, 下恣群臣, 求以成大事, 難矣. 夫上驕則恣, 臣驕則爭, 是君上與主有郤, 下與大臣交爭也. 如此, 則君之立於齊危矣. 故曰不如伐吳. 伐吳不勝, 民人外死, 大臣內空, 是君上無彊臣之敵, 下無民人之過, 孤主制齊者唯君也." 田常曰 "善. 雖然, 吾兵業已加魯矣, 去而之吳, 大臣疑我, 柰何?" 子貢曰 "君按兵無伐, 臣請往使吳王, 令之救魯而伐齊, 君因以兵迎之." 田常許之, 使子貢南見吳王.

說曰 "臣聞之, 王者不絕世, 霸者無彊敵, 千鈞之重加銖兩而移. 今以萬乘之齊而私千乘之魯, 與吳爭彊, 竊爲王危之. 且夫救魯, 顯名也. 伐齊, 大利也. 以撫泗上諸侯, 誅暴齊以服彊晉, 利莫大焉. 名存亡魯, 實困彊齊. 智者不疑也." 吳王曰 "善. 雖然, 吾嘗與越戰, 棲之會稽. 越王苦身養士, 有報我心. 子待我伐越而聽子." 子貢曰 "越之勁不過魯, 吳之彊不過齊, 王置齊而伐越, 則齊已平魯矣. 且王方以存亡繼絕爲名, 夫伐小越而畏彊齊, 非勇也. 夫勇者不避難, 仁者不窮約, 智者不失時, 王者不絕世, 以立其義. 今存越示諸侯以仁, 救魯伐齊, 威加晉國, 諸侯必相率而朝吳, 霸業成矣. 且王必惡越, 臣請東見越王, 令出兵以從, 此實空越, 名從諸侯以伐也." 吳王大說, 乃使子貢之越. 越王除道郊迎, 身御至舍而問曰 "此蠻夷之國, 大夫何以儼然辱而臨之?" 子貢曰 "今者吾說吳王以救魯伐齊, 其志欲之而畏越, 曰 '待我伐越乃可'. 如此, 破越必矣. 且夫無報人之志而令人疑之, 拙也. 有報人之志, 使人知之, 殆也. 事未發而先聞, 危也. 三者舉事之大患." 句踐頓首再拜曰 "孤嘗不料力, 乃與吳戰, 困於會稽, 痛入於骨髓, 日夜焦脣乾舌, 徒欲與吳王接踵而死, 孤之原也." 遂問子貢. 子貢曰 "吳王爲人猛暴, 群臣不堪. 國家敝以數戰, 士卒弗忍. 百姓怨上, 大臣內變. 子胥以諫死, 太宰嚭用事, 順君之過以安其私. 是殘國之治也. 今王誠發士卒佐之徼其志, 重寶以說其心, 卑辭以尊其禮, 其伐齊必也. 彼戰不勝, 王之福矣. 戰勝, 必以兵臨晉, 臣請北見晉君, 令共攻之, 弱吳必矣. 其銳兵盡於齊, 重甲困於晉, 而王制其敝, 此滅吳必矣." 越王大說,, 許諾. 送子貢金百鎰, 劍一, 良矛二. 子貢不受, 遂行.

報吳王曰 "臣敬以大王之言告越王, 越王大恐, 曰 '孤不幸, 少失先人, 內不自量, 抵罪於吳, 軍敗身辱, 棲於會稽, 國爲虛莽, 賴大王之賜,使得奉俎豆而修祭祀，死不敢忘，何謀之敢慮.'" 後五日，越使大夫種頓首言於吳王曰 "東海役臣孤句踐使者臣種，敢修下吏問於左右. 今竊聞大王將興大義，誅彊救弱，困暴齊而撫周室，請悉起境內士卒三千人，孤請自被堅執銳，以先受矢石. 因越賤臣種奉先人藏器，甲二十領，鈇屈盧之矛，步光之劍，以賀軍吏." 吳王大說. 以告子貢曰 "越王欲身從寡人伐齊，可乎?" 子貢曰 "不可. 夫空人之國，悉人之眾，又從其君，不義. 君受其幣，許其師，而辭其君." 吳王許諾，乃謝越王. 於是吳王乃遂發九郡兵伐齊.

子貢因去之晉，謂晉君曰 "臣聞之，慮不先定不可以應卒，兵不先辨不可以勝敵. 今夫齊與吳將戰，彼戰而不勝，越亂之必矣. 與齊戰而勝，必以其兵臨晉." 晉君大恐，曰 "爲之柰何?" 子貢曰 "修兵休卒以待之." 晉君許諾. 子貢去而之魯. 吳王果與齊人戰於艾陵，大破齊師，獲七將軍之兵而不歸，果以兵臨晉，與晉人相遇黃池之上. 吳晉爭彊. 晉人擊之，大敗吳師. 越王聞之，涉江襲吳，去城七裏而軍. 吳王聞之，去晉而歸，與越戰於五湖. 三戰不勝，城門不守，越遂圍王宮，殺夫差而戮其相. 破吳三年，東向而霸. 故子貢一出，存魯，亂齊，破吳，彊晉而霸越. 子貢一使，使勢相破，十年之中，五國各有變. 子貢好廢舉，與時轉貨貲. 喜揚人之美，不能匿人之過. 常相魯衛，家累千金，卒終於齊.

言偃，吳人，字子遊. 少孔子四十五歲. 子遊既已受業，爲武城宰. 孔子過，聞弦歌之聲. 孔子莞爾而笑曰 "割雞焉用牛刀?" 子遊曰 "昔者偃聞諸夫子曰，君子學道則愛人，小人學道則易使." 孔子曰 "二三子，偃之言是也. 前言戲之耳." 孔子以爲子遊習於文學.

蔔商字子夏，少孔子四十四歲. 子夏問 "'巧笑倩兮，美目盼兮，素以爲絢兮'，何謂也?" 子曰 "繪事後素." 曰 "禮後乎?" 孔子曰 "商始可與言詩已矣." 子貢問 "師與商孰賢?" 子曰 "師也過，商也不及." "然則師愈與?" 曰 "過猶不及." 子謂子夏曰 "汝爲君子儒，無爲小人儒." 孔子既沒，子夏居西河教授，爲魏文侯師. 其子死，哭之失明.

顓孫師, 陳人, 字子張. 少孔子四十八歲. 子張問干祿, 孔子曰 "多聞闕疑, 愼言其餘, 則寡尤. 多見闕殆, 愼行其餘, 則寡悔. 言寡尤, 行寡悔, 祿在其中矣." 他日從在陳蔡閒, 困, 問行. 孔子曰 "言忠信, 行篤敬, 雖蠻貊之國行也. 言不忠信, 行不篤敬, 雖州裏行乎哉. 立則見其參於前也, 在輿則見其倚於衡, 夫然後行." 子張書諸紳. 子張問 "士何如斯可謂之達矣?" 孔子曰 "何哉, 爾所謂達者?" 子張對曰 "在國必聞, 在家必聞." 孔子曰 "是聞也, 非達也. 夫達者, 質直而好義, 察言而觀色, 慮以下人, 在國及家必達. 夫聞也者, 色取仁而行違, 居之不疑, 在國及家必聞."

曾參, 南武城人, 字子輿. 少孔子四十六歲. 孔子以爲能通孝道, 故授之業. 作孝經. 死於魯.

澹台滅明, 武城人, 字子羽. 少孔子三十九歲. 狀貌甚惡. 欲事孔子, 孔子以爲材薄. 既已受業, 退而修行, 行不由徑, 非公事不見卿大夫.

南遊至江, 從弟子三百人, 設取予去就, 名施乎諸侯. 孔子聞之, 曰 "吾以言取人, 失之宰予. 以貌取人, 失之子羽."

宓不齊字子賤, 少孔子三十歲. 孔子謂 "子賤君子哉. 魯無君子, 斯焉取斯?" 子賤爲單父宰, 反命於孔子, 曰 "此國有賢不齊者五人, 教不齊所以治者." 孔子曰 "惜哉不齊所治者小, 所治者大則庶幾矣."

原憲字子思. 子思問恥. 孔子曰 "國有道, 穀. 國無道, 穀, 恥也." 子思曰 "克伐怨欲不行焉, 可以爲仁乎?" 孔子曰 "可以爲難矣, 仁則吾弗知也."

孔子卒, 原憲遂亡在草澤中. 子貢相衛, 而結駟連騎, 排藜藿入窮閻, 過謝原憲. 憲攝敝衣冠見子貢. 子貢恥之, 曰 "夫子豈病乎?" 原憲曰 "吾聞之, 無財者謂之貧, 學道而不能行者謂之病. 若憲, 貧也, 非病也." 子貢慚, 不懌而去, 終身恥其言之過也.

公冶長, 齊人, 字子長. 孔子曰 "長可妻也, 雖在累紲之中, 非其罪也." 以其子妻之.

南宮括字子容. 問孔子曰“羿善射, 奡蕩舟, 俱不得其死然. 禹稷躬稼而有天下?” 孔子弗答. 容出, 孔子曰“君子哉若人! 上德哉若人!” “國有道, 不廢. 國無道, 免於刑戮.” 三復“白珪之玷”, 以其兄之子妻之.

公晳哀字季次. 孔子曰“天下無行, 多爲家臣, 仕於都. 唯季次未嘗仕.”

曾蒧字晳. 侍孔子, 孔子曰“言爾志.” 曰“春服既成, 冠者五六人, 童子六七人, 浴乎沂, 風乎舞雩, 詠而歸.” 孔子喟爾歎曰“吾與也.”

顔無繇字路. 路者, 顔回父, 父子嘗各異時事孔子. 顔回死, 顔路貧, 請孔子車以葬. 孔子曰“材不材, 亦各言其子也. 鯉也死, 有棺而無椁, 吾不徒行以爲之椁, 以吾從大夫之後, 不可以徒行.”

商瞿, 魯人, 字子木. 少孔子二十九歲. 孔子傳易於瞿, 瞿傳楚人馯臂子弘, 弘傳江東人矯子庸疵, 疵傳燕人周子家豎, 豎傳淳於人光子乘羽, 羽傳齊人田子莊何, 何傳東武人王子中同, 同傳菑川人楊何. 何元朔中以治易爲漢中大夫.

高柴字子羔, 少孔子三十歲. 子羔長不盈五尺, 受業孔子, 孔子以爲愚. 子路使子羔爲費郈宰, 孔子曰“賊夫人之子.” 子路曰“有民人焉, 有社稷焉, 何必讀書然後爲學.” 孔子曰“是故惡夫佞者.”

漆彫開字子開. 孔子使開仕, 對曰“吾斯之未能信.” 孔子說.

公伯繚字子周. 周愬子路於季孫, 子服景伯以告孔子, 曰“夫子固有惑志, 繚也, 吾力猶能肆諸市朝.” 孔子曰“道之將行, 命也. 道之將廢, 命也. 公伯繚其如命何.”

司馬耕字子牛. 牛多言而躁. 問仁於孔子, 孔子曰“仁者其言也訒.” 曰“其言也訒, 斯可謂之仁乎?” 子曰“爲之難, 言之得無訒乎.” 問君子, 子曰“君子不憂不懼.” 曰“不憂不懼, 斯可謂之君子乎?” 子曰“內省不疚, 夫何憂何懼.”

樊須字子遲, 少孔子三十六歲. 樊遲請學稼, 孔子曰 "吾不如老農." 請學圃, 曰 "吾不如老圃." 樊遲出, 孔子曰 "小人哉樊須也. 上好禮, 則民莫敢不敬. 上好義, 則民莫敢不服. 上好信, 則民莫敢不用情. 夫如是, 則四方之民繈負其子而至矣, 焉用稼." 樊遲問仁, 子曰 "愛人." 問智, 曰 "知人."

有若少孔子四十三歲. 有若曰 "禮之用, 和爲貴, 先王之道斯爲美. 小大由之, 有所不行. 知和而和, 不以禮節之, 亦不可行也." "信近於義, 言可複也. 恭近於禮, 遠恥辱也. 因不失其親, 亦可宗也." 孔子既沒, 弟子思慕, 有若狀似孔子, 弟子相與共立爲師, 師之如夫子時也. 他日, 弟子進問曰 "昔夫子當行, 使弟子持雨具, 已而果雨. 弟子問曰 '夫子何以知之?' 夫子曰 '詩不云乎? 月離於畢, 俾滂沱矣. 昨暮月不宿畢乎?' 他日, 月宿畢, 竟不雨. 商瞿年長無子, 其母爲取室. 孔子使之齊, 瞿母請之. 孔子曰 '無憂, 瞿年四十後當有五丈夫子.' 已而果然. 問夫子何以知此?" 有若默然無以應. 弟子起曰 "有子避之, 此非子之座也."

公西赤字子華, 少孔子四十二歲. 子華使於齊, 厓有爲其母請粟. 孔子曰 "與之釜." 請益, 曰 "與之庾." 厓子與之粟五秉. 孔子曰 "赤之適齊也, 乘肥馬, 衣輕裘. 吾聞君子周急不繼富."

巫馬施字子旗, 少孔子三十歲. 陳司敗問孔子曰 "魯昭公知禮乎?" 孔子曰 "知禮." 退而揖巫馬旗曰 "吾聞君子不黨, 君子亦黨乎? 魯君娶吳女爲夫人, 命之爲孟子. 孟子姓姬, 諱稱同姓, 故謂之孟子. 魯君而知禮, 孰不知禮." 施以告孔子, 孔子曰 "丘也幸, 苟有過, 人必知之. 臣不可言君親之惡, 爲諱者, 禮也."

梁鱣字叔魚, 少孔子二十九歲.
顔幸字子柳, 少孔子四十六歲.
厓孺字子魯, 少孔子五十歲.
曹恤字子循, 少孔子五十歲.

伯虔字子析，少孔子五十歲.

公孫龍字子石，少孔子五十三歲.

自子石已右三十五人，顯有年名及受業見於書傳. 其四十有二人，無年及不見書傳者紀於左.

厓季字子產.

公祖句玆字子之.

秦祖字子南.

漆雕哆字子斂.

顏高字子驕.

漆雕徒父.

壤駟赤字子徒，商澤.

石作蜀字子明.

任不齊字選.

公良孺字子正.

後處字子裏.

秦厓字開.

公夏首字乘.

奚容箴字子晳.

公肩定字子中.

顏祖字襄.

鄡單字子家.

句井疆

罕父黑字子索

秦商字子丕.

申黨字周.

顏之仆字叔.

榮旂字子祈.

縣成字子祺.

左人郢字行.

燕伋字思.

鄭國字子徒.

秦非字子之.

施之常字子恆.

顔噲字子聲.

步叔乘字子車.

原亢籍.

樂欬字子聲.

廉絜字庸

叔仲會字子期.

顔何字厓.

狄黑字晳.

邦巽字子斂.

孔忠.

公西輿如字子上.

公西葴字子上.

太史公曰 學者多稱七十子之徒, 譽者或過其實, 毁者或損其真, 鈞之未睹厥容貌, 則論言弟子籍, 出孔氏古文近是. 餘以弟子名姓文字悉取論語弟子問並次爲篇, 疑者闕焉.

教興闕裏, 道在郰鄉. 異能就列, 秀士升堂. 依仁遊藝, 合志同方. 將師宮尹, 俎豆琳琅. 惜哉不霸, 空臣素王.

부록3

≪公子家語·七十二弟子解≫

顔回, 魯人, 字子淵, 年二十九而發白, 三十一早死. 孔子曰“自吾有回, 門人日益親.”回之德行著名, 孔子稱其仁焉.

閔損, 魯人, 字子騫, 以德行著名, 孔子稱其孝焉.

冉耕, 魯人, 字伯牛, 以德行著名, 有惡疾, 孔子曰“命也夫.”

冉雍, 字仲弓, 伯牛之宗族, 生於不肖之父, 以德行著名.

宰予, 字子我, 魯人, 有口才著名.

端木賜, 字子貢, 衛人, 有口才著名.

冉求, 字子有, 仲弓之族, 有才藝, 以政事著名.

仲由, 弁人, 字子路, 有勇力才藝, 以政事著名.

言偃, 魯人, 字子遊, 以文學著名.

蔔商衛人, 無以尚之, 嘗返衛見讀史志者云“晉師伐秦, 三豖渡河.”子夏曰“非也, 己亥耳.”讀史志曰“問諸晉史果曰己亥.”於是衛以子夏爲聖. 孔子卒後, 教於西河之上, 魏文侯師事之, 而諮國政焉.

顓孫師, 陳人, 字子張, 少孔子四十八歲. 爲人有容貌, 資質寬? 博接從容自務居, 不務立於仁義之行, 孔子門人友之而弗敬.

曾參, 南武城人, 字子輿, 少孔子四十六歲. 志存孝道, 故孔子因之以作孝經. 齊嘗聘欲與爲卿而不就, 曰“吾父母老, 食人之祿, 則憂人之事, 故吾不忍遠親而爲人役.”參後母遇之無恩, 而供養不衰, 及其妻以藜烝不熟, 因出之. 人曰“非七出也.”參曰“藜烝小物耳, 吾欲使熟而不用吾命, 況大事乎?”遂出之, 終身不取妻. 其子元請焉, 告其子曰“高宗以後妻殺孝已, 尹吉甫以後妻放伯奇, 吾上不及高宗, 中不比吉甫, 庸知其得免於非乎."

淡臺滅明, 武城人, 字子羽, 少孔子四十九歲, 有君子之姿. 孔子嘗以容貌望其才, 其才不充孔子之望. 然其爲人, 公正無私, 以取與去就, 以諾爲名, 仕魯爲大夫也.

高柴, 齊人, 高氏之別族, 字子羔, 少孔子四十歲, 長不過六尺, 狀貌甚惡. 爲人篤孝而有法正, 少居魯, 見知名於孔子之門, 仕爲武城宰.

宓不齊, 魯人, 字子賤, 少孔子四十九歲. 仕爲單父宰, 有才智, 仁愛百姓不忍欺, 孔子大之.

樊須, 魯人, 字子遲, 少孔子四十六歲, 弱仕於季氏.

有若, 魯人, 字子有, 少孔子三十六歲. 爲人強識, 好古道也.

公西赤, 魯人, 字子華, 少孔子四十二歲. 束帶立朝, 閑賓主之儀.

原憲, 宋人, 字子思, 少孔子三十六歲. 淸淨守節, 貧而樂道, 孔子爲魯司寇, 原憲嘗爲孔子宰. 孔子卒後, 原憲退隱, 居於衛.

公冶長, 魯人, 字子長, 爲人能忍恥, 孔子以女妻之.

南宮韜, 魯人, 字子容, 以智自將, 世淸不廢, 世濁不洿, 孔子以兄子妻之.

公析哀, 齊人, 字季沉, 鄙天下多仕於大夫家者, 是故未嘗屈節人臣. 孔子特嘆貴之.

曾點, 曾參父, 字子皙, 疾時禮教不行, 欲修之, 孔子善焉. 論語所謂浴乎沂, 風乎舞雩之下.

顔由, 顔回父, 字季路, 孔子始教學於闕裏而受學, 少孔子六歲.

商瞿, 魯人, 字子木, 少孔子二十九歲. 特好易, 孔子傳之志焉.

漆雕開, 蔡人, 字子若, 少孔子十一歲, 習尚書, 不樂仕. 孔子曰 "子之齒可以仕矣, 時將過." 子若報其書曰 "吾斯之未能信." 孔子悅焉.

公良儒, 陳人, 字子正, 賢而有勇. 孔子周行, 常以家車五乘從.

秦商, 魯人, 字不慈, 少孔子四歲. 其父堇父, 與孔子父叔梁紇俱力聞.

顔刻, 魯人, 字子驕, 少孔子五十歲. 孔子適衛, 子驕爲仆, 衛靈公與夫人南子同車出, 而令宦者雍梁參乘, 使孔子爲次乘, 遊過市, 孔子恥之. 顔刻曰 "夫子何恥之?" 孔子曰 "詩云 '覯爾新婚, 以慰我心.'" 乃嘆曰 "吾未見好德如好色者也."

司馬黎耕, 宋人, 字子牛. 牛爲性躁, 好言語, 見兄桓魋行惡, 牛常憂之.

巫馬期, 陳人, 字子期, 少孔子三十歲. 孔子將近行, 命從者皆持蓋, 已而果雨. 巫馬期問曰 "旦無雲, 既日出, 而夫子命持雨具, 敢問何以知之?" 孔子曰 "昨暮月宿畢, 詩不云乎? '月離於畢俾滂沱矣.' 以此知之."

梁鱣, 齊人, 字叔魚, 少孔子三十九歲. 年三十未有子, 欲出其妻. 商瞿謂曰 "子未也, 昔吾年三十八無子, 吾母爲吾更取室, 夫子使吾之齊, 母欲請留吾, 夫子曰 '無憂也, 瞿過四十, 當有五丈夫.' 今果然, 吾恐子自晚生耳, 未必妻之過." 從之, 二年而有子.

琴牢, 衛人, 字子開, 一字張. 與宗魯友, 聞宗魯死, 欲往弔焉, 孔子弗許, 曰 "非義也."

冉儒, 魯人, 字子魚, 少孔子五十歲.

顔辛, 魯人, 字子柳, 少孔子四十六歲.

伯虔, 字楷, 少孔子五十歲.

公孫寵, 衛人, 字子石, 少孔子五十三歲.

曹邺, 少孔子五十歲.

陳亢, 陳人, 字子亢, 一字子禽, 少孔子四十歲.

叔仲會, 魯人, 字子期, 少孔子五十歲, 與孔琁年相比, 每孺子之執筆記事於夫子, 二人疊侍左右. 孟武伯見孔子而問曰 "此二孺子之幼也, 於學豈能識於壯哉?" 孔子曰 "然少成則若性也, 習慣若自然也."

秦祖, 字子南.

奚蒧, 字子偕.

公祖玆, 字子之.

廉潔, 字子曹.

公西輿, 字子上.

宰父黑, 字子黑.

公西減, 字子尚.

穰駟赤, 字子從.

冉季, 字子產.

薛邦, 字子從.

石處, 字裏之.

懸亶, 字子象.

左郢, 字子行.

狄黑, 字哲之.

商澤, 字子秀.

任不齊, 字子選.

榮祈, 字子祺.

顏噲, 字子聲.

原桃, 字子籍.

公肩, 字子仲.

秦非, 字子之.

漆雕從, 字子文.

燕級, 字子思.

公夏守, 字子乘.

勾井疆, 字子疆.

步叔乘, 字子車.

石子蜀, 字子明.

邽選, 字子飲.

施之常, 字子常.

申績, 字子周.

樂欣, 字子聲.

顏之仆, 字子叔.

孔弗, 字子蔑.

漆雕侈, 字子歛.

懸成, 字子横.

顏相, 字子襄.

右件夫子七十二人, 弟子皆升堂入室者.

부록4

색 인

人

ㅇ

ㅈ

論語集註 備旨 懸吐 完譯

論語集註 備旨 (IV)

인쇄 | 2013년 1월 25일
발행 | 2013년 1월 30일

저자 | 曉明 金慶國 · 木仁 朴相澤
발행 | 지병문
발행처 | 전남대학교출판부

등록 | 1981. 5. 21. 제53호
주소 | 500-757 광주광역시 북구 용봉로 77
전화 | (062) 530-0571~2, **마케팅부** 530-0573
팩스 | (062) 530-0579
홈페이지 | http://www.cnup.co.kr

값 30,000원

ISBN 978-89-7598-821-9 (94820) **세트**
ISBN 978-89-97620-90-6 (94820)

이 도서의 국립중앙도서관 출판시도서목록(CIP)은 e-CIP홈페이지(http://www.nl.go.kr/ecip)와 국가자료공동목록시스템(http://www.nl.go.kr/kolisnet)에서 이용하실 수 있습니다.
(CIP제어번호 : CIP2013000355)